JN099548

やわらかアカデミズム
〈わかる〉シリーズ

よくわかる
観光コミュニケーション論

須藤 廣/遠藤英樹/高岡文章/松本健太郎

[編著]

ミネルヴァ書房

はじめに

各種メディアを身体の一部としつつ営まれる私たちのリアリティは，「イメージの現実」と「物質的な現実」が絡まりながら繰り広げられている。そしてそれは，人びとのコミュニケーション的行為のなかで，相互に交差しつつ，意味の「共有」という着地点を求めている。

イメージと現実とが入り混じる現代の文化経験のなかで，とりわけその特徴を色濃くもっているのが，「観光」という移動をともなう独特の文化領域である。移動は様々な「リアリティ」の重なり合いのなかで進展する。移動によって経験する観光者の「リアリティ」の背後には必ず，定住者の生活や，両者を取り囲む自然の生態が存在する。移動者と定住者とでは「時間と空間」（＝場所）の感覚を異にする。この場所をめぐる「意味のずれ」（広義の「ディスコミュニケーション」）こそが，移動者と定住者，あるいは移動者同士のコミュニケーション，さらにはその価値やフロー経験（心身が現実的文脈から離れ，対象に集中する経験）[1]を生み出すのである。

すなわち，この「ずれ」が相互のコミュニケーション（交換）を促し，その結果として経済的価値，文化的価値，体験の価値や情動が産出される[2]。人びとは場所をめぐる意味のずれに積極的に関与することによって，観光的感覚を高揚させ（フローを経験し）つつ，創造的に変化を加えている。観光によってなされるのは，人と人とのコミュニケーションばかりではない。観光地において，人は自然や物ともコミュニケートする。自然のなかで，観光者は新鮮な空気や水や匂いを「発見」する。寒さや暑さでさえ，観光においては楽しみの対象となりうる。観光者は自らの日常の文脈から離れることによって，今まで気づかなかった日常やそれを取りかこむ自然を発見する。物に関しても同じである。観光者は，訪れた地域の建築物，歴史的遺構，そこに根付いている物産の魅力をも発見するだろう。さらに発見したこれらの意味は，SNSなどを媒介にして共有されるだろう。

総じていえば，観光とは異郷におけるこのずれを経験し共有しつつ消費することによって，何らかの価値を生み出す行為のことである。これらの価値を産出する「情報伝達行為」と「意味の共有」に焦点をあてたときにみえてくる，観光における人びとの行為遂行──観光者の行為も含めた「パフォーマンス」──の姿を広く「観光コミュニケーション」と呼ぼう。本書は，観光におけるゲスト（おもに観光者）とホスト（おもに観光地住民，あるいは観光業者）が，ある

▷1 「フロー」の概念は以下の文献を参照。チクセントミハイ，M.，今井浩明訳，1996，『フロー体験──喜びの現象学』世界思想社。

▷2 社会学者ゲオルク・ジンメルは，「よそ者」（あるいは恋愛対象）について，関係が近さと遠さといった矛盾するものを持つときに，魅力が発現するという。ジンメル，G.，北川東子編訳，1999，「よそものについての補論」『ジンメル・コレクション』筑摩書房，248-259。

いはゲスト同士，ホスト同士が，観光のなかで関わり合うことによって生まれる意味の伝達あるいは創造について，幅広く考察するための入門書である。

　観光経験は，観光的移動者にとっての消費価値，観光業者にとっての経済的価値（波及効果による観光業者以外にもたらされる経済的価値も含めて）をもつばかりでなく，観光地住民の文化創造の価値，集合的アイデンティティ創造の価値，さらに，それらが結果として社会的紐帯という価値へと結びつく，という知見が観光学ではすでに共有されている。この過程で観光学的観察の多くは「観光コミュニケーション」の現象を含んでいる。とくに本書は，観光者が観光地住民を巻き込んで行われる人と人，人と物，人と自然などとの交流が，どのような「共同性」やさらには「公共性」を，どのように産出させているか，という力動的過程に焦点をあてるものである。

　一般的にいって，コミュニケーションという行為の最大の特徴は，そのなかで立ち現れてくる様々な意味解釈の余地を，縮減させつつ理解可能なものへと転換している点にある。というのも，ありあまる意味の過剰さや複雑性に，人間は耐えることができないからである。とくに，観光という行為は，通常であれば時間と情報が限られているものであるがゆえに，人間社会一般がもつこの特徴を，他の領域よりも強くそなえている。いうまでもなくゲスト（観光者）による「場所の意味」の解釈は，ホスト（とくに観光地住民）の生活世界の複雑な意味を大幅に縮減することによって成立している。たとえば，東京一の観光地，浅草寺の裏手に積み重ねられた生活の場における複雑な意味がここ数年，（観光客が大挙して入り込むことによって）大幅に単純化され，短時間のうちに，誰もが理解し消費できるように，ある種の類型化（ステレオタイプ化）されたものへと変貌している。

　複雑性を縮減するこのようなシステムは，ステレオタイプを選択することによって状況を理解しやすくする「省力の様式」であるとともに，複雑性や多様性の「隠蔽の様式」でもあることにも留意する必要がある。その善悪の価値判断はさておき，観光コミュニケーションでは選択と隠蔽とが表裏一体となっている。とはいえこのことから，場所がもっている「記号的」意味と「生活的」意味との「緊張関係」が消失しているなどと短絡すべきではない。観光者のまなざしは，表から裏へと突きすすんでいく。

　ホスト側の住民による文化の経験や解釈はどうだろうか。観光客を歓迎する者であれ，無視する者であれ，排斥する者であれ，ホスト側もまたゲストを迎え入れることによって，場所の意味を変化させている。先ほど取りあげた浅草の裏町に住む者も，いかに伝統的な「江戸っ子」気質を保持する者であったとしても，生活文化の意味に対して介入を試みる観光の洗礼をつねに受けている。そして「江戸っ子」としてのアイデンティティは，ゲストとホストの，非言語的なものをも含めたコミュニケーションによって演じられ，創造され，共有さ

▷３　複雑性を縮減する社会のメカニズムについては，ニクラス・ルーマンの「システム論」の発想にヒントを得ている。ルーマン，N.，土方透・大澤善信訳，2016，『自己言及性について』筑摩書房。

れるのである。ホスト側の空間と時間をめぐる意味と解釈もまた，ホストとゲストの演技的コミュニケーションによって刻々と変化していく。ホスト側においても，観光を介して，「伝統的」な生活世界に対する解釈は創造的に構築されていくのだ。

　ただし，このような状況に関して留意すべきは，場所に対するゲストとホストの意味のずれが，解釈と演技の裏側に葛藤を潜在させている点である。観光のもたらす文化がどれほど住民側に浸透しても，生活をつうじて長期間にわたり解釈しつづけているホストと，短期間（短時間）のうちに解釈せざるをえないゲストとでは，「場所の意味」をめぐる理解にずれが生じて当然だといえる。単純な「観光客よそ者論」は避けなければならないが，ずれ（あるいはディスコミュニケーション）は積極的な文化創造への意欲だけではなく，潜在的なストレスをも生むことは想像にかたくない。2015年頃を境として，このようなストレスに対しては「オーバーツーリズム」という言辞がもちいられるようになった。これは一義的には，観光客の数がキャパシティ（交通渋滞，ゴミ問題などインフラ）を超えて使用されること（オーバーユース）を指すが，京都の祇園における舞妓の撮影をめぐる文化のすれ違いが示すように，その裏側には「場所の意味」をめぐる解釈のずれが潜在している。[4]

　さらにいうと，ゲストの来訪そのものが観光地のホストにとってリスクとなって立ち現れた禍を，地球上の全人類が巻き込まれるかたちで，私たちは2020〜21年にかけてに経験している。誰もが知っているように，COVID-19危機のなかでは，ゲストたる観光者こそがリスクの源泉になったのである。このあいだ，一時的なものであるとはいえ，観光者は経済的にも文化的にも観光地に利益をもたらす存在ではなくなっていた。それ以前，オーバーツーリズムが問題となったときにはまだ，すべての住民たちが観光者をリスクと感じていたわけではない。しかし，COVID-19危機の渦中で露見したことは，ホストにとって観光コミュニケーションがいかにリスキーであるか，ということであった。

　先述のように，観光コミュニケーションとはそもそも，イメージと実際の体験のハイブリッドによって成立している。観光コミュニケーションでは，リアルなもの／バーチャルなものを分離することはできない。私たちが観光に赴くとき，様々な媒体——ガイドブック，テレビの旅番組，インターネットの旅サイト，SNSのハッシュタグ——をつうじて情報を得ているはずだ。生活者のいないテーマパークのような観光地はもとより，生活者のいる観光地でも，観光者が場所の意味を解釈しやすいようにと，バーチャルなアイコンや記号的表象で景観を作りあげている。場所によっては，派手な夜景やプロジェクション・マッピングなどによって，観光地を飾り立て「盛って」いる。『Pokémon GO』のなかの「現実」のように，デバイスのなかで虚構のリアルと実在のリアルとが結合するARシステムも開発されている。現代の観光は（というより

▷4　舞妓を撮影しようとする観光者とそれを嫌がる祇園の住民との葛藤に注目。京都のオーバーツーリズムについては，以下の文献を参照。中井治郎，2019，『パンクする京都——オーバーツーリズムと戦う観光都市』星海社。

は伝統的な観光でさえ），なんらかのメディアが運ぶメッセージによって脚色され演出されている。

　新型コロナウイルス感染症（COVID-19）はとくに，人の移動や，人と人の対面的コミュニケーションに制限を課した。この経験は，メディアによって媒介される観光という，ある意味において「観光の本質」を前面に押し出す役割を果たした。しかし，COVID-19によって観光コミュニケーション自体が失われたわけではない。このあいだに考案された，おもにオンラインによるリモート観光体験のほとんどは，「リアル」と「バーチャル」の混合であり，今まで観光で行われてきたことの発展版，進化形である。COVID-19は，観光が元来もっていた「リアル」と「バーチャル」との体験の融合を，「バーチャル」体験の方へと一歩，推し進めたといえよう。

　ともあれ今後，観光のかたちはますます変容してゆくと予想されるが，観光現象，観光文化そのものがなくなるわけではない。それどころか，本書の主題でもある「観光コミュニケーション」は新しい情報伝達技術の助けを借りながら，より高度な体験創造を目指し発展していくだろう。同時にまた，観光産業はより高度な経験創造産業へと変貌するだろう。このような意味において，本書はCOVID-19以後の観光社会を構想するものである。

　本書にはいわゆる観光学をメインの領域とする研究者だけではなく，広く現代文化論，社会学，人類学，経営学，メディア論などを専門とする研究者も多く参加している。観光学はもとより，これらの学問領域をこれから学ぼうとする人びとが本書から多くの示唆を得ることを期待している。

　さて，本書の構成について簡潔に触れておこう。本書では「第1部　観光コミュニケーション論とは何か」「第2部　コミュニケーションする観光」「第3部　観光するコミュニケーション」「第4部　観光コミュニケーションの臨界」「第5部　観光コミュニケーション論の先駆者たち」と題された5部構成を前提としつつ，それぞれに多種多様なテーマや題材を扱った節が配置されている。

　「第1部　観光コミュニケーション論とは何か」では，いくつかの概念を軸としながら，「観光コミュニケーション論」を新たに構想するための端緒を提示していきたい。まず，そのうち「第Ⅰ章　問い直される観光，問い直されるコミュニケーション」では，「ポストモダンツーリズム」「ツーリズム・モビリティ」「ネットワーク」「デジタル革命」をテーマとする各節をつうじて，観光とコミュニケーション，およびそれらの関係性を多角的に問い直すことになる。つづく「第Ⅱ章　新しい観光コミュニケーション論のためのキーワード」では，「パフォーマンス」「アフォーダンス」「マテリアリティ」「再帰性」「アイデンティティ」「虚構的リアリズム」をとりあげ，現代における観光コミュニケーションの組成を理解するための理論的視座を提示していくことなる。さらに「第Ⅲ章　観光コミュニケーションがもたらすイシュー」では，「権力」「空間」

「文化」「貨幣」「交通」「監視社会」「ジェンダー」「恋愛ツーリズム」「エスニシティ」「身体」「ローカリティ」をとりあげ，観光コミュニケーションを把捉するうえで重要ないくつかの論点を精査していくことになる。

「第2部　コミュニケーションする観光」では，観光を「コミュニケーション」という視点から再検討していきたい。はじめに「第Ⅳ章　ホスト／ゲスト論の新展開」に収められた各節——「ホスト／ゲスト論」「ホスト／ゲスト論の理論的展開」「地域社会」「都市」「農村」——では，ホストやゲストの関係をめぐる既存の言説などを整理したうえで，それに関連する様々な見方を提示していくことになる。つづく「第Ⅴ章　ツーリスト・コミュニケーション」では，それぞれの項目で「音楽フェス」「コンテンツ・ツーリズム」「音楽ライブ」「ピースボート」「バックパッキング」「パッケージツアー」「ゲストハウス」「バー」「銀座のクラブ」「宗教観光」「まちなか観光」「ホスピタリティ」「おみやげ」「ぬい撮り」「ライフスタイル移民」「ワーキング・ホリデー」「ビーチ」「Airbnb」をとりあげる。これら個別具体的なトピックは，こんにちにおける「ツーリスト・コミュニケーション」の実相を照射するうえで有意義であるといえよう。さらに「第Ⅵ章　再帰的な観光」に収められた各節——「ディスカバー・ジャパン」「ディズニーランド」「サンリオピューロランド」「テーマ化する都市環境」「インバウンド」「観光まちづくり」「がっかり観光地」「渋谷スクランブル交差点」「パワースポット」「インスタ映えスポット」「ダークツーリズム」「オーバーツーリズム」——では，「再帰性」概念をもって捉えるにふさわしい観光地もしくは観光現象をとりあげ，それらを考察の俎上に載せることになる。

「第3部　観光するコミュニケーション」では，第2部とは対照的に，コミュニケーションを「観光」という視点から再検討していくことになる。ここに収められる「第Ⅶ章　観光コミュニケーション『を』つくるもの」では，「トランスナショナル的状況」「認知資本主義」「メディアミックス」「アクセス」「コード」「高テクスト性／低コンテクスト性」「ゲーミフィケーション」「モバイルメディア」「エゴセントリック・マッピング」「アテンション・エコノミー」「データ・ダブル」といった節をつうじて，観光コミュニケーションを形成する各種の要素に目を向けていくことになる。これに対して「第Ⅷ章　観光コミュニケーション『が』つくるもの」では，「ドラマツルギー」「異文化理解と文化摩擦」「コト消費」「コミュニケーションのコンテンツ化」「多孔化」「パフォーマティブ労働」「ソーシャルメディアの写交性」「ハイブリッド消費」「コンタクトとコンタクト・ゾーン」「プラットフォーム」といった各節をつうじて，観光コミュニケーションの帰結として産出される現象やシステムに目を向けていくことになる。

「第4部　観光コミュニケーションの臨界」では，より先端的なテクノロジ

ーや文化などに着眼しながら，あるいは，新型コロナウイルス感染症以後の状況を概観しながら，観光コミュニケーション論の構築に資する視点を模索していくことになる。まずその「第Ⅸ章　新たな『テクノロジー』が問いかけるもの」では，「AIコミュニケーション」「ロボット」「VR」「ビッグデータ」「GIS」「UGCとUDC」「ウィキペディア」の各節のもとで解説が展開されている。つづく「第Ⅹ章　新たな『文化』が問いかけるもの」では，「文化産業」「レトロ観光／ノスタルジア観光」「eスポーツ」「『Pokémon GO』」「演劇」「アート」の各節のもとで解説が展開されている。さらに「第Ⅺ章　『新型コロナウイルス感染症以降』の観光コミュニケーション」では，「パンデミック」「贈与」「リスク」「バーチャル観光」「親密性」の各節のもとで解説が展開されている。

　最後の「第5部　観光コミュニケーション論の先駆者たち」では，観光コミュニケーション論を構想するうえで有用な視座を提起する思想家たちをとりあげることになる。まず「第Ⅻ章　ツーリズム・モビリティ研究の先駆者たち」では，そこに含まれる各節によって，ジョン・アーリ，ティム・エデンサー，アンソニー・エリオット，ヨーナス・ラースンをとりあげる。つづく「第ⅩⅢ章　メディア・コミュニケーション研究の先駆者たち」では，そこに含まれる各節によって，ベルナール・スティグレール，ダニエル・ブーニュー，デヴィド・ライアン，ジョナサン・クレーリーをとりあげる。

　観光というモビリティ（ツーリズム・モビリティ）は，デジタル情報技術に支えられたコミュニケーションと緊密に結びつきながら，社会や文化を急速に変容させつつある。その意味で「観光コミュニケーション」論は，いまなお未開拓の領域であり，まさに現在進行形のなかで蠢き生まれつつある「何か」を問おうとする，ある種，学問的に難しいものだといえる。だがそれでも，私たちは様々な困難を一つひとつ乗り越えていきながら，みずからの生きる「現在性（presence）」を思考する旅に乗り出したいと考えた。本書を，その旅のはじまりを告げるファンファーレの書としたい。

　本書が対象とするのは，観光を社会学，メディア論，記号学，コミュニケーション論など学際的な視点から理解したいと願う学部生や短大生，大学院生や研究者，そして，観光を学問的に理解しなおしたいと願う（観光に関連する産業界・まちづくり団体などを含めた）一般の読者である。編著者としては，現代における「観光コミュニケーション」について，本書が読者の理解を深化させるための一助となればと願っている。

　緒言を終えるにあたって，本書の刊行に御尽力いただいたすべての方々，とりわけ，厳しいスケジュールのなかでの編集作業に御協力いただいたミネルヴァ書房の編集者，水野安奈氏に心よりお礼を申し上げたい。

編著者を代表して　須藤　廣

もくじ

はじめに

第1部　観光コミュニケーション論とは何か

I　問い直される観光，問い直されるコミュニケーション

1　ポストモダンツーリズム ………… *2*

2　ツーリズム・モビリティ ………… *6*

3　ネットワーク ………………… *10*

4　デジタル革命 ………………… *14*

II　新しい観光コミュニケーション論のためのキーワード

1　パフォーマンス ……………… *18*

2　アフォーダンス ……………… *20*

3　マテリアリティ ……………… *22*

4　再帰性 ………………………… *24*

5　アイデンティティ …………… *26*

6　虚構的リアリズム …………… *28*

III　観光コミュニケーションがもたらすイシュー

1　権　力 ………………………… *30*

2　空　間 ………………………… *32*

3　文　化 ………………………… *34*

4　貨　幣 ………………………… *36*

5　交　通 ………………………… *38*

6　監視社会 ……………………… *40*

7　ジェンダー …………………… *42*

8　恋愛ツーリズム ……………… *44*

9　エスニシティ ………………… *46*

10　身　体 ………………………… *48*

11　ローカリティ ………………… *50*

第2部　コミュニケーションする観光

IV　ホスト／ゲスト論の新展開

1　ホスト／ゲスト論 …………… *54*

2　ホスト／ゲスト論の理論的展開 … *56*

3 地域社会 ……………………… 58

4 都 市 ……………………… 60

5 農 村 ……………………… 62

V ツーリスト・コミュニケーション

1 音楽フェス ……………………… 64

2 コンテンツ・ツーリズム ……… 66

3 音楽ライブ ……………………… 68

4 ピースボート ………………… 70

5 バックパッキング …………… 72

6 パッケージツアー …………… 74

7 ゲストハウス ………………… 76

8 バ ー ……………………… 78

9 銀座のクラブ ………………… 80

10 宗教観光 ……………………… 82

11 まちなか観光 ………………… 84

12 ホスピタリティ ……………… 86

13 おみやげ ……………………… 88

14 ぬい撮り ……………………… 90

15 ライフスタイル移民 ………… 92

16 ワーキング・ホリデー……… 94

17 ビーチ ……………………… 96

18 Airbnb ……………………… 98

VI 再帰的な観光

1 ディスカバー・ジャパン ……… 100

2 ディズニーランド …………… 102

3 サンリオピューロランド ……… 104

4 テーマ化する都市環境 ………… 106

5 インバウンド ………………… 108

6 観光まちづくり ……………… 110

7 がっかり名所 ………………… 112

8 渋谷スクランブル交差点 ……… 114

9 パワースポット ……………… 116

10 インスタ映えスポット ……… 118

11 ダークツーリズム …………… 120

12 オーバーツーリズム ………… 122

第3部 観光するコミュニケーション

VII 観光コミュニケーション「を」つくるもの

1 トランスナショナル的状況 …… 126

2 認知資本主義 ………………… 128

3 メディアミックス …………… 130

4 アクセス ……………………… 132

5 コード ……………………… 134

6 高コンテクスト性／低コンテクスト性 ……………………………136

7 ゲーミフィケーション …………138

8 モバイルメディア ……………140

9 エゴセントリック・マッピング …142

10 アテンションエコノミー ………144

11 データ・ダブル ………………146

VIII 観光コミュニケーション「が」つくるもの

1 ドラマツルギー ………………148

2 異文化理解と文化摩擦 …………150

3 コト消費 ………………………152

4 コミュニケーションのコンテンツ化 ……………………………154

5 多孔化 …………………………156

6 パフォーマティブ労働 …………158

7 ソーシャルメディアの写交性 …160

8 ハイブリッド消費 ……………162

9 コンタクトとコンタクト・ゾーン …164

10 プラットフォーム ……………166

第4部 観光コミュニケーションの臨界

IX 新たな「テクノロジー」が問いかけるもの

1 AIコミュニケーション ………170

2 ロボット ………………………172

3 VR ……………………………174

4 ビッグデータ …………………176

5 GIS ……………………………178

6 UGCとUDC …………………180

7 ウィキペディア ………………182

X 新たな「文化」が問いかけるもの

1 文化産業 ………………………184

2 レトロ観光／ノスタルジア観光 …186

3 eスポーツ ……………………188

4 『Pokémon GO』 ………………190

5 演 劇 …………………………192

6 アート …………………………194

XI 「新型コロナウイルス感染症以降」の観光コミュニケーション

1 パンデミック …………………196

2 贈　与 ……………………………198

3 リスク ……………………………200

4 バーチャル観光……………………202

5 親密性 ……………………………204

（第5部）観光コミュニケーション論の
　　　　先駆者たち

XII　ツーリズム・モビリティ研究の先駆
　　者たち

1 ジョン・アーリ……………………208

2 ティム・エデンサー ………………210

3 アンソニー・エリオット ………212

4 ヨーナス・ラースン ……………214

XIII　メディア・コミュニケーション研究
　　の先駆者たち

1 ベルナール・スティグレール……216

2 ダニエル・ブーニュー ……………218

3 デヴィド・ライアン ……………220

4 ジョナサン・クレーリー ………222

人名索引 ……………………………224

事項索引 ……………………………226

第 1 部

観光コミュニケーション論とは何か

ポストモダンツーリズム

① ポストモダニズムと観光表象の親和性

　観光地のリアリティは観光客が送る日常となんらかの差異で成立している。したがって観光地は，多少なりとも，演出が施されている。ポストモダニズムの建築家ヴェンチューリ（Venturi, R.）は，一見カオスに見える観光地ラスベガスの派手な景観の多様性と複雑性を讃えた[1]。ラスベガスほどではなくとも観光地にはスペクタクル的なもの，敢えて不調和な演出の効果を狙ったもの，印象的なシンボルを前面に出すものが多い。ポストモダニズムという用語は，元来建築の様式から生まれたものであり，モダニズムの建築空間が目指す機能性や合理性に対抗して，多様性と対立性を特徴として持つ建築やそれらが創り出す空間に対して用いられる。近代の初期において効率を求める労働の道具的合理性に対抗する一時的解放を求める営みから始まった観光は，ヴェンチューリが美として目指すような空間における人々の実践に基づいていたといえる。ジョン・アーリ[2]（Urry, J.）とヨーナス・ラースン[3]（Lasren, J.）も指摘しているように「観光地や観光行為は，過去においても，ポストモダン的状況を先取りしていた[4]」のである。

　建築，絵画，音楽，文学等芸術の様式とは別に，社会におけるモダンから脱け出る時代区分はポストモダンと呼ばれ，またその時代の状況はポストモダニティと呼ばれる。芸術における様式としてのポストモダニズムと，時代区分としてのポストモダン，あるいはその状況を指すポストモダニティとは区別して考える必要はある。とはいえ，ポストモダニズムもポストモダンの社会状況がつくりあげたものであるとはいえる。

② ポストモダニティとは何か

　ポストモダンの時代，あるいはその状況とはどういったものか。それは近代の骨格をつくりあげてきた基礎的な要素である(1)科学技術等の進歩，平等の進展，経済の発展といった「大きなものがたり[5]」，(2)理性的主体による客観的な観察が科学の体系や人間の意識を構成しているといった近代の前提（「基礎づけ主義」という），(3)実在と記号との確固とした結びつきによる人々のリアリティ，これらが存立しがたくなった状況，あるいは失効した状況を指す[6]。こういった消失，変容は，モダンの時代（おおよそ19世紀末から1960年代）とポストモダン

▷1　ヴェンチューリ, R., 石井和紘・伊藤公文訳, 1978,『ラスベガス』鹿島出版会。

▷2　⊠-1「ジョン・アーリ」参照。
▷3　⊠-4「ヨーナス・ラースン」参照。
▷4　アーリ, J., & J. ラースン, 加太宏邦訳, 2014,『観光のまなざし──増補改訂版』法政大学出版局, 155。

▷5　リオタール, J. F., 小林康夫訳, 1989,『ポスト・モダンの条件──知・社会・言語ゲーム』水声社。
▷6　フェザーストーンは「『ポストモダン』というという用語は，まだ合意された意味がない」という。フェザーストーン, M., 川崎賢一・小川葉子・池田緑訳, 1999,『消費文化とポストモダニズム（上・下）』恒星社厚生閣, 35。

の時代（おおよそ1970年代から現在に至るまで）に根本的な断絶があるということ
を必ずしも意味しない。ギデンズ（Giddens, A.）は近代が持つ「省察」（モダニ
ズム的省察）の進行，深化こそが，ポストモダンの時代における「理性」や
「摂理」単純な信頼（信仰）に対する懐疑を導き出したと述べる[7]。モダンの再
帰的特徴の延長線上にポストモダンはあると捉えるべきであろう[8]。

　また，資本主義の変容といった側面から，ポストモダン状況を捉えれば，大
量生産・大量消費体制（フォーディズム）から，多品種・少量生産体制（ポス
ト・フォーディズム）といった生産と消費の関係の変化が見えてくる[9]。フォー
ディズムの消費が大衆の一律の消費でありこの時代はあくまでも生産中心の時代
であったのに対し，ポスト・フォーディズムの消費は，個人が個人の趣味に沿
って特化した消費をする消費中心の時代の産物である。

　また，フェザーストーン（Featherstone, M.）は個性化した消費社会における
「生活世界の審美化」こそが，ポストモダン状況の特徴であるという[10]。特に現
代の観光文化は，「生活世界の審美化」を持った消費社会の申し子であり，ポ
ストモダン文化の特徴を多く持っている。

③ ポストモダンにおける表象の優位と真正性の廃棄

　ミッキーマウスのぬいぐるみを部屋の中に置くことにより精神が高揚すると
いったような端的な現代人の消費生活状況，すなわちフェザーストーンのいう
「日常世界の審美化」を成立させている重要な要素は，表象（イメージを生成す
る様々な表現）であり，その中心は形象的（図像的）な記号である。ミッキーマ
ウスは，オリジナルのネズミを模した動物ではなく，いうまでもなく現実の実
在物ではない。それはイメージがつくりだした記号でしかない[11]。ポストモダン
の消費文化は現実からは離れ意味や記号を過剰につくりだす。ポストモダン文
化の第一の特徴は，現実に対する表象の優位にある。

　モダンの文化においては，科学における実在を表す表象のあり方のように，
表象（representation）は実在の写像＝代表（representation）とされる。一方で
ポストモダンの文化においては，表象は現実を代表するものではない。ポスト
モダニズムにおいては，現実は唯一のオリジナルとして確固として存在するの
ではなく，表象が「つくり出す」ものであり，その過程を消費することこそが
重要なのである。イメージや表象が現実に対して優位であり，表象こそが現実
をつくり出す能力を持っていることが強調される。

　さらに，理性や客観的真理の基礎づけを失い，日常生活を審美化する表象の
優位は，モダンの時代に分化していた様々な文化の縦（垂直）と横（水平）の
区別を浸食する。高級，下級両方が浸食され作られたジャズがその典型であろ
う。また，文化の水平の区別の廃棄も脱分化のもう一つの特徴である。たとえ
ば，絵画と落書きを越境するウォールアートといった脱ジャンル化したジャン

▷7　ギデンズ，A.，松尾
精文・小幡正敏訳，1993，
『近代とはいかなる時代
か？――モダニティの帰
結』而立書房。

▷8　Ⅱ-4「再帰性」参照。

▷9　フォーディズム
フォード工場の生産様式と
いう意味に由来しているが，
ここでいう「フォーディズ
ム」「ポスト・フォーディ
ズム」とは，資本主義の生
産と消費に加えそれを支え
る社会全体の調整様式のこ
とをいう。

▷10　フェザーストーン，
前掲書。

▷11　最も極端な記号とし
てのミッキーマウスは「隠
れミッキー」なるアイコン
であろう。

ルもその典型である。表象優位のポストモダン文化における不安定さは脱分化の原因でもあり結果でもある。ウォールアートが観光的文化として多く見られることからも分かるように，ポストモダン文化が持つ垂直，水平の文化的区分の消滅といった特徴は観光文化の特徴でもある。

　観光における表象の優位は，表象の裏側を担保する実在のリアリティに疑問符を投げかける。現実と表象との関係が逆転した世界，イメージこそがリアリティをつくりだす世界をボードリヤールは「シミュラークル（模造品）[12]」およびその製造過程を「シミュレーション[13]」と呼んだ。審美的で表出的な文化の消費を中心とし，意味の過剰を生成するポストモダン文化おいて，消費対象は実在物としてのオリジナルなきイメージとしての「シミュラークル（模造）」である。オリジナルなきイメージのコピーの過程である「シミュレーション」は，実在物との対照を欠いて自律化し自動運転をし始める。

　ボードリヤールの議論は，メディア環境が現実を作りあげるとするブーアスティンの「疑似イベント論」に近い。彼は「現実によってイメージを確かめるのではなく，イメージよって現実を確かめる[14]」という。ブーアスティンはオリジナル（＝本物）とシミュラークルを区別し，とくに冒険や体験といったオリジナルを求める能動的な旅行者（traveler）と，人工的に作られた世界でのアトラクションを求める受動的な観光客（tourist）という二つの実践者がいることを暗黙裡に前提としている。ブーアスティンは前者（旅行者）の立場から後者（観光客）を批判しているが，その議論は（ブーアスティンからアイデアを受け継ぎながらも，そのような構図での批判を前提としない）ボードリヤールのものとは若干趣旨が異なっている。しかしその一方で，現実と表象の逆転という意味において，ボードリヤールとブーアスティンの議論は，ポストモダン文化論の範疇に位置づけうる。

❹ 真正性を超える議論の可能性

　近代性と観光との関係を論じるマキャーネル（MacCannnell, D.）は，観光における現実と表象の逆転を「演出された舞台裏」の議論として表現している[15]。ブーアスティンを批判しつつマキャーネルは，観光客は「疑似イベント」としての「表舞台（front region）」のみではなく，「舞台裏（back region）」に足を踏み入れることを欲しているという。観光地は，実際には「本物」からは遠いバーチャルな「疑似」から，近いリアルな「疑似」まで多層な現実で構成されている[16]。

　マキャーネルはあくまでも「近代」の観光文化を問題にしているのだが，彼の言う「近代」とはここでいう「ポストモダン」に近い。現代の観光客は，それぞれの趣味のメタ的視点から「能動的」「再帰的」に「舞台裏」に関わろうとする。「表舞台」を訪れる観光客が，観光の表象がつくりだした「シミュラ

▷12　この概念は映画『マトリックス1』で上手く表現されている。ボードリヤールは究極においては，シミュレーションと対極のリアリティを深層において担保していたというのが筆者の見立である。

▷13　ボードリヤール, J., 竹原あき子訳, 2008, 『シミュラークルとシミュレーション』法政大学出版局。

▷14　ブーアスティン, D. J., 星野郁美・後藤和彦訳, 1964, 『幻影の時代——マスコミが製造する事実』東京創元社, 14。

▷15　マキャーネル, D., 安村克己他訳, 2012, 『ザ・ツーリスト——高度近代社会の構造分析』学文社。

▷16　マキャーネルの著書『ザ・ツーリスト』では深い表領域から深い裏領域まで6つの局域が描かれている（同前書）。Ⅳ-2「ディズニーランド」，Ⅳ-4「テーマ化する都市環境」，Ⅴ-2「コンテンツ・ツーリズム」参照

ークル」だと気づけば気づくほど，次第により深い「舞台裏」へと歩を進める。このようにマキャーネルの「舞台裏」論はポストモダン観光論寄りに解釈することができる。

　さらに，ここからは，現代観光のあり方として二つの解釈が成り立つ。一つは，観光客は本物志向であり，観光地側はそれを見越してより本物らしい表象を提供し，結果的に観光地は本物から遠い疑似本物から近い疑似本物まで多様な疑似本物が出現するというもの。もう一つは，観光客は実は「本物性」を求めていないというもの。後者においては，観光客は観光地の表象を「シュミュラークル」と知りながら，現実から遠い「シミュラークル」から現実に近い「シミュラークル」まで，多様な「シミュラークル」を体験しながら，趣味にもとづく（メタな）コミュニケーションを楽しんでいる。現代の観光の楽しみは，その観光地が持つ固有ものから，バーチャルなリアリティを付加したものまで多層の現実経験で成立している。テクノロジーを交えたポストモダン文化論から現代の観光を理解しようとすれば，現代観光は前者（疑似「本物志向」）と後者（「シミュラークル志向」）のコミュニケーション的混成体であるといえる。

⑤ 虚構と実在の境界を超えて進む観光的現実

　テクノロジーによって舞台化された観光の特徴を最ももっているのは，ディズニーランドであろう。ディズニーランドは徹頭徹尾「シミュラークル」である。ディズニーランドではゲストもホスト（キャスト）も共にイメージから現実を創作する「ごっこ遊び」的多層のゲームに参加している。観光地（ショッピングセンター等も）のテーマ化が進み，イメージに合わせた街とレンタル衣装（コスプレ）とが結びつく「ごっこ遊び」的観光地も増えている。まんがやアニメを題材としたコンテンツ・ツーリズム，スピリチュアルツーリズム，遊び心のあるダークツーリズム等もこの手の観光に位置づけることができる。アートを主題としつつ積極的に表象が現実に介入する様を観光に取り入れるアートツーリズムもこの一つであろう。

▷17 Ⅳ-4「テーマ化する都市環境」参照。
▷18 Ⅴ-2「コンテンツ・ツーリズム」参照。

　もとより観光地においては虚構と現実は一体であった。前近代には観光が宗教と関連していたということもこの点から納得がゆく。また，近年のメディアの発達によって観光は虚構と現実の境界をいっそう越えつつある。表象（虚構）と現実は一体なものであるといったところから，観光の現実は理解されるべきであろう。

（須藤　廣）

Ⅰ　問い直される観光，問い直されるコミュニケーション

 # ツーリズム・モビリティ

● モビリティの時代：モビリティの風景の乖離と融合

　現代社会は，人，モノ，資本，情報，観念，技術等がたえず移動する世界を現出させた。それらが移動する形態，方向，意味，強度は多様かつ重層的であるが，人の移動をとめ，私たちの生のありようを「ニュー・ノーマル」へと変えてしまうようなウイルスさえ，世界を駆けめぐりグローバルに移動しながら現れているのだといえる。ピーター・エイディーは，「世界が移動にさらされているということを私たちはもはや無視することはできない」と主張する[1]。

　これまでないほど，世界はいま移動にさらされている。移動は遍在しているといっても良いのかもしれない。すなわち，私たちはほとんどいつでも移動を経験しているのである。ナイジェル・スリフト（2006）によると空間でさえ，こうしたモビリティに特徴づけられている。「あらゆる空間はつねに移動のもとにある」と彼は書いている[2]。もちろんアンソニー・ギデンズ（2000：1）が語っているように，モビリティそのものはとくに「新しい」ことではない[3]。しかし，確実に「新しい」ことが世界で生起しつつあるのだ。

　ジョン・アーリ[4]は，こうしたモビリティの特徴を「モビリティ・パラダイム」として整理している[5]。このようなグローバルなモビリティは現代における私たちの生を変容させ，それらが営まれる舞台（settings）となる「社会空間」に対しても大きな影響をあたえるようになっている。アンソニー・エリオットとジョン・アーリはその著書である『モバイル・ライブズ──「移動」が社会を変える』において，そのことを以下のように表現する[6]。

　人びとが今日みずからの生を営むあり方は，グローバルなモビリティ・プロセスのより広い変動に影響され，それを映し出しているのである。さらにいえば，世界をさらに移動するようになること──炭素をエネルギー源とする，人，品物，サービス，観念，情報の移動が加速していくこと──は，生が営まれ経験され理解されるあり方に影響をあたえるのだ。［中略］われわれが思うに，モビリティーズに関する新たなグローバルな語りにおいて，生は再形成され変容しつつある。

▷1　Adey, P., 2017, *Mobility*（*second edition*）. Oxford: Routledge, 1.

▷2　Thrift, N., 2006, 'Space', *Theory, Culture and Society*, 23, 139-146.

▷3　Giddens, A.（ed）2000, *Global Capitalism*, London: New Press.

▷4　[Ⅻ-1]「ジョン・アーリ」参照。

▷5　アーリ, J., 吉原直樹・伊藤嘉高訳, 2015, 『モビリティーズ──移動の社会学』作品社。

▷6　エリオット, A., & J. アーリ, 遠藤英樹監訳, 2016, 『モバイル・ライブズ──「移動」が社会を変える』ミネルヴァ書房。

2 モビリティの風景

　ではモビリティは今，どのような形で現れるようになっているのだろうか。以下では，アルジュン・アパデュライによる『さまよえる近代——グローバル化の文化研究』の議論に変更を加えつつ，モビリティが現れる際の風景（スケープ）として，「エスノスケープ」「マテリアルスケープ」「ファイナンススケープ」「ガバナンススケープ」「イマジナリースケープ」という五つの次元を示しておきたい。[▷7][▷8]

　まず「エスノスケープ」とは，外国人労働者，観光客，移民，難民など，人の移動からみえてくるグローバル社会のあらわれ方である。次に「マテリアルスケープ」とは，商品，工業原材料，生産機械，貨物など物質的なものが多様な境界を越えて移動している事態を指している。

　また「ファイナンススケープ」とは，グローバル資本が国境を越えて移動しつづけている事態を指す。さらに「ガバナンススケープ」とは，地域や国家などの制度的な権力・主権が国境を越えモバイルなものとなることで揺らぐ事態を指している。最後に「イマジナリースケープ」とは，情報，イメージ，観念，思考の移動に認められるグローバル社会のあらわれ方を意味している。

　これら五つのモビリティの風景（スケープ）はときに相互に乖離し，ときに相互に融合し合いながら，複層的なモビリティの潮流（フロー）をつくりだしていく。その例として，2015年以降に多くの難民がヨーロッパ諸国に押し寄せた「欧州難民危機」を思い浮かべてみよう。[▷9]シリアやイラクをはじめとする中東諸国，リビアやスーダンやソマリアをはじめとするアフリカ諸国，アフガニスタンやパキスタンなどをはじめとする南アジア諸国，コソボやアルバニアをはじめとするバルカン半島西部の国々で起きた内戦，戦争，宗派対立，テロ，紛争のために，120万人を超える人びとが難民となった。このような事態を前にして，国家の主権や制度が脅かされるのではないかと感じた人びとによって，移民や難民の移動を規制・排除するべきだとするイデオロギー（考え方）が，国を越えてネガティブなかたちで現れるようになっている。まさに反グローバリズム的なイデオロギーが，アイロニカルなことに，グローバルな形態で流通するようになっているのである。すなわち，ここには「エスノスケープ」と乖離しつつも，「ガバナンススケープ」と「イマジナリースケープ」が相互に融合するかたちで，モビリティが現れるようになっているといえる。

　また，EUからの離脱をかけて2016年に行われたイギリスの国民投票のことを思い浮かべても良いかもしれない。[▷10]国民投票に先立ち，当初イギリスは現実的な判断を行ない，急激な変化を避けるため残留派が勝利するだろうと予想されていた。しかしながら，最終的に勝利したのは離脱派で，その結果イギリスはEUからの離脱の手続きを進めていくことになった。

　離脱派を支えた人びととは，イギリスの「伝統的価値観」を温存したいとする

▷7　アパデュライ，A.，門田健一訳，2004，『さまよえる近代』平凡社。

▷8　アパデュライが示しているのは，「エスノスケープ」「テクノスケープ」「ファイナンススケープ」「メディアスケープ」「イデオスケープ」である。「エスノスケープ」「ファイナンススケープ」については，ここで述べたとおりである。そして「メディアスケープ」と「イデオスケープ」は，筆者が示す「イマジナリースケープ」に相当する。そのなかでもとくに「メディアスケープ」は，新聞，テレビ，ウェブ等のメディアを通じてポピュラー・カルチャーをはじめ，様々なイメージや表象の移動によって見えてくるグローバル社会の現れ方を意味している。また「イデオスケープ」とは，イメージの中でも特にイデオロギー的な価値観や世界観が国境を越えモバイルなものとなることで揺らいでいく事態を指している。それ以外に，アパデュライは「テクノスケープ」をあげているが，これは，機械技術的なものであれ，情報技術的なものであれ，テクノロジーが多様な境界を越えて移動している事態を指している。

▷9　墓田桂，2016，『難民問題——イスラム圏の動揺，EUの苦悩，日本の課題』中央公論新社。

▷10　村上直久，2016，『EUはどうなるのか——Brexitの衝撃』平凡社。

高齢の人びとや，低所得者層・スキルの低い労働者階級に比較的多かった。彼らはグローバル資本による恩恵に浴することができず，増加しつづける移民の流入や EU への巨額の拠出金のため，自分たちの権利が脅かされているのではないかという懸念や考えを抱いていた。そうした人びとのあいだで，「エスノスケープ」「ファイナンススケープ」「マテリアルスケープ」が融合することで形成されていた EU 圏のフローに対し，「ガバナンススケープ」と「イマジナリースケープ」がはっきりと乖離してしまっていることを明示したことで，ブレグジット（Brexit）は決定されたのである。

　もちろん，同じイギリスでも残留派においては，事情は異なっている。そこでは，「エスノスケープ」「ファイナンススケープ」「マテリアルスケープ」「ガバナンススケープ」「イマジナリースケープ」が相互に乖離しておらず，すべて融合し合っている。このように，たとえ同じイギリス国内においてであっても，モビリティの五つの風景(スケープ)は様々なかたちで乖離と融合を繰り返し，複層的な異質なモビリティの潮流(フロー)をたえずつくりだしているのである。そうして，「不均質に（heterogeneously）ねじれた社会空間」が多様に形成されているのだ。

③　モビリティとしての社会

　このことからアーリは「社会的なもの（the social）」の在処が，これまでの（移動しないことを基本とする）「社会」から「モビリティ」へと変化しつつあると主張し，「モビリティとしての社会」という概念を提唱する。[11]

20世紀におけるほとんどの社会学が職業，収入，教育，社会移動の研究に基礎づけられてきた。これらの業績は，社会を統一されたものであると見なし，階級，ジェンダー，エスニシティに結びつけつつ，地域や都市や場所の地理学的相互作用を考えてこなかった。いまや社会の領域の内部で，なおかつその領域を越えていくような，人びとの潮流(フロー)が生じている。[中略] 人びとだけではない。多くの「モノ」「イメージ」「情報」「消費物」もまたモバイルなものになっているのである。

　こうしたアーリの主張については，もちろん，より丁寧な検討を加えていく必要がある。たとえばアーリのように「社会」と「モビリティ」を対比的に捉えることが適切なのかについては，よく考えていくべきだろう。かつて近代の成立とともに，社会学は「社会的なもの（the social）」の位相を把握しようと「社会の発見」に至った。そのなかで「社会学」は，ディシプリンとして制度化されていく。[12] この「社会」が内包するもの，すなわち「社会のコノテーション」が今や「モビリティ」を含みこんで，新しいダイナミックな胎動をみせはじめているのだとすれば，「社会」と「モビリティ」を対比的に捉えるのでは

▷11　Urry, J., 2000, Mobile sociology. *British Journal of Sociology.* 51 (1),185-201.

▷12　佐藤俊樹, 2011, 『社会学の方法——その歴史と構造』ミネルヴァ書房。

なく，密接に絡み合う関係性のなかで捉えていくべきである。

　以上のことも含め，アーリの批判的検討を今後さらに精緻に行っていく必要があると思われるのだが，あえてアーリのひそみに倣うとするならば，現在「社会的なもの（the social）」は，とくに「観光」というモビリティにおいて明白に現れるようになっていると考えられないだろうか。

　もちろん，米国やヨーロッパ諸国をはじめ世界各国で発生するテロ事件，SARS など感染症の発生，東日本大震災などの災害，リーマンショックなどの経済状況といった様々な出来事に影響され，旅行者数が減少する場合もある。新型コロナウイルス感染症（COVID-19）のことを考えれば，そのことは一目瞭然であろう。だが，これらの出来事が生じるたびにその形態を大きく変容を遂げていきながら，それでも観光はモビリティを形成するうえで依然として大きな役割を果たしてきたのである。これについて，アーリはミミ・シェラーとともに「ツーリズム・モビリティ」という概念を提示している。[13][14]

　われわれが「ツーリズム・モビリティ」について言及するのは，明白なこと（観光がモビリティの一形態であること）を単に述べるためだけではない。そうではなく，様々なモビリティが観光を形づくり，観光がパフォームされる場所を形成し，観光地をつくったり破壊したりするといったことに焦点を当てるためなのである。人やモノ，飛行機やスーツケース，植物や動物，イメージやブランド，データシステムやサテライト，これらの移動すべてが観光という行為へと結びつく。

　観光は人の移動にとどまることなく，土産物やスーツケースをはじめとするモノの移動も含んでいる。また，人びとは観光情報誌やウェブ，スマートフォン等といったメディアをもちいて，情報やデータを検索し，観光地に関する多くのイメージをもって観光へと出かける。それゆえ，情報，データ，イメージの移動も生じている。さらに観光地において様々なモノや事柄を見聞きしたり経験したりすることによって，記憶を形成し，思い出へと変えていく（記憶の移動）。それ以外の面でも観光は，旅行代理店，航空産業等の交通業者，ホテル等の宿泊業者をはじめとする諸産業と結びついて成立しているがゆえに，当然のことながら資本の移動をともなう。

　このようにモビリティの様々な潮流（フロー）を形成しながら，観光は社会のあり方や文化のあり方を深部から大きく揺るがせる社会現象となっているのである。[15]「ツーリズム・モビリティ」とは，そのことを明示し，社会のあり方を根底から問う概念なのだといえよう。

（遠藤英樹）

▷13　新型コロナウイルス感染症（COVID-19）が観光をどのように変えていくのかについても注目。Ⅴ-14「ぬい撮り」，Ⅺ-2「贈与」，Ⅺ-3「リスク」，Ⅺ-4「バーチャル観光」参照。

▷14　Sheller, M., & J. Urry, 2004, *Tourism mobilities : Places to play, places in play*, London : Routledge, 1.

▷15　Adey, P., 2017, *Mobility（second edition）*, Oxford : Routledge, 1 ; Hannam, K., & Knox, D., 2010, *Understanding tourism : A critical introduction*, London : Sage.

Ⅰ　問い直される観光，問い直されるコミュニケーション

③ ネットワーク

① ネットワーク資本がうみだす移動体験

▷1　TABIPPO.NET（2020 年 9 月30日取得，https://tabippo.net/only-travel/）。

▷2　Ⅰ-4「デジタル革命」参照。

▷3　富田英典，2016，「メディア状況の概観とセカンドオフライン──モバイル社会の現在」富田英典編『ポスト・モバイル社会──セカンドオフラインの時代へ』世界思想社，2。

▷4　藤井保文・尾原和啓，2019，『アフターデジタル──オフラインのない時代に生き残る』日経 BP 社，46-47。

▷5　メイロウィッツ，J.，安川一他訳，2003，『場所感の喪失──電子メディアが社会的行動に及ぼす影響』新曜社，31-32。

▷6　Ⅷ-10「プラットフォーム」参照。

▷7　Ⅻ-3「アンソニー・エリオット」参照。

▷8　Ⅻ-1「ジョン・アーリ」参照。

▷9　エリオット，A. &アーリ，J.，遠藤英樹監訳，2016，『モバイル・ライブズ──「移動」が社会を変える』ミネルヴァ書房，14-15。

▷10　ネットワーク資本を構成する重要な要素としてあげられるのは，「① 一連の適切な書類，ビザ，カネ，

旅や観光に際しての私たちの行動は，ルート上にあらわれる諸々の事物のみならず，デジタルメディアとしてのスマートフォンというモノや，その画面が表象するアプリというバーチャルなモノ，さらにはそれを連結するインターネットなど，多種多様な要素間の関係性をめぐる動的なネットワークのなかで進展することになる。とりわけデジタルテクノロジーの革新はそのネットワークの組成を更新し，旅をめぐる従来的なコンテクストを大きく組み替えつつあるといえるだろう。むろん「電波とつながらない「圏外旅行」」が語られることもあるが，それはあくまでも些末な例外にすぎない。昨今ではポータブルデバイスを介したインターネットとの常時接続によって，物理的空間から「圏外」が消失しつつある。また，モバイルペイメントの実行や，あるいはカメラや IoT などセンサーの作動によって，人間のあらゆる行動がデータ化され，デジタルユニバースが拡大の一途をたどりつつある。そのような状況を「セカンドオフライン」と呼ぼうと「アフターデジタル」と呼ぼうと，旅をめぐる文脈を支える新たな形態のネットワークが台頭したことにより，ジョシュア・メイロウィッツが「状況地理学」と指呼したものが大きく組み変わりつつあるのだ。

むろん一口に「ネットワーク」といっても，そこには様々なものが包含されうる。ブルーノ・ラトゥールのアクターネットワーク理論におけるそれもあるだろうし，「ネットワーク効果」におけるそれもあるだろう。学問的な視点によって「ネットワーク」には様々な含意（コノテーション）が随伴しうるわけだが，本節では，アンソニー・エリオットとジョン・アーリが『モバイル・ライブズ──「移動」が社会を変える』のなかで提示する「ネットワーク資本」を紹介しておこう。彼らがいう「ネットワーク資本」とは，モビリティ領域の拡大と洗練から派生したものであり，文化資本や経済資本とは異なる形態で新たな権力を生みだしつつある，とされる。ネットワーク資本とは「かなりの程度，主体なき，コミュニケーションによって駆動された，情報を基盤としたもの」だと位置づけうる。そしてこれを高い水準で保有する人びととは，地理的なモビリティを経験しつつも，他方では「さまざまな状況にいながら，緊密に社会的なコンタクトをとり，「家にいるかのようにくつろぐ」こともできる」という。私たちの（旅を含む）社会的経験は，携帯電話，email，インターネット，アクセス・ポ

イントなどの要素，およびそれらの集合が織りなす動的なネットワークをつうじて実現される。そしてそのネットワークの帰結として，人びとが自己／他者の経験を意味づけるための「コンテクスト」がそのつど形成されていくのだ。

❷ ネットワークを紡ぐものとしてのデジタルメディア

　かつてウィリアム・J・ミッチェルはその著書である『サイボーグ化する私とネットワーク化する世界』のなかで，技術的に生成された「フィードバック・ループ」について次のように語っていた——「マウスでカーソルを動かす場合，簡単なアクションは手動によって実行され，目の前で直接そのアクションの結果が観察される。操作し続けられるのも，自分がしていることを確認できるのもフィードバック・ループのおかげであり，それはセンチメートルのスケールで作動する。テレビのリモコンを使うときは，電子的に命令を送り，視覚・音声のフィードバックが得られる。この場合，直接，画像が見え音が聞こえる範囲にいるかどうかに依存し，フィードバック・ループはメートルのスケールで作動する。［中略］しかし，インターネットを介してビデオ・カメラ，望遠鏡，ロボットを操作するときは，事情が異なる。この場合，フィードバック・ループはネットワークを通じたビットの流れで構成され，数千キロを越えて効果的であろう」[12]。こんにち，観光地を含めいかなる場所にいようと，私たちの行動はスマートフォン／インターネットがもたらした強力なフィードバック・ループに制約されることになる。スマートフォンは手許で操作され，インターネット経由で距離を越えた情報のやりとりを容易に実現する。そしてそのフィードバック・ループは，私たちが従事する思考や行為に対して，過去に類をみないような技術的コンテクストを付与するものといえる。

　考えてもみれば，スマートフォンの操作を含めて「画面を触る」という行為の浸透／常態化は，ここ最近の産物といえるだろう[13]。私たちは現在，タッチパネルと化した画面との継続的な接触が要求される技術的環境のなかを生きているが，ほんの数十年前まで，そのような習慣は存在しなかったはずである。

　それだけではない。「視覚的認知」および「触覚的操作」の対象となるデバイスが小型化されたことにより，私たちは簡単にそれらを携行できるようになった。つまり歩きながら，手のひらのうえの画面に目を落とし，なおかつそれを操作しながら——つまり「足」と「目」と「手」の連携を前提としながら——周囲の空間へと関与するようになった。歩き，立ち止まり，画面を確認し，そして再び歩き出す。ジョン・アーリは移動における「立ち止まりやすさ〈ポーザビリティ〉」[14]に論及したが，モバイルメディアとは私たちの空間移動に際して，独特のリズムを惹起する技術的な文脈を提供するものとなっている。ともあれデジタルメディアとしてのスマートフォンと，それと連携するインターネットは，ユーザーに対して強力な「フィードバック・ループ」をもたらす。それによって人びとの行為

資格」「② 招待し，もてなし，実際に会ったりする遠くにいある他者（仕事仲間，友人，家族）」「③ 環境と関連した移動の能力」「④ 場所にとらわれない情報やアクセス・ポイント」「⑤ コミュケーション機器」「⑥ 移動の途中であれ目的地であれ，オフィス，社交クラブ，ホテル，自宅，公的な場所，カフェ，空き地を含めて，適切かつ安心で安全に会うことのできる場所」「⑦ 自動車，ロードスペース，燃料，リフト，航空機，鉄道，船，タクシー，バス，市電，マイクロバス，メールアカウント，インターネット，電話などにアクセスできること」「⑧ ①〜⑦を管理し調整できる時間と，それ以外の資源」であるとされる。補足しておくと，このうち③には携帯電話，email，インターネット，スカイプなどを「利用できる能力やそうしようとする意思」が含まれるとされる。また④にはアドレス帳，秘書，ウェブサイト，携帯電話などが含まれ，これらによって情報やコミュケーションを交わすことができるという。

▷11　Ⅰ-2「ツーリズム・モビリティ」参照。

▷12　ミッチェル，ウィリアム・J.，渡辺俊訳，2006，『サイボーグ化する私とネットワーク化する世界』NTT出版，51。

▷13　松本健太郎，2019，『デジタル記号論——「視覚に従属する触覚」がひきよせるリアリティ』新曜社。

▷14　アーリ，J.，吉原直樹・伊藤嘉高訳，2015，『モビリティーズ——移動の社会学』作品社，114。

はデジタルネットワークに絡めとられ，観光地にアクセスすると同時にオンラインにもアクセスするという，二重化されたコンテクストを生きるのである。

❸ ネットワークを紡ぐものとしてのキャラクター

　以下では「デジタルメディア」とは別の視点から，ネットワークを紡ぐものとしての「キャラクター」の役割に目を向けてみたい。

　ミッキー，マリオ，ハローキティなど，それこそ多種多様な事例がありうるが，現代においてあるキャラクターやそれに付随する物語は，各種メディウム——たとえばマンガ，アニメ，ゲーム，グッズなど——の差異を越境しながら流通し，それをもとにした「社会的関係のネットワーク[15]」を構築しうる。そしてそのようなネットワークが顕著にあらわれる場として，既存のコンテンツをもとに形成されたテーマパーク，たとえばディズニーランドやユニバーサルスタジオなどを思い浮かべることもできるだろう[16]。

　筆者は本書における「サンリオピューロランド」の節において[17]，そのテーマパークとしての組成を詳述しているが，そこで言及されるように，多摩センターに所在するピューロランド周辺では，各種の案内板やフォトスポットなどによって，そのテーマパーク的な空間が拡散しつつある。自治体によるまちづくりの一環として配置された案内板やフォトスポットは，サンリオキャラクターが描かれることによって「モノ」であると同時に「イメージ」と化しているのだ。そして，それらは個々のモノ＝単体として意味作用をもつというよりも，それらが集合しネットワーク化されることで，多摩センターという空間を「ハローキティにあえる街」として再編成する——そのネットワークの中心に鎮座しているのがキティなのである。そのようなメカニズムを考えるにあたって，マーク・スタインバーグによる次のような言説が参考になるだろう。

　　モノとメディアがコミュニケートする関係性は，キャラクターの「つなげる力」を通じて発達し，そこにメディアミックスの本質を見出すことができるだろう。キャラクターのイメージ単体でモノの変換が起きたと捉えるのではなく，モノとイメージは双方向に変換され，コミュニケートしあう同一のネットワークに乗ったと考えるべきだ[18]。

　ピューロランド周辺においても，案内板やフォトスポットなど各種の「モノ＝イメージ」は，キャラクターとしてのキティがもつ「つなげる力」によってネットワーク化される。そして，それこそ「メディアミックスの本質」であると指摘されるのである[19]。それではなぜ，人びとはそれらの案内板やフォトスポットを背景にして，ときにキャラクターグッズを身に着けたりコスプレしたりしながら，セルフィや記念撮影をおこなうのか。これについて，スタインバー

▷15　スタインバーグ，M.，大塚英志監訳，中川譲訳，2015，『なぜ日本は〈メディアミックスする国〉なのか』KADOKAWA, 35。
▷16　基本的にいって，ディズニーランドのアトラクションは，ディズニー・アニメーションの世界観を物理的空間のなかでシミュレートしたものであり，ユニバーサルスタジオのアトラクションは，ハリウッド映画の世界観を物理的空間のなかでシミュレートしたものである。それらはともに，ゲストの身体をメディアミックス的なネットワークへと組み込むために設計されている。
▷17　Ⅵ-3「サンリオピューロランド」参照。
▷18　スタインバーグ，前掲書，130。
▷19　クリスティン・ヤノはその著書『なぜ世界中が，ハローキティを愛するのか？』のなかで，キャラクターをもちいた街のテーマパーク化，すなわち「〈キャラクター〉によってこの世のすべてがテーマパークのように目に映ってしまう事態」について言及している。その彼女によると，「サンリオは実際にハローキティのテーマパークを運営している。〈キャラクター〉による生活環境のテーマパーク化のメカニズムが，そのまま本当にテーマパークとして成り立っている」と述べられている。ヤノ，C.，久美薫訳，2017，『なぜ世界中が，ハローキティを愛するのか？』作品社，448-449。

グによる次の主張を手掛かりにしながら考察をすすめたい。

▷20　スタインバーグ，前掲書，132。

　　モノとモノとのコミュニケーションを媒介するのはキャラクターのイメージであり，それが人とのコミュニケーションをも可能にしていく。［中略］人間同士のコミュニケーションは，ハローキティグッズを介したコミュニケーションが作る土台の上に築かれている。

　この引用に付随してスタインバーグが言及するのは，親が子に対して，「今日はキティちゃんの歯ブラシで歯を磨きましょうね！」と話しかける例である。ここでは「歯ブラシ＝モノ」を介した親子間コミュケーションが成り立っているわけだが，より注意深くみてみると，その前提として介在しているのは「靴やノートやぬいぐるみなどの，ハローキティグッズのネットワーク」なのである。つまり「キティちゃんの歯ブラシ」が単体として価値をおびるというよりも，むしろ「モノとモノとのコミュケーション」の次元として，キティちゃんの「歯ブラシ＝靴＝ノート＝ぬいぐるみ」などによるネットワークが基盤として介在することによりはじめて，人間同士のコミュケーションが成立しうる。

▷21　スタインバーグ，前掲書，131-132。

　これは多摩センター界隈の風景，および，そこで展開される人びとのパフォーマンスを理解するうえでも有用な視点である。スタインバーグの主張をふまえるなら，キティとは様々な「モノ＝イメージ」をネットワーク化するための結節点のようなものである。そしてキティがもつキャラクターとしての「つなげる力」によって，それが描かれた「フォトスポット＝案内板＝着ぐるみ＝グッズ」などが連結されてネットワークを構成し（＝「モノとモノとのコミュニケーション」の次元），さらにそれをインフラとして活用しながら，コスプレやその撮影を含む人びとのパフォーマンス（＝「人間同士のコミュケーション」の次元）が実現されるのである。なお，このような構図をもって捉えなおしてみるならば，フォトスポットにおいてセルフィを撮ることの意味や，グッズをもってテーマパークの世界観に没入することの意味がより明瞭に可視化されうるのではないだろうか。ロラン・バルトは「自己の他者化」を実現するメディウムとして写真を理解したが，写真の撮影が自己の「モノ化＝イメージ化」を少なからず促進させると理解するならば，それらのパフォーマンスは，キャラクターを中心とする「モノ＝イメージ」のネットワークに対して，人びとが自らの身体を組み込んでいく営為として把捉しうる。

　既述のとおり，旅や観光に際しての私たちの行動は，実在のモノやバーチャルなモノを含め，多様な要素間の動的なネットワークのなかで進展するわけだが，本節で考察の俎上に載せた「デジタルメディアが紡ぐネットワーク」，および「キャラクターが紡ぐネットワーク」は，それぞれ別のかたちで私たちに新たなコンテクストを提供するものになりえている。　　　　　　　　（松本健太郎）

デジタル革命

▷1　北野圭介, 2014,『制御と社会——欲望と権力のテクノロジー』人文書院, 88-89。
▷2　土橋臣吾は「Windows95を契機にインターネットの個人利用が本格化し, また, 携帯買い切り制への移行によってケータイ市場が急拡大した時期」として1994年〜1995年を転換点として位置づけながら, それ以後に「デジタルメディアが日常生活レベルへ浸透」していったと指摘している。土橋臣吾, 2013,「環境化するデジタルメディア」土橋臣吾・南田勝也・辻泉編『デジタルメディアの社会学——問題を発見し, 可能性を探る』北樹出版, 13。
▷3　石田英敬, 2016,『大人のためのメディア論講義』筑摩書房, 120。
▷4　石田, 同前書, 120。
▷5　石田, 同前書, 127。
▷6　シュナイアー, B., 池村千秋訳, 2016,『超監視社会——私たちのデータはどこまで見られているのか?』草思社, 28。
▷7　アレックス・ペントランドは『ソーシャル物理学——「良いアイデアはいかに広がるか」の新しい科学』の中で, ここでの「排ガス」を「人々が通った後に残る『デジタルパンくず』」として指呼しながら,

 ## デジタル化＝「メディアのコンピュータ化」

　現在, 私たちは多種多様なデジタルメディアに囲まれた生活を営んでいる。北野圭介が論及するように,「朝起きて床につくまで, わたしたちはなんらかのメディア・デバイスの至近距離内にあり, 触り, 眺め, 耳を傾ける。いや, スマートフォンのアプリケーションは, いまや就寝中の身体にまで作用しようとするものさえ現れている。メディアは, いまやなかば飽和状態といってもいいほどに住まう世界を埋め尽くしている[1]」。常に身体とともにあるそれらのデジタルメディアは, もはや現代人にとっては自らの一部といっても過言ではなく, また,「身体の拡張」といいうる程度にまで透明化している[2]。それでは写真, 電話, テレビなど, 従来から存在したメディウムが「デジタル化」されるとき, 何がどう変化するのだろうか。

　石田英敬は「デジタルメディア革命」に言及する中で, それを「平たく言えばすべてがコンピュータになるということ」であると指摘している[3]。つまり「電話・カメラなどといったアナログメディアの形状を残していながら, 中身はコンピュータ」になる, というのがその内実だという[4]。つまるところコンピュータとしてのデジタルメディアによって, あるいは, その「0」と「1」であらゆる記号がデジタル的に処理される数学的なパラダイムによって, 従来のアナログメディアの形状がシミュレートされているわけである。むろん写真のデジタル化といっても, レンズなどを含めそのすべてがコンピュータ化されるわけではない。石田によると, そこでは「アナログで撮った画像の明度・彩度をコンピュータがすべてデジタル記号（0と1）に変換し, 情報処理」することになる[5]。

　現代では「デジタルメディア」という形で既存のメディアのコンピュータ化が進行しつつあるわけだが, ブルース・シュナイアーが論及するように,「コンピュータは, ひっきりなしにデータを生み出している。データを出入力するだけでなく, あらゆる作業の副産物としてデータを生成するのだ。通常の動作の一環として, みずからがおこなうことをつねに記録している[6]」。しかも彼が指摘するように, コンピュータは私たちが想像するよりもはるかに大量のデータを, その活動にともなって産出するのである。そしてそこで排出されたものを, 彼は「情報化時代の「排ガス」」とも呼ぶのである[7]。デジタルメディア,

すなわちコンピュータ化したメディアに接触することにより，膨大な量のデータが生成されていく。とくにスマートフォンの各種アプリをつうじて，私たちの行動履歴はログとして蓄積され，ビックデータとして活用の対象となりうる。

　他方でシュナイアーは，こうも語る——「私たちが「排出」するデータは，すべて合わせると莫大な量になる。2010年の時点で，人類が１日に生み出すデータの量は，歴史の始まりから2003年までに生み出したデータの累計の総量を上回っていた。2015年の１年間にインターネット上を行き交うデータの量は，76エクサバイトを超すと見られている」。これ自体やや古い情報ではあるものの，「メディアのコンピュータ化」を惹起するデジタル革命によって，上記で言及される「データの累計の総量」，すなわちデジタルユニバースは急速に拡大の一途をたどりつつある。そしてそのような状況において，コンテンツの流通や受容をめぐる状況も変容しつつあるといえるのだ。

❷ データ化されるコンテンツとその流通

　デジタル環境下において，「記号」もしくは「情報」，あるいはそれらの集積によって形成される「コンテンツ」は，いかにして物質の次元に関与しているのだろうか。河島茂生はこの点に関して次のように語る。

　　デジタル情報が膨張している状況下では，脱物質化が進み物質が軽んじられかねないように感じられる。たとえば，書物の制作の場面である。かつては職人によって手で活字が拾われ版が組まれた。[中略] しかし，1980年代よりコンピュータで印刷までの前処理をおこなうようになって物質性は薄れたといえるだろう。また，コンピュータでは文字や画像，音声，動画などは機械的に「0,1」のパターンで同列に扱われているため，同じルールに基づきさえすれば別のコンピュータで処理可能である。そのコンピュータ端末でなければならない必然性はゼロに近い。インターネットはといえば，媒体の区分を崩し，媒体ごとの流通経路を半ば壊している。すなわち，映画は映画館で視聴され，音楽はCDで流通し，新聞は販売店を通じて頒布されるといった媒体ごとの縦割りの構造が変容して，映画であれ音楽であれ新聞記事であれ，インターネットを通じて流通するようになった。

河島はまさに上記の引用箇所でデジタル情報の「膨張」について触れつつ，デジタル環境下において進展する「脱物質化」の傾向について説明を加えている。たとえば映画のコンテンツであれば，それは従来なら映画館やレンタルビデオ店といった物理的な場所，あるいは，フィルムやVHSといった物質的なモノと不可分に結びついていたわけであるが，現代においてそれらはフィジカルな次元から遊離してデータ化され，インターネットを介して流通し，たとえば

そのようなパーソナルデータが「公共組織と私企業の双方にとって，非常に大きな価値を持っている」と指摘している。彼によると，それらのデータは「彼らが何者なのか，何を望んでいるのかを理解するヒントを与えてくれる」ものとされるが，他方で，きたるべきデータ駆動型社会の中では，個人の「データが乱用されないようにする必要がある」とも主張している。ペントランド，A.，小林啓倫訳，2015，『ソーシャル物理学——「良いアイデアはいかに広がるか」の新しい科学』草思社，211。

▷8　シュナイアー，前掲書，37。

▷9　河島茂生，2014，「序章　デジタル・ナルシス」河島茂生編『デジタルの際——情報と物質が交わる現在地点』聖学院大学出版会，17-18。

Netflix や Hulu のようなサブスクリプションサービスをつうじて受容される。そしてそこでは，いかにモノを持つかという「所有権」ではなく，いかにデータにアクセスするかという「アクセス権」が前景化されることになる。

　観光をめぐる現代的なコンテンツを考えてみても，昨今それらはインターネット経由で，デジタルデータとして流通するものが大半を占めている。たとえば「じゃらん」「食べログ」「トリップアドバイザー」などのアプリで閲覧＝受容されるのは，ユーザーがインターネットを介して投稿した口コミ情報や写真データというコンテンツである。そして人びとがインターネット上で気軽に投稿し流通させるコンテンツは，膨張するデジタルユニバースの中で，私たちの旅や観光をめぐるイマジネーションを確実に変容させつつある。

❸　トリップアドバイザーにおける「記録」と「予期」の循環回路

　近年において人びとはデジタルメディアとしてのスマートフォン，およびそれによって使用可能なアプリを介して，「旅」をめぐる想像を獲得しうるようになった。とりわけ各種の口コミ情報を掲載するアプリが存在感を増しつつある昨今，一般ユーザーが投稿したデータをもとに，私たちは「想像による旅」[410]へと手軽にアクセスしうるようになりつつある。

　以下ではモバイルメディア上で駆動するアプリの一例として「トリップアドバイザー」をとりあげるが，それは都市や地域ごとのホテル，レストラン，観光情報などに関する口コミ・価格比較を掲載する，旅行情報コンテンツを扱うものとして有名なウェブサイトである。旅行者は自らが訪れたレストランやホテル，あるいは観光地で，料理や内装，もしくは風景を写真に撮影する。その画像データはポータブルデバイスやパソコンに記録・保存されていくわけであるが，ユーザーがその中から特定の写真データを選んでトリップアドバイザーにアップロードすることにより，それは他のユーザーが投稿した画像と並置され，誰でも閲覧できる状態になり，多くの旅行者が目的地を選定する際の基準を提供することになる。

　近い将来に訪れる（／訪れたいと思っている）都市や地域の情報を，当該サイトをつうじて閲覧するのは，人によっては実に楽しい経験かもしれない。どのようなホテルを利用するか，あるいは，どのような観光地を訪れるか——トリップアドバイザーが提供するのは，旅をめぐる多彩な選択肢だといえる。その意味でトリップアドバイザーは，旅をめぐる「予期」や「期待」の契機を人びとに提供するものといえるが，他方でそれは，個々人の記憶に直結した記録情報の集合体でもある。誰かが旅先で撮影した写真データがモバイル端末に保存され，さらにそれがサイト上にアップロードされ，しかる後に，それが多くの人びとに共有されることになる。そして「予期」の主体であるユーザーは，投稿された口コミや写真に依拠して目的地＝訪問先を選定し，類似した行為（料理

▷10　アーリ，J., 吉原直樹・伊藤嘉高訳，2015，『モビリティーズ——移動の社会学』作品社，251。

を食べる，観光地を訪れる，ホテルに泊まる……）を再生産していく。ここに「記録」と「予期」を往還するある種の“循環回路”を認めることは，そう難しいことではないだろう。誰かの「記録」が他の誰かの「予期」につながる（そして，その予期が誘発する行為は，あらたな「記録」をうみだす）——そのような循環回路の中で，デジタルメディアとしてのスマートフォンやそこで駆動するアプリは，人びとの意識と欲望を誘導するものとして振る舞うのである。

❹ 「予期」の可能性を提供するデジタルメディア

　現代人は起床から就寝まで，実に様々なかたちでデジタルメディアの恩恵にあずかっている。たとえばスマートフォン，およびそのうえで駆動する各種のアプリを考えてみても，目覚ましアプリのアラームで起床する，通勤電車の時刻をチェックする，そして身動きがとれない満員電車の中で映画やゲームに興じる……。それこそ私たちの生活（および，それを構成する個々の行為）は，多種多様なアプリと連携しながら進行しているのだ。意識しようとしまいと，そのようなメディア接触の形態は私たちの日常において常態化しており，もはや，それなしに生活を送ることは困難といえるほどまでに，不可欠なものとして経験されつつあるのが実情である。

　デジタルメディアとしてのスマートフォンは，旅や観光の様々な場面において，人びとに「予期」の可能性を提供するものといえる。ジョン・アーリ[411]はその著書である『モビリティーズ——移動の社会学』の中で，人びとの移動を可能にする「システム」（たとえばチケット発行，住所，安全装置，乗換駅，ウェブサイト，送金，パッケージツアー，バーコード，橋，タイムテーブル，監視など）に論及しながら，それは「旅ができる，メッセージが通じる，小包が到着するといった『予期空間』をもたらす。システムによって，当該の移動が予想可能かつ相対的にリスクのないかたちで反復されることが可能になる」と指摘している[412]。彼によると，「この反復システムの歴史は，実質的に，自然界を『支配』し，安全を確保し，管理し，リスクを減らしてきたプロセスの歴史である」とされる。そう考えるなら，移動の前提として各種の情報を提供してくれるスマートフォンもまた，「予期空間」をもたらす重要なシステム／テクノロジーとして位置づけうるだろう。

　Google マップにしても，トリップアドバイザーにしても，私たちはそれらのアプリをスマートフォンの画面で参照しながら，目的地やそこに至るルート，旅の途上で立ち寄るレストランや宿泊する旅館などを選定する。つまりそれらのアプリ群は，旅や観光をめぐる「予期空間」もしくは「想像力の導線」の入口として機能するのだ。

（松本健太郎）

▷11　Ⅻ-1「ジョン・アーリ」参照。

▷12　アーリ，前掲書，25-26。

パフォーマンス

1 まなざし論の限界

　観光研究は，観光を分析する際，とりわけ視覚に焦点をあててきた。ダニエル・ブーアスティンは1962年，「観光客の欲求は，彼自身の頭の中にあるイメージが，遠い外国で確かめられた時，最も満足する[1]」と述べて，社会学的な観光研究の扉を開いた。ジョン・アーリは1990年，「まなざし」の観点から観光を分析した『観光のまなざし』を著し，観光社会学を飛躍的に深化させた。

　ところが21世紀に入ると，イメージやまなざしの重要性を過度に強調する従来の視点は厳しい批判にさらされた。2011年，アーリはヨーナス・ラースンとともに『観光のまなざし』の第三版を刊行するが，それは，まなざし概念へ寄せられた数々の反論を取り込む形で改訂されている。

　まなざし論に対する批判的な議論のうち，もっとも重要なものの一つがパフォーマンス的転回である。パフォーマンスとは行為や上演を指す用語で，近年では演劇論のみならず美学や哲学，人類学など幅広い分野で重要な概念として浮上している。本節では，観光とパフォーマンスの関係について，「体験」「演技」「パフォーマティヴィティ」という三つの観点から論じてみよう。

2 体験としてのパフォーマンス

　アルン・サルダンハはアーリが先導してきたこれまでの観光研究が観光者を「単なる目」として捉えてきたことを批判する。「観光者は泳がないのだろうか？山へ登らないだろうか？散歩やスキーをしないのだろうか？[2]」。観光研究における視覚中心主義は再考を促され，こんにちでは視覚以外の感覚や身体に重点を置きながら観光を分析する傾向が強まっている。

　このような理論的動向は，現実の観光実践の変化を前提にしている。体験型観光の広がりである。これまでの行き過ぎたマス・ツーリズムの発展を反省し，1980年代後半以降，オルタナティヴ・ツーリズムという新しい形態の観光が注目されてきた。農村や漁村に滞在して地域の暮らしや自然に親しむグリーンツーリズム，地元のガイドと歩きながら歴史や文化に触れるまち歩きイベント，そば打ち体験，マラソン大会への参加などである。これらの変化は，「みる」から「する」へ，「まなざし」から「体験」への転回としてまとめることができるだろう。

▷1　ブーアスティン，D. J.，星野郁美・後藤和彦訳，1964，『幻影の時代──マスコミが製造する事実』東京創元社。

▷2　Saldanha. A., 2002, Music Tourism and Factions of Bodies in Goa. *Tourism studies, 2*(1), 43 –62.

③ 演技としてのパフォーマンス

アーヴィング・ゴフマンは日常の相互行為を「演劇」として捉えるユニークな社会学的分析をおこなった。日々の生活のなかで，私たちは「医者」と「患者」，「店員」と「客」，「教師」と「学生」といった様々な役割やキャラを演じている。平凡な日常を劇的な舞台として描くゴフマンの視座は観光研究にも応用され，観光コミュニケーションの演技的側面に光があてられている。[3]

バスガイドやホテルスタッフ，客室乗務員ら観光産業で働く人びとの業務には，確かに芝居じみた所作，つまり「パフォーマティヴ労働」がともなっている。従業員出入口から出てきたスタッフに遭遇してしまったとき，舞台裏の俳優を見たような気まずさを感じるのはそのせいだ。

観光者もまた演技をしている。ツアーバスのガイドの歌声に手拍子を打ち，お約束のギャグに愛想笑いを返す。スタッフのパフォーマンスに一喜一憂「してあげる」ことで，その場のノリにあわせる。観光を首尾よく成立させるため，ホストとゲストは共犯関係のなかで，互いにパフォーマーとなるのだ。[4]

④ 観光のパフォーマティヴィティへ

観光とパフォーマンスとの関係をめぐる，さらに急進的な視角をひらくのが「パフォーマティヴィティ」[5]という概念である。言語学の概念をジェンダー研究に応用したジュディス・バトラーは，パフォーマティヴィティの可能性を秩序の「反復」だけではなく「生成」や「攪乱」にもみた。

ヘイゼル・タッカーはガイドツアーを参与観察し，参加した若者は「ツアーの目玉だと言われていた場所へ着いても，互い同士のくだらない写真を撮りあっていた」[6]と述べて，観光において秩序の攪乱や意図せざる結果が生じる可能性を指摘する。江戸時代，伊勢参りには参詣という建前の裏に，遊興の楽しみが隠されていた。修学旅行では，宿舎に戻ってからの友達との長話やルール破りの武勇伝が思い出の大切な部分を占めている。

アニメ聖地巡礼やパワースポット巡り，がっかり名所巡りなどにおいて，観光は戦略的に仕掛けられたプログラムではない。観光実践は，台本にしたがって反復されるお約束の演技ではない。ファンや信者やマニアたちが，自分たちなりの楽しみを追求するなかで観光をつくりだしていく。ここでは，観光が観光者自身によってパフォーマティヴにつくられている。

観光のパフォーマティヴィティという視座のもとでは，ホストとゲスト，観光地，観光の楽しみなどのお定まりの輪郭線は問いなおされる。観光の実践そのものが，観光を再帰的につくりなおしていく。観光とは飛行機雲のように，なんらかの作用の一時的な効果にすぎない。そこには，観光のラディカルさが潜んでいる。

（高岡文章）

▷3　代表的な研究者として，ディーン・マキャーネル，ティム・エデンサー，ヨーナス・ラースンらをあげることができる。

▷4　これらの議論には尽きることのない魅力が詰まっているとはいえ，社会秩序が「維持」される仕組みを強調する筆致には，どことなく静態的な匂いが漂っている。

▷5　「行為遂行性」とも訳され，ジョン・オースティンの言語学に由来する。「これは鉛筆だ」というような発話を事実確認的発話と呼ぶのに対し，「いまから授業を始めます」のように実際の行為を遂行する発話を行為遂行的発話（performative utterance）という。前者においては発話が現実を追認しているのに対し，後者においては，発話が現実を「生成」させている。パフォーマンスとパフォーマティヴィティが十分に区別されずに用いられることもあるが，バトラーが両者を慎重に使い分けていたことは重要である。詳細は以下を参照。大貫挙学，2014，『性的主体化と社会空間——バトラーのパフォーマティヴィティ概念をめぐって』インパクト出版。

▷6　Tucker, H., 2007, Performing a Young People's Package Tour of New Zealand: Negotiating Appropriate Performance of Place. *Tourism Geographies*, 9(2), 139-159.

（参考文献）

バトラー，J.，竹村和子訳，1999，『ジェンダー・トラブル——フェミニズムとアイデンティティの攪乱』青土社。

Ⅱ　新しい観光コミュニケーション論のためのキーワード

 アフォーダンス

アフォーダンスとは何か

　パフォーマンス的転回は，観光におけるヒトの感覚や身体の重要性に目を向けさせ，ジョン・アーリのまなざし論の偏狭さを指摘した。同様に，まなざし論の限界を乗り越える視座を提供するのが，アフォーダンス理論である。アフォーダンス理論はモノや技術，機械，道具，自然，インフラ，環境，場所など「ヒト以外」への注目を促した。

　アフォーダンスは知覚心理学者ジェームズ・ギブソンが1960年代に提起した概念で，現代の人文学的思考に多大な影響を及ぼしてきた。英語 afford（与える）に由来するギブソンの造語で，「環境の中に実在する行為の資源[41]」を意味する。視力の悪い人は眼鏡のおかげで文字を読むことができる。お気に入りの登山服を見ると山登りをしたくなるだろう。このとき，眼鏡や登山服と人間とはアフォーダンスの関係にある。「見る」や「歩く」といった行為は，眼鏡や服などのモノと行為者とのアフォーダンスの関係のなかで遂行されている。

　人文学（humanities）や人文科学（human science）は，良くも悪くも人間中心の学である。アフォーダンス理論のインパクトは，私たちの認識のうちに染み込んだ人間中心主義を省みることにある。

観光地における写真撮影

　日本の観光地でしばしばみかけるのが，顔出しパネルとか顔ハメ看板などと呼ばれる，顔の部分がくり抜かれた等身大のパネルである。穴の部分から顔を出すのをためらうのは野暮とされる。ここでは我を忘れて楽しむことが「お約束」なのだ。パネルは私たちに写真撮影を誘いかけてくる。写真撮影は，ヒトだけでは成立しない。パネルやカメラといったモノが促すパフォーマンスによって，観光の楽しみが生みだされている。

　まなざし論への批判を踏まえ，アーリとヨーナス・ラースンは観光におけるカメラのアフォーダンスに着目する[42]。もしも写真が発明されていなければ，観光のまなざしはその様相を大きく変えていたであろう。写真術は観光にとって最も重要なものであると彼らは述べる。アーリらはアメリカの写真フィルムメーカー・コダック社がハワイで始めたフラダンスショーを取りあげている。ショーは写真映えするように振り付けられ，クライマックスでは撮影しやすいよ

▷1　佐々木正人，2015，『新版　アフォーダンス』岩波書店。

▷2　アーリ，J.& J.，ラースン，加太宏邦訳，2014，『観光のまなざし　増補改訂版』法政大学出版局。

うにゆっくり動いたり，きめポーズで静止したりする。ショーが終わると，踊り手と一緒に写真を撮ることもできる。フラダンスは幾重にも「コダック化」されている。

デジタルカメラの登場や，デジタルネットワークへの接続により，観光地における写真撮影は，ここ20年のあいだに劇的に変容してきた。写真は旅行後に楽しむものから，その場で楽しむものへと，「写すもの」から「写るもの」へ，そして「共有するもの」へと変化している。写真をめぐるモノや技術，ネットワークシステムが，観光のあり方に大きくかかわっている。

③ 交通インフラ

観光のアフォーダンスを考えるうえで，写真とならんで重要なのが，鉄道や道路などの交通インフラである。道がなければ，私たちは目的地にたどり着くことはできない。にもかかわらず，観光研究は観光における交通インフラの重要性を驚くほど軽視してきた。ここでは山道と鉄道をめぐる二つの事例を取りあげよう。

長野県の宿場町・妻籠から，馬籠峠を越えて隣町の岐阜県・馬籠までを結ぶ旧中山道の山道は，観光客に人気のハイキングコースである。バスに乗れば30分で着くところを，彼らはあえて3時間もかけて歩く。ハイキングをお膳立てするため，大きな荷物は運搬サービスによって別送されている。彼らは移動の必要性から解放されて，歩くことそれ自体を存分に楽しむ。

山深い地域にまで世界中から多くの観光客がやって来る。彼らを運ぶのは，明治期以降に開通した自動車道路や鉄道である。これらの交通網が整備されたことで，中山道は生活道路としての価値を失った。開発から取り残され，無用になった山道が，いまでは「日本の原風景」や「野趣あふれる自然」といったノスタルジーの対象として再発見されている。道というインフラの発展や衰退をめぐるドラマが，中山道ハイキングという観光実践を成り立たせている。

鉄道は，移動のための手段でありながら，それ自体が観光の目的にもなっている。車窓からの絶景，最南端や最西端など「最果て」の駅，寝台列車，ローカル線，観光列車など，列車に乗るための旅が脚光を浴びている。

安ウンビョルは旧国鉄能登線を走る観光列車「のと里山里海号」についてユニークな分析をしている。車窓からの風景を楽しむ乗客たちは，線路沿いで農作業をする中年女性が列車に向かって手を振っているのに気がつく。乗務員はすかさず乗客にA4サイズの紙を配る。紙には一文字ずつ字が書かれていて，窓に向かって並べると「ありがとうございます」になる。車窓が，地元住民と観光客の出会いを演出する。鉄道は観光を作りだすメディアなのだ。

観光コミュニケーションは，ヒト，モノ，技術，システムが互いに関係しあうなかで織りなされていく。　　　　　　　　　　　　　　　　　（高岡文章）

▷3 2010年代以降，人類学におけるインフラストラクチャー研究や，社会学におけるモビリティ研究の影響により，道をめぐる研究はようやく本格的に着手されつつある。詳しくは以下の文献を参照。古川不可知，2020，『「シェルパ」と道の人類学』亜紀書房。

▷4 安ウンビョル，2020，「地域鉄道のアトラクション化──のと鉄道・銚子鉄道・三陸鉄道を事例とした上演論的分析」『観光学評論』8(1)，15-26。

マテリアリティ

① あるエピソードから

　筆者はいま京都の大学に勤め，電車とバスをいくつか乗り継いで奈良から通勤している。そのなかで気になっていることが以前からある。電車のホームで，人の動きがおかしいのである。

　筆者がまっすぐに歩いているだけなのに急に向きを変え横切ったり，ホームに立って電車を待っているだけなのに，そこへ突然当たってきて睨まれたりすることがあるのだ。最初は「自分の動きがおかしいのだろうか」と反省したり，「自分は影がうすいのではないか」と悩んだりしたのだが，人びとを観察していると，どうやらそういうわけでもないらしい。その人たちをよく観察していると，スマートフォンで何かをしながら歩いているのである。

　こういうことを言うのは，しばしば新聞の読者投稿欄などでみられるように，「スマートフォンはけしからん！　あんなものはない方が良いのだ！」と，電車やホームでのエチケットについて訳知り顔で説教したいがためではもちろんない。ここで言いたいのは，スマートフォンで何かをしながらそれを歩いている人は，実は，目の前にいる（はずの）私と繋がっているわけではない，ということである。彼らは目の前の私とではなく，スマートフォンというモノと繋がっている。そればかりではない。彼らはスマートフォンというモノを介して，そこに映し出される文字・画像・動画や，その向こうにいる相手に繋がっている。さらには，通信事業者やスマートフォン・サービスを提供する企業の思惑とも繋がっているともいえるだろう。ホームで歩く人は，これらと向き合っている。だからこそスマートフォンの画面に見入りながら歩いている人は，私の存在などは眼中にないのである。

　とするならば，歩くという行為は人びとの主体的な行為として行われているのではなく，人とモノの結びつき（ネットワーク）として形成されている，といえるだろう。モノが客体ではなく，エージェンシー（行為者性）を帯びた主体として人と結びついている。人とモノ，社会と自然が分離されてあるのではなく，相互に関わり合っている。こうした点を強調し，ブルーノ・ラトゥールはアクターネットワーク理論を提唱した。

▶ 1　ブルーノ・ラトゥール（1947-）は，1947年フランス・コート＝ドール県のボーヌの生まれで，科学哲学者ミシェル・セールらの影響を受け哲学を学んでいる。その後，人類学に関心をもつようになり，コートジボワールでフィールドワークを行った。パリ国立高等鉱業学校で20年以上教鞭をとった後，2006年からパリ政治学院教授，2007年からパリ政治学院の副学長も務めている。彼の書物は多くの国で翻訳されており，『虚構の「近代」――科学人類学は警告する』はベストセラーとなっている。ラトゥールは科学社会学や科学人類学を専門領域とする研究を重ね，ミシェル・カロン，ジョン・ローらとともにアクターネットワーク理論の提唱者としての地位を確立するにいたっている。

② アクターネットワーク理論とは

　ラトゥールによれば，近代においてモノ（あるいは自然）は，人（あるいは社会）から切り離されて，人が働きかける単なる対象＝客体とされてきた（ラトゥールはこれを「純化」と呼ぶ）。しかし実はその背後で，人（社会）とモノ（自然）は深く絡まり合いながら，相互に「主体」として，すなわち「行為者（エージェント）」としてネットワークで結びつけられてきたのだという（ラトゥールはこれを「翻訳」と呼ぶ）。スマートフォンも，単に人が所有する対象＝客体であることを超えて，エージェンシー（行為者性）を帯びた主体となって，人びとの歩き方を生み出しているのではないか。今やホームで歩くという行為は，人の主体的行為としてあるのではなく，人とモノが織り成すハイブリッド（混淆的）な産物としてあるのだ。

　これについては，ラトゥール自身があげている逸話が分かりやすい。それは次のようなものである。ホテルのルームキーを持ち帰ってしまう顧客があとを絶たないことに業を煮やしたホテルの支配人がいた。鍵をわたすときに「フロントに返却してください」と口頭で注意したり，そのことを書いた札をつけたりしたものの，うまくいかない。そこで支配人は，キーチェーンをつけることにした。キーチェーンをつけてポケットに入れていると，顧客はポケットが気になってしまい，フロントに戻すようになったという逸話である。ここからわかるように，ルームキーを返すという行為を引き起こしたのは，顧客たち自身ではなく，キーチェーンというモノなのだ。

③ 観光のマテリアリティに注目する

　観光においても，このような人とモノの関係性を問うことが重要であろう。観光を考えていこうとするならば，観光客と移動体（飛行機，自動車，鉄道などのモノ）との関係性，観光客と移動中の携帯端末（スマートフォン，iPadなどのモノ）との関係性，ヒトと土産物（モノ）との関係性をはじめとする多様な関係性をとらえていくことが必要となる。

　たとえば私たちは旅行中に，多くの写真をのこす。その際，私たちはスマートフォンをもちいて撮影し，Instagram等にアップし，遠くにいる友人と共有し，その写真についてやりとりすることが当たり前になりつつある。そこでは，スマートフォンというモノが行為者となって，撮影する人，遠くにいる友人，スマートフォン，Instagramなどのプラットフォーム，それらを開発・提供している企業によるハイブリッドな結びつき（ネットワーク）が形成され，それが観光写真を撮影するという行為を実現せしめているのである。

　モノは，単なるモノであることを超えて，人，資本，技術，メディア，情報などと多種多様な関係を取り結んでいるのだといえる。　　　　　（遠藤英樹）

▷2　ラトゥールの理論については，以下の文献を参照。ラトゥール，B.，伊藤嘉高訳，2019，『社会的なものを組み直す──アクターネットワーク理論入門』法政大学出版局。久保明教，2019，『ブルーノ・ラトゥールの取説──アクターネットワーク論から存在様態探求へ』月曜社。

▷3　Latour, B., 1993, *La clef de Berlin et autres lecons d'un amateur de sciences.* Paris: La decouverte.

Ⅱ　新しい観光コミュニケーション論のためのキーワード

 再帰性

 個人化，自己決定，再帰性

　「再帰性（reflexivity）」とは，近代社会（とくに工業化が収束した1970年以降の先進国社会）の人びとの意識と社会のあり様を言い表した概念である。この用語は社会学者アンソニー・ギデンズの著作のなかで繰り広げられ，さらにその後，スコット・ラッシュやウルリッヒ・ベック等によって共有され，より深められた。彼ら3人に共通するのは，現代社会が「個人化過程」を原理とする社会だということである。再帰性には，個人が自分の生き方を絶えず省察しつつ自己決定していく「自己再帰性」といった内的過程と，自分を取りまく社会的制度を作り変えることに参与していく「制度的再帰性」といった外的過程があり，それらは同時に進行していくことになる。

　ここでいう「個人化」とは，思想や意識としての「個人主義化」のことではなく，「個人」の意思決定が次第に前面に現れていく過程のことである。工業社会の進化とともに，工業社会を支えていた階級や科学の進歩に対する信仰といった集合的な「意味供給源」が枯渇し，工業社会の集合的構造から「個人」が解放，放出されていった。

　ギデンズは核家族からの解放を，伝統の残滓としての嗜癖からの解放と愛情の個人化過程の産物として両義的に捉えている。ベックはさらにこのような「個人」が不確実性に覆われた「リスク社会」に投げ出されているがゆえに，個人の意思決定が既存の政治を揺るがす政治参加の形（ベックはこれを「サブ政治」と呼ぶ）として構築されるという。また，ラッシュは大量生産・大量消費に支えられた社会から，特化された生産消費への移行を特徴とする「再帰的モダニティ」のなかで，個人が消費において個性化された「趣味」の充実に，生産において個人の創意が「企画過程」に駆り立てられ疎外されていくと指摘している。[1] 以上のように，この3人の社会変動をめぐる認識の要諦は，「伝統」から「単純モダニティ」へ，そして「再帰的モダニティ」へと進んでいくといった3段階からなる概念構成であり，その変動を単純な発展史としてではなく（また，資本主義の破綻という唯物史観でもなく），モダンの進行の両義的過程として捉えた点にある。観光を「地域や文化の創造」か「伝統の破壊」かといった二項対立的過程としてではなく，両義的なものとして捉えるとき，「再帰性」の議論は欠かすことができない。

▷1　ベック，A.，ギデンズ，A.，&ラッシュ，S.，松尾精文・小幡正敏・叶堂隆三訳，1997，『再帰的近代化――近現代における政治，伝統，美的原理』而立書房。）

② 再帰的行為としての観光

　「再帰性」は，近代の啓蒙主義が生み出した「省察（reflection）」に加え，不確実性に満ちた「自己」と社会的「制度」の絶えざる作り変えに自己が関与することを意味する概念である。その限りにおいて，観光とは最も自己と社会の作り変えを要求される「再帰的」領域であるといえる。

　たとえば観光によって保存される伝統もそうである。1960年代後半から地元住民によって開始された木曽路妻籠宿の集落や町並み保存運動は，日本における伝統的町並み保全保存の流れのはじまりであった。「売らない，貸さない，壊さない」という3原則が住民のあいだで意志統一されたことからも，それが住民主体の運動であったことがわかる（これは現在でも継続されている）。また，この運動が観光利用を前提としたものであったことも注目に値する。ギデンズがイギリスにおけるヴィガンの埠頭の保存について述べたように，観光における伝統の保全や保護は，単にその時にあった「伝統」を守ろうとするだけではなく，（妻籠の場合は江戸に時代を戻されることで）「記憶の痕跡」のコラージュとして再創造される。すなわち，こういった観光による伝統の再興は，いったん人びとの「まなざし」によって見捨てられた場所から，自分たちの失った「伝統」を反省的に捉えかえし，「まなざし」を取り戻すことによって新たな「伝統」を創造し，そのうえで住民の絆を結び直すといった「再帰的」な運動なのである。

③ 再帰性，エンパワーンメント，存在論的不安，ジャガーノート

　以上のように再帰的社会論がいわんとする点は，不確実性が増す現代社会において，人は自己と社会のあり方を絶えず省察しつつ，その再生産や再構築に参与しようとする，いや，そうせざるを得ないということである。その結果，再帰性は「地域の文化」「アイデンティティ」「社会の創造」に寄与し，伝統を失った現代人の「存在論的不安」に応えようとする。このことが観光のもつ地域の「エンパワーメント」（自らの力を自覚し社会参加をしようとすること）の機能と呼応する。

　しかしながら，既出の3人がたびたび指摘するように，「再帰性」は一人歩きすることがある。再帰性が再帰性を呼び込み，知らぬ間に別の方向へと進み出すこともある。再帰性は限りなく知識が循環する運動のなかで「御者のいないジャガーノート（大型トラック）」と化す可能性も持っている。再帰性は，近代の合理的省察が個人の主体的社会創造を生み出す力でもあり，リスク社会（「不確実性」に満ちた社会）の産物でもある。

（須藤　廣）

▷2　1968年に「妻籠を愛する会」が結成され，町屋の解体復元，修理の計画を3年かけて実施した。

▷3　1976年には重要伝統的建造物群保存地区に指定されている。

▷4　ベック，ギデンズ＆ラッシュ，同前書，191-195。ヴィガンの埠頭の観光地化の両義的意味については J. アーリも『観光のまなざし 増補改訂版』（アーリ，J., & J. ラース ン，加太宏邦訳，2014，法政大学出版会）で触れている。

▷5　ギデンズ，A., 松尾精文・小幡正敏訳，1993，『近代とはいかなる時代か』自立書房。

▷6　ギデンズやラッシュは省察が止めどなく働き，ベックはリスクの意識がリスクを呼び込むという。

▷7　同前書，188-191。

参考文献

妻籠観光協会，2020，「日本初の重要伝統的建造物群保存地区〈中山道妻籠宿〉」，（2022年1月12日取得，http://www.tumago.jp/learn/）

Ⅱ　新しい観光コミュニケーション論のためのキーワード

 # 5 アイデンティティ

1 近代とアイデンティティ

　日常の生活時間をとおして，私たちが認識するほぼ同一な自己像のことを「自己同一性＝アイデンティティ（identity）」とよぶ。社会における属性感覚から同一性を問う場合は，「社会的アイデンティティ（social-identity）」，あるいは，そのなかの自己認識を問う場合は「自己（個人的）アイデンティティ（self-identity または personal-identity）」と，その概念を分割して理解してみることもできる。近代社会における移動の激化や役割の多様化はどちらのアイデンティティの感覚をも揺さぶることになる。「アイデンティティ」という感覚が人びとに意識されるようになるのは近代に入ってから（とくに第二次世界大戦後）であり，そもそも自己同一性を明確に定義する「アイデンティティ」なる用語は，1960年代に，心理学者エリク・エリクソンによって提起され，その後ひろく知られるようになったものである。より正確にいえば，社会と自己の同一性が疑われるようになった先進国の前期近代の終わりに「アイデンティティ」は発見されたのである。言い換えれば「アイデンティティ」とは，社会の不安定化と不確実性のなかで，反省的（事後的）に社会や自己を捉えようとする，人びとの意識のあり様を示唆するものといえる。

2 観光とアイデンティティ

　以上のように，不安定な環境における役割の多様性のなかで，その選択を迫られるときに「アイデンティティ」は前面化するといえるが，このような近代性の変容のなかで観光は，社会や自己に対する反省的な認識に一役買ってきた。社会的な所属意識，とくに近代に生まれた国民国家への所属意識は，「アイデンティティ」という用語以前に，第一次世界大戦前には創造されていたのである。国威発揚のための修学旅行，産業技術の発展を知るための各種博覧会などは，まさにその役割を果たしていた。外国人の観光客が増えた──といっても最大で4万5,000人程度ではあるが──1930年代には，日本人のアイデンティティを外国に向けて表現する和洋折衷の国際観光ホテルが政府の命を受けて数多く作られた。また，日本ではじめて国立公園が制定されたのも1930年代であった。観光事業は第二次世界大戦前に，社会的アイデンティティの創造に大いに動員されていたのである。そして戦後においても，1964年の東京オリンピッ

▷1　「社会的アイデンティティ」とは社会から期待される個人の役割を指していることもあるが，ここでは個人が属する集団が共有する同一性を指す。

▷2　「自己アイデンティティ」の主要要素に，自己が属する「社会集団に対する共有された定義」があるともいえるが，ここでは両者を分けて考えよう。

▷3　エリクソン，E., H., 岩瀬庸理訳，1973，『アイデンティティ──青年と危機』金沢文庫。

▷4　ここでは進歩，平等，発展の神話が成立していた時代を「前期近代」と呼ぼう。

▷5　老川慶喜，2017，『鉄道と観光の近現代史』河出書房。

ク，1970年の大阪万国博覧会は「社会的なアイデンティティ」の醸成に寄与していった。

　その一方で，観光が「自己アイデンティティの涵養」へと関与するのは1970年以降であろう。万博後の観光需要の落ち込みを補うための「ディスカバー・ジャパン・キャンペーン[6]」は，日本人の自己アイデンティティ形成（とくに女性の自己アイデンティティ形成）に踏み込むものであったといえる。このキャンペーンは国鉄と広告代理店電通とのあいだで行われた研究会で提案されたものであるが，そのキャッチフレーズは小説家・川端康成の言葉をもじった「美しい日本と私」であり，「見るだけの旅」から「日本を発見し自分を再発見する旅」への移行がコンセプトであった[7]。まさに「日本人」という社会的アイデンティティと「私の心との出会い[8]」といった自己アイデンティティとが結びついたプロジェクトであった[9]。それは自己アイデンティティが揺らいだ「ポストモダンの入口」たる1970年代にふさわしい，観光からの提案であった。

　それ以降の，日本におけるバックパッカーのはしりともいえる（「カニ族」と呼ばれた若者の）北海道旅行のブーム，1980年代以降の国境を超えたバックパッカーのブームもこの延長線上に位置づけうる[10]。こうして1970年以降，観光は日本人の，とくに「自己アイデンティティ」の形成に関与していったのである。

図Ⅱ-1　由布院住民のアイデンティティの証であり，観光の中心地でもある金鱗湖

出所：筆者撮影（2017年8月28日）。

③ 社会的アイデンティティと観光の再会

　以上のように観光と社会的アイデンティティは，おもに観光者のアイデンティティ形成に結びついていたが，これに加え1990年以降は，観光地住民の観光まちづくりへの参加等により，観光は住民の社会的アイデンティティの涵養とも結びついていった。ここにおいては，観光業者や行政主導の地域創生キャンペーンはもとより，観光地住民の主体的参加が盛んになったことにも目を向ける必要がある[11]。観光は行政主体の「上からの」，および住民主体の「下からの」社会的アイデンティティ創造（社会的紐帯の模索）に不可欠の要素となっていったのである。

　しかしながら他方で強調しておきたいのは，「アイデンティティ」とは元からある「本質」ではなく，人びとの実践のなかから事後的に構築されるものだという点である。アイデンティティ＝同一性は実在するというよりも想像上のものであり，絶えず揺れながら更新されていくものである。したがって観光がつくりだすアイデンティティもまた，一つの幻想であり，だからこそ，それを共有する人びとの紐帯を生み出すものであり，同時に壊れやすいものでもある。

（須藤　廣）

▷6　Ⅵ-1「ディスカバー・ジャパン」参照。
▷7　森彰英，2007，『「ディスカバー・ジャパン」の時代——新しい旅を創造した，史上最大のキャンペーン』交通新聞社。
▷8　森，同前書，43。
▷9　1978年からのこのキャンペーンのテーマソングである「いい日旅立ち」（山口百恵が歌った）の歌詞はこのアイデンティティ探しをテーマにしている。
▷10　バラエティ番組のなかでバックパッカー旅をドキュメント風に演じた猿岩石が歌った『白い雲のように』（1996）の歌詞からも，当時のバックパッカー旅のアイデンティティ探しのあり様が分かる。
▷11　バブリーな観光開発に対する反対運動から主体的まちづくりが始まった由布院の例はテレビ番組でも何度も取りあげられ注目を浴びた。

（参考文献）

上野千鶴子編，2005，『脱アイデンティティ』勁草書房。

Ⅱ　新しい観光コミュニケーション論のためのキーワード

虚構的リアリズム

1　「理想の時代」から「夢の時代」「虚構の時代」へ

　見田宗介は『社会学入門』において，日本が戦後からたどってきた時代を「理想の時代」「夢の時代」「虚構の時代」へと区分している[1]。彼はその際に「現実」という言葉の反対語として，社会のなかで各時代にどのような言葉——「理想」「夢」「虚構」——に価値が置かれていたのかという点に注目する。

　戦後，日本は朝鮮戦争の軍需景気をきっかけに，焼け跡からの復興を果たしていく。それは，政治的にはアメリカン・デモクラシーやソビエト・コミュニズムの「理想」に導かれ，新しい日本の建設を目指そうとした時代である。

　そしてその後，日本の経済成長は持続し，「高度経済成長」の時代がはじまる。とくに東京タワーの建設 (1958年)，東京オリンピックの開催 (1962年)，大阪万博の開催 (1970年) は日本に特需をもたらしたばかりではなく，時代の特質を明確にする象徴的な意味をも与えるものであった。「夢の時代」とは，現実はまだ豊かではないが，社会的には「夢」という言葉に価値がおかれた時代である。

　しかし日本を「豊かな社会」にした高度経済成長も，1970年代半ばには終焉を迎える。その結果，物質的には豊かになったにもかかわらず，心に何か満たされないものが残っていると人びとは思いはじめる。調査においても，この頃から「ものの豊かさ」をもとめる人の割合と，「こころの豊かさ」をもとめる人びととの割合が逆転しはじめるのである[2]。現実としては何か満たされないものを抱えつつも，その満たされないものを，テレビなどのメディアが提供してくれる虚構の楽しさで埋める傾向が顕著となり，社会は「虚構」という言葉に大きな価値をおくようになっていくのである。

2　「虚構の時代の果て」から「不可能性の時代」へ

　だが1990年代頃から，メディアのあり方にも変化が訪れる。テレビを中心としたメディアの力が弱まり，ウェブを中心としたメディアへと移行する時代へとなっていくのである。ただ当時は，ウェブを中心としたメディアもまだそこまで大きな力をもっていない時代であった。その時代を，見田宗介の教えをうけた大澤真幸という社会学者は，「『虚構の時代』の果て」と名づけている[3]。

　では2000年代以降，日本の社会はどのような時代になっていったのだろうか。

▷1　見田宗介, 2006,『社会学入門——人間と社会の未来』岩波書店。

▷2　この調査については，内閣府による「国民生活に関する世論調査」を参照。

▷3　大澤真幸, 1996,『虚構の時代の果て——オウムと世界最終戦争』筑摩書房。

その頃，私たちが生きる社会では，人・モノ・資本・情報・イメージなどが世界中を動きまわるグローバルな社会となっていく。そのなかで貧富の格差も拡大し，テロ事件や感染症の拡大など，様々なリスクが社会をおそうようになる。それによって近代社会がこれまで築きあげてきた社会秩序や，人と人の絆が失われていき，価値観が大きく揺らぎはじめるようになっていったのである。ドイツの社会学者ジグムント・バウマンは，このことを，社会の「液状化」と表現している。今まで確かなものだと信じて疑わなかった，社会秩序や絆が揺れ動くようになった社会。——それはまるで，地震で液状化していまっている大地のようであり，そのなかで一人一人の大切な人生も，まるで「使い捨て」のように捨てられることさえあると，彼はいう（バウマンはそれを「廃棄された生」と呼ぶ）。

人と人の絆が「液状化」するなかで失われていくとき，人びとはそれに代わって新たなかたちで絆を提供してくれるものを求めるようになる。現実は「液状化」の社会に生きているが，そうした自分たちの絆をつなぎとめ，一人ひとりを大切に扱おうとするコミュニケーションを人は求めるようになっていくのだ。だがそれは結局，これまでも誰も獲得しえなかった「不可能なもの」に過ぎない。その時代を大澤は，「不可能性の時代」と呼ぶ。

③ 虚構的リアリズムの時代

そして時代は，さらに進んでいく。2010年代以降の現代，それは「虚構」と「実在」が同期化（シンクロ）する時代だといえよう。たとえば，初音ミクをはじめとして，ウェブ上のクラウドにおいて成立したキャラが，多くの人びとを惹きつけ，アイドル化していくようになる。現代社会において「虚構」は，もはや「現実」の反対語として機能しなくなっている。むしろ「現実」は，「虚構」という回路をつうじてはじめて実現されるものとなっているのである。

観光の領域でも，人びとはそういった時代を生きてはじめているのだといえよう。たとえばユニバーサル・スタジオ・ジャパン等のテーマパークでは3D技術をもちいて，人がそれほど動いていないのに，実際に動いている以上にスリリングな体験を提供するようなアトラクションが登場している。また新型コロナウイルス感染症（COVID-19）をきっかけに，私たちはZoomなどバーチャルなテクノロジーをもちいて，観光しようとする試みも生まれている。

デジタルな虚構はリアルなものとともにあってはじめて，その存在意義をもち，リアルなものもデジタルな虚構の回路をつうじてはじめて実現される。観光の領域でも，**虚構的リアリズム**の時代がはじまろうとしているのである。

（遠藤英樹）

▷4　Ⅰ-2「ツーリズム・モビリティ」参照。

▷5　バウマン，Z., 森田典正訳, 2001, 『リキッド・モダニティ——液状化する社会』大月書店。

▷6　バウマン，Z., 中島道男訳, 2007, 『廃棄された生』昭和堂。

▷7　大澤真幸, 2008, 『不可能性の時代』岩波書店。

▷8　虚構的リアリズム
フレドリック・ジェイムソンがその著『ポストモダニズム——後期資本主義の文化理論』において，ルネ・マグリットの絵画「赤いモデル」について述べた「魔術的リアリズム」を念頭に置き，現代社会を浮彫しようとして筆者が用いた概念である。Jameson, F., 1991, *Postmodernism, or, the Cultural Logic of Late Capitalism*. Durham: Duke University Press.

Ⅲ　観光コミュニケーションがもたらすイシュー

権　力

1　奇妙な力

　旅先で，不気味な偶然を感じることは珍しくない。行きの飛行機に居合わせた人が，帰りの便にも乗っている。朝の市場で見かけた人に，教会の塔のてっぺんや噴水広場でも出会う。自分の意志で行先を決めて自由に観光しているつもりなのに，不思議な力に促されるように他の誰かと同じ行動をとってしまう。このような厄介な力を「権力」という。それは観光コミュニケーションのみならず，現代社会の諸問題を解明するために不可欠の概念である。

　権力は研究対象として，決して新しくはない。哲学や歴史学，政治学などの分野では，国家権力や暴力，経済力などが古くから研究されてきた。数値化され，明文化され，目に見えるこれらの力は，確かに私たちの生き方や社会のあり方に大きくかかわっている。権力論の新たな地平を切りひらいたのは，ミシェル・フーコーである。彼は，目に見えない権力を告発した。

2　見えない権力

　フーコーは，18世紀イギリスの思想家ジェレミー・ベンサムが考案したパノプティコンと呼ばれる監獄を分析し，その特徴を一望監視の空間構造に見出した。看守からは囚人の動きが見えるのに対し，囚人から看守の存在を確認することはできない構造になっている。囚人は自分が監視されているかどうかを知ることができず，次第に自分で自分を管理しはじめるというのだ。このような権力の形態をフーコーは規律訓練型と呼んだ。

　フーコーが卓抜なのは，このような規律訓練型権力が監獄という特殊な空間から日常空間へと広がっている点に近代社会の本質をみたことである。浅田彰はそれを，監督者が不在の教室にたとえた。監督している教師の姿が見えないとき，学生たちは教師による監視のまなざしを内面化し，次第に自分で自分を律するようになる。見えない権力によって，彼らは自発的に規律訓練化されていく。

3　促す権力

　フーコーの権力論のもう一つのユニークさは，権力を「主体」概念とセットで論じたことにある。監獄における囚人や，教室における学生は，権力に従う

▷1　フーコー，M.，田村俶訳，1977，『監獄の誕生──監視と処罰』新潮社。

▷2　浅田彰，1983，『構造と力──記号論を超えて』勁草書房。

▷3　Covid-19感染拡大状況における「自粛警察」などはその好例といえよう。

(be subject to) ことによって，模範的な主体（subject）になっていく。一見すると真逆とも思える「従属」と「主体」とが共存しているというのだ。

前近代における権力は，禁止し，抑圧する力であった。人が一人前の主体であることを否定する方向へと力が働いた。それに対してフーコーは，近代的な権力とは，生かし，肯定し，可能ならしめる力であると考えた。公衆トイレの貼り紙を思い出してみてほしい。「いつもきれいにご使用いただきありがとうございます」と書かれた慇懃なあれだ。他人の迷惑を考えない利用者を抑圧するのではなく，「あなたならきっと大丈夫」とばかりに配慮を促す。

近代の権力は，私たちの何気ない生活の場に遍在している。それが権力であると見定めることは難しく，だからこそ厄介なのだ。

4 環境管理型権力

こんにち，権力の網の目はさらに変容し複雑化している。東浩紀は現代社会における権力の特徴を環境管理型と名づける[4]。

コンサートホールでは，携帯電話の着信音は論外だ。規律訓練型の権力であれば「携帯電話の電源をオフにしましょう」（いつもオフにしていただきありがとうございます！）と促すことだろう。しかしそんなまどろっこしいアナウンスはもはや不要だ。ホールは電波が届かない設計になっている[5]。

ホームレスを排除するようにデザインされたベンチ，たむろする若者を寄せつけないためのモスキート音，飲食店の回転率を高めるための座りづらい椅子，自動車のスピードを緩めさせるために不自然にカーブした道路。環境による管理が先回りすることで，私たちの「主体的」な配慮は無力化される。そこでは，私たちはもはや規律訓練化された立派な人間である必要などないのだ。

5 権力で読み解く観光コミュニケーション

完璧な監視と管理が行き届いた現代社会の縮図とでも言うべき状況を，ディズニーランドに見出すことができる。能登路雅子によれば，ランドでは城を中央に配置することでゲストの視線をそこに引きつけ，入り口付近に彼らが滞留して混雑するのを回避している[6]。ゲストの視線や導線を巧妙に管理する空間的な仕掛けがいくつも施されており，それらをディズニー社は「ウィニー」[7]と呼んでいる。ランドに足を踏み入れた次の瞬間から，楽し気な音楽が耳に響き，ポップコーンの甘やかなフレーバーの香りが漂ってくるのに私たちは気がつく。キャストもゲストもなぜかみんな善人に見えてくる。

権力が隅々にまで張りめぐらされている状況において，権力論は社会を読み解き，批判的距離をとるための重要な武器である。権力は優しい顔をしている。心が弾み，揺れ動いた瞬間にこそ，権力が働いているかもしれない。楽しさに満ちた観光コミュニケーションは権力の現場である。　　　　（高岡文章）

▷ 4　東浩紀，2002，「情報自由論――データの権力，暗号の論理③　規律訓練から環境管理へ」『中央公論』117(9)，254-263。

▷ 5　いわゆる「振り込め詐欺」を防止するためにATM付近に設置された携帯電話の電波遮断機能もその例の一つに数えることができるだろう。もちろん犯罪防止には有益ではあるが，そこに（見えない）権力が働いていることには意識的でありたい。

▷ 6　能登路雅子，1996，「ディズニーランドの巡礼観光――元祖テーマパークのしかけ」山下晋司編『観光人類学』新曜社，93-102。

▷ 7　もともとは動物映画を撮影する際，動物に演技をさせるために用いるウィンナーソーセージを指す言葉である。

Ⅲ　観光コミュニケーションがもたらすイシュー

 2 空　間

▷1　文化論的転回
おおよそ1980年代後半以降にはじまる研究潮流で，記号論，（ポスト）構造主義，解釈学などをベースとして，文化を社会的に構築されたものと理解し，表象の政治性などに注目した研究がなされている。

▷2　空間論的転回
この議論での空間は，座標システムで記述可能なデカルト的概念ではなく，社会／物質的な諸実践をつうじて構成される社会の構築物として考えられている。

▷3　Ⅻ-1「ジョン・アーリ」参照。

▷4　アーリ，J.，加太宏邦訳，1995，『観光のまなざし──現代社会におけるレジャーと旅行』法政大学出版局。

▷5　Goss, J., 1993, Placing the Market and Marketing Place: Tourist Advertising of the Hawaiian Islands, 1972-92. *Environment and Planning D : Society and Space*. 11, 663-668.

▷6　Duncan, J. & D. Gregory, 1999, Introduction, In Duncan, J. & D. Gregory eds., *Writes of Passage : Reading Travel Writing*, London: Routledge, pp. 1-13.

1 観光と空間

　観光は，出発地の空間から目的地の空間への空間的移動をともなっている。観光とは空間的な現象なのである。こうした観光の空間的な様相については，とくに地理学において長らく探究されてきた。観光客の空間行動，観光関連の施設・産業の空間的立地，観光空間の創造，そして特定の空間への観光がもたらすインパクトなどといった点が検討されてきたのである。

　このような空間に注目した観光の検討は，とくに1990年代に入ってから，**文化論的転回**[1]と呼ばれる文化に焦点をあてた学際的な知的潮流とも連動するなかで実践されるようになった。この文化論的転回における議論は，グローバリゼーションが進行する資本主義社会における空間的特徴などについて考える，**空間論的転回**[2]とよばれる空間への注目と深く関係していた。こうした状況において，観光の空間的な様相は，文化と政治・経済の関わりや，文化の移動といった視点から検討されるようになったのである。ここではとくに，文化論的視座から，観光がなされる空間である観光空間の特徴について考えてみたい。

2 他なる空間

　ジョン・アーリ[3]は，社会的に組織化されている「観光客のまなざし」の対象とされるのは，日常と対比される非日常のものだと指摘している[4]。この考えによれば，観光空間には，観光客にとっての非日常性があることになる。こうした観光空間の特徴は，「他性」という用語でもしばしば語られる。たとえばハワイの観光パンフレットでは，楽園や女性などの比喩によって他性の場所イメージを喚起することで観光客を惹きつけようとしていることが論じられている[5]。観光をつうじた経済振興のためには，魅力的な他性のイメージを喚起することが重要なのである。

　そしてこの他性に注目すると，観光空間の政治的な側面も浮き彫りになってくる。たとえば，帝国主義時代における植民地のイメージは，西洋人にとっての他所として形作られ，その内容が彼／彼女らに欲望とファンタジーを与えると同時に，西洋による征服を正当化するものとなっていたことが指摘されている[6]。観光空間における他性のイメージは，具体的な権力関係を背景に，政治性をはらんだものとなる場合があるのである。

3　出会いの空間

　観光空間の特徴としては，出会いもある。観光空間とは，様々な人やモノなどと，観光客が出会う空間なのである。移動のなかで生じるこうした出会いは，観光空間において混じり合いを生み出す。この異種混淆は，ときとして観光客を惹きつける他性となる。たとえば，帝国主義時代に植民地を旅行した西洋人観光客は，自国を想起させるものと異国的なものの混じり合った対象に魅力を感じていたことが指摘されている[7]。また，その混じり合いに，政治性が潜んでいる場合もある。たとえば，近代期におけるリゾートのような一部の空間では，女性，外国人，田舎，植民地といったものが象徴的に結びつけられ，これらが国家による国内統治と帝国主義の戦略と親和的になっていたと論じられている[8]。出会いの空間としての観光空間は，前項で指摘したように，魅力を感じさせる場であるばかりでなく，文化的な政治の場となる可能性があるのである。

4　矛盾した空間

　観光がなされる空間の特徴としては，矛盾もあげることができる。観光空間には非日常性や他性といった特徴があることを論じたが，そこには日常性も認められるのである[9]。またマイク・フェザーストンは，このような空間に，管理と脱管理という矛盾した性質を見出して，そこを秩序化された無秩序の空間であると指摘している[10]。まったくの非日常の他なる空間であれば，安全は脅かされ，楽しみのためのコードも理解できないが，また，なにがしかの非日常性がなければ観光客にとっての魅力はなくなってしまう。すなわち，観光空間を成立させるのは，この矛盾した両義的な性質であると考えられるのである。こうした観光空間の特徴については，資本主義社会において生産される社会空間が均質化と同時に差異化を求める矛盾した空間であることを指摘したアンリ・ルフェーブルも，この矛盾した傾向をとりわけ余暇の空間に見出すなかで言及している[11]。

5　複雑かつ動的な観光空間の理解へ向けて

　観光空間について考える際に重要な観点として，移動に関するものもある。観光地は多様な移動によって創造されたり壊されたりしており，そこは複雑な関係のなかで動的に変わりゆくものである[12]。また観光空間は，何らかの領域として境界を描けるようなものではなく，ゆらぎのある流動的なものであり，それは特定のロケーションに固定されたものでもない。観光は，2000年頃から注目された**移動論的転回**[13]と呼ばれる議論においてしばしば検討された現象であるが，観光空間の特徴についても，その複雑かつ動的なあり方に焦点をあてた理解が求められるであろう。

（神田孝治）

▷7　Duncan, J., 1999, Dis-Orientation : On the Shock of the Familiar in a Far-Away Place, In Duncan, J., & D. Gregory eds., *Writes of Passage : Reading Travel Writing*. London: Routledge, 151-163.

▷8　ストリブラス．P．＆ホワイト．A.，本橋哲也訳，1995，『境界侵犯──その詩学と政治学』ありな書房。

▷9　Rojek, C., 1999, Indexing, Dragging and the Social Construction of Tourist Sights, In Rojek, C. & J. Urry eds., *Touring Cultures : Transformations of Travel and Theory,* Routledge, 52-74.

▷10　フェザーストン，M.，川岬賢一・小川葉子編訳，1999，『消費文化とポストモダニズム』恒星社厚生閣。

▷11　ルフェーブル，H.，斉藤日出治訳，2000，『空間の生産』青木書店。

▷12　Sheller, M., & J. Urry ed., 2004, *Tourism Mobilities : Places to play, Places in play,* London and New York: Routledge.

▷13　移動論的転回
1990年代後半頃からの人文・社会科学においては，構造から出来事へ，必然性から偶然性へ，表象・記号から身体・行為へと議論の焦点が移ると同時に，静的で固定したものから動的で流動的なものへと関心が変化した。こうした動向と深く結びつくなかで，移動に注目した移動論的転回と呼ばれる潮流が生じた。

Ⅲ　観光コミュニケーションがもたらすイシュー

 3 文　化

1　観光コミュニケーションにおける文化とは何か？

「観光コミュニケーションにおける文化とは何か」と聞かれて，具体的に何を思い浮かべるだろうか。もちろん，その目的地や目的によって異なるだろう。ヨーロッパなら，美術館や博物館，コンサートホールやオペラハウス，劇場，アメリカなら，独特の消費文化，ジャズやブルースのような音楽やファッション，東南アジアの国々ならばその国の民族芸能，音楽や舞踏，工芸品といったものが浮かぶだろう。あるいは，もっと人々の日常生活に根差した衣食住の様式のようなものを想像するかもしれない。最近では，ポピュラー音楽や映画のロケ地，アニメなども観光の新しい文化資源として活用されている。こう見ると観光コミュニケーションにおける文化が極めて広範な領域にまたがっている[1]。

2　文化という概念の多様性

このことは，文化という概念が本来持っている多義性に由来している。レイモンド・ウィリアムズは，文化（culture）が，英語において三本の指に入る複雑な語であることを指摘している[2]。それは，文化という語が英語のみならずヨーロッパ語圏において歴史的に異なる発展をしてきたことによる[3]。

しばしば高級文化と呼ばれる古典文化。時にエキゾティックと形容詞が冠らされる非西洋の文化。衣食住を含む生活様式。大衆の登場とメディア技術の発展と結びついた大衆文化。移動と接触が生み出す異種混淆の文化実践。こうした文化はそれぞれ異なった時代と起源をもち，しばしば，矛盾し，時に緊張関係を孕みながら地理的にも空間的にも固有の文化を編成してきた。特に，観光とはこうした異なる文化が再編される領域だったのである。

3　真正性と「疑似イベント」：旅行の文化と観光の文化

観光コミュニケーションに関する文化の議論の中で，出発点とすべきはよく知られたブーアスティンの「疑似イベント」の議論である[4]。ブーアスティンは，19世紀によって広がった観光とそれ以前の旅行や冒険を区別した。その議論によれば，旅行代理店によってお膳立てされた観光は，もともと旅行が持っていた本物の経験を失ってしまい，疑似イベントになってしまった。「今日では観光客は外国そのものを見るのではなく，そこにある観光客用に作られたものの

▷1　観光コミュニケーションの文化の領域の広がりについては，「Ⅹ　新たな『文化』が問いかけるもの」を参照。

▷2　ウィリアムズ，R.，椎名美智，武田ちあき，越智博美，松井優子訳，2011，『完訳キーワード辞典』平凡社。

▷3　Cultureという語は，ラテン語のcolereに由来し，ここから派生した語に「農業」agricultureや「耕す」cultivateがある。転じて，精神を耕す，育成するという意味での「文化」という概念が生まれた。

▷4　ブーアスティン，D.J.，星野郁美，後藤和彦訳，1964，『幻影の時代——マスコミが製造する事実』東京創元社。

ほうを見ているにすぎない[45]」というのである。

4　観光による文化の再創造

けれども，最近の観光人類学の知見は，観光が一方的に観光以前に存在していた文化を破壊したり損なったりするのではなく，観光によって伝統文化が再生されたり，観光客との交流によって新しい混淆的な文化が生まれることを示している。たとえば，インドネシアのバリ島は音楽やダンスなどの芸能や絵画など豊かな文化で知られているが，その多くは，オランダの植民地時代に西洋人との交流で発展した。こうした新たに生成された文化は観光客だけではなく，バリ島の住人にも広く受け入れられた。今では，こうしたバリ島の文化は観光資源であるだけではなく，インドネシアのナショナリズムの形成にも大きく寄与している[46]。

観光の文化には観光客以外にもさまざまなアクターが実際に関わっている。旅行代理店やガイド，交通機関は言うまでもないが，観光地で宿泊業，飲食店，土産物店，美術館や博物館，ギャラリー，コンサートホール，ライブハウス，劇場など文化施設で働く人々，観光地で観光以外の産業に従事する人たちが，交錯し，新しい文化を生成する「接触領域[47]」でもあるのだ。

5　観光という文化

観光が後期資本主義を迎える先進国の重要な産業となり，生活の一部になると観光における文化と同じように観光が私たちの生活や思考様式の一部，文化となりつつある。労働と余暇の区分がゆっくりと融解し，居住よりも移動が私たちの生活の支配的な生活の様式となりつつある現在，日常生活と非日常の経験である観光もシームレスにつながりつつある[48]。

ジェームズ・クリフォードは，文化人類学者のフィールドワークが，ホームから切断されたフィールドに限定されるのではなく，ホームとフィールドの間の道程（ルーツ）が重要であることを指摘した[49]。これを踏まえれば，観光という営為は今では観光地という限定的な空間のみで経験されるのではない。むしろ，観光は観光をめぐるメディアの経験，テレビや雑誌，インターネットを通じた観光情報の収集や旅行の準備の中に始まり，観光から戻ったあとの片づけや写真や資料の整理，そしてその経験を記憶として維持していくという一連の経験の中でシームレスに形成されるものとして理解するべきだろう。

その一方で，観光地における文化的経験も即座にツイッターやインスタグラムのデジタルデータに変換されて観光地の外側で体験されることになる。人々は，ソーシャルメディアにアップすることを目的に観光に行くようになりはじめているようにさえ見える。こうしたメディアの経験は，むしろ一次的な経験となりつつあるのだ[410]。

（毛利嘉孝）

▷5　ブーアスティン，同前書，113。

▷6　山下晋司「〈楽園〉の創造――バリにおける観光と伝統の再構築」山下晋司編『観光文化学』新曜社，92-97。

▷7　「接触領域」contact zone とは，メアリー・ルイーズ・プラットが提唱した概念。もともとは植民地主義や帝国主義の拡大の中で異なる文化が出会い，衝突し，格闘する領域，辺境的・先端的空間を示していた。Pratt, M. L., 1992, *Imperial Eyes : Travel Writings and Transculturation.* London: Routledge.

▷8　クレーリー，J., 岡田温司完訳，石谷治寛訳，2015年『24/7――眠らない社会』NTT出版．及び Ⅴ-12「ホスピタリティ」，Ⅷ-4「ジョナサン・クレーリー」を参照。

▷9　クリフォード，J., 毛利嘉孝，柴山麻妃，福住廉，有元健，島村奈生子，遠藤水城訳，2002，『ルーツ――20世紀後期の旅と翻訳』月曜社。

▷10　ボードリヤール，J., 竹原あき子訳，2008，『シミュラークラとシミュレーション』法政大学出版局。

Ⅲ　観光コミュニケーションがもたらすイシュー

4　貨　幣

❶　交換，あるいは価値が表現される形式(フォルム)

　資本主義における貨幣の「価値」のあり方を突き詰めて考える際に，ドイツの社会思想家カール・マルクスの「価値形態論」は有効な視点をあたえてくれる。マルクスは，貨幣の「価値」をその内実(コンテンツ)からではなく，交換という，価値が表現される形式(フォルム)から考える。たとえば，アップル社という会社が販売している携帯型デジタル音楽プレイヤーに iPod という商品がある。この iPod という商品一つには，1万円の"価値がある"という。

　このとき1個の iPod と一万円には"同じ価値がある"とされるが，それはいったいなぜなのか。これを考えるにあたって，マルクスは発想の転換を行なっている。二つの商品に「同じ価値がある」から交換するのではなく，二つの商品を交換＝等置するから「同じ価値があるかのようにみえる」。彼はそう主張するのである。

　相互に交換するからこそ，そこに「価値」が宿りはじめるのであって，その逆ではない。「価値の内実(コンテンツ)」すなわち「価値存在」は，つねに幽霊のようにあやふやな対象であり，交換という形式(フォルム)すなわち「価値形態」をとらずに現れてくることは決してない。実際には等価であろうがなかろうが，商品は交換されることによって「同じ価値がある等価物」となる。商品にとって重要な「魂」ともいうべき価値の内実(コンテンツ)とは，他のモノと交換されることで，他のモノの「物質（＝身体）」の形をとってはじめて表現されるものなのである（1個の iPod の価値は，1万円紙幣というマテリアルなモノのかたちで表現される）。すなわち交換という形式(フォルム)において，「〈自己〉の"魂"（価値）」は，「〈他者〉の"身体"（マテリアルなモノ）」のかたちで「取り違え(quid-pro-quo)」的に表現されるのだ。

❷　コミュニケーション・システムとしての貨幣

　マルクスはこの点において，貨幣がまさに言語と同じようなコミュニケーション・システムであると述べる。すなわち「1個の iPod＝1万円」といった形式(フォルム)において価値が表現されているように，ある商品は，みずからの価値を，当該の商品自体のマテリアルな外見（使用価値）とはまったく違う，一つの貨幣（たとえば円という通貨）によって表現している。マルクスはそれを「商品語」と命名する。つまり商品というモノは，貨幣というモノをもちいて，交換

▷1　マルクス，K.，岡崎次郎訳，1972，『資本論1』大月書店。

▷2　商品交換においては，自己は他者によって，魂は身体によって「取り違え(quid-pro-quo)」的に表現される。このことについて20エレのリンネル＝1着の上着という交換を例にとって，マルクスは次のように述べている。「ボタンまでかけた上着の現身(うつしみ)にもかかわらず，リンネルは上着のうちに同族の美しい価値魂を見たのである」（マルクス，同前書，100）。

という形式のなかでみずからの価値を表現する。マルクスが「弁証法的唯物論（dialectical materialism）」を標榜するのは，こうした「対話するモノ（dialogical materiality）」のあり方に注目するからだ。商品がみずからの価値を表現しようとする，交換という社会的な形式は，マテリアルなモノ＝貨幣として物象化されて現れるのである。

　このように考えるならば，観光において通貨を換金するとき，私たちが何を行っているかも明らかになる。たとえばアメリカ合衆国に旅行したとしよう。空港で円をドルに換金するとき，私たちは無意識に，円という通貨（コミュニケーション・システム）をもちいて交換を成立せしめている日本社会と，ドルという通貨（コミュニケーション・システム）をもちいて交換関係を成立せしめているアメリカ合衆国社会の境界に足を踏み入れているのである。円とドルによる，二つのコミュニケーション世界の「　間　」へと，私たちは，みずからを揺曳させはじめているのだ。

3 「間」を揺蕩うこと

　観光の愉悦とは，このような社会的なコミュニケーション世界の「　間　」を揺蕩うことにある。とくに海外に観光に出かけたときにはそうであろう。自分の暮らす社会が成立せしめている文化，規則，言語，貨幣などのコミュニケーション・システムはもはや通用しない。観光地にいるときには，私たちは観光地における社会が成立せしめている文化，規則，言語，貨幣などのコミュニケーション・システムにそって行動しなくてはならない。ただし，それはあくまで一時的なものであり，観光客である限り，いつか自分の暮らす社会に帰るべき存在である。二つのコミュニケーション世界の「　間　」＝両義性を揺蕩いつつ，自分たちの社会のあり方を相対化していくことが，海外旅行の楽しさであろう。

　社会学者でもあり哲学者でもあったゲオルグ・ジンメルが書いたものに，扉の両義性に論及した「橋と扉」というエッセイがある。「扉」は外界と室内の境界をつくり，室内を閉ざすものである。と同時に，それは外界と室内を繋ぐものである。私たちは「扉」をつうじて境界を越え，室内から外界へと出ていく。まさに扉は，「閉ざすもの」であると同時に「開くもの」「分離するもの」であると同時に「結合するもの」「境界をつくるもの」であると同時に「境界を越えるもの」なのだとジンメルはいう。

　これを踏まえていえば，空港等にある換金所は，貨幣という側面で二つのコミュニケーション・システムによる世界を分離しながら結合している「旅の扉」なのである。観光コミュニケーションの特徴は，そういった「旅の扉」に濃厚に現れるのではないだろうか。

（遠藤英樹）

▷3　物象化とは，社会的な関係が，モノのかたちをとって現れることをいう。

▷4　ジンメル，G.，北川東子，1999，『ジンメル・コレクション』筑摩書房。

▷5　ただし近年では，観光においてクレジットカードやスマホ決済アプリを使用する機会が増え，空港等で換金した貨幣の額も減りつつある。そのなかで見えてくる社会におけるコミュニケーション世界もまた，変容せざるを得なくなるだろう。そのことを今後は考察していく必要がある。

Ⅲ　観光コミュニケーションがもたらすイシュー

交　通

1　馬車における談笑

　乗り物は，移動する時間や空間を圧縮するのみならず，移動中のコミュニケーションにも大きくかかわっている。本節では，交通とコミュニケーションについて検討してみよう。

　ヴォルフガング・シヴェルブシュは『鉄道旅行の歴史[1]』において，19世紀ヨーロッパに誕生した鉄道が当時の人びとの意識や感覚とどのように共振していたのかを鮮やかに描きだしている。豊富な資料にもとづいた創意あふれる分析は，文化史や社会史における記念碑的著作であると同時に，観光コミュニケーションをめぐる先駆的な研究として位置づけることができる。

　鉄道時代に先立つ17世紀のヨーロッパでは，馬車旅行が普及した。馬車の車体はＵ字形になっていて，乗客は同乗者と膝を突き合わせて座り，長時間におよぶ会話に花を咲かせた。シヴェルブシュによれば，当時の都市に台頭したコーヒーショップやクラブ，劇場などと同様に，馬車は市民どうしのコミュニケーションの場でもあった。

2　鉄道の楽しみと苦痛

　19世紀イギリスにおける鉄道の誕生は，旅行中の談笑に終止符を打つ。同乗者との会話に代わって，車窓からの眺望が移動中の体験を支配した[2]。車窓から見る風景とともに乗客の感覚を捉えたのが，車内での読書である。鉄道による移動は，馬車と比べて格段に揺れが少なく，単調ですらあった。鉄道が開通してまもなく，イギリスの駅構内には書店が置かれた。はじめは小説が鉄道旅行の必需品となり，その後，新聞が加わった。

　こうして車内でのふるまいは，「話す」から「見る」や「読む」へと変わった。乗り合わせた客どうしは，もはや束の間の友人とはみなされない。馬車時代の名残りで向かい合わせに配置された鉄道の座席は，今では耐えがたい苦痛の場となる[3]。

3　車内のコミュニケーション戦略

　鉄道は旅行中の談笑を終焉させたが，そこには新たなコミュニケーションが生まれた。エドワード・ホールは，対人距離とコミュニケーションの関係にい

▷1　シヴェルブシュ，W.，加藤二郎訳，1982，『鉄道旅行の歴史──19世紀における空間と時間の工業化』法政大学出版局。

▷2　車窓からのパノラマ的眺望への欲望は，博覧会やデパートでの視覚体験とも連続的であり，「観光のまなざし」を準備するものでもあった。詳細は以下の文献を参照。吉見俊哉，1992，『博覧会の政治学──まなざしの近代』中央公論社。

▷3　異質な他者どうしによる緊迫したコミュニケーション空間として，列車は恋愛小説や推理小説の格好の舞台にもなった。詳細はシヴェルブシュ（前掲書）を参照。

ちはやく着目した。地下鉄やバスなどの混み合った車内では，通常であれば親密な間柄でのみ許されるような近接距離に，見知らぬ他者が入ってくる。しかし乗客たちは，互いの関係性から親密さを周到に取り除くための防御手段を講じている。できるだけ動かず，少しでも触れてしまった場合はすぐに引っ込め，相手を決して凝視しないこと。

　公共空間におけるこのような微細なルールを，アーヴィング・ゴフマンは「儀礼的無関心」と名づけた。儀礼的無関心は，単なる無関心とは異なる。それは，相手に対して特別の好奇心や敵意がないことを示すための演技的なコミュニケーションである。ゴフマンは飛行機や長距離バスを例にあげる。乗客たちは隣り合わせた人と会話を交わす場合でも，複雑な話題を避け，名前を明かさないなどの「戦略」により，互いに適度な距離を保とうとしている。

4　自動車がもたらす自由

　移動中の煩わしいコミュニケーションから人びとを解放したのが，自動車である。20世紀初頭，アメリカ・フォード社による大量生産システムが確立し，1920年代以降，欧米諸国を中心に高速道路網が整備される。自動車は次第に人びとの日常生活に浸透していく。19世紀を象徴する発明品が鉄道であったとすると，20世紀は自動車の世紀であった。

　ジョン・アーリは，自動車移動は「自由の源泉」であると述べる。ドライバーは，公共交通機関の時刻表による制約から解き放たれ，フレキシブルな移動を謳歌する。自動車は「動くリビングルーム」である。ドライバーは同乗者を自在に選別し，面倒なコミュニケーションを排除する。自動車の「自由」を象徴しているのが，車内のサウンドシステムである。ドライバーは，隔絶された車内に自分好みの音を響かせる。それは彼らにとって至福の時間だ。

5　モバイルなコミュニケーション

　交通手段の発展は，移動を「私事化」（アーリ）し，馬車時代にみられた他者とのやりとりをある面においては後退させてきた。しかし，情報技術やデジタルネットワークの発展により，移動中のコミュニケーションはむしろ活発化しているとも言える。

　公共交通機関での移動中，私たちは車内での対面的なコミュニケーションと，スマートフォンやノートパソコンを通じたデジタルコミュニケーションという，「二重化するコミュニケーション」に身を置いている。こんにち，歩きスマホや車内通話，鳴り渡る着信音，キーボードを叩く音は，公共空間における代表的な迷惑行為として，強い非難のまなざしを浴びる。そこでは，対面的なコミュニケーションとデジタルコミュニケーションとが，同じ車内に乗り合わせ，せめぎ合っている。

（高岡文章）

▷4　ホール, E. T., 日高敏隆・佐藤信行訳, 1970,『かくれた次元』みすず書房。

▷5　ゴフマン, E., 丸木恵祐・本名信行訳, 1980,『集まりの構造──新しい日常行動論を求めて』誠信書房。

▷6　アーリ, J., 吉原直樹・伊藤嘉高訳, 2015,『モビリティーズ──移動の社会学』作品社。

▷7　アーリは，自動車移動の「自由」や「フレキシビリティ」は強制されたものであるとも指摘し，自動車を「移動する鉄の檻」と呼んで批判的に分析している。

▷8　田中大介, 2017,「駅・鉄道──乗り／降りる」田中大介編『ネットワークシティ──現代インフラの社会学』北樹出版。

Ⅲ 観光コミュニケーションがもたらすイシュー

 監視社会

▷1 リスク社会論の先駆者として名高いウルリッヒ・ベックによる「世界リスク社会」についての議論は、以下の文献を参照。ベック、U.、島村賢一訳、2010、『世界リスク社会論──テロ、戦争、自然破壊』、筑摩書房。

▷2 本来「安全」とは何かしらの客観的な状況や状態を示し、「安心」とは個人の主観的な認知・評価を意味する。だが近年では、この二つの言葉はセットでもちいられ、その関係性が厳密に問われない点に特徴がある。

▷3 現代社会をリスクと監視の関係から論じた研究として、以下の文献を参照。三上剛史、2010、『社会の思考──リスクと監視と個人化』学文社。

▷4 現代の監視が安寧と快楽を求めて導入される点について、以下の文献を参照。阿部潔、2006、「公共空間の快適──規律から管理へ」阿部潔・成実弘至編『空間管理社会──監視と自由のパラドックス』新曜社、18-56。

1 「安全・安心」という至上命令

現代社会を論じる学者や評論家が繰り返し指摘してきたように、複雑に分化した今日の社会では、様々なリスクに対処することが不可欠の課題となっている。近年、声高に唱えられる気候変動へのグローバルな取り組みが典型的に示すように、現代人は「世界リスク社会」に生きることを強いられているのだ[1]。そのことをより日常的な私たちの肌感覚に引きつけて考えれば、何事につけ「安全・安心」が最重要課題とされる日々の生活が思い浮かぶだろう[2]。

2 「リスク」の排除

そもそも保険業界における専門用語であった「リスク」は、今ではごく日常的な言葉として流布している。たとえば「あの人と付き合うのはリスクが高い（だから慎重に検討した方がよい）」といった具合に。そのとき暗黙の前提として目指されるのは、リスクを可能な限り減らす／避けることである。ここでリスクを低減／回避するための有効手段としてもちいられるのが、監視の強化にほかならない[3]。たとえば「平穏な地域社会を脅かす犯罪というリスクを減らすために、街頭のいたるところに防犯カメラを設置する」といった措置は、リスク排除を目指した監視の典型事例であろう。

3 「安寧と快楽」の担保

なぜ現代社会では、監視強化によるリスク排除がこれほどまでに求められるのか。その理由は、人びとが安全で安心して暮らし、楽しく気持ち良い経験を味わいたいと切に望むからである。つまり「安寧と快楽」を求めて監視は受け入れられている[4]。このようにリスク社会に生きる人びとのニーズに後押しされるかたちで監視は導入されてきた。その意味で、従来からの古典的なイメージとは異なり、今日の監視社会は為政者が一方的に民衆を抑圧することで成り立つのではない。むしろ、より安寧で快適な生活を送りたいと望む民衆の欲望に対して巧妙に応えるかたちで、日々の生活場面での監視は広まっていく。

今日、消費者／ユーザーの個人情報を仔細に収集・分析しマーケティング戦略を練るのは、SNSを運営する巨大テック企業などである。この事実を思い起こせば、現在、監視が国家権力による拘束・抑圧として拒否されるのではな

く，むしろ自由と楽しさを享受するための必要条件として，多くの人びとに肯定的に受け入れられる理由も理解できるだろう。

4　「観光」における監視

　このように現代の監視社会の特徴を理解すれば，一見すると縁遠い関係のように思える観光と監視が密接に結びついていることが浮かびあがる。人びとが観光する目的は，そこでしか得られない楽しさや快楽を得るためである。もしそこにリスクや危険があれば——たとえば当地の治安が悪くトラブルに巻き込まれるリスクが高かったり，たとえ風光明媚でも設備・施設が不十分で危険であったりすれば——観光客の足は遠のいてしまう。だからこそ，多くの人を惹きつける観光地には，訪れた者が安全で安心して過ごせるように，「観光気分を害するような要素」をあらかじめ排除することが求められる。伝統的な街並みをセールスポイントにする地区に近代的なビルがそびえ立っていたり，人里離れた自然のただなかに，都会と同じ日常を感じさせる店舗があったりすることは，観光地にとって不都合な事態となるだろう。それゆえ，それらの可能性＝リスクは徹底的に調査され，あらかじめ取り除かれる必要があるのだ。

　現在，海外から多くの観光客を呼び込むことは，グローバル時代の観光ビジネスにとって不可欠の条件である。だが同時に，そのことは新たなリスクを生みだしもする。海外からの渡航者は良き観光客であるかぎりで歓迎される。逆にいえば，リスクをもたらすような訪問者の入国は，厳しい監視のもとで未然に制限・阻止せねばならない。だからこそ，空港では従来から国民／外国人（alien）を峻別したうえで，後者に対してより厳格な出入国審査＝監視がなされてきた。とりわけ新型コロナウイルス（COVID-19）の脅威にさらされた後の世界で，国境を超える移動・観光に対する監視がより厳格化されることは容易に予測できる。

5　楽しげな監視社会？

　「安全・安心」な状況のもとで，欲しいものを楽しく快適に手に入れようとする現代人にとって，観光は約束された快楽を享受する格好の手段である。だとすれば，そこに様々な監視が関わることは至極当然だろう。だが，それが不自由と意識され，反発や抵抗を引き起こすことはきわめて稀である。なぜなら，これまで確認してきたように，今日の監視は一見するときわめて楽しげな活動，つまり観光にいそしむ様々な営為の只中で巧妙に繰り広げられるからである。

　「安全・安心」の名のもとに，消費者／ユーザー／観光客に関する個人情報が仔細にわたり監視されることで，私たちが暮らす社会はこれまでと異なる監視社会へと変貌を遂げていく。そこに潜む危うさに目を向けることが，今後の観光コミュニケーション論の課題であろう。　　　　　　　（阿部　潔）

▷5　SNS時代を迎えた現在での監視の特徴を「監視資本主義（surveillance capitalism）」として論じた研究として，以下の文献を参照。スボフ，S.，野中香方子訳，2021，『監視資本主義——人類の未来を賭けた闘い』東洋経済新報社。

（参考文献）

阿部潔，2014，『監視デフォルト社会——映画テクストで考える』青弓社。
オーウェル，G.，高橋和久訳，2009，『新訳版　一九八四年』早川書房。
エガーズ，D.，吉田恭子訳，2017，『ザ・サークル（上・下）』早川書房。

Ⅲ　観光コミュニケーションがもたらすイシュー

 7 ジェンダー

▷1　第二波フェミニズム
(second wave feminism)
1950年代から70年代に盛り
上がった女性解放運動。近
代化初期の第一波フェミニ
ズムが，主として女性の政
治的権利を主張したのに対
し，私的領域における女性
の抑圧にも焦点を当てたと
される。
▷2　バトラー，J.，竹村
和子訳，1999，『ジェンダ
ー・トラブル──フェミニ
ズムとアイデンティティの
攪乱』青土社，29。
▷3　Ⅴ-6「パッケージ・
ツアー」参照。
▷4　1968年の国内宿泊観
光参加率は男性が60.2%，
女性が44.0%で，全体の
56.8%が慰安目的であった。
日本観光振興会，2001，
『平成12年度　観光の実態
と志向──第19回国民の観
光に関する動向調査』。
▷5　2018年度の国内宿泊
観光参加率は女性が51.3%，
男性が48.9%である。日本
観光振興会，2021，『令
和2年度版　観光の実態と
志向──第39回国民の観光
に関する動向調査』。一方，
2019年の日本人海外旅行者
約1,900万人のうち女性は
47.3%で男性よりも少ない。
ただし世代差があり，20代
の出国者数は女性の方が多
い。一般社団法人日本旅行
業協会，2020，『数字が語
る旅行業2019』。

1 「ジェンダー」という視点

　観光をめぐる人びとの営みには性差が存在する。それは男女の生物学的差異にではなく，社会構造に由来するものと考えなくてはならない。このとき不可欠なのが「ジェンダー」という視点である。

　ジェンダーは，**第二波フェミニズム**[▷1]が導入した概念で，一般に生物学的性別たるセックスとの対比で，社会的性別と定義される。具体的には，「男／女らしさ」の社会的イメージ等を指す。しかし，そもそも生物学的性別を男女に区分すること自体も，性別についての社会的意味づけ（ジェンダー）の結果といえる。ジュディス・バトラーが述べるように「セックスは，つねにすでにジェンダーなのだ」[▷2]。

　さらに，ジェンダーとセクシュアリティ（性的欲望についての社会的観念）との関係も重要である。現在の社会では異性愛が「自然」とされ，異性愛でない人は，しばしば不当な差別を受ける。このような異性愛主義は男女の区分（性別二元論）を前提とするが，同時に異性愛規範がジェンダー規範を強化する。

　こうした視点から，高度経済成長期以降の日本における観光について，その変容をみていこう。

2 性別分業と観光

　いわゆる先進諸国でマス・ツーリズム[▷3]が拡大したのは，近代化が一定の成熟をみせた20世紀半ばである。経済成長と交通網の発達がそれを可能にした。日本でも1960年代に観光が大衆化する。当時の観光は参加者に男性が多く，また社員旅行などの団体旅行が中心であった[▷4]。

　このことは性別分業を反映している。産業化による職住分離は，「男性は賃金労働／女性は家事・育児」という性別分業を生み出した。こうして誕生した家族を「近代家族」と呼ぶ。日本では高度経済成長期に，サラリーマン世帯が増えるとともに，近代家族が規範化した。それゆえ女性は家庭に押し込められ，家族の外部で旅行をする機会が男性よりも少なかったのである。

　また近代家族は，婚姻内の異性愛的セクシュアリティを特権化しつつ，ジェンダー不平等のもとでは，男女の「性」の二重基準をもたらすことになる。婚姻外の性的行為は，女性の場合はスティグマ化される一方で，男性には容認さ

れる。実際，日本人男性が東南アジア諸国への社員旅行や出張において，現地の女性を買春していたことや，大手旅行会社がそうした「サービス」を斡旋していたことが明らかになっている。

③ 「性の多様性」と観光

1970年代以降，団体旅行から個人旅行へのシフトが進んできた。観光の担い手も男性から女性に代わりつつあるかのようだ。ここに女性の就業率の上昇など，性別分業の変容を指摘することもできる。とはいえ，男女平等が達成されたと考えるのは素朴にすぎる。観光業界が消費者として女性をもてはやすのは，労働市場における女性の周辺的な位置と表裏一体である。旅行ガイドブックでの「女子旅」の扱い方も，ステレオタイプな「女性」のイメージを表象する。観光産業で求められるホスピタリティも，女性にふさわしい役割とされる。

また近年，「LGBT[6]ツーリズム」が注目されている。プライド・パレード[7]への参加や，パートナーとの結婚式を組み込んだ旅行プランも提供され始めた。当事者たちの主張を旅行業界も無視できなくなっている。だが他方で，「LGBT の方々は可処分所得が高い」「旅行も好き」という認識に象徴されるように，LGBT は「マーケット」とみなされる[8]。そして，多様性への配慮から生まれた「LGBT」という語が，当事者を一枚岩的に扱うものとなっている。

現代社会において，建前としては女性の「活躍」が賞賛され，性的マイノリティの存在が可視化されてきた。しかしその際，女性や性的マイノリティが，ネオリベラリズム[9]の構造に都合よく回収されてしまう危険性がある。

④ モビリティと差異

近代化が一区切りついた現代社会の特徴として「モビリティ（移動）」をあげるのが，ジョン・アーリである。社会の変化がモビリティのあり方を規定し，かつモビリティの増大が社会への新たな認識を要請するという[10]。旅行や観光はモビリティの典型であるが，アーリの議論には，移住，通勤，携帯情報端末やSNS の普及など，様々な諸相が含まれる。

もっともアーリは，現代社会と近代との断絶を強調しがちではある。しかしモビリティの増大は，近代的なジェンダー関係を再編させながらも，それらを強化することもある。とりわけネオリベラリズムが席巻する現在にあって，差異への着目が，その背後にある社会構造的不平等の隠蔽とともになされている。

ジェンダーという視点の意義は，現象としての性差を発見するのみではなく，それを成り立たせている社会秩序への批判的分析を切り拓くことにある。さらに，「性」のあり方が，階層，エスニシティなどと複雑に交差していることにも目を向ける必要があるだろう。　　　　　　　　　　　　（大貫挙学）

図Ⅲ-1　臺灣同志遊行（台湾 LGBT プライド）

出所：筆者撮影（2019年10月26日）。

▷6　LGBT
性的マイノリティのうち，レズビアン（Lesbian），ゲイ（Gay），バイセクシュアル（Bisexual），トランスジェンダー（Transgender）の総称。ただし，これらの分類に収まらない／収められたくない人もいる。そのため，「LGBTQ」等の語も使われる。Q はクィア（Queer）またはクエスチョニング（Questioning）の頭文字。

▷7　プライド・パレード（pride parade）
多様な「性」のあり方の尊重を訴えるイベントで，パレード等が行われる。

▷8　ビジネス＋IT, 2017,「LGBT ツーリズムとは何か？──『23兆円市場』の可能性はどこにあるのか」（2022年1月12日取得，https://www.sbbit.jp/article/cont1/33291）。

▷9　ネオリベラリズム（新自由主義）（Neoliberalism）
1980年代頃から台頭した市場原理を徹底して重視する政策や思想。社会政策や教育などにも市場原理を導入する点が特徴である。

▷10　アーリ，J．吉原直樹・伊藤嘉高訳，2015,『モビリティーズ──移動の社会学』作品社。

Ⅲ　観光コミュニケーションがもたらすイシュー

8 恋愛ツーリズム

1 「恋愛ツーリズム」とは

「恋愛ツーリズム（romance tourism)」とは，経済的に豊かな欧米などからカリブ海地域，東南アジア，アフリカなどの途上国を訪れる女性観光客が，地元住民の男性とのあいだに構築する，金品と性愛の交換のうえに成り立つ親密な関係を指す。これは，男性観光客が地元女性と結ぶ性的関係を目的とした「セックス・ツーリズム」とは，恋愛という情感を含む語りをとおして構築される点で区別されている[1]。対象が男性か女性かで用語を分けることに対しては議論があり[2]，性別の逆転も当然ありうるだろう。しかしこの関係が，ホストとゲストの経済格差を基盤にしたものであることには変わりはない[3]。本節ではケニアのビーチリゾートで，「マサイの戦士」として観光業に従事するサンブルの男性と欧米人女性観光客を事例に，恋愛ツーリズムについて考えてみたい。

2 「マサイの戦士」とエキゾチシズム

「野性的」かつ「伝統的」な民族として知られる「マサイ」はアフリカにやってくる観光客の「まなざし」の格好の標的である。サンブルはケニアに居住する「マサイ」系牧畜民である。サンブルの青年は華やかなビーズ装飾で身を飾り，「伝統的」な行動規範にそって「戦士」とよばれる時代を過ごしてきた。しかし，近年では現金経済の浸透，学校教育の普及などの影響を強く受けて，人びとの生活は劇的に変容している。観光業は「戦士」たちにとって現金獲得のための重要な選択肢のひとつになっている。

ビーチ・リゾートは「戦士」たちの出稼ぎ先のひとつだ。彼らはホテルに雇用されてダンス・ショーに出演し，ビーズの装身具を販売する。ショーでは野性的な唸り声をあげながらステージに登場し，鮮やかな装身具で埋め尽くされたしなやかな肢体で高く跳躍しながら踊る。その姿はアフリカらしいエキゾチシズムを放ち，観光客は夢中で写真にその姿をおさめるのである[4]。

3 恋人業をおこなう「戦士」と欧米人女性の関係

ダンスと装身具販売による収入は不安定で，多くの場合，驚くほど少額である。にもかかわらず「戦士」たちがこの仕事を継続するのは，彼らは「欧米人女性の恋人になること」を，ダンスと装身具販売の延長線上にある「仕事」と

▷1　Pruitt, D., & S. La-Fonte, 1995, For Love and Money: Romance Tourism in Jamaica. *Annals of Tourism Research*, 22, 422-440.
▷2　Berdychevsky, L., 2015, Romance Tourism. Jafari, J., H. Xiao eds., *Encyclopedia of Tourism*, Springer International Publishing Switzerland.
▷3　Ⅳ-1「ホスト／ゲスト論」参照。

▷4　このような，少数民族，あるいは，現地住民の文化を対象とする観光の形態は「民族文化観光」あるいは「エスニック・ツーリズム」と分類される。

位置づけ，いつか自分も「キャリア・アップ」したいと夢見ているからである。

　欧米人女性と安定的な恋人関係を構築した「戦士」は成功者として称えられる。たとえば，「恋人に一日に三台の車を買ってもらい，乗り合いバスの会社をおこした」とか，「イギリス人女性の恋人になり，ロンドンに住んでいる」とか，「〇万ドルの家を建ててもらった」などいった武勇伝は，彼らの故郷でも語り継がれている。彼らの目的は恋人の金品であり，成功者は貧しい仲間たちに酒や食事の大盤振る舞いをするのがお決まりとなっている。[5]

　一方，「戦士」の恋人となるのは50〜70歳代の女性が多い。単身あるいは，女性同士でバカンスを過ごしていることから察すれば，すでに子育てを終え，夫とは離別しているのだろう。残された人生の時間と富をどのように使おうかと考えているときに，彼女たちは「マサイの戦士」と出会い，人生のなかばを過ぎて思いがけない刺激的な恋に落ちているように見える。

　「戦士」たちは，そんな恋人の気持ちを理解し，寝食をともにするだけでなく，買い物からペットの世話に至るまで，様々な要求に応えつつ信頼関係を構築する。そのうえで，恋人の帰国後にも「送金」というかたちで収入を獲得しつづけなければならない。そのためには，いくつものウソを重ねる必要がある。「故郷の母が病気なので治療費が必要だ」，「弟や妹を学校に通わせたい」などいった物言いは常套句だが，ウソはやがてばれる。最終的には，女性が「裏切り」を感じながら関係を終わらせるのが一般的な筋書きである。

④ 恋愛ツーリズムのもたらす経験

　この恋愛は，双方にとっていかなる経験となるのだろうか。女性は，時間的，金銭的な犠牲を払い，最終的には精神的な打撃を被る。まさに自己をゆさぶられる経験であり，「一時的な楽しみ」を提供する観光の枠を大きく逸脱するものだ。彼女たちは，「マサイの戦士」という圧倒的他者と自分自身との文化的・経済的な距離を愛情と金銭で埋めることに失敗したのである。この個人的な経験をいつか自身が肯定できたとき，それは「実存的」で「真正」な経験となり得るだろう。恋愛ツーリズムは，「グローバル規模の格差を乗り越えた他者理解」という観光が抱える困難な挑戦の究極の形かもしれない。[6]

　一方，「戦士」たちはどうだろう。彼らは，恋愛ツーリズムの対象となりながら，自身も「旅」をしていたのではないか。ツーリズムをとおしてしか知り合い得ない異世界の人と濃密な関係を構築し，彼女たちの金銭を手にすることで，擬似的に「白人」となって，幻覚のような時間を過ごした。手にした大金は身の丈に合わず，まっとうに使われることはなかった。彼らはやがて恋人業に見切りをつけて故郷に戻り，ヤギ1頭からやりなおす。恋愛ツーリズムは，彼らにとっては「帰るための旅」であるのかも知れない。

（中村香子）

▷5　大盤振る舞いによって欧米人の恋人の金銭が分配されることで，不安定な民族文化観光が下支えされているという側面がある。

▷6　橋本和也, 2011, 『観光経験の人類学——みやげものとガイドの「ものがたり」をめぐって』世界思想社。

Ⅲ　観光コミュニケーションがもたらすイシュー

 # 9 エスニシティ

▷ 1　エスニシティの基本
的な理解については，以下
の文献を参照。青柳まちこ
編・監訳，1996，『「エスニ
ック」とは何か──エスニ
シティ基本論文選』新泉社。
内堀基光，1989，「民族論
メモランダム」田辺繁治編
『人類学的認識の冒険』同
文館，27-44。
▷ 2　Steinbrink, M.,
2012, 'We did the slum !':
Urban poverty tourism in
historical perspective.
Tourism Geographies, 14
(2), 213-234。
▷ 3　大橋健一，1995，「「ア
ーバン・エスニック・ツー
リズム」の概念化に関する
考察──現代都市社会にお
ける民族と観光をめぐっ
て」『日本観光研究学会全
国大会研究発表論文集』*10*,
47-50。
▷ 4　横浜中華街における
観光地化の詳細については,
以下の文献を参照。陳天璽,
2007，「危機を機会に変え
る街──チャイナタウン」
『現代思想』*35*(7), 84-94。
林兼正，2010，『なぜ，横
浜中華街に人が集まるの
か』祥伝社。

1 エスニシティとは

　1960年代以降，公民権運動に触発されるかたちで，様々なマイノリティの人びとが，自己決定権やアイデンティティの確立を求める社会・文化運動を展開していった。エスニシティは，この時代に世界規模で広まったエスニック集団（ethnic group）の権利回復運動を背景として，新たに定着した語である。

　エスニシティとは一般に，エスニック集団の紐帯や特性全般を意味する。重要なことは，ここでいうエスニック集団が「中間範疇」であるという点だ。すなわち国民国家という，より上位の包括的社会のなかで，多数派の集団（ネーション）とは区別されたエスニック集団の特性が，エスニシティと呼ばれるものである。言い換えれば，エスニシティとは，国家内における民族関係に注目することで，エスニック・マイノリティの置かれた社会・文化的状況を明らかにするための概念であるといえよう[1]。

2 移民と観光：アーバン・エスニック・ツーリズム

　エスニシティは，多数派の集団（ネーション）にとってエキゾティシズムを喚起する存在でもあるがゆえに，観光消費の対象となることも多い。たとえば米国の都市部では，20世紀初頭にはすでに，「WASP（White Anglo-Saxon Protestant）」と呼ばれる人々のあいだで，東欧や南欧，アジア系などの移民が集住する地区を訪ねる観光が行われていた[2]。こうした都市部の移民集住地区を訪れる観光は「アーバン・エスニック・ツーリズム」とも呼ばれている[3]。

　日本におけるアーバン・エスニック・ツーリズムの歴史は，1950年代にまで遡ることができる。当時の横浜市長が米国を視察した際，観光地化が進むサンフランシスコのチャイナタウンに感銘を受けたことから，横浜中華街の華僑・華人らに提案をし，その観光地化を進めていったのである。かつての横浜中華街は，治安が悪いなど「暗黒街」のイメージが強かったが，牌楼（中華門）の設置や歩道の整備など，行政と住民が協働で地域づくりを行なっていった結果，1970年代には多くの観光客を集めることに成功した[4]。

　横浜中華街の観光地化は，現地の華人・華僑のコミュニティにも様々な影響をもたらしている。たとえば，横浜中華街で生れ育った人類学者・陳天璽によれば，観光地化の進展は，衰退しかけていた地域の祭礼の復興にもつながった

という。日本での暮らしが長い横浜中華街の華僑・華人のあいだでは，1970年代には新暦の浸透にともなって旧暦行事が衰退していた。しかし，観光地化の進展を契機に，春節や関帝誕など旧暦祭事を復興していったという。中国由来の祭礼復興は，たぶんに観光客のまなざしを意識したものであったが，同時に「華僑・華人」としてのアイデンティティの刷新にもつながっていったという。このように観光はアイデンティティやローカリティの再編など，エスニシティの動態とも密接に関わる現象といえる。

　横浜中華街は，もともと明治期に開港場で働くためにやってきた華人・華僑とその子孫の人びとが中心になって作りあげた街である。しかし近年，首都圏にはこうしたオールドカマー中心の地区だけでなく，ニューカマーの華人・華僑たちによって新たな「チャイナタウン」も形成されつつある。日本人向けの中華料理店が多くを占める横浜中華街に対し，池袋駅北口や西川口駅周辺にみられる「新興チャイナタウン」には，在日中国人向けのエスニック・ビジネスが集積し，より「本場の味」に近い料理を楽しむことができる。ニューカマーに中国東北部出身が多いという事情を反映してか，羊の串焼きや蚕の蛹など，「延辺料理」と呼ばれる東北部の郷土料理を出す店舗も目立つ。

　よりオーセンティックな異文化体験を求める人びとは，横浜中華街では飽き足らず，こうしたニューカマーの人びとが集まるチャイナタウンを目指すであろう。外国人労働者や留学生の増加にともない，移民の暮らしを文化的・社会的に支えるエスニック・タウンは，チャイナタウンだけでなく，群馬県大泉町（ブラジル），高田馬場（ミャンマー），錦糸町（タイ）など各地に形成され，気軽に異文化体験を楽しめる場所として，一部の観光客を惹きつけている。

❸　コスメティック・マルチカルチュアリズムを超えて

　アーバン・エスニック・ツーリズムは，異文化理解を促し，多文化共生を実現していくための萌芽となりうるかもしれない。たとえば社会心理学では，異なる集団間の接触を増やすことが，差別や偏見の改善につながる「接触仮説」という考え方がある。こうした観点を踏まえれば，観光は多文化共生の実現へ向けた新たな関係性を作り出す一つの手段といえよう。

　しかし，観光や異文化交流イベントなどで移民のエスニシティを消費することは，「うわべだけの多文化主義（cosmetic multiculturalism）」に陥りがちであるという指摘もある。エスニシティの消費は，3F（food, fashion, festival）に象徴されるような表面的な文化的要素に目を向けるだけで，在日外国人が抱える様々な問題について理解を促すものではないからだという。

　では観光は，3Fという表層的な文化消費を超えて，より深い他者理解につながる経験を提供することができるのであろうか。観光を学ぶ際には，こうした可能性や限界について思索を深めていくことが求められている。（須永和博）

▷5　陳天璽，2008，「美味し楽し忙し　華人暦」『アジア遊学』106, 56-65。

▷6　遼寧省・吉林省・黒竜江省の三省のことを指す。日本統治時代には「満州」と呼ばれていた地域である。

▷7　北朝鮮と国境を接しているため，朝鮮半島の食文化の影響も強く受けている。

▷8　池袋はじめとする新興チャイナタウンについては以下の文献を参照。山下清海，2010，『池袋チャイナタウン』洋泉社。

▷9　ただし，「接触仮説」が成り立つためには，地位の対等性や協力的関係など，いくつかの条件がそろう必要がある。詳細は，以下の文献を参照。工藤恵理子，2019，「集団間の関係──ステレオタイプ，偏見，差別行動の原因と解決方法」池田謙一，唐沢穣・工藤恵理子・村本由紀子『社会心理学　補訂版』有斐閣，201-222。

▷10　モーリス＝スズキ，テッサ，2002，『批判的想像力のために──グローバル化時代の日本』平凡社。

Ⅲ　観光コミュニケーションがもたらすイシュー

 身　体

▷ 1　Ⅲ-9「エスニシティ」参照。

▷ 2　稲垣勉, 2001,「観光消費」岡本伸之編『観光学入門──ポスト・マス・ツーリズムの観光学』有斐閣, 235-262.

▷ 3　「感情」の商品化については, 客室乗務員の歴史的展開について論じた以下の文献を参照。ヴァントック, V., 浜本隆三・藤原崇訳, 2018,『ジェット・セックス──スチュワーデスの歴史とアメリカ的「女性らしさ」の形成』明石書店。山口誠, 2020,『客室乗務員の誕生──「おもてなし化」する日本社会』岩波書店。

▷ 4　Ⅲ-7「ジェンダー」参照。

▷ 5　オランダの事例に関する記述は, 以下の文献に依拠している。熊田陽子, 2017,「「窓」のある景色,「窓」から垣間見る世界」『社会人類学年報』43, 91-106.

▷ 6　たとえばオランダには,「売春博物館（Museum of Prostitution：Red Light Secrets）」と呼ばれる施設もある。

1　身体の商品化

　観光は「自然」「人びとの暮らし」「エスニシティ[1]」など, 本来, 商品ならざるものを商品化し, 消費の対象として貪欲に取り込んでいく, 現代消費社会に典型的な社会・文化現象の一つである。今日, 観光消費の対象は, 従来, 個人的な領域とされてきた感情[3]や身体, セクシュアリティ[4]といったものにまで広がっている。本節ではオランダのセックス・ツーリズム, およびインドのメディカル・ツーリズムという二つの観光現象を切り口として, 身体の商品化の過程で生じる社会的・文化的諸相について考えてみたい。

2　セックス・ツーリズム：オランダの事例から[5]

　オランダの首都アムステルダムでは, 大麻の購入・吸引が可能な「コーヒーショップ（coffeeshop）」とともに,「飾り窓」や「窓」と呼ばれる売買春を行う小部屋が集まる地区がある種の「観光地」となっている。各小部屋は, 通りに面した部分がガラス張りの窓になっており, 客は窓越しにセックス・ワーカーと交渉し, 合意が得られれば, 部屋に入って性行為を行う。

　実は, オランダでは「個人事業主」としてのセックス・ワーカーは合法である。年齢や言語能力など一定の条件はあるものの, 自治体への登録を済ませれば, セックス・ワークに従事することが可能になる。こうした性産業に寛容なオランダ特有の体制は, 一部の国外観光客を引き寄せるだけでなく, オランダの国民文化とも不可分なものである。オランダは「個人の選択」や「自由の尊重」を国是としていることから, 多様な性のあり方に寛容な姿勢もまた,「オランダらしさ」を支える核の一つとなっている[6]。それゆえ「窓」は,「性に自由なオランダ」というイメージを外部に発信する媒体でもある。

　しかし, こうした言説は, ムスリムをはじめとする移民・難民の他者化と表裏一体でもある。「性に自由な国」という言説は, 同時に,「性に非寛容な移民（ムスリム）」という言説を生み出すことで, 彼らの排除を正当化する論理にもなるからである。しかしその一方で, 実際に「窓」で働く人たちのなかには, 東欧出身者やインドネシアやスリナムなど, 旧蘭領植民地出身の移民が多いという現状もある。オランダの国民文化たる「窓」において, 文字どおりオランダの「顔」としてセックス・ワークに従事しているのが実は移民であるという

「捻れ」が，そこにはみられる。

③　メディカル・ツーリズム：インドの事例から [7]

　メディカル・ツーリズムとは，医療の市場化やグローバル化を背景に，医療関連産業と観光産業との連携によって生まれた観光形態のことである[8]。たとえばタイやシンガポールは，外貨獲得のため医療サービスを組み込んだパッケージ・ツアーの受入れを積極的に行なってきた地域として知られている。以下では，「代理出産の工場」ともいわれ，生殖医療に関連するメディカル・ツーリズムが盛んなインドの事例を紹介したい。

　代理出産とは，何らかの理由で子どもをもてない人に変わって，第三者の女性が妊娠・出産することである。宗教上の理由などから代理出産を禁止・制限する国も多く[9]，こうした国ごとに異なる法制度が，治療を求めて海外へ行くというメディカル・ツーリズムを生み出している。松尾瑞穂が述べるように，生殖医療は「トランスナショナルな人，技術，カネが還流するグローバル・フローを示す現象」なのである。

　途上国におけるメディカル・ツーリズムに対しては，その根底に「富める先進国」と「貧しい途上国」という不均衡な関係がみられることから，新植民地主義といった批判がしばしば投げかけられてきた。実際，代理出産に参入するインド女性の多くは貧困層であり，彼女たちにとって年収の数倍の収入を得ることができる代理出産への経済的インセンティブは大きい。

　しかし松尾によれば，インド女性の代理出産の参入には，経済的要因のみならず，社会的・文化的要因も関わっているという。インドでは，「子どものいる女性＝吉兆・豊穣／いない女性＝不吉・不毛」といった規範があるため，代理出産は単なる経済的利益を超えて，祝福的で肯定的な意味づけが社会のなかでなされるという。すなわち，経済的な視点にもとづけば「依頼人＝豊か／代理母＝貧しい」という図式になるが，インドの社会的・文化的文脈にもとづけば，それが「代理母（生殖）＝豊か／依頼人（不妊）＝貧しい」という図式に反転する。松尾が述べるように，インドの女性たちは「生殖という力を用いて，それが欠けている他者の『手助け』をする贈与の与え手」なのである。

④　非対称性とその「捻れ」

　以上の二つの事例から浮かびあがってくる共通の論点を確認しておきたい。まず，身体の商品化をめぐっては，マクロな視点からみれば「先進諸国／途上国」といった非対称的な関係が形成されていることが分かる。しかし，ミクロな視点から各々の状況を注視すれば，その非対称性は時に「捻れ」や反転をともなうなど，複雑な様相がみえてくる[10]。それゆえ，身体の商品化をめぐっては，マクロ・ミクロ双方の視点からの複眼的な考察が不可欠である。（須永和博）

▷7　インドの事例に関する記述は，以下の文献に依拠している。松尾瑞穂，2013，『インドにおける代理出産の文化論』風響社。

▷8　メディカル・ツーリズムの包括的な研究については，以下のものを参照。Hall, M. C. ed., 2013, *Medical tourism : The Ethics, Regulation, and Marketing of Health Mobility*. London, UK: Routledge. 豊田三佳，2007，「メディカルツーリズム──シンガポールとタイの事例から」山下晋司編『観光文化学』新曜社，155-169。

▷9　たとえば，ローマ・カトリックの影響が強いイタリアでは，体外受精や代理出産が禁止されているほか，イスラーム文化圏でも「イスラーム的受胎に反する」という理由から，代理出産を禁止する国は多い。

▷10　以下の文献では，タイ・バンコク中心部のゴーゴーバーにおける従業員と客のミクロな相互行為について考察を行なっている。同書も，セックス・ツーリズムの現場における非対称的な関係の「捻れ」を考えるうえで興味深い。市野澤潤平，2002，『ゴーゴーバーの経営人類学』めこん。

Ⅲ　観光コミュニケーションがもたらすイシュー

 # ローカリティ

▷ 1　橋本和也, 2018, 『地域文化観光論──新たな観光学への展望』ナカニシヤ出版。

▷ 2　 V-2 「コンテンツ・ツーリズム」参照。

▷ 3　橋本和也, 2011, 『観光経験の人類学──みやげものとガイドの「ものがたり」をめぐって』世界思想社。

▷ 4　鷲田めるろ, 2008, 「視点を生む, 人をつなぐ──金沢21世紀美術館でのアトリエ・ワンのプロジェクト」『地域開発』521, 19-25。

▷ 5　福住廉, 2017, 「民俗的転回」『美術手帖』69 (1062), 29。

▷ 6　直島におけるアート・プロジェクトの詳細については, 以下の文献を参照。秋元雄史, 2018, 『直島誕生──過疎化する島で目撃した「現代アートの挑戦」全記録』ディスカヴァー・トゥエンティワン。宮本結佳, 2018, 『アートと地域づくりの社会学──直島・大島・越後妻有にみる記憶と創造』昭和堂。

❶　ローカリティと地域文化観光

　　近年, 地域住民による内発的かつ主体的な観光形態が模索されるなか, 「地域文化観光」という新たな概念に注目が集まっている。提唱者の橋本和也によれば, 地域文化観光とは, 地域の人びとが発見・創造した文化資源を「地域文化」として育てあげ, 自ら外部に発信していくような観光のことである[1]。

　　ここで重要なことは, 地域文化やそれを支えるローカリティ（地域性）が決して所与のものではなく, 地域の人びとが発見・創造し, 育てていくという動態的なものとして位置づけられているという点である。たとえば橋本は, 「アニメ聖地巡礼[2]」をきっかけに, アニメ・ファンと地域住民のあいだに新たな関係が形成され, 地域活性化に結びついていった埼玉県・鷲宮の事例や, 音楽祭や映画祭など新たに創案されたイベントが地域文化として地元に定着していった大分県・湯布院の事例などを, 地域文化観光の成功例として紹介している[3]。

❷　現代アートの民俗的転回

　　近年, 越後妻有アートトリエンナーレや瀬戸内国際芸術祭など, 地方の農山村や離島において, 現代アートをもちいた地域づくりが盛んに行われるようになってきている。こうしたアートツーリズムの動向もまた, 地域文化観光という視点から考えることができるであろう。現代アートは, これまで見過ごしてきた地域の潜在的な文化資源を再発見するなど, 様々な「気づき」を地域住民や観光客に与える媒介となりうるからである[4]。

　　美術評論家の福住廉は, こうした近年の現代アートをとりまく状況を「民俗的転回（folkroric turn）」と呼んでいる[5]。「民俗的転回」とは, 現代アートの重心が, 造形的に洗練された美しさを求めるものから, 各地の土着な民俗文化を求めるものへと変化してきた状況を指している。たとえば, 空き家そのものを作品化したり, 廃校となった学校が作品の舞台となったりするなど, 地域の歴史や風土をコンセプトにした作品が隆盛している状況はその一例である。

❸　香川県・直島の事例

　　瀬戸内国際芸術祭の舞台でもある香川県・直島は, 現代アートによる地域づくりの先駆的な事例として知られている[6]。直島には, 集落内の空き家や神社,

寺の跡地などをアート空間として再生した「家プロジェクト」と呼ばれる作品群がある。たとえば，そのなかの「角屋」という作品は，築200年を越すと空き家を，芸術家の宮島達男がアート作品として再生したものである。「角屋」の内部には，水を張ったプール状の空間に，様々な速度で1から9までの数字を刻む3色のLEDデジタルカウンターが数多く置かれている。実は，このデジタルカウンターのスピード設定に参加したのが，近隣の住民たちなのである。子どもから老人まで125名もの住民が参加し，各々好きなスピードを設定した。そして宮島氏は，それぞれのデジタルカウンターがどこに配置されるのかを記入した証明書を発行して，個々の住民に渡したという。

　直島の現代アートは，教育・出版事業を手掛けるベネッセが中心となって導入したものである。そのため，当初は現代アートと地域住民の関わりはそれほど深いものではなかった。しかし，「家プロジェクト」を通じた協働作業によって，徐々に地域住民にとってもアートが身近な存在になっていったという。たとえば，このプロジェクトに関わった高齢住民の1人は，「自分が死んでも墓には来なくて良いけど，ここには来て欲しい」と語ったそうである。また住民有志が「直島町観光ボランティアガイドの会」を組織し，地域住民の視点から島の現代アート作品を案内するといった活動も行われるようになっていった。[47]このように直島では，現代アートが新たなローカリティとして，地域に根づいていったのである。

④ 新たなローカリティの担い手

　近年，直島には古民家をリノベーションしたセンスの良いゲストハウスやカフェが目立つようになってきている。直島を紹介する出版物のなかには，アートだけでなく，島の「カフェ文化」に言及しているものもある。[48]こうした新たな事業に参入している人たちの多くは，いわゆる「Iターン」と呼ばれる，おもに都市部から移住してきた人たちである。現代アートが集まる島であることも影響してか，直島に移住する人びとのなかには，建築やデザイン，アートなどの仕事に従事する「クリエイティブ・クラス」[49]に属する人びとも多い。

　こうしたIターンの存在は，島に刺激や活気を与えるだけでなく，旧住民の帰還（Uターン）も生み出している。クリエイティブな若者が集まる直島の現状に触発されて帰還した，若年世代のUターン者が新たな事業に参入するケースもみられるのである。

　以上のように，直島のローカリティとは，地域住民だけでなく，アーティストや観光客，移住者，Uターンといった様々なモビリティと諸アクターの相互行為を通じて生産・刷新されていることがわかる。そのため，地域文化観光においては，「地域」を閉鎖的なものとして捉えるのではなく，外にも開かれた開放性をもった概念として捉えなおしていく必要がある。[410]　　　（須永和博）

▷7　メンバーの高齢化により，2016年以降は休止中。

▷8　直島インサイトガイド製作委員会，2013，『Naoshima Insight Guid──直島を知る50のキーワード』講談社。

▷9　フロリダ，R.，井口典夫訳，2008，『クリエイティブ資本論──新たな経済階級の台頭』ダイヤモンド社。

▷10　橋本，前掲書（2011，2018）。

第 2 部

コミュニケーションする観光

ホスト／ゲスト論

1　人類学と観光の「出会い」

『ホスト・アンド・ゲスト——観光人類学とはなにか』[1]（以下『ホスト＆ゲスト』と表記）は1977年，ペンシルバニア大学出版会から初版が出版されている。1989年には同じ出版社より，第二版が刊行された。初版は，アメリカ人類学会が1974年に開催した観光活動に関するシンポジウムにもとづき編まれた書籍である。第二版は，それから10年ほどの観光産業の急激な発展を反映し，各事例のその間の変化を加え結論もアップデートしたものとなっている。

　この初版から第二版にかけての時期は，文化人類学者がフィールドワークを行う調査地においてもツーリストが増加し，地域や住民への観光のインパクトが顕著になっていく時期である。例えば，編者であるヴァレン・L・スミスの執筆した第3章「エスキモー観光」[2]では，アラスカのエスキモーたちが19世紀中ごろに外部者と出会い，1940年代に観光の基本形態が形作られ，1980年代までに観光が本格化する経緯を，自身のアラスカでの調査経験とも合わせながら歴史的に記述している。フィールドの住民や地域が観光やツーリストと出会うのと並行して，人類学者も同じ出会いのプロセスを経て，観光を対象として研究を行うようになっていったのである。

2　『ホスト＆ゲスト』の構成

　『ホスト＆ゲスト』第二版は，序文と序論に続く五部構成，全14章で構成されている。序論と第Ⅰ部，第Ⅴ部は理論的な論考であり，それに挟まれた第Ⅱ部から第Ⅳ部に世界各地からの事例が並んでいる。事例の地域は「非西欧」からアラスカ，パナマ，トンガ，バリ，トラジャ，「ヨーロッパ」からスペインのフエンテラビーアとカタルーニャ，そして「複雑な社会」としてアメリカ合衆国本土のノースカロライナ州と南西地方インディアン，イランのユダヤ教徒，ハワイのポリネシアン・カルチュラル・センターが，それぞれ掲載されている。理論的な論考には観光そのものや，観光におけるホストとゲストの関係について，その本質を明らかにしようとする志向が強く見られる。また，各事例はホスト社会への観光のインパクトや生じた変化に注目する内容となっている。

▷1　スミス，V. L.，市野澤潤平・東賢太朗・橋本和也監訳，2018，『ホスト・アンド・ゲスト——観光人類学とはなにか』ミネルヴァ書房。

▷2　エスキモー（eskimo）
エスキモーという民族呼称は，カナダでは侮蔑的な意味合いが込められると考えられ，イヌイットという呼称がより好んで用いられる。他方で，アラスカではエスキモーという呼称が公式に用いられている。

③ ホスト／ゲスト論のキーワード

「ホストとゲスト」：『ホスト＆ゲスト』において，観光^{▷3}を読み解く際に重要視されているのが，観光地を訪れるツーリストと受け入れる側の人々の関係である。この二者をそれぞれ「ゲスト」と「ホスト」という観光の発展以前より用いられてきた言葉で表し，その関係や相互作用に注目するのが，観光におけるホスト／ゲスト論である。

「文化のブローカー」：ある文化間の境界を越えて，橋渡しや仲介，ガイド的役割を担う者。「仲介者」や「境界人」とも表されている。「文化のブローカー」は自身の境界性によって，観光による変化やストレスに耐性があり，指導者や起業家として成功するものもいる。しかし他方，ホスト側とゲスト側の文化の間に位置するため，その境界性や周辺性から批判や阻害されたり，また本人も不安や孤独など心理的負担を抱えたりすることもある。

「文化変容」：人類学の観光への関わりは，観光による文化変容への関心に大きく拠るものである。ホストとゲストの関係とは異文化間の接触であり，そこで生じた緊張や葛藤，交渉が文化に与える影響は正にも負にも作用する。前者は，経済的な利益やアイデンティティの覚醒，文化の保存への動きなど，後者はホストとゲストの非対称な権力関係における搾取，伝統文化の破壊や消滅，既存の社会構造や秩序の劇的な崩壊などである。

④ 観光研究への影響と評価

『ホスト＆ゲスト』が開拓した人類学による観光研究は，それまでおもにツーリスト側の視点に立ち，経済や産業についての研究が中心であった研究動向に対して，受け入れ側のホストとの相互作用に注目し，また双方の関係から生じる文化への影響や変容を捉えようとした。人類学がそれまで得意としてきた長期参与観察にもとづく文化や社会への理解は，ホスト社会におけるツーリストとの関係や社会変容についての質的な研究成果を生み出す手助けとなった。

誕生当時から，すでに「文化のブローカー」という概念によって，「ホスト」と「ゲスト」という固定化された二極の概念は揺さぶられていたが，その後観光研究の質的調査の蓄積が進むにつれ，より多様で錯綜したホストとゲストの関係が世界各地で展開していることが明らかになった。ホストが影響を受けるだけではなく創造的であること，ホストとゲストの役割が流動的であること，または双方が転換してしまうこと。それゆえ，一元的な「ホスト／ゲスト」という枠組みは今日，批判される傾向にある。しかし，観光人類学という領域を開拓し，対象を見出すための枠組みを設定し，現代にいたるまで多くの成果と議論を生み出し続けるホスト／ゲスト論のなしえた貢献は大きい。

（東賢太朗）

▷3　観光（tourism）
『ホスト＆ゲスト』の序論では，観光の定義がなされている。それは，「観光＝余暇時間＋自由裁量所得＋地域での肯定的承認」というものである。ホスト／ゲスト論においては，この三要素が組み合わさり観光活動が生成されるということが念頭に置かれている。

Ⅳ　ホスト／ゲスト論の新展開

ホスト／ゲスト論の理論的展開

▷1　スミス, V. L., 市野澤潤平・東賢太朗・橋本和也監訳, 2018, 『ホスト・アンド・ゲスト──観光人類学とはなにか』ミネルヴァ書房。

▷2　未翻訳のため執筆者がタイトルを翻訳。原典はSmith, V. L., & M. Brent eds., 2001, *Hosts and Guests Revisited : Tourism Issues of the 21st Century*. New York: Cognizant Communication Corporation.

❶　『ホスト・アンド・ゲスト』初版から第二版への10年

『ホスト・アンド・ゲスト──観光人類学とはなにか▷1』（以下『ホスト＆ゲスト』と表記）の編者ヴァレン・L・スミスは第二版序文で，初版刊行の1977年と第二版刊行の1989年の間，10年ほどの変化について，観光が急速に発展しており世界産業の一つとなりつつあることを指摘している。また，文化変容に注目すると，近代化が世界各地にもたらした変化に対して観光がもたらす変化は限定的であるとも述べている。さらに，人類学や関連領域において観光研究が著しく成長したことにも注目している。今後の展望としては，観光産業のニーズに寄与する応用人類学的な役割を担う必要性を指摘している。

❷　ホスト／ゲスト論再訪：21世紀へ

2001年刊行の『ホスト・アンド・ゲスト再訪──21世紀の観光の諸問題▷2』の序文でスミスは，『ホスト＆ゲスト』から約25年の観光の変化を振り返っている。その間の最も大きな変化は，観光が世界規模の巨大産業へと成長したことである。そこで重要な問題として挙げられているのは，観光開発における持続可能性である。観光では経済的な価値が重視されがちであるが，社会や文化，環境への影響についても関心が高まっているとスミスはいう。環境破壊や汚染による生活侵害，遺跡や歴史的建造物の破損などを防ぐために，ときに観光開発は制限されねばならない。ホスト／ゲスト論は，その当初から観光のホスト側への影響と文化変容に注視してきたが，21世紀に入ってグローバルな観光活動が活発化するに従い，産業としての観光の経済的価値とホスト社会の文化や自然環境の双方のバランスを保つ必要がさらに高まってきたのである。

❸　現代社会のホストとゲストたち

それでは，現代におけるホスト／ゲスト論はどのように評価できるだろうか。21世紀以降も観光産業の成長はとどまることを知らず，地球規模での移動が繰り返されている。また情報技術の発展に伴い，旅行の手配や情報収集の手段は日々変化し，SNSでの発信など観光に付随する活動も大きく変質している。

例えば，日本において，増加し続ける日本人出国者数は2019年に2,000万人を越えた。他方で，2019年の訪日外国人旅行者数は過去最大の3,188万人であ

る。近年の日本の観光の変化は，**アウトバウンド**はもちろん，**インバウンド**の莫大な増加によって特徴づけられるといえよう。日本人が国外に旅立ち，異文化においてゲストとなることが当たり前になり，また潜在的に誰もがホストになりうるという状況が生じているのである。

この「ホストでもゲストでもありうる」状況は，多かれ少なかれ世界中で見られるものである。移住や長期滞在などによりゲストがホストへと転換していくこと，また出稼ぎ労働先でホスト社会においてはゲスト，自国からのゲストに対してはホストの役割を担うケースもある。さらに対面状況のホストとゲスト関係だけではなく，オリンピックや万博のように国家や自治体がホストとして，国外のゲストを受け入れるという規模の変化もある。このような状況において，ホスト／ゲスト論が当初想定していたような，「先進国から途上国を訪れるゲストとホスト社会の関係」という視座は，やや窮屈に感じられるだろうか。

4 ホスト／ゲストを超えて

と，ここまでホストとゲストの関係がより拡張し，流動的になり，多様かつ複雑になる見取り図を示してきた。単純な二項対立の図式はすでに有効ではないかもしれないが，現代社会の観光を読み解く視座として，ホストとゲストの関係や相互に与える影響へ注目する構えは色あせていない。

しかし，2020年に感染が爆発的に拡大した新型コロナウイルスによって，世界中の観光活動はほぼ停止した。何らかの終息が見通せたとして，観光活動が再開していくのにはまだまだ長い時間がかかるだろう。これまで想定していた形での「観光」が行えなくなったとき，ホスト／ゲスト論の有効性はどのように問えるのか。仮想現実を活用した観光がすでに国内外で話題になっているが，それはポスト・コロナの世界で常態化するのであろうか。あるいは，私たちはまたあの身体の移動と接触を伴う，以前のような観光活動へと戻っていくのであろうか。そこでは，誰が誰に出会い，どのような関係や影響が生じるのか。

また，この世界規模での観光の中断や制限は，じつは感染以前にも局所的にはみられた状況である。**オーバーツーリズム**によってツーリストの受け入れを制限したり，観光地を閉鎖したりする事例は多く見られた。前世紀から成長し続けてきた観光産業が，その持続可能性を問われながら，現代社会においてついに「脱観光化」する動きが生じているのである。ポスト・コロナ，あるいはポスト観光と呼びうる近い未来を私たちはどのように生きていくのだろうか。ホストでもゲストでもない，何らかの新たな関係を築くことはあるのだろうか。それを逆照射する意味でも，ホスト／ゲスト論はまだ手放せない。

（東賢太朗）

▷3 日本政府観光局（JNTO）統計による。

▷4 **アウトバウンド**（outbound）と**インバウンド**（inbound）
自国から外国に出かける旅行をアウトバウンド，外国人が訪れてくる旅行をインバウンドと呼ぶ。日本は21世紀以降，観光立国を政策として掲げ，訪日外国人旅行者数が急増した。

▷5 **オーバーツーリズム**（overtourism）
観光地を訪れるツーリストが著しく増加し，受け入れのキャパシティを越えた状態。自然環境や文化遺産の破壊，地域住民の生活侵害などの問題を引き起こすことがある。

Ⅳ　ホスト／ゲスト論の新展開

3 地域社会

1 「地域」とはどこにあるのか

「観光による地域活性化」「観光開発と地域社会変容」「観光をつうじて創造される地域文化」。観光現象について考えるとき，多くの場合，具体的な「地域社会」に軸足が置かれてきた。しかし，地域社会をどのようなものとして捉えるかという問題は，簡単なようで実はきわめて難しい。「地域」という語の指示対象が曖昧なまま，「○○地域は」と主語をすえて語ることに，なんら問題はないのだろうか。地域社会とは，どこにあるのだろうか？

まず，地図や行政区分として示される地域が思い浮かぶだろう。これは市区町村などの政策単位と重ねられるため，地図に描かれたその輪郭は厳密であり，ゆるぎないものにも思える。しかし歴史的にみれば，合併などをつうじてその輪郭はつねに変化してきた。他方で，人脈や地縁と深く結びついたローカルな共同体（コミュニティ）という意味での地域や地域社会を思い浮かべることもできよう。それは「顔の見える関係」を前提としており，文脈依存的であり，内外を区別する境界が曖昧なものといえる。[1]

実体的で固定的な地域像は，しばしば社会的・政治的に要請される。また，研究上の「主語」に据えられることも少なくない。だが以上でみたように，たとえそれが地図上や行政単位として示されていても，地域は不動の実体といいきれるほど安定した存在ではない可能性がある。本節では，地域社会を「そこにあるもの」として実体化せずに，「そこにあらわれるもの」としてダイナミックに捉える視点へとシフトしていく方法を模索してみよう。

2 地域という「全体」の同定

観光との関連で議論されてきた実体的な地域像とは，どのようなものか。一例として，「観光まちづくり」[2]を考えてみよう。観光まちづくりは，地域住民が自らの地域に誇りや魅力を見出し，観光資源を積極的に開拓することをつうじて，外部からの観光者や移住者を増加させ，観光と地域の双方の発展をめざそうとする動きである。地域に生活する人びとの主体的な参加とイニシアティヴを重視することは，「持続可能な観光」[3]をはじめとして，こんにちの観光開発における基本的な構えの一つとなりつつある。

では，そこでいう地域住民とは誰であり，地域とはどこなのか。観光まちづ

▷1　Ⅲ-11「ローカリティ」参照。
実体として捉えられない地域のあり方を，アルジュン・アパデュライは「ローカリティ（locality）」と呼んだ。人びとがそこで関係しあい，日常的な実践を重ねることで現出してくる概念として，「地域性」（地域らしさ）や「地域住民」（ローカルな主体）が位置づけられている。アパデュライ，A.，門田健一訳，2004，『さまよえる近代——グローバル化の文化研究』平凡社。

▷2　観光まちづくり
詳しくは以下の文献を参照。溝尾良隆，2007，『観光まちづくり　現場からの報告——新治村・佐渡市・琴平町・川越市』原書房。安福恵美子，2016，『「観光まちづくり」再考——内発的観光の展開へ向けて』古今書院。

▷3　石森秀三，2001，「内発的観光開発と自律的観光」石森秀三・西山徳明編『ヘリテージ・ツーリズムの総合的研究』国立民族学博物館，5-19。古川彰・松田素二編，2003，『観光と環境の社会学』新曜社。

くりをめぐる実践的なアイデアは，主体的に参画する「べき」地域住民を——あるいは「ゲスト」をもてなす「ホスト」を——必要とするが，彼らを設定するにあたって，地理的・行政的な単位として輪郭づけられた実体的な地域がしばしば駆り出されることとなる。地域を観測・分析可能な一定の領域として切り出し，その内外を峻別する操作があってはじめて，活性化や住民参加が必要な範疇を定めることができるのである。

　地域や地域住民，あるいは「ホスト」がいったい誰／何を指しているのか，またそれは，どのような操作によって他と区別されているのか。地域や特定の集団の輪郭を同定しようとする操作性（権力と呼んでもよい）には，つねに自覚的である必要があるだろう。

③ パフォーマティヴな地域社会概念の再想像へ

　それでは観光研究において，いかにして地域へのまなざしを捉えなおすことができるだろうか。その方策の一つにあげられるのが，観光現象に関わる様々な要素や存在を「プロセス」として生成的に捉える視点である。

　橋本和也は『地域文化観光論』のなかで，「地域文化」やその真正性，「地域の担い手」は決してはじめから地域に存在するものではなく，人びとやその周囲の事物，環境，情報などのアクターの関係性のなかで創出され，「地域のもの」へと生成していくものであることを，新潟県越後妻有の芸術祭や瀬戸内国際芸術祭の事例から描き出した。地域文化やアイデンティティなるものは，このプロセスのなかで絶えず問い直され変化している。

　地域社会もまた同様だといえる。それは文脈に応じて多様なかたちで想起されたり，議論の対象となったり，意味づけられたりして，はじめて姿をあらわすものなのである。そこで想起される「地域」は明確な輪郭をもたない。人びとの記憶や日常生活の営み，人間関係などを織り込みながら，そのつどパフォーマティヴに，動態的に，可謬的に姿をあらわす，プロセスそのものである。

　「地域とは何か？」という問いは，研究者やまちづくりを考える行政主体のみならず，生活者や来訪者，移住者などその場所に関与するあらゆる主体においても日々想像され，その都度問いなおされている。地域とはどこにあるのか。地域の担い手とはいったい誰なのか。

　観光のプロセスとはまさに，「地域」をめぐる問いが様々な主体のあいだに喚起される瞬間なのである。調査者や行政主体がその対象範囲を画定するために導入する，実体的な地域像を主語に据えてしまった瞬間に，そうした多様でダイナミックな地域のありようは捨象されてしまう。地域や地域社会は議論の土台や前提ではなく，それ自体が豊かな分析の対象となるべきものなのである。

（石野隆美）

▷4　Ⅲ-1「権力」参照。
▷5　観光現象を，地域に対して影響を与える外的要因として，つまり「なにか外からやってくるもの」として単純化することもまた，こうした境界操作に無自覚であることの帰結といえる。「観光による地域変容」や「開発による地域への影響」といったよくある言いまわしは，「外」からやってくる観光と，観光の影響以前に存在した純粋無垢な地域という，二つの虚構を実体化してしまう。
▷6　たとえば瀬戸内の事例では，地域の廃校舎をめぐる人びとの思い出が海外のアーティストを惹きつけ，卒業生との協働で製作された作品は多くの観光客に注目された。そうした注目は，地域住民やコミュニティの意識の変化に結びついたという。橋本和也，2018，『地域文化観光論——新たな観光学への展望』ナカニシヤ出版。

Ⅳ　ホスト／ゲスト論の新展開

 4 都　市

▷1　Ⅰ-2「ツーリズム・
モビリティ」参照。
▷2　人口や産業構造にも
とづいて個々の場所を「都
市」と呼んだり，「都市的」
と形容したりすることはさ
ほど難しくないが，「都市
とは何か」を明確に定義す
ることはきわめて困難であ
る。その意味で，非実体的
な概念として，「都市」と
「観光」はよく似ている。
概念としての「都市」につ
いては以下の文献を参照。
若林幹夫，2018，「「都市」
をあることにする」若林幹
夫・立石真也・佐藤俊樹編
『社会が現れるとき』東京
大学出版会，1-30。
▷3　「アーバン・ツーリ
ズム」や，観光と都市再編
の関係性に関する議論は以
下の文献に詳しい。堀野正
人，2004，「観光の都市空
間の創出と解読」遠藤英
樹・堀野正人編『観光社会
学のアクチュアリティ』晃
洋書房，60-80。
▷4　「芸術都市バルセロ
ナ」など，都市空間を特定
のコンテクストにもとづい
て特徴づけようとする再開
発の動きは，枚挙にいとま
がない。たとえば池袋（豊
島区）は，再開発による
「まち全体が舞台の誰もが
主役になれる劇場都市」構
想を進めており，大型シネ
マコンプレックスの導入や
公園の再整備などをつうじ

1 結節点としての都市

「都市」という言葉が想起させる種々のイメージ——高層ビルや複合的商業施設，身だしなみに敏感な人間たち，おしゃれな自転車，鮮やかな広告の数々。都市は，それ自体が移動や消費の目的地であると同時に，人やモノ，情報が行き交う結節点（ハブ）としても重要な側面をもつ。ニューヨークやパリ，東京，カイロ等々，都市は点在している。同時に都市は，それら都市と都市のあいだのさまざまな移動を結びつけ，ネットワークを構成している。

観光研究や都市論と呼ばれる分野において，都市はその場所に特有の意味や記号がせめぎあう場所として議論される傾向があった。都市は一つの輪郭をもった地名（新宿，渋谷など）と重ねられ，特定の場所がどのような演出と消費の舞台であったのかが語られてきた（そこはどのような都市か？）。他方で，人やモノ，情報が都市をまたいだ移動を繰り広げている現代においては，それらのモビリティを結ぶ媒介としての都市がもつ，概念的な特徴について考えることも重要だろう（都市とはどのようなものか？）。本節では，移動とコミュニケーションの土台となる，ネットワークとしての都市を考えてみたい。

2 都市の演出と消費

都市は，グローバリゼーションを背景に規模を拡大し，国内外で都市間競争を繰り広げている。都市の産業や歴史，利便性，娯楽やイベントを楽しむことを目的とした「アーバン・ツーリズム」の展開の背景には，独自の魅力開拓によって他所との差異化をめざす，都市のもくろみがある。六本木ヒルズなど各地の代名詞となる大型複合施設や，「レトロ」「モダン」といったモチーフで装飾された町並みを再開発によって配置しながら，都市は独自の風景や記号を演出していく。

都市は，こうした記号やイメージを人びとが追い求め，消費する舞台でもある。人びとは都市を行き交い，「洗練された街」や「おしゃれな空間」といった象徴的な記号の消費を通じて，他者との差異化を図ってきた。

他方で，都市は，どこにでもあるようなチェーン店やフランチャイズ，似通った複合的商業施設がたちならぶ場所としてもイメージされる。駅前で必ず目にするカフェや，どの商業施設にも出店しているアパレルショップ。これらは

均質的で他所と交換可能な都市景観を生みだす。だが都市における私たちの経験において，その均質性は，もはや必要不可欠な要素となっていることも事実であろう[46]。私たちは都市の唯一性（象徴的な記号，独自の景観）のみを経験しているわけではない。スターバックス・コーヒーを手にしながら東京スカイツリーに登る観光客がいるように，私たちは都市を複合的に経験している。

❸ ネットワークシティ

　現代的な都市空間は，独自であるとも均質的であるともいいきれない。であるならば，どのように都市を想像すればよいのだろうか。

　田中大介は，記号や景観にもとづいて都市を「面」として描く従来の都市論を乗り越え，様々な人とモノ，モノとモノ，あるいは場所と場所とを結びつけていく「ネットワーク[47]」として都市を捉える必要性を主張している[48]。都市とはネットワークであり，私たちのコミュニケーションやモノ・情報の移動を媒介している。それと同時に，私たちの移動やコミュニケーション，情報発信の営みもまた，ネットワークとしての都市を下支えし，それを稼働させる関係にあるのだ。都市とは，自らを差異化すると同時に均質化し，人びとを惹きつけると同時に放散させる，そのようなネットワークの筋道そのものである。

❹ ネットワークの拡大と複雑化，その帰結

　都市が生むネットワークと移動は，拡大の一途を辿っている。アジアや中東，アフリカなど世界各所に「メガ・シティ」が生まれ，グローバルな移動をますます展開させている。こうした現代的状況は，しかし同時に多くのリスクを抱えこんでいる。

　まず指摘されるのは，地球規模での都市化がもたらす気候変動や環境問題のリスクである。大規模再開発や，都市を結節点とする人類の移動の拡大・増加が環境にあたえる負荷の大きさは想像に難くない。都市をいかに持続可能なものとしていくか，また二酸化炭素排出量やエネルギー消費量をいかに低減していくかといった問題に，私たちは直面している。

　加えて，ネットワークの脆弱性とセキュリティの問題を指摘できる。今日の都市はネットワークとしてあらゆるものと連結している。この結びつきが拡大するほど，どこか一か所の破綻が全体におよぼす影響とリスクが高まる。また，ネットワークが複雑化するほど，起こりうるリスクの予測は困難となる。そのため，あらゆる脅威を未然に排除するためのセキュリティと監視／管理の仕組みが導入されていくこととなる。都市がうながす移動とコミュニケーションを捉えるときには，リスクの問題や，監視と管理，そして権力の問題も視野に入れる必要があるといえるだろう。

（石野隆美）

て，文化の発信地としての都市イメージを更新しようとしている。

▷5　北田暁大は，都市が記号的・象徴的な意味を喪失していく過程について，1980年代から2000年代における渋谷の変容を事例に整理している。北田暁大，2002，『広告都市・東京――その誕生と死』廣済堂出版。

▷6　近森高明・工藤保則編，2013，『無印都市の社会学――どこにでもある日常空間をフィールドワークする』法律文化社。

▷7　Ⅰ-3「ネットワーク」参照。

▷8　田中大介編，2017，『ネットワークシティ――現代インフラの社会学』北樹出版。

Ⅳ　ホスト／ゲスト論の新展開

5 農　村

▷1　Ⅰ-2「ツーリズム・モビリティ」参照。

▷2　農林水産省，2010，『食料・農業・農村白書』農林水産省。

▷3　地方自治体が地域おこしに興味のある都市部の住民を，地域おこし協力隊員として募集する。政府が生活費と活動費を支給，補助金は最大3年。全国で5,000人ほどが活動している。

▷4　関係人口
観光者などの交流人口と住民などの定住人口にも当てはまらず，かつ地域の人びとと多様に関わろうとする人びとを指す。複数の生活拠点をもつ人などがここに含まれ，地方の活性化への貢献が期待される人びとである。

▷5　田中輝美，2017，『関係人口をつくる──定住でも交流でもないローカルイノベーション』木楽舎。

▷6　同前書。

▷7　旅住者（settraveler）
「関係人口」とほぼ同義であるが，その行政用語的ニュアンスを避け，個々人の心情がよく表わされる言葉として筆者が造語したもの。「定住者 settler」と「旅行者 traveler」の合成語。地域観光の現場で聞かれる「住まうように旅する」という表現や，農村に居を構

1 ホスト／ゲストの揺らぎ

　都市生活者が農村にを訪れ，村人がもてなす──農村観光でなじみにこうした風景に加えて，新たな観光コミュニケーションが生まれつつある。たとえば，古道で有名な奈良県の山辺の道周辺は，柿栽培が盛んで柿の木オーナー制が行なわれている。後継者不足で荒れた柿畑の整備行事がそこで開催された際，都市在住の柿の木オーナーたちが数多く参加した。オーナー制ではゲストである彼らが，ハイキング客にとっては古道景観を守るホストの役割を果たした。また大都市近郊のある村では，普段は都市に住まいながら週末は故郷の農産物直売所に「通勤帰郷」し，あたかも「地元の人」のように活躍するケースもある。いわば「笑顔で働く村人」をパフォーマンスしているのである。

2 観光／移住の揺らぎ

　2010年代は，農山村においてモビリティ[1]の多様化が進んだ時期であった。農水省の都市農村交流の模式図にも「定住」と「一時滞在」のあいだに「二地点居住」というカテゴリーが新しく加わった[2]。政府が「地域おこし協力隊」制度を開始したのはその前年である[3]。こうして移動を含んだ生活様式は，農山村でも市民権を獲得した。「交流人口」に代わる新しいキーワード**関係人口**[4]という言葉が登場したのも2010年代だ。関係人口とは「観光以上，移住未満」，つまり観光者と定住者のあいだに拡がる多様な生活様式である[5]。田中はこれを，地域特産品の購入，地域への寄付，頻繁な訪問（リピーター），地域でのボランティア活動，準定住（年間のうち一定期間住む，二地域居住），移住・定住の6段階に整理した[6]。たとえ移住しても，彼らは定住者（settler）と旅行者（traveler）両方の心性をもっている。筆者はこうした存在を**旅住者**[7]と呼んでみたい。

　全国の農山村に，様々なグレードの旅住者（settraveler）が往来・移住している。そして各地に，彼らのための「小さな拠点」が生まれている。指出一正は「観光案内所」をもじって，そうした施設を「関係案内所」[9]と呼んだ。

3 労働／余暇の揺らぎ

　こうした関係案内所，とくに農山村にあるそれらは，ゲストハウスに併設されていたり，カフェ機能をもったコワーキングスペースであったりと多様であ

る。そこに共通するのは，既存の〈ホスト／ゲスト〉，〈労働／余暇〉などの二元論では捉えられない旅住者が集うことである。たとえば旅先で観光PR用写真の撮影や記事の執筆などを請け負い企業から報酬を得るために，旅住者と企業をマッチングするシステムもすでに存在する。このサイトでは旅人と企業がともに「求人募集」されている。[10] また，ある山村のコワーキングスペース周辺には，デザイナー，写真家，漫画家，工芸作家，パン職人などが次々と移り住んでいる。安い家賃，広いスペース，静かな環境のなかで，清浄な水や空気，美しい自然風景・資源などを活かしたコンテンツを制作し，インターネットで全国の人々とビジネスを行なっている。[11] 彼らはメディアでしばしば取りあげられ，彼ら自身が農山村のコンテンツとなる。彼ら旅住者のワークパフォーマンスを支えているのは，インターネット上の「農山村」だともいえる。

④ リアル／バーチャルの揺らぎ

2020年代にはいり，私たちは新型コロナウイルス感染症（COVID-19）によるパンデミックがモビリティに大きな一撃を加える事態を目撃した。マスツーリズムは大きな変容を余儀なくされるだろう。しかしその変容は，ここまで述べてきた農山村をめぐるコミュニケーションにとって追い風となるように思われる。なぜなら，もともと大規模観光地のように多数の来訪者を期待できなかった農山村では，マスツーリズムが前提としてきた上述の二元論を超えたところで，すでに観光コミュニケーションが成立しつつあるからである。遠藤英樹が述べたように，旅住者たちにとっても，インターネットがプラットフォームとなるメディア空間こそが彼らにとっての社会空間（Social Space）なのである。[12] むしろ移動の制限によってマスツーリストが実際の農山村に近づき難いほうが，メディア空間上の農山村イメージは純化され，商品価値を高めるかもしれない。

さらに，パンデミック下では人々の移動はその重要度に応じて順位づけられる。娯楽のための移動は劣位に置かれる。しかしそうした際にも旅住者は，「娯楽＜仕事」「観光＜帰郷」という表象を選択的に押しだし，自らの移動を優位に操作することが可能な存在でもある。

こうしてみると，近年の農山村や周辺地方都市に見られる上記の変容は，ポストモビリティ（＝ウィズコロナ）時代の観光コミュニケーションの一つのありかたを示唆しているともいえるように思われる。

（寺岡伸悟）

えても都市的生活スタイルを崩さない，「旅人のように住まう」といったあり方を表現できる言葉であると考える。

▷8　指出が編集長をつとめる雑誌『ソトコト』（木楽舎）は，こうした新しいローカル，ソーシャル志向の情報発信を行う代表的媒体である。

▷9　指出一正，2016，『ぼくらは地方で幸せを見つける――ソトコト流ローカル再生論』ポプラ社。

▷10　「すごい旅人サイト――サゴジョー」（2022年1月12日取得，https://www.sagojo.link）

▷11　オフィスキャンプ東吉野。たとえばオフィスキャンプ東吉野で普段過ごしているA氏（同村在住）は，北海道や静岡県の地域づくりのコンサルティングの仕事をしている。オフィスキャンプ東吉野（2022年1月12日取得，http://officecamp.jp）。

▷12　Endo, H., 2021, Digital Media as "Social Space" of Tourism: The Japanese Cases of Travelling Material Things, in Endo, H. ed. *Understanding Tourism Mobilities in Japan,* Routledge.

参考文献

高橋博之，2016，『都市と地方をかきまぜる』光文社。

マッカネル，D., 安村克己ほか訳，2012，『ザ・ツーリスト――高度近代社会の構造分析』学文社。

Ⅴ　ツーリスト・コミュニケーション

音楽フェス

1　フェスの時代

　現在，日本では数多くのフェスが開催されている。規模や形態が多様であるため，正確な数を把握することは難しいが，2016年には 1 年間に日本全国で455件のフェスの開催が確認された。大都市圏を中心に過去と比べてこの種のイベントは増加傾向にあるといえる[1]。

　現在のフェスの特徴については様々な論点がありうるが，本節では「移動」を手掛かりに議論をはじめたい。かつての社会では自由な移動には制限があり，それができるのは（良くも悪くも）特別な存在であった。音楽（興行）において，古くは旅芸人による巡業や，アーティストによる全国ツアーなど，おもに移動していたのは演者の側であった。しかし今日では，フジロックフェスティバルやライジングサンロックフェスティバルへと全国から参加者が集まるように，演者の側だけでなく観客の側も同時に移動をする。この移動の一般化が，今日のフェスシーンの前提となっており，その特徴として，音楽を媒介とすることで観光資源が豊かではない地域でも人が呼べること，そして，フェスの参加者がリピーターになる可能性が高いことがあげられる。

2　観客の移動がもたらす影響

　参加者の移動は，フェスが行われる地域社会にどのような影響を与えるのだろうか。その影響としてすぐに思いつくのは「経済」に関するものであろう。実際に参加者が支払う交通費，宿泊費，飲食費などが地域経済に与える影響は少なくない。フジロックの経済波及効果を分析した江頭満正によると，「事業費用と経済波及効果を比較した，投資利益率は非常に高く経済活動としてのロックフェスティバルの存在は，無視できない存在」であり，地域活性化が期待できるという。なお，リピーターは消費額が増加する傾向もみられると指摘されている[2]。

　もう一つの重要なポイントは，「関係人口」に関するものである。総務省によると「関係人口」とは，「移住した『定住人口』でもなく，観光に来た『交流人口』でもない，地域や地域の人々と多様に関わる人々」のことを指す[3]。フェス参加者，とくにリピーターがイベントだけでなく，開催地に思い入れを持ち，日をあらためてキャンプなどで遊びにいくことは珍しくない。フェスは，

▷ 1　山崎翔, 2017, 『フェス観測会2016報告書』(2022年 1 月12日取得, http://hdl.handle.net/2115/65492)。

▷ 2　江頭満正, 2018, 「ロックフェスティバルの経済効果と消費者行動——フジロックを事例に」尚美学園大学芸術情報学部『尚美学園大学芸術情報研究』17-29。

▷ 3　総務省, 2018, 「関係人口」ポータルサイト, (2022 年 1 月 12 日取得, https://www.soumu.go.jp/kankeijinkou/)。

その地域に関心や興味を持つ入口として機能しており，「関係人口」の増加に一役買っているといってよい。

これらにとって重要なのは，音楽フェスのおもな観客層（20〜40代）は，行政などの PR がリーチしにくい層だということである。フェスは開催告知から事後報告にいたるで，パブリシティが長期化することも相まって，シティプロモーションの機会として注目が高まっている。

③ グローバル／ローカルの断絶

このようにフェスの隆盛は，人びとの自由な移動を前提として成立している。その範疇は国内にとどまらない。インターネットによって情報が得やすくなったため，格安航空券を利用して海外フェスに行く人も増えているし，フジロックにはここ数年，外国人参加者が増加している。フェスの隆盛は世界規模で進行している，極めてグローバルな現象なのである。

とはいえ世界的な視野に立ったとき，日本のフェスは独自の展開をしている。出演者という面からみても，90％以上のフェスは国内アーティストのみによって成立しており，そうしたフェスにおいてインバウンド客の出足は鈍い。このことは，日本の音楽産業構造を反映するものといえる。日本レコード協会によるとフェス市場が発展した2000年以降，市場における洋楽の占める割合は低下の一途をたどっており，今や全体の１割程度にまで落ち込んでいる。むろんこうした自給率の高さは一概に否定されるものではないが，人びとの関心が国内に限られることから，海外シーンとの断絶が拡大することも否めない。

④ 再編されるフェス空間

人びとの移動を前提としたフェスのあり方は曲がり角に来ている。すでにヨーロッパでは，音楽やアート活動が地球環境に与える影響に関する議論がはじまっており，そのなかにはコンサートへの移動にともなう二酸化炭素の排出量に関する議論も含まれている。そして2020年の新型コロナウイルス感染症（CO-VID-19）の世界的な流行は，人びとの移動を完全に止め，世界中の音楽フェスティバルは中止せざるをえない状況に陥った。

このような局面において注目されているのがライブ配信である。2010年からはじまったコーチェラのインターネット中継は無料で視聴できることもあって，今や世界中の音楽ファンの注目を集め，トレンドを左右するビッグイベントとなっている。とりわけ4,000万人以上が同時視聴し，世界中の音楽，ファッション，ニュースサイトに取りあげられた後，Netflix で『HOMECOMING』として公開された2018年のビヨンセのパフォーマンスは歴史的出来事と呼んで差し支えない転換点であった。もちろん，ライブ配信があるからといって，現地に行くことが無意味になることはないだろう。

（永井純一）

▷4 永井純一，2019，「フジロック，洋邦の対峙」南田勝也編著『私たちは洋楽とどう向き合ってきたのか──日本ポピュラー音楽の洋楽受容史』花伝社，210-243。

▷5 Ⅵ-5「インバウンド」参照。

Ⅴ　ツーリスト・コミュニケーション

2 コンテンツ・ツーリズム

▷1　Ⅴ-10「宗教観光」
参照。

1 名所・旧跡・名勝観光からの脱却する現代の観光

　現象としての観光は前近代，いや古代から，多くの国や地域において，多く
は宗教と結びついた「巡礼」として存在していたことがよく知られている。宗
教とそれに関連する伝統が観光のあり方を固定的に規定していたわけであるが，
日本で最も親しまれていたのは伊勢参宮であり，それは伊勢神宮の下級神官
（御師）の指導と手配によりほぼ形が定められ，様々な儀礼をともなって実践
されていた。そして儀礼化した伝統的観光は，観光が産業化した明治後期にな
っても，「新しい伝統」として姿を変えながら引き継がれていった。そこでは，
人工的に創造された観光地の数は増えるものの，観光は固定的な枠組みの内部
で実践されるものであり，観光の生産者がそのヘゲモニー（相対的な権力）を
もっていた。さらにその後，観光対象が固定化したものから抜け出すのは1970
年以降（後期近代）になってからである。後期近代の観光は，とくに個人化し
た「趣味」的消費の特徴をもつものであり，観光生産者から観光消費者（観光
地住民は，これら二者の媒介項と考えるべきだろう）へと，観光対象の発見，制作
をめぐる権力の比重は移っていった。

▷2　1970代以降における
「発展，進歩，平等の神話」
が衰退した時代とは，集団
によって維持されてきた伝
統と疑似伝統という，集団
的価値を追求する感性が後
景化し，それに代わって個
人が前面に現れ，個人の選
択による「趣味の消費」と
それにともない「選択的
絆」を求める時代だといえ
る。Ⅱ-4「再帰性」参照。

▷3　岡本健，2015，『コ
ンテンツ・ツーリズム研究
──消費社会の観光行動と
地域振興』福村出版。

▷4　増淵敏之，2010，
『物語を旅するひとびと
──コンテンツ・ツーリズ
ムとは何か』彩流社。

▷5　岡本健，2013，『n
次創作観光──アニメ聖地
巡礼／コンテンツツーリア
ム／観光社会学の可能性』
北海道冒険芸術出版。

2 観光におけるヘゲモニーの変化とコンテンツ・ツーリズム

　以上のように観光をめぐるヘゲモニーは移行しつつあるが，その尖端にコン
テンツ・ツーリズムの諸潮流がある。とはいえ，観光とは「人工的」な（「宗
教的」であろうとも）物語創造をともなう行為であり，どれも巨視的にみれば
「コンテンツ・ツーリズム」の要素をそなえている。しかし観光者が「物語創
造」のヘゲモニーをもつものとして「コンテンツ・ツーリズム」を定義するな
らば，それは1970年以降の産物だといえる。むろんその場合にも「コンテン
ツ・ツーリズム」概念の範疇は幅ひろく，映画『ローマの休日』の一場面に登
場した「真実の口」，サザンオールズターズの歌詞に登場した湘南など，小説
や映画や歌謡曲などを含めて様々な形態のものが生みだされている。

　特にインターネットが普及する1995年以降，とりわけSNSが若者のあいだ
で普及する2000年以降，この傾向は顕在化していった。そして，そのような新
たな時代において台頭したコンテンツ・ツーリズムのなかでも，SNSの普及
ともっとも親和性があったのがマンガやアニメを題材としたものだったといえ

出所：著者撮影（2019年7月28日）

③ コミュニケーションの循環・連鎖と鷲宮コミュニティ

　1990年代頃から，日本のマンガ・アニメは写真をトレースすることで背景を描くという手法が一般化した。そしてそのことが，ファンによる「マンガ／アニメの舞台」の発見を後押ししていったのである。そして原画と同じアングルで写真を撮りそれをSNSへとアップし，さらにそれを見たファンがまた，同じ場所を訪問するといった循環ができあがるのである。この循環回路により形成されたコミュニティとして有名なのは，『らき☆すた』の聖地，埼玉県鷲宮町（現在は久喜市に併合）に所在する鷲宮神社周辺のそれである。とくにこの場所のファンたちは，町の商店街（当時の商工会）の住民たちと「一つのコミュニティ」ともいえる関係性を（2000年代から今日に至るまで）維持している。ファンと商工会との協働は祭への参加のみでなく，地下アイドルのステージ，コスプレイベント，婚活イベント（オタ婚活），ミニFM放送など，様々な形態をとって繰り広げられた。

　「成功」の理由は，以上のものにとどまらない。筆者は10年来この地域を調査しているが，「成功」の陰には，訪問時に集まる居場所があること，そしてそれらが「サードプレイス」あるいは「ライフスタイルの飛び地」として機能したこと，商工会のメンバーとファンのメンバーに優れたリーダーが存在したこと，そしてそれを取りあげたメディアおよび研究者たちが存在し，その言説やイメージがファンや住民に対して再帰的に働きかけたことなど，恵まれた資源が介在していたのである。

④ ポストモダン観光の進化形としてのコンテンツ・ツーリズム

　観光地創造のヘゲモニーが「観光生産者」からパフォーマティブな「観光消費者」へと移行し，それを住民が受け入れるという流れの極北に鷲宮の成功例を位置づけることができるだろう。とはいえ，現在ではマンガ・アニメツーリズムの手法は，いわゆる「まちおこし」やコンテンツビジネスのツールとしてよく使われており，観光者の「下からの」参与が，「上からの」観光地づくりに回収されていることもしばしば目にする。さらにいえば，「巡礼者」と地元住民の参与が予定調和するとは限らない。

　観光者がマンガ・アニメツーリズムのようなコンテンツのイメージを二次創作的に演技し拡張していく例は，ゲーム，アイドルの連想形や，もとから連想系として生まれた2.5次元舞台のさらに連想形へと限りなく進んでいる。そう考えてみると，コンテンツ・ツーリズムのイメージの連鎖は，創造と消費の両義性を抱えたポストモダン観光の進化形といえるのである。

（須藤　廣）

▷6　『らき☆すた』
女子高校生4人の日常を描く4コママンガ。アニメは2007年の4月から9月まで放映，アニメ放映後「巡礼者」が訪れるようになった。版元の角川書店と商工会がコラボイベントを行う。

▷7　スナックを中心に2，3か所あるが，このスナックはオーナーの亡き後，商工会とファンの手で不定期，会員制で営業されている（前オーナーはファンたちを献身的に支えていた）。

▷8　アニメ『ラブライブ！』の巡礼者で賑わった秋葉原では，巡礼者や住民が参加するマンガ・アニメによるまちづくりが行われているとはいえない。また，『ラブライブ！サンシャイン!!』の聖地である沼津においては，観光者が急増する一方で，観光者と住民とのトラブルが多発していることも報じられている。

▷9　2.5次元舞台の『刀剣乱舞』で擬人化された（実際の）刀剣を見に行く観光，2.5次元舞台『鬼滅の刃』やアイドルグループ「嵐」のメンバーに因んだ場所をめぐる観光などがこれに該当する。 I-1 「ポストモダンツーリズム」参照。

Ⅴ　ツーリスト・コミュニケーション

③ 音楽ライブ

① 観光資源としての音楽

　音楽と観光の関係については，これまで様々な学術分野で議論されてきた。文化人類学や民族学では，音楽を観光芸術の一つとして位置づけながら，土着の音楽が観光資源として消費される実態を明らかにしたり，観光資源としての音楽の真正性のあり方を探ったりもしている[1]。たとえば，沖縄やハワイでは音楽が「沖縄らしさ」や「ハワイらしさ」を演出しているが，その音楽が必ずしもそれぞれの文化に根ざしているわけではない。ゲストの期待に応えるために，ホストは「らしさ」を提供しているというわけだ。

　もちろん，沖縄やハワイで育まれてきた土着の伝統的な音楽文化は存在するものの，そこから「らしさ」が読み取れるとは限らない。観光資源としての音楽に求められるものは，伝統的な音楽文化に含まれる（と思われている）真正性というよりはむしろ，観光客が期待する「らしさ」だ。そもそも，伝統と呼ばれるような文化は，必ずしも無垢で純粋なものではない。真正なものとして崇められる多くの伝統的な文化には，明らかに混交の痕跡が見られる。それは，音楽にも当てはまることだ。そして，実際の観光行動で観光客が期待するのは，観光資源としての音楽なのだ。

② ミュージックツーリズムという考え方

　観光資源としての音楽利用はけっして新しい事象ではないが，これまで日本の観光研究や音楽研究の分野において正面切った議論はおこなわれてこなかった。その要因には，観光資源としての音楽に対する人びとの期待は多様であることがあげられる。こうした人びとの期待は，〈音楽＝場所＝アイデンティティ〉をめぐる関係にも左右されることになる。観光行動の動機づけになる音楽がどのようなジャンルに当てはまるのかは，人それぞれ千差万別ということだ。

　イギリスをはじめとする欧米では，ミュージックツーリズムの名のもとで，観光研究や音楽研究にのっとった学術的な分析が積極的におこなわれている[2]。日本でも，観光研究におけるコンテンツ・ツーリズムの文脈や，音楽研究におけるフェスやアイドルの文脈から，音楽と観光の関係が議論されている。もっとも，それらの議論では，欧米でもちいられているミュージックツーリズムの概念が使われることはほとんどない。むしろ，ミュージックツーリズムという

▷ 1　文化人類学や民族学による議論については，次のものが参考になる。石森秀三編，1991，『観光と音楽』東京書籍。Ⅳ-1「ホスト／ゲスト論」参照。

▷ 2　欧米のミュージックツーリズムについては，以下の文献が参考になる。Connell, J., & C. Gibson, 2002, *Sound Tracks : Popular Music, Identity and Place.* New York : Routledge. Gibson, C., & J. Connell, 2005, *Music & Tourism : On the Road Again.* Clevedon, Buffalo, Toronto : Channel View Publications. Ⅴ-1「音楽フェス」，Ⅴ-2「コンテンツ・ツーリズム」参照。

言葉だけはもちいながらも，実際には産業振興や政策提言にまつわるような議論が中心で，コミュニケーションを考察するために必要な社会学や文化研究の視点が抜け落ちているのが現状である。

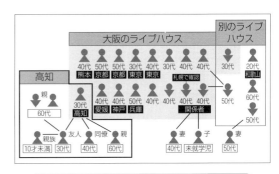

図Ⅴ-2　大阪のライブハウスで発生したクラスター

出所：筆者作成。

3 体験を消費すること

ミュージックツーリズムを議論するうえで，とくに注目すべきは音楽ライブである。音楽産業の市場規模をみると，1990年代後半をピークとしたCDなどの音楽ソフト市場は低迷する一方で，2000年代後半からは音楽ライブ市場の興隆がつづいてきた。こうした状況は，人びとの消費行動の変化にも当てはまる。つまり，人びとのモノ消費からコト消費への移行にともない，体験を消費する音楽ライブが好まれるようになったというわけだ。

「観客たちは，ライブが始まるずっと前の昼間っから，暑い日差しの中でお酒をのみ，タバコやほかのものをふかし，昔からの友達と再会したり，新しい友達を作ったりして，すっかり楽しんでいる」──これは，アメリカでライブツアーを中心に活動していたバンド，グレイトフル・デッドのライブ会場での一コマを描いたものだ。音楽ライブは単に音楽そのものを楽しむためだけのものではなく，そこに参加するという体験が重要になることが理解できるだろう。

4 ポストコロナ時代の音楽ライブ

新型コロナウイルス感染症（COVID-19）のパンデミックは，体験を消費する音楽ライブに深刻な影響を与えることになった。なかでも，クラスター（感染者の集団）の発生源としてメディアで報道されたことから，ライブハウスは大きな打撃を受けることになった。はからずも，そこから明らかになったのは，ライブハウスには全国から観客が訪れていたという事実である。そして，このライブハウスの事例は，さらに大きな会場でおこなわれる音楽ライブにも見受けられることを示唆している。多くの観客は，音楽ライブにともなう移動をいとわない。そんな人びとの移動は，コロナ禍によって妨げられてしまったのだ。

物理的な移動をともなう音楽ライブの実践に代わって，ミュージックツーリズムを無効化させてしまいかねないライブ配信に期待が寄せられるようになっている。たとえば，それまで物理的な移動が音楽ライブへの参加の障壁になっていた人にとって，場所の感覚を相対化させるライブ配信の普及は歓迎されるものだろう。物理的な移動をともなわないライブ配信だが，そこに参加するという体験は維持される。それは，ミュージックツーリズムだけではなく，ツーリズムにおける移動の概念そのものを問い直すことになるはずだ。

（宮入恭平）

▷3　スコット，D. M., & ハリガン，B. 渡辺由佳里訳，2011，『グレイトフル・デッドにマーケティングを学ぶ』日経BP社，28。Ⅷ-3「コト消費」参照。

▷4　Ⅰ-2「ツーリズム・モビリティ」，Ⅸ-3「VR」参照。

（参考文献）

ニーガス，K. 著，安田昌弘訳，2004，『ポピュラー音楽理論入門』水声社。

宮入恭平，2019，『ライブカルチャーの教科書──音楽から読み解く現代社会』青弓社。

Ⅴ　ツーリスト・コミュニケーション

 ピースボート

　船上の共同性

　1983年に設立されたピースボートは，世界一周の船旅を通じて国際理解を目指すクルーズ旅行であり，観光のコミュニケーションを考えるうえで興味深い事例である。パッケージツアーやバスツアーにおいて，参加者間に一時的な連帯感が見出されるように，ピースボートという船の上においても，乗船者同士の独特の共同性がみられる。ピースボートの船内でのコミュニケーションを研究した社会学者の古市憲寿は，船旅は寄港地の滞在時間より，船内で過ごす時間のほうが長く濃密であると指摘した。100日以上のあいだ，同じメンバーと同じ時間・空間をともにする経験は，乗船者の仲間意識や共同性を醸成する。

　ピースボートの「仲間づくり」は船に乗る前から始まる。希望者は出発の前から日本各地にあるピースボートセンターでの勉強会やミーティング，ボランティア活動などに参加することができる。人びとは定期的にセンターに通うことによって乗船前から仲間を作り，船旅への期待を高めていく。

　船旅で重要なのは寄港地での観光だけではない。船上では「ピースボート流のクルーズライフ」が営まれる。たとえば乗船者全員で運動会や夏祭りが行われ，著名人による講演会などのイベントも定期的に開催される。また，長い船旅に飽きが生じないように，乗船者自身がダンス講座やクイズ大会などの企画を主催したり，船内新聞の刊行などの職業別団体を運営したりすることもある。

　こうした乗船者同士の交流や共同性の過熱は，ピースボートという商品の大きな魅力として捉えられている。ウェブサイトや関連書籍には「同じ夢を持った仲間達と出会えるピースボートセンター」や「この旅でできた仲間は最高の宝だ！」という乗船者の感想が掲載され，ピースボートが他者との出会いやつながりに開かれた場であるというイメージを創出・強化している。

　さらに，船内のコミュニケーションが肩肘を張る必要のない気楽なものであることも特徴的だ。一般的なクルーズ旅行とは異なり，ピースボートは低廉な料金や若者の多さから，乗船者が公共スペースで「だらける」こともしばしばである。乗船者は互いに気を許し合い，かけがえのない思い出を仲間と共有することにより，ピースボートという経験を価値あるものとして意味づけていく。また，下船後も仲間との交流を続け，共同性を継続させる。しかし，こうしたコミュニケーションに両義的な側面があることには注意を要する。

▷ 1　古市憲寿，2010，『希望難民ご一行様──ピースボートと「承認の共同体」幻想』光文社。

▷ 2　ピースボートセンターをつうじて内勤やポスター張りのボランティア活動を行うと，乗船費の割引をうけることができる。ピースボートのポスターを町で見かけることが多いのにはこのような理由がある。

▷ 3　ピースボートの船内活動や乗船者の感想に関する情報は，ピースボートクルーズ（2022年1月12日取得，https://www.pbcruise.jp/）と，運営会社である株式会社ジャパングレイス（2022年1月12日取得，https://www.japanrace.com/?_ebx=4qbjwlchn.1595522919.7hfwz03）のウェブサイトを参照した。

▷ 4　ピースボート90編，1990，『船が出るゾッ‼──ピースボート90日間世界一周航海へ』第三書館。

❷　「承認の共同体」の両義性

　乗船する若者のコミュニケーションに注目した古市は，ピースボートにおいて共同性が求められる背景に，若者が抱える現代的不安があるという。

　若者の現代的不安とは，1980年代以降に先進諸国で広がった新自由主義的な社会状況がもたらしたものである。近代化以降の社会では，国民国家や経済成長が社会的な価値や意味として共有されてきた。それは社会を覆う「大きな物語」であり，そこには社会的価値に準じた「正しい」人生や他者との「正しい」付き合い方などに対する共通理解があった。しかし，情報通信技術の発達や消費社会の進展により，そうした大文字の「正しさ」は消滅し，人びとは自分の手で人生の「正解」を見つけ出さなければならなくなっている。経済市場の自由競争が優先されるなか，国家や地域共同体などの組織はもはや個人を支えてはくれず，成功も失敗もすべて自己責任となる。[5]この状況は若者に生き方の選択やアイデンティティの自由を与えたが，一方で他者に頼ることを困難にし，正解も分からぬまま「一人」で生きなければならない苦しみももたらした。

　ピースボートはこうした不安に対峙する若者に，自分を否定しない仲間と居場所を与える**承認の共同体**[6]として機能する。しかし見落とせないのは，仲間からの承認だけでは現実の問題は改善されないということだ。承認の共同体は若者の居場所を作りだす一方で，既存の問題を維持してしまう両義性をもつ。

❸　「参加」の両義性

　さらに，「参加」の問題を取りあげよう。ピースボートは乗船者のボランティア活動に加え，スタッフの献身的労働にも支えられている。スタッフはもともと乗船者で，ピースボートの理念に惹かれ，運営への関与を希望した人が多い。しかし，仕事にやりがいを感じる一方で，労働環境には不安定な面もある。

　運営への関与は，乗船者とスタッフに物見遊山的な観光にはない楽しみをもたらすだろう。乗船前の交流は共催者意識を高め，船内での活動は自分たちで船旅を作り上げる Do It Yourself 的な楽しみを生み，創造力を刺激する。

　しかし，「参加」の快楽には問題もある。[7]ボランティアの積極的な活用やスタッフの不安定な労働環境は，好意ややりがいを担保にした労働力の搾取と表裏一体である。社会学はこうした問題を「やりがい搾取」と呼んできた。[8]はじめはやりがいによって成り立っていた仕事も，劣悪な状況が続けばやりがい自体が損なわれる可能性もある。ピースボートを支えているやりがいと能動的な「参加」の絶妙なバランスは，いつか崩れ去るかもしれない。そうなれば船旅そのものの存続が難しくなる。船上の共同性は利点と問題点をもつ両義的なものである。ピースボートは現代社会のコミュニティに共通するジレンマを端的に示す事例だといえよう。

(鍋倉咲希)

▷5　市場の規制緩和や民営化を特徴とする新自由主義的な社会では，日々の生活にかかわる選択やリスクが個人的なものとなる。

▷6　承認の共同体
市場競争を常に勝ち進む「強者」ではなく，「弱者」が互いをそのままで認め合うことにより安心を得て，不当な扱いや排除から身を守ることができる共同体のこと。鈴木謙介，2008，『サブカル・ニッポンの新自由主義──既得権批判が若者を追い込む』筑摩書房。

▷7　観光における「参加」の問題については以下の文献を参照。高岡文章，2021，「参加型観光とその時代──『みる』から『する』へ」小西卓三・松本健太郎編『メディアとメッセージ──社会のなかのコミュニケーション』ナカニシヤ出版，63-75。

▷8　やりがい搾取
労働者が仕事による自己実現に自ら邁進するよう仕向けられることによって「働きすぎ」が生じ，劣悪な環境のもと労働力が搾取される状態のこと。本田由紀，2011，『軋む社会 ── 教育・仕事・若者の現在』河出書房新社。

Ⅴ　ツーリスト・コミュニケーション

 バックパッキング

① 60〜70年代：「われわれ」「あなたと私」の旅（国内）

　バックパッキングは既製の形式に頼らず，自らカスタマイズし比較的長期に渡り自由に旅するスタイルである。バックパックを背負って旅することから名づけられた。旅行者は主に若者で，目的の一つにコミュニケーションがある。

　その一般化は60年代後半に始まる。旅先は国内，主に北海道で，就活を終えた大学生が夏休みに国鉄（現 JR）周遊券を利用し一人旅を敢行した。目的は観光よりも現地で知りあった旅人との「青春の熱き語らい」にあった。当時は高度経済成長期で経済は安定，終身雇用制も浸透しており，従って大学卒業とは大人になることを意味した。そこで，若者は青春と決別する通過儀礼としてユースホステル等に宿泊し，旅人との語らいを楽しんだのである。彼らにとって旅は「われわれのもの」でもあった。もう一つは女性をターゲットに展開された国鉄のキャンペーン・ディスカバー・ジャパン[▷1]である。当時創刊された女性向けファッション誌「an・an」「non-no」を利用し，小京都と呼ばれる地へ女性を誘ったのだが，これは若者と旅行，ファッションが結びついた消費型旅スタイルの誕生だった。主に同性の友人との旅で，後の「街歩き」的なスタイルの原型となる。こちらの場合，旅は「あなたと私のもの」であった。

バックパッキングの海外へのまなざしは70年代に始まる。当初，一部のセンスエリートが海外へ向かった。だが，当時の旅行インフラはまだ十分ではなく，為替レートも高かったため，節約する旅を余儀なくされた。情報収集は口コミがベースで，彼らはドミトリー式のゲストハウス[▷2]を泊まり歩き，経費の節約と情報収集・交換に努めたのである。

② 80年代〜90年代：「私」が他者への優越性を獲得する旅（海外）

　海外へのバックパッキングが若者，とりわけ大都市圏の高偏差値大学の男性に広まるのは80年代である。牽引役は旅行ガイド『地球の歩き方』[▷3]と格安航空券だった。前者はバックパッカーに向け貧乏旅行のノウハウが網羅されていた。後者はたとえばインド往復13万7,000円と，これまでの3分の1以下の価格で航空券購入を可能にした。これが80年代バブル期の差異化消費と結びつく。若者は旅スタイルの中でも特化されるバックパッキングを敢行することで，海外に出かけない，あるいはパックツアーに加わる他者への優越性を獲得可能と位置づけたのである。

▷1　ディスカバー・ジャパン
国鉄が1970年，主として若い女性の鉄道利用増加のために展開した旅キャンペーン。電通，国鉄，出版社相乗りで団体旅行に代わる個人旅行を消費させることをねらいとし，これまで注目されることのなかった日本の風景（萩，津和野，湯布院，金沢，飛騨高山等）に観光のまなざしを向けさせた。キャッチコピーは「美しい日本と私」。[Ⅵ-1]「ディスカバー・ジャパン」参照。

▷2　ドミトリー式のゲストハウス
「ゲストハウス」とは簡易式の低廉宿泊施設，「ドミトリー」は相部屋式の客室である。二段ベットが設置され，間仕切りはカーテン程度（無い場合も多い）。バックパッカー向けのゲストハウスは，一般的にパブリックスペースが用意されており，コミュニケーションの場として利用されている。もっとも近年はこのような施設においてもプライベートを重視したり，装備を豪華にしたりする傾向が見られる。

▷3　『地球の歩き方』
海外個人旅行者向けのガイドブック。1979年の「ヨーロッパ編」を皮切りに，その後膨大な数が出版され，

さらに85年のプラザ合意に伴い円高が急激に進行した結果，海外長期滞在は経費面でも敷居が下がり，バブル崩壊後も大量の若者がバックパッキング，とりわけアジアへと向かうようになる。90年代後半，日本テレビのバラエティ番組『電波少年』で，お笑いユニット猿岩石による企画「ユーラシア大陸横断ヒッチハイクの旅」が組まれると，バックパッキングは一大ブームを迎えた。

こうした社会的インフラに支えられたバックパッキングは，旅のコミュニケーションにも変容をもたらす。ドミトリーのゲストハウスでの情報交換を主とした語らいは減少。代わってバックパッカーは個室を指向し，情報収集も口コミより『地球の歩き方』や現地の旅行代理店等に依存するようになるのである。

わが国を代表するガイドブックとなった。当初はバックパッカー向けで貧乏旅行の指南書的な側面が強かったが，その後，海外旅行の一般化に伴い豪華ホテル，レンタカーの紹介などが掲載されるなど，海外旅行者全般を対象とした紙面に変更された。だが，現在，バックパッカーの間でも携帯率は低下しつつある。

③ 2000年代：非日常に日常を持ち込む旅

バックパッキングの個人化は90年代後半以降，インターネットの出現で拍車が掛かっていく。ゲストハウスが集積する安宿街にネットカフェが出現。バックパッカーは旅行地にあっても日本の友人や家族と安価で接続が可能になった。情報も『地球の歩き方』に加えインターネットからも収集するようになる。0年代後半にはスマートフォンとSNSが普及し，どこにいても情報収集あるいは日本と常時接続可能になると，旅先でもインターネットをブラウズし，SNSを通じて既存の仲間とコミュニケーションを続けるなど，旅は非日常から「非日常に日常を持ち込む」ものへと変化する。必然的に旅人との語らいは二義的なものになっていった。旅は「プライベート空間を持ち歩くもの」になったのである。一方，観光インフラの充実によって若者の間に様々な旅行スタイルが誕生した結果，次第にバックパッキングは若者が志向する一旅行スタイルに過ぎなくなり，差異化消費としての魅力は消失，人気は衰退した。

④ 2010年代：オタクが現地で盛り上がるための旅

ところが2010年代以降，新たに「オタク・バックパッキング」とでも呼ぶべきスタイルが出現する。行動の際の情報収集メディアはスマーフォンであり，旅に関する活動のほとんどをインターネットにアクセスすることで済ませる。半面，日本人ゲストハウスに宿泊し，短い期間であるがそこで出会ったバックパッカーと一期一会のコミュニケーションを交わす。だが，かつて北海道を旅した若者のような「青春の熱き語らい」はない。コミュニケーションは盛り上がればそれでよいので，とりとめもない話題が大半になる。彼らはバックパッキングというスタイルを同好の士として共有しているに過ぎず，これを担保に匿名同士でのパーティやイベントをゲストハウス内で繰り広げるのである。こうしたコミュニケーションはお互いのプライバシーに介入することなく，かつ群れていることで一人ではないという安心感＝快適性を補償する。現在，バックパッキングは「利那的に盛り上がるためのもの」になりつつある。　（新井克弥）

（参考文献）

新井克弥，2000，『バックパッカーズタウン・カオサン探検』双葉社。
須藤廣，2008，「バックパッカー・ツーリズムのパラドクス」『観光化する社会』ナカニシヤ出版，第5章。
山口誠，2010，『ニッポンの海外旅行　若者と観光メディアの50年史』筑摩書房。
山口さやか・山口誠，2009，『地球の歩き方』の歩き方』新潮社。

V　ツーリスト・コミュニケーション

 # パッケージツアー

1 パッケージツアーとマス・ツーリズム

　国内外を問わず観光学の教科書には，必ずといっていいほど「トマス・クック」という人名が登場する。彼は19世紀中頃のイギリスにおいて，現在の旅行会社のビジネスモデルを確立した人物である。産業革命を経て労働と余暇が時間的・空間的に分離した社会において，彼の会社が提供した団体パッケージツアーは，大衆を大量に世界中の観光地へと旅立たせることを可能にした。それゆえ彼は，「近代観光の父」として，現代にいたるマス・ツーリズムの基礎を築いた人物として位置づけられている。

　もっともパッケージツアーとそれがもたらしたマス・ツーリズムは，観光学の教科書では「歴史」としては触れられていても，現代においてはむしろ「過去の遺物」ないし「乗り越えられるべき弊害」といった文脈で紹介されることもしばしばである。大人数が添乗員やガイドの案内にしたがって，ありきたりの観光スポットをめぐる旅は，没個性化した経験しかもたらさず，旅慣れた現代の消費者を満足させることはできないかもしれない。大量の大衆が押し寄せる観光地は，社会的・文化的，そして環境的にも負のインパクトがもたらされ，いわゆるオーバーツーリズムの問題が発生するというのである。

2 大量生産と消費，標準化と管理

　そもそも団体によるパッケージツアーが観光旅行を大衆に開かれたものとしたのは，規模の経済によるコスト削減を旅行という商品にもたらしたからである。工場で大量生産されたレトルト商品によって誰もが安価に一皿のカレーライスを食べることが可能となったように，鉄道や宿泊などの諸サービスをパッケージ化して団体で催行することによって，誰もが購入できる安価な旅行が可能になった。これはT型フォードの登場によって普及した自動車産業を象徴として語られる「フォーディズム」の旅行版であり，のちにリッツアがマクドナルド化と呼んだ合理的サービス生産システムにもつうじるものである。

　このようなサービス商品の生産システムには，必然的に人間の管理が必要になる。団体で行動するためには，旅先での個々人の勝手な行動は許されず，各自が旅程を自由にデザインすることもできない。旅行会社は，最大公約数的な好みに対応して標準化された商品を販売することで，安価なパッケージツアー

▷1　英語の「mass」という接頭辞には，大衆・大量・団体といった相互に関連しながらも異なる含意が共存しており，マス・ツーリズムを日本語に置き換える場合にもその違いに留意する必要がある。

▷2　Ⅵ-12 「オーバーツーリズム」参照。

▷3　リッツァ，G.，正岡寛治監訳，1999，『マクドナルド化する社会』早稲田大学出版会。

の催行を可能とする。ツアーの行程には，雄大な自然景観や文化遺産を眺めて写真を撮ったり，伝統芸能を鑑賞しながら名物料理を味わったりといったような，観光客が期待する多様な経験が組み込まれ，参加者はツアー商品というサービス諸契約に対価を支払うことで，このような標準化され管理された，言い換えればパッケージ化された経験を消費しているのである。[4]

③ 「古くて新しい」パッケージツアー？

とはいえ，すべての行程が事前にセットされ添乗員が付き添うような団体旅行に参加する観光客は，今や少数派であろう。[5] ウェブの予約サイトでLCCの航空券とチェーンのホテルを手配し，観光地ではスマートフォン経由でSNSから観光地の人気撮影スポットを確認するかもしれない。だがこのような個人旅行は，マス・ツーリズムの象徴である大量生産され管理統制されたパッケージツアーの経験と何が異なっているのだろうか。さらにいえば，そもそも団体ではない個人旅行こそが「個性ある優れた旅」と単純に言い切れるのだろうか。

宿泊や交通がウェブサイトで安価に予約できるのは，結局のところ情報技術の進展が可能としたLCCやチェーンホテルの規模の経済によることには変わりがない。インターネットを介して得られた定番の観光地情報をなぞることは，ガイドの案内に従う団体観光客の定型化されたふるまいとどこが違うのか。近代以降のマス・ツーリズムを支えるパッケージツアーのエッセンスは，デジタル化された現代の個人旅行のなかにもいくらでも見出すことが可能である。

また，旅行が作り出す社会的な紐帯という点においても，団体のパッケージツアーと現代の個人旅行は共通している。家族旅行や修学旅行，卒業旅行は，特定の目的地に行くことよりもむしろ，旅行先での経験の共有によって深められる家族や仲間との関係そのものが価値をもつ。観光においては，旅行中の参加者間のコミュニケーションもまた重要な要素になるのである。その点においては現代の個人旅行であっても，同行者はもちろん情報端末を介してつながるSNS上の友人や知人，そして見知らぬ人々と「経験を共有する」という意味ではさして変わらない。興味深いのは，そこでの経験も写真を撮ったり食べ歩きをしたりという，団体旅行と同じくパッケージ化され定型化されたパフォーマンス，あるいは儀礼的行為の反復だということである。

新型コロナウイルス（COVID-19）の感染拡大が観光を含めた人の移動を制限し新たな管理と統制をもたらしたとしても，かつてなく国境を越えて移動する人々の数が増大した現代において，時計の針を戻して観光旅行を限られた一部の富裕層や貴族の独占物にすることなどできないだろう。だとすれば，マス・ツーリズムの象徴であるパッケージツアーは，「過去の遺物」としてだけでなく，現在，そして将来においても観光をめぐる商品の生産と消費，観光客の統制と管理のありようを問うための参照軸となりうるのである。（鈴木涼太郎）

▷4 鈴木涼太郎，2010，『観光という〈商品〉の生産——日本～ベトナム旅行会社のエスノグラフィ』勉誠出版。

▷5 たとえば日本観光振興協会による統計調査『観光の実態と志向』によると，「同行者の種類」では，1980年に「職場・学校」「地域などの団体」をあわせて4割近くを占めていた団体旅行が，2016年にはわずか約3％まで減少している。それと対照的に，同時期に「家族」は，約26％から約55％へと倍増し，「ひとり」は約4％から約14％へと大幅に増加している。

Ⅴ　ツーリスト・コミュニケーション

ゲストハウス

1　交流を求める旅人たち

　ゲストハウスは低廉な料金を特徴とする宿泊施設であり，バックパッカーなどの観光者を支えるインフラとして国内外で発展してきた。ホテルや旅館との大きな違いとして，宿泊料金や宿泊形態などの機能的側面と，観光者の交流を促すコミュニケーション装置としての特徴があげられる。

　観光コミュニケーション論においてはとくに後者が重要だ。ゲストハウスでは日々，観光者や宿の従業員，地域住民が入り交じる活発な交流が行われている。人びとはそこで見知らぬ人と出会い，観光や食事をともにし，深夜まで酒を飲み語り合っている。しかし，衣食住をともにする濃密な関係性は，実は滞在中のたった数日間のものにすぎず，宿を去ってから観光者同士が再会することはほとんどない。ゲストハウスでみられる「一時的で親密な関係」という，一見すると矛盾した性質をもつ関係性はどのように分析できるだろうか。

2　舞台としてのゲストハウス

　観光者間の交流は自然発生的なものではなく，ゲストハウス特有の設備や仕組みによって促進／制御されている。たとえば，特徴的な設備として共有スペースがある。共有スペースは従業員や宿泊者が自由に利用できる居場所であり，常に人が滞在しているため，誰でも簡単に会話に参加することができる。自分が「新入り」でも気にする必要はない。宿泊者の出入りが激しいゲストハウスでは，毎日，初対面のコミュニケーションが行われているからである。簡単な挨拶を終えたら，ほかの宿泊者と観光の計画を立て，一緒に出掛けるのが典型的な行動パターンだ。宿が主催するバーベキューなどのイベントや観光ツアー，従業員による交流のサポートなども，宿泊者同士の交わりを過熱させている。

　この状況を社会学者アーヴィング・ゴフマンの「演劇」のメタファーから捉えてみよう。特徴的な設備やイベントは出会いを演出し，交流を促進する舞台装置だ。共有スペースの椅子や机，ビール，BGM は大道具と小道具であり，宿泊者はそれらを手がかりに，パフォーマー／オーディエンスとして他者との親密な関係に没入する。彼らはときに BGM に合わせて合唱し，また誰かが宿を発つ際には感情をこめて見送りを行う。その様子はまるでミュージカルのようだ。舞台装置は人びとを親密な交流という演劇に没頭させていくのである。

▷1　ゲストハウスの明確な定義は困難であるが，共有スペースや，他人と同室を利用するドミトリーの存在，水回り施設の共有など，施設の機能的特徴が判断基準の一つになる。

▷2　ゴフマンは日常生活の秩序を作りだす相互行為を分析するにあたり，演劇のメタファーを用いた。ゴフマン，E.，石黒毅訳，1974，『行為と演技——日常生活における自己呈示』誠信書房。Ⅱ-1「パフォーマンス」，Ⅱ-2「アフォーダンス」，Ⅲ-8「恋愛ツーリズム」，Ⅷ-1「ドラマツルギー」参照。

熱狂の一方で，過度な飲酒や異性間のトラブルなどには黒子／演出家である従業員が常に気を配り，その場に望ましくないコミュニケーションが厳しく制限される傾向にある。また，宿泊者のあいだでは，交流に消極的態度をとる宿泊者に非難の目が向けられることもある。したがって，ゲストハウスの舞台装置は交流の促進と制御という二つの機能を果たしているといえる。促進と制御が目指す先は誰もが親密になる「より良い交流」であり，従業員や宿泊者は，その価値を内面化することによって交流の「自己管理」を行っていく。

③ 「クローク型共同体」としてのゲストハウス

一時的な親密性は観光者にとっていかなる意味をもつのか。現代社会の構造を「流動性」の観点から分析した社会学者のジグムント・バウマンは，趣味や消費を通じて一時的に形成される共同体を**クローク型共同体**[3]と呼び，批判的に論じた。クローク型共同体において，人びとは人間関係の継続につきまとう煩わしさ[4]から逃れつつ，他者とつながる安心や喜びを得ることができる。しかし，あくまで一時的な関係であることから，貧困や差別，個人が生活に抱える不安など，現代社会の様々な問題に対して具体的な解決策を与えることはない。

筆者の調査によれば，ある観光者は馴染みのゲストハウスに居心地の悪さを感じ，コミュニケーションを「またやり直さなきゃいけないのか」と思ったという。たとえ慣れ親しんだゲストハウスでも，別の機会にはメンバーや舞台の状況が異なるため，自分にとって「より良い交流」になるとは限らない。ゲストハウスでは人びとの移動によって常にコミュニケーションや関係性がゼロ地点に引き戻される。その都度の交流にいくら熱狂しても，その関係性は「いま・ここ」の限定的なものである。一時的な交流は，観光者が日常生活で抱える不安やリスクに対処することなく，気の紛らわしで終わってしまう可能性もある。

④ 一時的なコミュニケーションの気楽さ

他方，一時性ゆえの楽しみもある。ゲストハウスでは一時的な関係だからこそ他者への寛容な態度がとられ，人間関係を継続させる義務がないからこそ相手に過度に気を遣わない気楽なコミュニケーションが行われる。また，非日常である旅先での出会いに観光者が惹かれる様子もみられる[5]。したがって，ゲストハウスのコミュニケーションは，「一時的なのに親密」ではなく「一時的だからこそ親密」なのである。観光研究はバウマンが指摘する一時的関係性のリスクを踏まえたうえで，移動が生む一時的なコミュニケーションのリアリティを捉える必要がある。旅先ならではの偶然の出会いや交流は，ゲストハウスに限らず観光それ自体の魅力でもある。ゲストハウスは観光特有のコミュニケーションの特徴や魅力が凝縮された空間といえるかもしれない。　　（鍋倉咲希）

▷3　**クローク型共同体（Cloakroom Communities）**
バウマンは現代的な共同体の構造を劇場のクロークにたとえる。人びとは特定の関心によって劇場に集まり，全員が演目に熱中することによって一時的に均一な集団になるが，演目が終われば各々がコートを着て町に霧散する。バウマン，Z.，森田典正訳，2001，『リキッド・モダニティ——液状化する社会』大月書店。

▷4　現代社会では趣味や価値観などに合わせて多様な人間関係を構築できる。しかし，関係構築の容易さは，裏を返せば関係解消の容易さでもある。こんにち，継続的な関係を維持するためには，これまで以上に相手に配慮し，その関係性の価値をその都度確認していく必要がある。詳しくは以下の文献を参照。ギデンズ，A.，松尾精文・松川昭子訳，1995，『親密性の変容——近代社会におけるセクシュアリティ，愛情，エロティシズム』而立書房。

▷5　観光という非日常状態における既存の価値や社会構造の転倒については，文化人類学の儀礼研究における「コミュニタス」という概念が援用され，議論が蓄積されてきた。詳しくは以下の文献を参照。ターナー，V.，梶原景昭訳，1981，『象徴と社会』紀伊國屋書店。

Ⅴ　ツーリスト・コミュニケーション

8　バー

1　バーカウンターで酒を飲む

　繁華街の路地にひそかにたたずむ扉。静かな店内，落ち着いた照明，正装に身を包んだバーテンダー，グラスに注がれた美酒。そしてカウンターに肩を並べる様々な客。バーに足を運んだことはなくとも，グルメ雑誌や漫画，映画などをとおしてこのような情景を見たことはあるかもしれない。

　日本でバー文化は，1859年の横浜開港を機に輸入された。当初，バーはホテルに併設され，宿泊する外国人客をもてなす舶来文化であった。その後，大正期において銀座が隆盛しはじめたことにより，ハイカラな文化として日本人客に受容されていく。そして，大手メーカーの台頭やカクテルブームを経て，現在は大衆に開かれた都市文化の1つとなっている。

　上記のように，日本で独自の発展を遂げながら正統的なスタイルを続けるバーは「オーセンティックバー」と呼ばれ，海外からも「ジャパニーズ・バーテンディング」として高い評価を受けている。これらのバーの多くは個人経営で，カウンターを中心とした小規模かつシンプルな内装，ドリンク作成についての確かな技術と知識，細やかな気配りが行き届いた接客などを特徴としている。このようなオーセンティックバーを事例に，現代のコミュニケーションの一形態を垣間見てみよう。

2　いかなるコミュニケーションか？：バーで楽しむ「社交」

　オーセンティックバーは私たちに特別なコミュニケーションの機会を与えてくれる。たとえば，バーカウンターで出会う人びとは，酒の知識や日常会話だけではなく，人生や恋愛についての重要な相談にも乗ってくれるだろう。これらの人びととはお互い普段の職業はおろか，名前さえも知らないことがある。かといって，親密になろうとむやみにコミュニケーションを取ろうとしてはいけない。人びとは，必ずしも親密になることを望んでいないからだ。

　身近な人には気を使って話せないが，見知らぬ人びとや，親密でない関係だからこそ気軽に話せることはないだろうか。近いわけでもなく，遠いわけでもない，この距離感が重要なのだ。限られた空間，時間の中で，普段交わることのない人々同士が，コミュニケーションを楽しむ。このようなコミュニケーションを，社会学者のゲオルグ・ジンメルは純粋な社会の形式だと考え「社交」

▷1　日本では古谷三敏の『BAR レモン・ハート』や，城アラキ（原作）の『バーテンダー』などがある。これらはドラマ化，アニメ化されるなど，大衆にバーの世界を知らしめた。
▷2　この時のバーの歴史や，銀座の情景については次のものが詳しい。伊藤精介，1989，『銀座名バーテンダー物語——古川緑郎と「クール」の昭和史』晶文社。安藤更生，1931，『銀座細見』春陽堂。

と呼んだ。

　日常的な私たちのコミュニケーションには——何かを伝えるため，何かを受け取るために——どうしても目的が介在してしまう。対して，社交には目的がない。社交において重要とされるのは，これといった目的に向かわないような，たわいもないコミュニケーションそのものを遊ぶように楽しむことである。会話の内容ではなく，会話をしているその形式こそが重要なのである。このような意味で社交は「社会的遊戯」なのである。

　ただし，私たちが普段楽しむ遊びにルールが存在するように，コミュニケーションそのものを遊ぶためには，ルールやマナーなどの「形式」が必要である。ここで手腕を発揮するのがバーテンダーなのである。バーテンダーは誰でも入れるような共通の話題を提供するなどして，見知らぬ人びと同士のコミュニケーションの橋渡しをする。もちろん，一人で物思いにふけりたいときや，目的をともなうコミュニケーションに晒されたときには，バーカウンターの向こうから静かに救いの手を差し伸べてくれる。バーテンダーが人びとの距離感を調節し，コミュニケーションを巧みに交通整理することで初めて，私たちはコミュニケーションを「遊ぶ」ことができる。

3　どのような場所か？：「第三空間」としてのオーセンティックバー

　では，バーは現代社会においていかなる場所として位置づけられるだろうか。私たちの生活において重要な位置を占めるのが「自宅」と「職場（学校）」だが，これら二つにカテゴライズされない三つ目の場所がある。たとえばカラオケやボウリング場，そしてカフェやバーなど，余暇時間を楽しむ空間がこれにあたる。私たちは普段，通勤通学などの移動のなかでつい寄り道をして，これらに立ち寄ってしまわないだろうか。このような場所は都市や観光地において集中し，賑わいを見せている。このような，人びととの生活を占めるもう一つの場所を，社会学者の磯村英一は「第三空間」と呼んだ。第三空間は，職住分離による人びとの移動から誕生した空間であり，人間関係の匿名性や自由な活動など，自宅や職場では味わうことのできない都市的な性質をもつ場所だという。述べてきたように，オーセンティックバーは上記のような特徴を持つ第三空間であり，このような空間の特性が社交のコミュニケーションを生み出している。

　酒を飲む自分と，肩を並べる見知らぬ人と，そしてバーテンダーとの間で交わされる会話。見知らぬ人びとに囲まれた都市や観光地においてこそ，オーセンティックバーにおける社交のようなコミュニケーションを楽しむ可能性が残されている。私たちは，移動によって特徴づけられるような，現代の都市空間や観光空間におけるコミュニケーションの象徴としてバーをまなざすことができるかもしれない。

（関　駿平）

図V-3　成田一徹『TO THE BAR——日本のBAR 74選』表紙

出所：成田一徹，2005，『TO THE BAR——日本のBAR 74選』朝日新聞社。

▷3　ジンメル，G., 居安正訳，2004，『社会学の根本問題（個人と社会）』世界思想社。

▷4　磯村英一，1989，『磯村英一 都市論集Ⅱ——都市の社会理論』有斐閣（「第三空間」については論集内の1959年『都市社会学研究』が詳しい）。盛り場の例として，副都心の新宿，渋谷，池袋などがあげられる。これらは電車を中心とした交通網の発達においてターミナル駅としての需要から誕生した。その他の盛り場の歴史，社会学的分析に関しては，吉見俊哉，1989，『都市のドラマトゥルギー——東京・盛り場の社会史』弘文堂や，武岡暢，2017，『生き延びる都市——新宿歌舞伎町の社会学』新曜社など。

Ⅴ　ツーリスト・コミュニケーション

銀座のクラブ

▷1　ここではナイトクラブのことを「クラブ」と称することとする。クラブの前身は「カフェー」、ホステスの前身は「女給」とされている。銀座のカフェーの歴史については、次のものに詳しい。野口孝一，2018，『銀座カフェー興亡史』平凡社。

▷2　銀座のクラブが加盟している銀座社交料飲協会（GSK）は，築地警察署や中央区とともに定期的に客引き撲滅キャンペーンをおこない，街の浄化に努めている。

▷3　同法の第二条第一項によると「キヤバレー，待合，料理店，カフエーその他設備を設けて客の接待をして客に遊興又は飲食をさせる営業」は「風俗営業」であり，ホステスによる接待があるクラブはこれに該当する。

▷4　ボトルキープ制は国産ウイスキーメーカーの積極的な営業により1960年代半ば頃から広まりはじめ，1970年代には多くのクラブで導入されるようになった。

① 観光客と銀座のクラブ

　銀座のクラブに客として足を踏み入れたことのある人は決して多くない。多くのクラブは会員制をうたい，紹介者がいなければ客になることすらできないからである。キャバクラやガールズバーはクラブとはシステムが異なり，一見客を積極的に勧誘しているが，なかには街頭で客引きをおこなっている店もあり，問題となっている。

　銀座のクラブを自分の目で確かめてみたいと思った観光客は，銀座のネオン街に出向いていく。ところが，観光客はなかなか銀座のクラブに足を踏み入れることができない。クラブが密集している銀座6丁目から8丁目のネオンを見あげながら歩くのがせいぜいであろう。観光客が銀座のクラブに近づけない理由は，一見さんお断りという理由だけではない。ホステスやママがいるクラブと呼ばれる業態は，「風俗営業等の規制及び業務の適正化等に関する法律（風適法）」の「接待飲食等営業」に該当するため，店内が見通せるようなファサード（店舗の外観）では営業することができない。扉の向こう側にどのような空間が待ち受けているのかを外から確認することができないという物理的なハードルも観光客を遠ざける一因となっている。

　容易に入店することができないあらゆる仕組みは，結果として銀座のクラブの価値を高め，銀座のクラブが差異化の手段として使われる要因となっている。「銀座のクラブにいく」という優越感の提供は，とりわけビジネスシーンでその効力を発揮する。観光客を遠ざけることによって生じる価値を，ある意味では観光客であるビジネス旅行者に「仕事の付き合い」という名目をつけて提供するのである。一度紹介を受けた客は，二度目の来店からは紹介者の同伴がなくても入店が許される。二度目の来店で自分のボトルをキープすると，ボトルがいわば正会員の証となり，三度目以降は常連客として歓待される。その結果，銀座のクラブには，一見さんお断りであるにも関わらず，日本全国から，あるいは世界中からリピーターがやってくる。取引先との商談の場に銀座のクラブが選ばれるのは，差異化の欲望をみたす稀なる体験の贈与なのである。

② 接待という商品

　銀座のクラブに来店する客の多くにとっての目当ては，直接的な色恋ではな

く，贔屓のホステスやママとの楽しく親密な会話，つまりコミュニケーションである。たとえ客側が恋愛感情を抱いたとしても，彼女たちはそれをかわしながら客を惹きつけるテクニックをもっている。彼女たちが客に提供するコミュニケーションは「接待」という言葉で表現される。この接待という行為は，風適法では「歓楽的雰囲気を醸し出す方法により客をもてなすこと」と定義されている。

接待という無形商品を提供するための準備として，彼女たちは客が期待する「銀座のホステス」あるいは「銀座のママ」といったイメージにふさわしい衣装やヘアメイクで自分の容姿を記号化する。彼女たちが店で名乗っている名前は，「源氏名」と呼ばれる一種の芸名である。変身した彼女たちは，会話運びや立ち居振る舞いにおいても，客の期待にあわせられるように教育される。やがて接待の熟練者となった者は，客のニーズを読み取り，聴き役になることも饒舌になることもできるようになっていく。接待が身体化され，客の信頼をえるまでに上達すると，商談の場で緊張を緩和する第三者の役をまかされることもある。客は，銀座のクラブという舞台装置のなかで，彼女たちが接待という技を披露することに対して，その対価を支払っているのである。

③ 銀座村における店舗間コミュニケーション

銀座で商売をしている人々は，銀座という都会をあえて「銀座村」と呼ぶことがある。銀座では店舗間連携が村落共同体的に存在しており，一店舗だけで商売をしているわけではない，という意味である。それは銀座のクラブも例外ではなく，銀座村のコミュニティに支えられている。たとえば，それを考える例として，同伴やアフターという仕組みをあげることもできよう。クラブのホステスたちはその日の売上を確保するために，なじみ客と夕食を共にし，一緒に出勤することがある。それを「同伴」と呼ぶ。また，閉店後に客がホステスを連れてバーなどに行くことがある。それを「アフター」と呼ぶ。大小さまざまな規模のクラブのホステスやママが限られたエリア内で同伴やアフターを繰り返すため，飲食店やバーにとって，彼女たちは重要な顧客である。銀座エリアは出前も発達している。風適法の規制により24時までしか営業できない銀座のクラブには，寿司，シャンパン，バースデーケーキ，サンドイッチ，たこ焼きまでがデリバリーされる。クラブからクラブへとはしごをする客には，次の店舗から黒服（男性スタッフ）やホステスが迎えに来ることもある。

銀座でクラブ遊びをすることの醍醐味は，特定のクラブに通うことではない。ホステスやママとともに銀座村をうろつき，彼女たちと寿司屋の大将やバーのマスターとの会話を聴き，村民同士のコミュニケーションのなかから，夜の銀座の息遣いを感じることなのである。

（小関孝子）

▷5 「接待」の具体例について，警視庁生活安全課は各種しおりのなかで，「客とともに唄やダンスに興ずるような行為，あるいは客と同席し，継続して談笑の相手となったり，酒類の酌をする行為，あるいは近くにはべり積極的に客が歌うのを取り持ちしたり，ほめはやすなどの行為によりその場の雰囲気を盛り上げるようなこと」と説明している。

▷6 多くのホステスは個人事業主として店と契約をしているため，ホステスが店から得るのは報酬であって給与ではない。営業に必要な衣装代や美容院代はホステス自身が負担をしている。

（参考文献）

銀座社交料飲協会，2005，『銀座社交料飲協会80年史――銀座 酒と酒場のものがたり』非売品。
雨宮由未子編著，2012，『寄り添う――銀座「クラブ麻衣子」四十年の証』講談社ビジネスパートナーズ。

宗教観光

▷ 1　ターナー，V.，梶原景昭訳，1981，『象徴と社会』紀伊国屋書店。

▷ 2　Eade, J., & M. J. Sallnow eds., 2000, *Contesting the sacred : The anthropology of pilgrimage.* Champaign: University of Illinois Press.

▷ 3　Olsen, D. H., & D. Timothy, eds., 2006, *Tourism, religion and spiritual journeys.* London: Routledge.; Stausberg, M., 2011, *Religion and tourism : Crossroads, destinations, and encounters.* London: Routledge.

▷ 4　Olsen, D. H., 2013, A scalar comparison of motivations and expectations of experience within the religious tourism market. *The International Journal of Religious Tourism and Pilgrimage, 1*(1), 41-61.

▷ 5　Rinschede, G., 1992, Forms of religious tourism. *Annals of tourism Research, 19*(1), 51-67.

▷ 6　Shackley, M., 2001, *Managing sacred sites : Service provision and visitor experience.* Stanford; Cengage Learning EMEA.; 門田岳久，2013，『巡礼ツーリズムの民族誌——消費される宗教経験』森話社。

1　巡礼／観光をめぐる二項対立の議論と宗教観光

　宗教観光が観光研究における議論として浮上した背景には，宗教学や文化人類学，地理学を中心になされてきた巡礼と観光をめぐる従来の概念の限界が横たわる。ここではヴィクター・ターナーが巡礼実践について提示した，日常からの過渡的な状態を示す「リミナリティ（liminality）」作用や，反構造的な社会状態を示す「コミュニタス（communitas）」が，近代社会のなかで機能しなくなる状況を描き出す。ターナー自身は余暇や観光にみられる，近代社会において日常／非日常がつねに曖昧となる境界的状態を，「リミノイド（liminoid）」という概念をもちいて説明しようとするが，必ずしも研究者たちの賛同を得た訳ではない。むしろ，国際的に観光産業が隆盛するなかで，同じ聖地のなかに巡礼者と観光客という，相互に異質な存在が混在し，競合する関係が生まれ，様々な軋轢を引き起こしていく点が論じられてきた。

　ゆえに，巡礼研究では宗教的動機をもつ「巡礼者（pilgrim）」にリミナリティ的属性を，世俗的な動機をもつ「観光者（tourist）」にリミノイド的属性を当てはめ，個人の動機や言説，行動，経験からその属性を分類してきた。しかし，この議論は巡礼者と観光者のカテゴリーをめぐる際限なき細分化を引き起こすことになり，結局のところ現代社会における巡礼の存在を総体的に捉えることができなくなる研究上のジレンマを抱えてきた。

　「宗教／世俗」にもとづく「巡礼／観光」という二項対立的な捉え方の限界が認識されるなかで，両者を融合する概念の構築が標榜されていくようになる。そのなかで両者の中間的形態として，宗教観光という概念をもちいて巡礼と観光の関係を捉え直そうとする動きが活発になってきた。

2　宗教の商品化のなかの宗教観光市場

　「宗教／世俗」の中間的形態として捉えられてきた宗教観光であるが，その背後には巡礼や聖地の運営においても，観光産業の浸透にともない観光マーケティング的手法が導入されてきた点をあげることができる。巡礼活動に代表される宗教活動が（観光産業に代表される）市場経済との関係を深めるなかで，消費者たちの動機や選好を消費者行動論的な側面から捉えていく研究が発展してきた。これら観光マーケティング的手法によって宗教観光を捉える動きは，

「宗教の商品化（commodification of religion）」をめぐる議論のなかで発展していく。

イアン・リーダーは「市場（marketplace）」というキー概念をもちいて，宗教の商品化としての宗教観光の発展を説明しようとする。ここでは「聖なるものや宗教的なものが，現世のもののなかに埋め込まれている」という点を重視し，消費者たちの生活実践や思考といった社会的文脈から，巡礼の現代的変容について説明を試みる。その際リーダーは，宗教活動が消費者の選好にしたがって選びとられていく過程や，市場関係者との相互作用によって構築されていく点に着目する。山中弘もイアン・リーダーによるマーケット・モデルを受けて，市場に親和的な宗教コンテンツが隆盛していく動きを，現代社会の宗教観光の特徴として描き出す。ここではマーケットでの消費過程において，「アクセスがしやすく自分の好みに従って取捨選択できる」という性質をもつ宗教コンテンツが，より社会的に強いインパクトを残していく点を示している。

その結果，宗教観光をめぐる研究では，利害関係者たちの相互交渉の「場」をめぐる分析や，宗教景観や宗教実践といった，社会現象としての宗教観光をめぐる諸アクターの相互作用の成果に，より焦点が当てられてきた。

③ モビリティ研究のなかの宗教観光

利害関係者の相互作用のプロセスやインパクトに焦点を当ててきた宗教観光研究であるが，近年ではモビリティ研究の発展にともない，非人間的な「環境」との相互作用のあり方も議論されるようになっている。ここでは，宗教観光者をとりまく物理的空間をも包含することで，人間主体の宗教観光の概念を問い直そうとする視点である。その背景には，観光における周囲の環境との相互作用を議論する「マテリアリティ（materiality）」をめぐる議論や，特定の社会関係のなかで遡及的に意味が構築されていく，行為の遂行性としての「パフォーマティヴィティ（performativity）」をめぐる議論が進展してきた点があげられる。これらの議論では，宗教インフラや空間配置，行動様式，市場制度といった「環境」によって生み出される宗教的モビリティを人びとが実践していくなかで，社会現象としての宗教観光もまた再帰的に構築されていく，と捉える。この考えはさらに，人間や社会の宗教的価値や社会的文脈もまた，環境との相互作用のなかで顕在化する，というモデルを提示していく。

それゆえ近年の宗教観光研究では，宗教モビリティをとりまく「環境」をめぐって人びとがいかなる社会関係を構築していくのか，という点に焦点が当てられている。ここではむしろ，従来の聖地空間の象徴分析や個人の宗教的動機の解明という人間主体の分析から，人びとの宗教動機や経験を形作る環境が分析の中核に位置づけられている。

（安田　慎）

▷7　Reader, I., 2015, *Pilgrimage in the marketplace*. London: Routledge.

▷8　Reader, I., 2015, *Pilgrimage in the marketplace*. London: Routledge, 195.

▷9　山中弘，2016，「宗教ツーリズムと現代宗教」『観光学評論』4(2), 149-159.

▷10　同前雑誌，158.

▷11　岡本亮輔，2012，『聖地と祈りの宗教社会学――巡礼ツーリズムが生み出す共同性』春風社，あるいは山中弘編，2020，『現代宗教とスピリチュアル・マーケット』弘文堂。

▷12　Collins-Kreiner, N., 2020, A review of research into religion and tourism Launching the Annals of Tourism Research Curated Collection on religion and tourism *Annals of Tourism Research*, 8(2), 102892.

▷13　アーリ，J., & J. ラースン，加太宏邦訳，2014，『観光のまなざし　増補改訂版』法政大学出版局。

▷14　Maddrell, A., A., Terry, & T. Gale eds., 2016, *Sacred mobilities : Journeys of belief and belonging*. London: Routledge.

V　ツーリスト・コミュニケーション

 11 まちなか観光

1 下町観光を成立させる構造

　観光地は，観光者の日常との差異によって成立している。近代の観光において，その多くは差異を観光地側が演出している。たとえば，伝統的な湯治客相手の観光地から脱却した別府温泉では，その源泉はアトラクションたる「地獄」として，様々な物語による脚色がなされていった[1]。一方，現代の観光地の特徴は観光地側ばかりでなく，観光者自身がこの「差異」を発見することに認められる。発見された差異は，さらに観光地側によって演出される。この往復作用（＝再帰性）こそが現代観光の特徴だといえるだろう。

　ディーン・マキャーネルはこのことを「演出された舞台裏」と呼んでいる[2]。参加と経験を特徴とする現代の観光客は「表舞台」を見るだけでは満足せず，「舞台裏」に足を踏み入れ，視覚だけの世界を超えてそれを経験しようとする。マキャーネルは，その二重構造が観光装置として予期され演出されていることを分析している。

2 下町観光の表象とオリエンタリズム

　日本においては，もともとは「観光地」としては認識されていなかった「下町」（とくに路地裏）や外国人居住地域など，観光者の日常とは異なる日常（「異日常」と表現されることもある）がある種の「非日常」として感知され，発見の対象となってきた。日本だけではなく，アジア観光地にはとくにこういった特徴をもつ観光地が数多くある。アジアの「まちかど」の魅力を前面に引き出したのは，（誰が投げかけるのかは別にして）西欧人の「まなざし」である。西欧人がもっていないアジアの魅力を，西欧人の見地から枠付けるまなざしを「オリエンタリズム[3]」と呼ぶ。このまなざしの枠組みこそが，アジアの下町の日常を魅力的に色づけ，その枠組みで国内観光客からもまなざされ，さらに，そこに住む住民の自意識まで象っていった。古くはトルコの浴場から，中国観光の魅力として取りあげられる北京や上海の胡同（路地裏），蘇州の運河河岸，台北の迪化街，ハノイのオールドクオーター（とくにターヒエン通り）などがそれである。こういったまなざしは東京の下町にもおよんでいる。台東区の浅草寺の裏町一帯，谷中・根津・千駄木地域（これらは「谷根千」といわれる），新宿のゴールデン街，新大久保の外国人居住地域など，数々の「異日常」が観光客によっ

▷1　1920年代から1930年代にかけて，地獄はあたかも「伝統」であるかのように発見されていき，そこにはおどろおどろしい名前が付けられ，さらにワニが飼われたりした（今でも現存している）。1928年には「地獄めぐり」のガイド付き観光バスが開業した。須藤廣，2008，『観光化する社会──観光社会学の理論と応用』ナカニシヤ出版。

▷2　マキャーネル，D.，安村克己ほか訳，2012，『ザ・ツーリスト──高度近代社会の構造分析』学文社。Ⅷ-1「ドラマツルギー」，Ⅰ-1「ポストモダンツーリズム」参照。

▷3　サイード，E. W.，今沢紀子訳，1993，『オリエンタリズム』平凡社。

て発見され，観光地側からも演出がなされていった。

③ オリエンタリズムの限界と超克

　エドワード・サイードによると「オリエンタリズム」のまなざしには，西欧人のアジア（サイードはおもに中東のイメージについて述べている）に対する「他者性」へのロマンと，それと同時に蔑みが暗黙裡に内在しているという[4]。「まなざし」の非対称性は，西欧文化にはじめから内在しているのである。非対称性によって西欧人がもつアジアイメージは，イメージを押しつけられるアジア人がもつ自己イメージにも及ぶ[5]。自己の内面まで染められた西欧中心の「イメージ」から，東洋人は自由になることができるのか。このことは観光のゲスト／ホストの非対称性を前提としながら，ホストが観光イメージから自由な表現を獲得できるか，という問いにも繋がる。

　観光文化のなかにある非対称的なイメージの押しつけは「西洋／東洋」の対立図式のみにとどまるものではない。「都会／田舎」や「発展／停滞」といった他の要素のなかにも非対称的なロマンを求めるものがある。

④ 観光文化の創造性とオリエンタリズムの超克

　近年の観光理論のなかでは，固定的なイメージから逸脱した観光者の発見的パフォーマンス，あるいは，それに応える形で観光地住民も自己表現力を身につけはじめたことが指摘されている。まちなか観光は本節で既述のように，観光者による観光文化創造への参加と，それに対する地域の再帰的反応こそが原点にある。国際観光が一般的になった今日，サイードのいう「オリエンタリズム」が底流でくすぶりながらも，観光をめぐる文化表現は複雑性・多様性を増している。とくに，まちなか観光には「イメージ」だけでは語り尽くせない生活文化をあわせもつ物質的基盤があり，そこに暮らす者にしか表現できない何ものかがあるはずである。ホストとゲストの「ドラマツルギー」のなかで観光文化は常に生成されている。

　まちなか観光は，地域の経済の活性化という効果も期待されうる[6]。しかし，そのことよりも地域住民の生活文化を一方的な観光イメージから守りながら，地域住民が自己表現力を獲得しうるかどうかが試されていることを強調しておこう。ここにメディア（とくに SNS）がどのように介在しているかを含めて，まちなか観光は，観光文化創造の非対称性を跳ね返す，研究と実践の格好の機会になるはずである。

（須藤　廣）

V-4　観光用にリニューアルされている谷中銀座商店街

出所：筆者撮影（2018年5月27日）。

▷4　サイード，同前書。
▷5　これをサイードは「オリエントのオリエント化」と呼ぶ。

▷6　生活文化を観光資源とする場で，観光経済が地域の生活と対立する例は数多くある。

V　ツーリスト・コミュニケーション

 ホスピタリティ

 理想的コミュニケーションとしてのホスピタリティ

　「ホスピタリティ（hospitality）」の語源は，客人歓待を意味するラテン語の「ホスペス（hospes）」に由来している。その後，キリスト教の「隣人を愛せよ」という慈悲の心を根底に据えた言葉としてもちいられてきた。

　日本において，それは「心のこもった手厚いおもてなし」といった意味合いで使われる。しかし，研究の領域では，より幅広く日常的な場面での人間関係の調整原理と考えられている。ホスピタリティの基本的な性格として，自発性，個別性，非営利性，非作為性といったものがあげられている。また，ホスピタリティは主体による一方向の行為ではなく，受け手である客体もそれに応えて感謝の意を表すことで，両者のあいだに「相互満足」が生まれ，信頼関係を強める。こうした両者の双方向の行為における共創的な関係だとされる。したがって，ホスピタリティという概念は，対等な個人を前提にしたひとつの理想的なコミュニケーションのあり方を内包している。この点で，奴隷を意味するラテン語の「セルバス（servus）」に由来する「サービス（service）」が，権利・義務的な主従関係を基本におき，一方向の行為であることと対照的である。

 構築されるホスピタリティ

　古代ギリシャにおける来訪者への歓待の精神は，現在のホスピタリティの原型として語られることが多い。だが現実的にいって，当時は外部からの来訪者が敵になる可能性もあったわけで，こちら側に敵意のないことを示し，争いのリスクを回避するためには「歓待の精神＝ホスピタリティ」が有効な手段だったのである。また逆に，異邦人とコミュニケーションをとることは，自分たちのコミュニティを停滞させないために，外部世界から新しい知識を導入するための重要な機会でもあった。いずれにせよ，ホスピタリティは見返りを求めない純粋無垢の行為では決してなく，むしろ国家・都市などの実利や法によって制約された，条件付の歓待だったのである。

　では，日本で広くもちいられるようになったホスピタリティの直接的な由来はどこにあるのだろうか。第二次世界大戦後，米国のホテル・レストラン産業において，機能的，均質的なサービスを超える，情緒的な高い満足をもたらす人的応接を「ホスピタリティ」と呼ぶようになる。つまり，顧客を確保するこ

▷ 1　服部勝人，1996，『ホスピタリティ・マネジメント——ポスト・サービス社会の経営』丸善。

▷ 2　神田孝治，2013，「ホスピタリティとは」青木義英・神田孝治・吉田道代編著『ホスピタリティ入門』新曜社，1-7。

▷ 3　前田勇，2007，『現代観光とホスピタリティ——サービス理論からのアプローチ』学文社。

とを狙った企業の差異化戦略として，ホスピタリティが重要視されるようになり，それが日本に導入されたのである。ビジネス用語としてのホスピタリティは，比較的に近年の産物であり，いわば「再発見」されたものといえる。

このようにホスピタリティは，歴史的，社会的に構築された相対的な性格をもつものであり，単純に理想化することは問題をはらんでいよう。

③ ホスピタリティのサービス化

自発的で非営利的というホスピタリティの性格は，個々の従業員の労働における意識と実践のなかでは成り立つはずだ。実際，対価や報酬のことは考えずに，客に少しでも心地よく，楽しく過ごしてもらおうという気遣いは，サービス労働に従事する多くの人びとに共通しているからである。しかし同時に，企業は戦略的に従業員に対して，顧客満足と収益実現に貢献する温かみある個人的応対を無償の付加的行為として提供するように求める。すると，ホスピタリティは義務化され，その実践はマニュアル化されていくことにもなる。同業他社あるいは社会全般での接客におけるホスピタリティの質向上が図られるならば，常にその水準は上昇し，より細かな気配りが要請される。個々人の自発的なホスピタリティは，企業や業界の平準的なサービスとして取り込まれて商品化され，客側はそれを当然のものとして受けとる意識が高まるだろう。

④ ホスピタリティとコミュニケーション不全

ホスピタリティは双方向の良好な関係をともに創造し持続させるものであるという理念とは裏腹に，現実には円滑なコミュニケーションが，つねに成立するとは限らず，むしろ，それを阻害するような状況もみられる。

ホスピタリティの向上が過熱し，より質の高いもてなしを当然のように要求する客のふるまいが広まってくると，それと結びついて，いわゆる「お客様」社会の様相が現れてくる。過度の消費者優位の社会では，一部の顧客は世の中でたった一人の「私」の要望は満たされて当然であり，メディアで紹介された最上のホスピタリティを自分も享受したいと思う。仮にそれが感じられなければ不満が残り，時としてクレームになって顕現する。

また，ホスピタリティを求められる仕事は対人接客を主な内容とし，いわゆる**感情労働**の性格をもつ。そうした仕事では，常に笑顔で臨機応変に顧客のニーズに応え，クレームを迅速に処理しなければならない。たとえそれが理不尽なクレームや非礼な言動をともなっていても，である。こうしたコミュニケーション不全に由来する疲労は，単なる休憩・休暇では回復できないため慢性的にストレスがかかり，心身の不調をきたすことさえあり，現代社会の新たな労働疎外として問題になっている。

(堀野正人)

▷4　森真一，2010，『「お客様」がやかましい』筑摩書房。

▷5　**感情労働** (emotional labor)
アメリカの社会学者ホックシールド，A. R. が提唱した，「肉体労働」「頭脳労働」に続く第3の労働形態。感情の抑制や鈍麻，緊張，忍耐などを不可欠の職務要素とする。本来，個人の自然発生的な感情が管理される「商品」になることが指摘されている。ホックシールド，A. R.，石川准・室伏亜希訳，2000，『管理される心──感情が商品になるとき』世界思想社。

Ⅴ　ツーリスト・コミュニケーション

13 おみやげ

1 移動するおみやげ

　観光という人の移動に付随して，モノも移動する。その典型例が「おみやげ」である[1]。利用する交通手段や宿泊施設が様々であっても，観光客は旅先でおみやげを購入し，その消費額は無視できないものとなっている。観光庁が行っている「旅行・観光消費動向調査」によれば，「土産代・買物代」の消費は，「飲食費」とほぼ同額で「交通費」と「宿泊費」に次ぐ水準にあり，訪日外国人旅行者に限れば「買物代」が最も多くを占めている[2]。

　さて私たちは，しばしば「おみやげ＝その土地の産物」こそが正しい姿であり，観光客がもちかえるまでおみやげは，本来は移動を経験しないモノという前提で考えがちである。だが，日本の観光地の店先に並ぶ多種多様なおみやげは，そもそもその土地に縛られたものではなく，様々な人やモノの移動による産物である。定番ともいえるチョコレートやクッキーなど菓子類の多くは，そもそも明治期以降に受容されたものであるし，キーホルダーやＴシャツなどの多くは，中国など海外の工場で生産されたものである。その地域に伝統的な和菓子であっても，今ではその原材料となる砂糖や小麦粉が輸入品であることも少なくない。すなわちおみやげとは，モノが多様な時間・空間スケールの移動を経たのち商品となり，購入した観光客とともに移動を経験する現象であり，移動と密接にかかわる存在なのである。

2 おみやげの基本要件

　観光客によってもちかえられたおみやげは，帰着後はギフトとしてさらなる移動を経験するかもしれない。「バラマキみやげ」という語の存在に象徴されるように，おみやげは家族や親族，アルバイト先など職場の同僚やサークルの友人などにギフトとして贈られる。そしてこの贈答コミュニケーションの文脈は，日本のおみやげのあり方に大きな影響力を有している[3]。どこの観光地でも見かける地名や観光地の風景写真，ハローキティやゆるキャラなどが描かれたパッケージの菓子類は，「ありふれている」とか，「その土地との関係が浅い」とかいった批判に晒されることがあるものの，おみやげの贈答コミュニケーションにおいては非常に適した存在でもある。

　贈与交換について論じたマルセル・モースの古典的名著『贈与論』では，義

▷1　神崎宣武によれば，おみやげの語源には諸説あるものの，神社に持っていく器「宮笥（みやけ）」などの語が江戸時代中期以降に土地の産物を指す言葉「土産（どさん）」と合流して，現在の「みやげ＝土産」になったという。神崎宣武，1997，『おみやげ──贈答と旅の日本文化』青弓社。

▷2　観光庁「旅行・観光消費動向調査」（2022年1月12日取得，http://www.mlit.go.jp/kankocho/siryou/toukei/shouhidoukou.html）；「訪日外国人消費動向調査」（2022年1月12日取得，http://www.mlit.go.jp/kankocho/siryou/toukei/syouhityousa.html）。

▷3　おみやげの英訳語としてあてられることの多い「スーベニア（souvenir）」がもっぱら旅行の「記念品」としての意味でもちいられるのに対し，日本語のおみやげは「贈り物」という意味も有している。

務的な贈与の文脈において，人類社会に共通する「授贈（おくる）」「受贈（受け取る）」「返礼（お返しをする）」の三つの義務が存在することが指摘されている[4]。観光旅行に出かけるのであれば，留守をしていた家族に，追加の業務負担を強いた同僚やバイト仲間におみやげを贈らなければならない。そのようなときに，地名入りの包装紙に小分け袋に入った菓子類は，持ち帰りやすいのはもちろんのこと，どこでも配りやすく受けとりやすい。自分が旅行に行ったときには，その遍在性ゆえ観光地で同じようなものを買ってお返しするのも簡単である。いたずらに高級品や処分に苦慮する民芸品を買ってしまうと，受けとる側に不要な負い目や手間を与えてしまう。おみやげという贈答の義務を果たすためのことを考えれば，最低限その場所を旅したことさえ証明してくれればよい。つまり「どこでもありふれた菓子類」は，ほどほどの人間関係におけるおみやげの贈答コミュニケーションでは，三つの義務を果たすうえで有用な，良い意味で「無難」な品なのである。

　もっとも，同僚や友人への贈答に適したギフト性だけが観光みやげを規定する文脈ではない。もちろん自分用や親しい人に贈るのであれば，その原材料も含め，その土地で生産されたものや老舗の名品，あるいは，たしかな技術をもった職人の手によるものなど，真正性を帯びた品が求められることもあるだろう。またユニークな図柄のTシャツや，ダジャレをネーミングにした観光という非日常の空間を反映したネタ的要素，儀礼的倒錯性を有した品も観光みやげには少なくない[5]。そもそも観光経験をそのモノに「冷凍保存」し，後日それ[6]を介して旅をめぐる物語をもたらしてくれるものであれば，商品／非商品を問わず，何でもおみやげになる可能性を秘めている。恋人にプロポーズされた海岸で拾った小石や貝殻だって[7]，立派なおみやげとなりえるのである。

③ おみやげがたどる旅路

　再びおみやげと移動の関係に戻ろう。ギフト性や真正性，儀礼的倒錯性といった観光みやげの基本要件に合致したモノは，観光客とともに，そして観光客のために様々な移動を経験する。そのなかで文化と文化のコミュニケーションが生まれ，そこから新たなおみやげが誕生するかもしれない。たとえばロシアを代表するおみやげマトリョーシカは，もともとは入れ子の七福神人形──幕末の箱根で，東海道を旅する人びとへのおみやげとして売られていた──が明治時代初期にロシアへと渡りその原型が形作られたものである。今ではロシアだけでなく，中国ではパンダ，日本では忍者というように，世界中でその土地の事物が書き込まれたおみやげとなっている[8]。観光地に存在するおみやげは，どこが始点でどこが終点かとも定めることが困難な観光客とおみやげをめぐる人とモノ，イメージのフローの結節点，あるいはそれらが創り出したルートの途上に位置しているのである。

（鈴木涼太郎）

▷4　モース, M., 森山工訳, 2014, 『贈与論──他二編』岩波書店。

▷5　ゴードンは，ユニークなTシャツやオブジェなどいわゆる「ギャグ商品」がおみやげになる状況を，文化人類学の儀礼研究を参照しながら，非日常の観光空間において日常の規範が無効になる儀礼的倒錯（ritual reversal）によるものと説明している（Gordon, B., 1986, The Souvenir: messenger of extraordinary. *Journal of Popular culture*, *20*(3), 135-146.

▷6　鈴木涼太郎, 2017, 「おみやげと観光」塩見英治ほか編『観光交通ビジネス』成山堂書店, 248-264。

▷7　Hitchcock, M. & K. Teague eds., 2000, *Souvenirs: The Material Culture of Tourism*. Surrey: Ashgate. 橋本和也, 2011, 『観光経験の人類学──みやげものとガイドの「ものがたり」をめぐって』世界思想社。

▷8　鈴木涼太郎, 2018, 「旅するマトリョーシカ──移動するおみやげのルーツとルート」『観光学評論』*6*(2), 153-168。

V　ツーリスト・コミュニケーション

 ぬい撮り

1 モノが旅するとき

「ぬい撮り」とは，観光でぬいぐるみの写真を撮ることを言う。観光者は自分が所有するお気に入りのぬいぐるみと一緒に旅をし，風景や食事を背景にぬいぐるみにポーズをつけさせ，スマートフォンといったデジタル機器を用いて写真に撮る。そして，Instagram 等の SNS にアップするのである。

そうした観光において主人公となるのは，人ではない。つまり人の移動（モビリティ）が前景化されているわけではない。スマートフォンで撮影したモノのパフォーマンスの写真を，SNS 上にアップロードすることで，モノの移動（モビリティ）が前景化されるようになっているのである。▷1

東京ディズニーリゾートでも，「ダッフィー」「シェリーメイ」「ステラ・ルー」「ジェラトーニ」のぬいぐるみをスマートフォンで撮影し，「ぬい撮り」を楽しむ人が出てきている。▷2 このため，ポーズをつけやすく，「ぬい撮り」がしやすいのぬいぐるみが販売されるようになっているほどだ。

近年，こうした現象は，日本の東京ディズニーリゾートにとどまらず，香港，ハワイ，上海におけるアジア中のディズニーランドでみられるようになっている（ただし，アメリカ合衆国やフランスのディズニーランドではそれほど観察できない。この理由については別途，議論が必要である）。

2 観光における情動の主体

さらに一層モノの移動（モビリティ）が前景化されるようになっている事例としては，ぬいぐるみ専門の旅行代理店の事例を挙げることができる。現在，旅行代理店の中に，人の旅行をコーディネートするのではなく，人が所有するぬいぐるみの旅行をコーディネートする会社が現れている。

この旅行代理店では，顧客が所有するぬいぐるみを預かり，スタッフが一緒に旅先をまわり，宿泊や食事を行う。そして，ぬいぐるみがまるで旅を楽しんでいるかのような写真を，デジタル機器を用いて SNS にアップし顧客に見せるというサービスを行っている。顧客はただ自宅にいながら，SNS 上でそれを見て楽しむだけである。モノの旅がデジタル・デバイスにおける Instagram 等のプラットフォーム上で表現されることが観光の目的となり，それを通じてはじめて，ぬいぐるみを所有する人の楽しさ，喜びなど情動的な部分が満たさ

▷1 「ダッフィー」とはディズニーのテーマパークにおいて売られているグッズとして非常に高い人気を誇るテディベアのぬいぐるみであり，「シェリーメイ」とは「ダッフィー」のガールフレンドという設定のテディベアのぬいぐるみである。また「ジェラトーニ」は薄緑色のネコの男の子で画家を目指していて絵を描くのが得意という設定のぬいぐるみである。「ステラ・ルー」もまたディズニーのテーマパークのキャラクターであるが，このぬいぐるみはラベンダー色のウサギの女の子でダンサーを夢見ているとされる。
▷2 [I-2]「ツーリズム・モビリティ」参照。

れていくのである。

　このように考えるならば，「ぬい撮り」の観光において掻き立てられている「楽しい」「嬉しい」という情動は，人の主体的行為の産物としてあるのではなく，人とモノが織り成すハイブリッド（混淆的）な産物としてあるのだと言える。いや，「人びとの情動が人とモノのハイブリッド（混淆的）な産物である」というのはまだ正確な言いまわしではないのかもしれない。より正確に言えば，人間は，その情動を誘発される「客体」に過ぎなくなっている。

　観光の「主体」となっているのは，人間ではなく，ぬいぐるみというモノである。モノこそが，ツーリズム・モビリティの「主体」なのだ。ぬいぐるみ専門の旅行代理店でみたように，人の移動（モビリティ）がないときも，デジタル・メディアにおける SNS のプラットフォームのもとで，ぬいぐるみというモノの移動（モビリティ）が発動されるのならば，それが観光産業，行政，地域社会と結びつき，一つのラインとなって観光が実現され，人々の情動が掻き立てられていくのである。

❸ ひとつの情景から

　ぬいぐるみの旅を撮影し，Instagram においてやりとりをするという事例でみたように，人の移動（モビリティ）がなくても，私たちは旅に関わって「楽しい」「嬉しい」という情動をもつことができる。

　現在，私たちは観光において，デジタルな AR（augmented reality：拡張現実）技術を用いて，アニメの聖地でキャラクターと一緒に記念撮影することができるようになっている。また AI を搭載したロボットがフロント係やコンシェルジュとして働いているホテルもある。そのことをふまえて，次のような情景を思い描いてほしい。アニメ聖地で AR を用いてアニメのキャラクターと記念撮影をするぬいぐるみの写真，AI 搭載のロボットからホテルのチェックイン手続きを受けているぬいぐるみの写真，これらを顧客が自宅の部屋の中にいながら Instagram で見ているという情景だ。

　そこでは人は，ほぼ登場することはない。Instagram などの SNS を「プラットフォーム」を舞台としつつ，AR，AI というデジタル技術を用いて，観光の風景を表現できるようになっている以上，これは，あり得る情景だ。しかしながら，顧客がひとりで部屋の中にいて，スマートフォンをみながら，「ぬいぐるみが楽しそうにしている」と微笑んでいるとき，それは，果たして観光と言って良いものなのだろうか。

　もしかすると，それは，もはや「観光の終焉」を告げるものではないのか。いや，逆に，それは人が登場する必要のない旅でさえ観光に含みこんでいく「観光の徹底」と言えるのかもしれない。

　だが，そうなら，そもそも観光とは何なのか？　「ぬい撮り」は，私たちに，そんなことを考えさせてくれる。　　　　　　　　　　　　　（遠藤英樹）

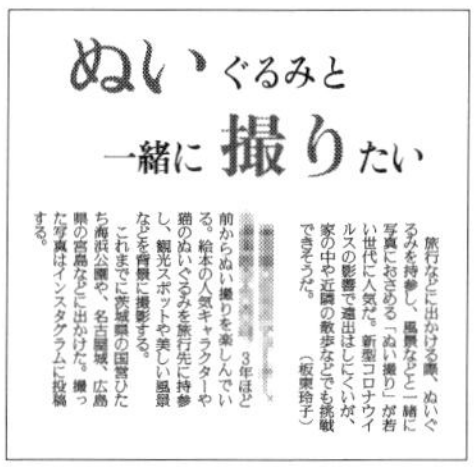

図 V-5 「ぬい撮り」に関する新聞記事

出所：『読売新聞』2020 年 8 月 6 日朝刊より抜粋。

▷3 Ⅱ-3「マテリアリティ」参照。

▷4 インゴルド，T., 工藤晋訳，2014，『ラインズ──線の文化史』左右社。

▷5 まさに新型コロナウイルス感染症（COVID-19）以後の観光状況を考えるうえで，これは，クリティカルな問いとなるだろう。

Ⅴ　ツーリスト・コミュニケーション

 ライフスタイル移住

「観光者」から「移住者」へ？

　近代社会の到来と共に現れた観光は娯楽的側面から労働者の生産活動を支える重要な社会的実践であるとともに，観光それ自身が産業として観光者の余暇活動に関わる様々な産業や労働様式を生み出した。移民や移住という新しい日常と暮らしを求める移動に対し，観光は一時的な移動経験を日常に埋め込むことを意味した。観光地は現地を訪れる観光者の日常とはかけ離れた空間や体験を演出する場所として整えられるのみならず，現代の**ポスト・ツーリスト**は体験型観光をますます重要視している。こうして，これまで対立する概念であった日常と非日常，あるいは日々の暮らしと観光の境界が溶解したところに，ライフスタイル移住という新しい生活様式が生み出されたのである。

２ ライフスタイル移住

　ライフスタイル移住とは経済的豊かさや生活の安定性を求める移動にとってかわる，生活の質の達成に重点を置いた移動のことを指す。移住先は国内外にわたり，比較的経済的条件が整い，治安や生活の安全が保障され，リラックスした生活環境が整っている場所が多い。移住の条件としては二国間あるいは二つの地域の経済格差も大きな動因となる。国外での例に，イギリスからスペインへのライフスタイル移住者が挙げられる。移住者は経済格差を利用して日常の中で非日常（休暇または余暇）的生活を楽しみつつ，比較的安定した生活を営むことができる。ライフスタイル移住は先進国の多くの国で見られる現象だが，恒久的な移住から数週間程度の余暇に到るまで，その内容も地域も多種多様である。ライフスタイル移住者の増加に伴う地価や物価の著しい上昇が地域コミュニティの生活を圧迫することや，地域資源の活用をめぐるトラブルにつながる場合もある。ライフスタイル移住においても観光公害のリスクや持続可能な観光のあり方が常に問われている。

３ ライフスタイル移民の社会的背景

　高齢化社会に伴い国内では人口の集中した都市圏を離れ地方へと移住する人がいる。地方へのライフスタイル移住は政策としても位置づけられている。総務省と地方時自体が推進する「地域おこし協力隊」事業はその一例である。

▷１　ポスト・ツーリスト (post tourist)
観光地や観光産業によって提供されるコンテンツを受動的に消費するのみならず，現地のあらゆる対象へ向け独自の解釈による消費行動を実践する観光者。観光化されていない事物に「発見」や「驚き」を感じ，消費対象とする。現地での歴史的事物やできごと，あるいは地域コミュニティの共有する評価や価値づけとの軋轢を生むこともある。

▷２　総務省「地域おこし協力隊」（2022年1月12日取得，https://www.soumu.go.jp/main_sosiki/jichi_gyousei/c-gyousei/02gyousei08_03000066.html）。

2020年の新型コロナウイルスの感染拡大により明らかになった，都市生活の脆弱性から「新たな生活様式」を地方に求める人も現れるだろう。海外への移住については，1970年代後半から90年代にオーストラリアやカナダへ渡ったライフスタイル移民がいる。自身も移住者の佐藤真知子はこうした人々を「精神移民」と呼び，生活に質的な豊かさを求め海外へ渡る邦人の姿を描いた。東南アジアのリゾート村に滞在する「ロングステイツーリズム」も行われている。定年退職者とその家族が比較的物価が安く気候も温暖な東南アジアに開発された邦人向けのリゾート村での生活を営む。この場合は移住というより長期滞在が多い。若年層に人気の高いワーキング・ホリデーもこれらに含まれよう。海外へのライフスタイル移住の動因として日本での生活水準や社会的閉塞性，90年代末からの社会変動に伴う新しい自己意識などが挙げられる。また女性や性的マイノリティの人々が男性中心的で性差別も根強い強い日本から国外へ移住する場合もある。他方，同様の目的で海外から日本を訪れる観光者も存在する。ワーキング・ホリデー・メーカーはもちろんのこと，近年では全国各地で「ウーフ（WWOOF）」や「ワークアウェイ（workaway）」も人気がある。利用者は農業や地場産業へのボランティア活動に従事しながらホストからの滞在支援を受け，一定期間日本に留まる。ホストや地域コミュニティとの活発な交流を行う体験型観光の側面も併せ持つ。さらに近年では北海道や長野県ようにインバウンドツーリストの集まる国内観光地に移住する外国人が増えている。いずれにも共通するのは，日常生活と余暇や休暇の境界の揺らぎだといえよう。

4 「移動」を再考する

　ライフスタイル移住が示唆するのは，「移動」というものが時間や契機が限定された特別な体験ではなく，日常の一部となったことだ。かつての週末の「余暇」あるいは日常から一時的に離脱した「休暇」として，限定されていた社会的実践としての観光体験がもたらしてくれる非日常感は，いまや日々の暮らしの中で恒常化した移動の経験に組み込まれつつある。私達はこれまで以上に積極的に非日常を求め続けているのであり，自らの居場所を変えることやそれまでの生活を変容させることにますます能動的になったのである。ライフスタイル移住はいわば現代社会の「新しい生活様式」の一例なのである。

（濱野　健）

▷3　佐藤真知子，1993，『新・海外定住時代──オーストラリアの日本人』新潮社。

▷4　小野真由美，2019，『国際退職移住とロングステイツーリズム──マレーシアで暮らす日本人高齢者の民族誌』明石書店。

▷5　V-16「ワーキング・ホリデー」参照。

Ⅴ　ツーリスト・コミュニケーション

16　ワーキング・ホリデー

❶　ワーキング・ホリデー（Working Holiday）とは

ワーキング・ホリデー[1]（以下，WH と略記する）とは，若者の海外長期休暇の一種であり，休暇中でありながら滞在地での就労が認められている点を特徴とする。WH の滞在地として選べる場所は，自分の出身地が WH 協定を結んでいる国・地域だけである。たとえば日本人の若者は，日本政府が WH 協定を結んでいるオーストラリアやニュージーランドなどの26か国・地域での WH が可能である（2021年 8 月時点）[2]。

WH 協定の内容は国・地域によって異なるが，18〜30歳の若者に対して，最長 1 年の滞在とそのあいだの就労を認めるものが多い。同協定の主な目的は国際交流の促進であり，若者がお互いの国・地域を長期訪問し合うことによって相互理解を深めることが期待されている。このように，二つの国・地域間の協定にもとづき，若者に海外長期休暇とそのあいだの就労機会を提供するものを「WH 制度」と呼ぶ[3]。日本では同制度の累計利用者数が2012年の時点で40万人を超えており，新型コロナウイルス感染症（COVID-19）の流行以前は，同制度を利用する日本人が年間 2 万人ほどいた[4]。

❷　ワーキング・ホリデーとコミュニケーション

日本人は WH においてどのようなコミュニケーションを経験しているのだろうか。海外留学協議会の調査票調査[5]と筆者のオーストラリア調査からその実態を検証してみよう。

まず WH 中の交友関係をみてみると，滞在国出身者との付き合いが中心という回答が約 4 割，日本人が中心という回答が約 3 割，滞在国出身者ではない外国人が中心という回答が約 2 割，どちらとも言えないが約 1 割となっている[7]。この結果から，WH 渡航者の 6 割から 7 割は外国人と頻繁にコミュニケーションを取っている一方で，残りの 3 割から 4 割は海外滞在中も日本人と一緒に過ごしがちであることがわかる。

つぎに WH 中の過ごし方をみると，仕事中心という回答が44%，人との交流中心が20%，観光やレジャー中心が18%，語学学校中心が17%となっている[8]。筆者の調査では，入国後すぐ語学学校に通い，現地生活に慣れると仕事や趣味や長期旅行に挑戦する者が多かった。

▷ 1　国内でのボランティア休暇をワーキング・ホリデーと呼ぶこともあるが，とくに断りなくワーキング・ホリデーといえば若者の海外長期休暇を指すのが一般的である。

▷ 2　外務省，2021，「ワーキング・ホリデー制度」（2022年 1 月12日取得，https://www.mofa.go.jp/mofaj/toko/visa/working_h.html）。

▷ 3　実際には国・地域によって具体的な制度名が異なる場合もある。たとえばイギリスで WH 制度に該当する制度はユースモビリティスキーム（Youth Mobility Scheme）と呼ばれる。イギリス政府ウェブサイトを参照（2022年 1 月12日取得，https://www.gov.uk/tier-5-youth-mobility）。

▷ 4　海外留学協議会，2014，『海外就業体験が若年層の職業能力開発・キャリア形成に及ぼす影響・効果に関する調査研究』海外留学協議会，18。

▷ 5　2013年11月実施のインターネットモニター調査。過去10年間に WH 等の海外滞在を経験した日本人が対象。有効回答1,583件のうち，WH 経験者が1,191人，海外インターンシップ

3 仕事とコミュニケーション

　先述の通り，WH は休暇でありながら就労が可能である点を特徴としており，実際に WH 中に働く日本人も多い。人気の職種は飲食店での調理・接客であり，約半数が海外滞在中の主要な仕事として選んでいる[9]。

　筆者の調査では，日本人が最も職を得やすい飲食店は日本食レストランであった。日本人の店主や料理人が多いため従業員の公用語が日本語になりがちであること，日本食の基礎知識があること，日本人従業員がいると客の評判がよいことが，職を得やすい主な理由である。日本食レストランで働くと，日本人の同僚と日本語で話す頻度が高くなりがちである。接客には現地語が必須だが，接客時の会話は定型化されているため高度な語学力やコミュニケーション能力を必要としない店も多い。日本食レストランで働きながら現地住民や外国人と交流したいのであれば慎重に店を選ぶ必要がある（店主が日本人でない店，日本人の客が来ない店，接客に力を入れる高級店など）。

　日本食以外の飲食店で働くためには，現地語で履歴書を書く能力や面接で困らない程度の会話力が必要になる。このハードルを越えて職を得た人は，同僚との会話・交流を通じて語学力を鍛えたり日本人以外の友人を作ったりする機会が広がる。そのためオーストラリアの日本人 WH 渡航者のあいだでは，日本食以外の飲食店で働く人が一定の尊敬や羨望を集めるという現象もみられた[10]。

　最後に飲食店以外の職場について概観しよう。オーストラリアでは，農場は日本人や他国出身の WH 渡航者と深く交流する格好の場である。農作業者は僻地に長期滞在することが多いためである。都市部から離れた観光地での就業も同様の状況をもたらしやすい。これに対して都市部のサービス職，事務職，教育関連職は，日系企業や日本人コミュニティとのつながりが強い傾向にある。都市部には日系の食品・雑貨店，食品卸売業者，旅行代理店，日本語補習校のように，日本人向けの仕事を生み出す企業や組織が多数あるためである[11]。

　以上のように，WH は余暇と就労が混然一体となったユニークな海外長期休暇である。WH 中の交友関係や過ごし方は人によって異なるが，WH 中に滞在国出身者，その他の外国人，日本人といった多様な人々と交流する機会がある点は大半の WH 渡航者に共通している。事実，そうした機会を利用してコミュニケーション能力を向上させる者も多い。海外留学協議会の調査では，「国際感覚・異文化適応能力」「外国語能力」「コミュニケーション能力」「積極性」を習得したという回答がいずれも 8 割を超えている[12]。こうした経験が WH 渡航者の人生においてどのような意味をもつのか，また，このようなユニークな制度が観光業や社会にどのような影響を及ぼすのかといった点の解明は今後の課題である。

（藤岡伸明）

経験者が216人，両方の経験者が141人，その他の海外滞在経験者が35人である。回答者の16%が WH 未経験者であるためやや正確性を欠くが，これほど大規模な調査は近年実施されていないためこの調査を参照した。詳細は海外留学協議会，前掲書を参照。

▷6　筆者は2007年度と2009年度の2年間，オーストラリアでフィールドワークを行い，WH 渡航者の滞在実態を多面的に調査した。詳細は以下の文献を参照。藤岡伸明，2017，『若年ノンエリート層と雇用・労働システムの国際化』福村出版。

▷7　海外留学協議会，前掲書，182。

▷8　海外留学協議会，前掲書，29。

▷9　海外留学協議会，前掲書，177。

▷10　その一因は日本食レストランの時給が平均より低いとみなされていることである。日本食レストランの時給の低さを実証することは困難だが，オーストラリアの日本人 WH 渡航者の賃金水準は他国出身者より低いという調査結果は存在する。この点については藤岡伸明，2019，「若者向け国際交流プログラムの重要性と起こりうる問題」『オーストラリア研究』(32)，136-146を参照。

▷11　日本語補習校とは，企業駐在員や国際結婚者の子どもに日本語の補習授業を行う組織である。オーストラリアだけでなく世界各地の主要都市にみられる。

▷12　海外留学協議会，前掲書，29-30。

Ⅴ　ツーリスト・コミュニケーション

⑰ ビーチ

① 観光地としてのビーチ

19世紀のイギリスでマス・ツーリズムが誕生して以来，ビーチは観光の主要な舞台であり続けてきた。ビーチの無限の広さは，大量の観光客を収容するのにじゅうぶんだった。マス・ツーリズムの歴史は，海浜リゾートの発展史と多くの面で重なっている。実際，アラン・コルバンの『浜辺の誕生』や『レジャーの誕生』，ジョン・ペンブルの『地中海への情熱』，ジョン・アーリの『観光のまなざし』など，海浜リゾートの歴史的研究が豊富に蓄積されてきた。

では，ビーチを訪れる旅行者たちは，何を感じ，どのようにふるまっているのだろうか。人びとのリアルな生態や行動については，必ずしもじゅうぶんに明らかになっていない。本節では，アメリカとフランスを事例に，ビーチにおける観光コミュニケーションについて検討しよう。

② カリフォルニアのビーチにおける秩序

▷1　エジャートン，R. B.，和波弘樹・和波雅子訳，1993，『ビーチの社会学』現代書館。

アメリカの文化人類学者ロバート・エジャートンによる『ビーチの社会学』[1]は，ビーチにおけるコミュニケーションの実態を詳細に明らかにした画期的な著作である。

南カリフォルニアのビーチは，交通アクセスに恵まれ，都心部から多くの人びとがやってくる。「大勢の，歳も違えば人種も違う赤の他人同士が，砂浜にやって来て裸同然の格好になり，互いに極めて接近した状態で一日を過ごし，しばしばアルコールを飲んだりマリファナを吸ったりしながらも，互いになんとか闘争を避けようとするなどということが，いかにして成り立つのか」。社会秩序はいかにして可能か，という社会学の古典的な問いを，エジャートンはビーチを舞台に明らかにしようとした。

エジャートンは，長期にわたる膨大な観察と聞き取りにもとづき，ビーチの秩序についての洞察を三つにまとめている。一つ目は安全神話だ。ビーチという安全で楽しいところに来たのだからここは安全で楽しい場所に違いない，という魔法のようなトートロジーによって，多少の危険やトラブルはなかったことになる。

二つ目は移動性である。日常生活とは異なり，ビーチでやっかいな出来事が起これば，別の場所に移動すればよいし，家に帰ることもできる。

三つ目はアーヴィング・ゴフマンの影響を感じさせる，この本の最も重要な点だ。ビーチには，窃盗や暴行などに関する法律や，焚火や飲酒についての条令に加えて，「ビーチ・ルール」とでも呼ぶべき規範が存在する，とエジャートンは述べる。タオルを敷く場所，フリスビー投げをする場所，ふるまい，会話の内容など，ビーチでのコミュニケーションにはさまざまな（暗黙の）ルールがあり，人びとはそれを共有することで，トラブルを回避している。『ビーチの社会学』の原題は *Alone Together* である。彼らはビーチでの孤立の感覚（alone）を楽しみつつも，他者との絶妙な距離を測り，ビーチにおける社会秩序（together）の形成と維持に躍起になっているのだ。

③ フランスのビーチにおける女性の身体と男性のまなざし

エジャートンがカリフォルニアで提起した問題を，フランスの社会学者ジャン・クロード・コフマンはブルターニュとノルマンディに場所を移して分析した。ここでのテーマは，女性のトップレスである。

フランスのビーチにおける女性のトップレスは1964年に南東部の保養地サン・トロペで始まり，たちまち時代の風潮となった。特に35から40歳くらいの女性にはトップレスへの強い欲望がみられるという。トップレスは，自己肯定感，自然にふるまえる能力，自分の身体を自分が所有しているという感覚，性の解放を表現するものとして，フランスのビーチに広がっていく。

浜辺の人びとは自分が自由だと思っているが，そこではあらゆる仕草や目つきが統制されている。コフマンはそれを「ゲームの規則」と呼ぶ。ビーチでのコミュニケーションは，ほとんどが視線によって交わされる。トップレスの女性たちは，男性からの好奇の視線を逸らさなければならない。しかし，慎重すぎる態度は無粋とされ，警戒はあくまでも控え目におこなわれる。彼女たちは，他の女性からの疑いの視線にも配慮しなければならない。なぜなら美貌を見せびらかすような行動は，かえって厳しい戒めのまなざしに晒されるからだ。

男は女を見る。女は男を見返す。女と女は互いを牽制する。沈黙のなかで視線や身振りが駆使され，驚くほど厳密な行動規則がビーチとトップレスを規制している。都市空間などの公共の場でしばしば観察される「見る／見ない」の複雑なコミュニケーションが，ビーチでは極端にまで複雑化している，とコフマンは述べる。

④ 観光コミュニケーションの劇的な舞台

エジャートンとコフマンは，ビーチを観光者のパフォーマンスが繰りひろげられる舞台として描いた。場所も状況も異なるビーチを分析した二つの研究に共通しているのは，都市空間や日常生活のコミュニケーションの特徴が先鋭的にあらわれる場としてビーチを捉える視点である。　　　　（高岡文章）

▷2　名前が似ているのでややこしいが，コフマンは，アーヴィング・ゴフマンとはもちろん別人である。とはいえ，コフマンの分析はゴフマンの議論を下敷きにしている。
▷3　コフマン，J. C., 藤田真利子訳，2000，『女の身体，男の視線──浜辺とトップレスの社会学』新評論。

V　ツーリスト・コミュニケーション

18 Airbnb

▷ 1　シェアリング・エコ
ノミー（Sharing Econo-
my）

個人が所有する遊休資産
（モノ，空間，スキルなど）
の貸し出しを仲介する経済
の仕組み。貸主は資産の活
用により収入を得て，借主
は所有することなしにそれ
を利用できる。総務省，
2015，「平成28年度版情報
通信白書」（2022年 1 月12日
取得，https://www.sou-
mu.go.jp/johotsusintokei/
whitepaper/ja/h27/html/
nc242110.html）

▷ 2　現在，Airbnb は世
界的なホテルチェーン上位
5 社を合わせた部屋数をし
のぐ「客室数」を有してい
る。2020年の時点で191か
国に展開し，物件数は600
万件以上である。Airbnb,
2021，「信頼＆安全」（2022
年 1 月12日取得，https://
www.airbnb.jp/trust）。

▷ 3　一般に宿泊料金は当
該地の平均的な料金よりも
安価である。宿泊料金はゲ
ストからホストに支払われ，
Airbnb はサービス手数料
により利益を得ている。

▷ 4　新型コロナウイルス
感染症（COVID-19）の流
行に鑑み，Airbnb はネッ
ト上で利用者が趣味や知識
を有料で交換し合う「オン
ライン体験（Online Expe-
riences）」というサービス
をはじめた。この対応はコ

1　シェアリング・エコノミーと観光

ICT の発展は日常生活だけでなく，旅先のコミュニケーションや観光のあり方そのものを変化させている。企業から消費者個人への一方向的なサービスの提供ではなく，消費者間の取引を可能にした ICT のネットワークは，**シェアリング・エコノミー**と呼ばれる新たな経済を生みだした。Uber や Grab などの配車アプリ，自動車や自転車のシェア，個人の家に泊まるカウチ・サーフィンや Airbnb は，いまや旅先で頻繁に利用されるサービスとなっている。その代表として，本節では Airbnb を取りあげよう。

Airbnb は2008年にアメリカのマンションの一室ではじまった。自宅の空き部屋を Airbnb に登録すれば，そこはたちまち世界に開かれた宿となる。

2　Airbnb の仕組みとコミュニケーション

Airbnb は宿泊需要をもった「ゲスト」と宿泊場所を提供する「ホスト」をつなぐオンライン・プラットフォームである。Airbnb のサイトで滞在予定の都市名を検索し，条件を見比べながら部屋（ホスト）とマッチングしたゲストは，現地に到着してホストに会い，そこでいっときの「借り／仮ぐらし」を行う。個人による宿泊産業への参入を可能にした Airbnb は，旅館やホテルなど既存業態を脅かした。既存の宿泊業と異なる特徴を 2 点取りあげよう。

第 1 に，一時的な需要への対応可能性である。2016年のリオデジャネイロオリンピックでは 8 万5,000人が Airbnb を使って現地に宿泊した。Airbnb は既存の資産を用いることにより，新たな開発を最小限にとどめて需要を満たすことができる。そのため流行や季節，政治経済状況などの外部要因に影響を受けやすい観光産業では，Airbnb の活用による持続可能性への期待が高まっている。

第 2 に，宿泊を介した新たなコミュニケーションの創出がある。Airbnb はホストとゲストの交流や現地の文化体験がコンセプトの一つだ。とくに地域住民の「家」に泊まるという体験は，まるでそこに暮らしているかのような感覚をゲストに与える。さらに，ホストによる観光地や地域の案内，おすすめの場所の紹介などは，従来の宿泊業にはなかった地域住民と観光者との親密な関わりを生みだした。こうした宿泊を手段とする新たな価値の創出により，Airbnb は消費者間の宿泊仲介サイトとして代表的な地位を築いた。

❸　信頼性と安全なコミュニケーション

　しかし，ホストとゲストの直接的取引にはリスクもある。たとえば，両者は互いに相手の人柄やサービスの質，事故や事件の可能性やその対応などについて不安を抱くだろう。リスクの相互性は，消費者間取引の特徴である。不安やリスクに対応するのは現場の利用者であり，Airbnb はあくまでプラットフォームとして，両者の安全や利益を管理し保証する立場でしかない。

　リスクを内包するこうした取引を支えているのは信頼という指標である。Airbnb では，利用者同士（ゲスト・ホスト）の信頼と，利用者による Airbnb への信頼が利用の基盤になっている。Airbnb を含む ICT を土台としたプラットフォームは，個人の様々な情報を総合的に分析し，信頼性を可視化することでリスクの回避を試みている。Airbnb も利用者同士のレビュー評価制度や ID 認証，SNS との連携など，信頼性を担保するための種々の制度を設けている。とくに宿泊後の相互評価は，ゲストがホストを一方的に評する従来のレビューと比べ，ゲスト側の態度も評価の対象になるという点で特徴的なものである。

　利用者のマナー向上を狙うこのような制度は，Airbnb を介したコミュニケーションをより安全でリスクの少ないものにするだろう。しかし，そこで個人の生の監視が行われる点には注意しなければならない。リスク回避のために個人情報を捧げていけば，情報流出の危険に加え，行動の監視や管理，情報統制など新たなリスクが生じる可能性もある。信頼性の指標は，私たちのコミュニケーションを安全なものにする一方で，権力の回路にもなりうる。⁴⁵

❹　観光と生活の境界のゆらぎ

　最後に Airbnb が私たちの日常生活に及ぼす影響について指摘しておこう。Airbnb をはじめとする民泊事業は，日常生活と観光の境界をかつてなく揺るがしている。たとえばゴミ出しの不備や騒音，集合住宅におけるセキュリティなどの問題はメディアでも注目を浴びた。⁴⁶日本で民泊が広がりはじめた当初，多くのマンションの入口にみられた「民泊禁止」の貼紙は，そこで生活を送る人びとの危機感を表していた。観光者がホテルや旅館に泊まるうちは，地域内の日常生活と観光の空間は棲み分けされていたが，Airbnb の拡大により両者の境界は大きく揺らぎ，曖昧化している。いまや駅前の何気ないマンションの一室が，住宅なのか宿泊施設なのかを容易に判断することは難しい。

　Airbnb は一般の人びとの関与という特徴ゆえに，企業ではなく一個人を介して生活へ侵入してくる。モザイク状に起きる観光の論理の侵攻は，定住者を前提としてきた居住空間のルールを再編するだろう。Airbnb の進展は従来の観光のあり方だけでなく，日常生活や居住をめぐる認識にも変容を迫っている。

（鍋倉咲希）

ミュニケーションが Airbnb の根幹にあることを示しているといえよう。

▷5　Ⅲ-1「権力」，Ⅰ-3「ネットワーク」，Ⅲ-6「監視社会」，Ⅶ-11「データ・ダブル」，Ⅲ-7「ジェンダー」参照。

▷6　2018（平成30）年に施行された住宅宿泊事業法は，住宅地区で民泊事業を行うことを限定的に許可するものだった。都市部における民泊事業の拡大は，家賃高騰や利用マナーの問題を呼び，住民生活と観光の摩擦を生んでいる。Ⅵ-12「オーバーツーリズム」，Ⅱ-6「虚構的リアリズム」参照。

Ⅵ　再帰的な観光

 ディスカバー・ジャパン

1　発見する旅

　1970年に始まったディスカバー・ジャパン・キャンペーン（DJC）は，日本の観光史における最も重要な1ページを飾る出来事である。DJC以前と以後では旅の姿が大きく変わるといっても過言ではないほど，それは画期的なキャンペーンだった。

　1970年3月から9月まで，大阪の千里丘陵で万国博覧会が開催された。全国から数多くの人びとが押し寄せ，その様子は「民族大移動」と呼ばれた。万博会場となった大阪まで大量の旅客を輸送するため，国鉄は新型車両を導入し，ホームや駅舎を改築し，人員を増強した。総投資額は400億円に及んだ。万博終了後も旅行需要が冷え込まないよう国鉄が展開した旅行促進策がDJCであった。

　DJCを主導したのは，広告代理店・電通の藤岡和賀夫である。キャンペーンの計画を練っているとき，彼は一つのアイデアを思いつく。「発見（ディスカバー），という言葉はどうだろう」，「旅をそのまますなおに『旅（ディスカバー）』と呼びかえよう」。DJCは「発見する旅」だった。本節ではDJCについて，「発見」を手がかりとして論じてみよう。

2　旅を発見する

　藤岡が手がけたDJCのポスターは，日本全国の駅という駅の一番目立つ場所に貼られた。ポスターに具体的な観光地の名称は記されていなかった。旅行促進のポスターとしては異例のことである。そこには「目を閉じて…何を見よう」，「旅に出ると　心のふるさとがふえます」，「どこからが旅かしら」など，あいまいで思わせぶりな言葉が添えられていた。DJCが宣伝していたのは特定の町や場所ではなく，「旅すること」それ自体だった。

　当時の日本人にとって，旅は団体で行くのが普通で，その象徴が職場の慰安旅行だった。行き先も国立公園や温泉地などのお定まりの観光地がほとんどである。それは日常からの解放というよりも，その延長線上に過ぎない。藤岡は旅を「旅らしい旅」と「旅とはいえない旅」に分けている。当時の日本人の旅は，藤岡の目には「旅とはいえない旅」と映っていた。

　人間性や自然を取り戻すため，私たちは「旅らしい旅」に出なければならな

▷1　万国博覧会。通称「大阪万博」。「人類の進歩と調和」をテーマに開催され，1日の平均入場者数は35万人であった。詳細は以下を参照。大阪府日本万国博覧会記念公園事務所，2014，「大阪万博」（2022年1月12日取得，https://www.expo70-park.jp/cause/expo/#caption1）。

▷2　国鉄。日本国有鉄道の略称。1987年にJRグループに分割民営化された。

▷3　藤岡和賀夫，1987，『藤岡和賀夫全仕事（1）ディスカバー・ジャパン』PHP研究所。

▷4　DJCの続編として，1978年からは「いい日旅立ち」キャンペーンが開始された。山口百恵が歌ったキャンペーンソング「いい日旅立ち」には，「日本のどこかで私を待ってる人がいる」という歌詞が登場する（NexTone PB0000S1758号）。ここでも場所は特定されず，「どこか」のまま宙吊りにされている。

い。では、「旅らしい旅」とは何か。そもそも旅とはいったい何なのだろう。その答えは旅のなかにしかない。旅を「発見」する旅へと出かけよう。藤岡は、そう呼びかけた。

DJCをきっかけに、旅のスタイルは団体中心から個人中心へと変わった。旅行関連支出は飛躍的に増大し、観光の大衆化が一気に進んだ。日本人は、旅の楽しみを発見した。[45]

③ 私を発見する

DJCによって日本人は旅を発見したが、藤岡はさらにその先を見据えていた。「発見するものは自然や景色や人である必要はなかった。それはまさに自分自身である。『ディスカバー・マイセルフ』と私はつぶやいた」と藤岡は回想している。[46]「私の発見」こそが、DJCの真のコンセプトだった。[47]

当時、西欧的で男性中心で工業優先の価値観はすでに機能不全をきたしていた。ベトナム戦争は泥沼化し、反戦運動の波は日本にまで及んでいた。公害問題によって自然環境や生活環境への意識が高まり、フェミニズムやカウンターカルチャーなど社会の仕組みを再考する気運が高まっていた。国家や企業、学校、家族といった既存の組織は、もはや安定した「私」を保証してはくれない。「私」は、自ら探し求め、「発見」するべきものになっていた。DJCとは、アイデンティティ探しのための旅でもあった。

④ 女性を発見する

DJCが開始した1970年に雑誌『an・an』が、翌1971年には『non-no』が創刊された。これらの女性誌が、ファッション情報とならんで力を注いだのが、国内の観光地情報だった。『an・an』や『non-no』を手にし、最新のフッションに身を包み、古い町並みを闊歩する若い女性たちはアンノン族と呼ばれた。DJCと共振する彼女たちの旅こそが最先端であり、旅はそれ自体がファッションだった。旅の主役の座は、男性サラリーマンから若い女性へと移った。

生産や労働に代わって、消費や余暇が時代のキーワードになりつつあった。女性たちは、市場を牽引する消費者として「発見」された。旅の舞台に引きあげられて、アンノン族という主役を演じたのだった。以降、観光地には女性客を目当てにしたオルゴール店やガラス細工店、雑貨屋やカフェなどが急増する。熱海や別府の歓楽街に代わり、湯布院や黒川などのひなびた温泉地が人気になっていく。DJCとアンノン族は、観光の風景を一変させた。

DJCとは、旅を発見する旅である。旅をとおしてアイデンティティや女性といった、旅の主体を発見する旅でもある。DJCによって、地域の歴史や文化が息を吹き返し、伝統的な「日本」が「発見」された。観光の再帰性をこれほどまでに能弁に伝える事例が他にあるだろうか。　　　　　　（高岡文章）

▷5　DJCによって、妻籠、飛騨高山、倉敷などの歴史的な町並みが「発見」された。また、三浦によれば築地や深川、入谷、谷中、柴又などの東京の下町も同じ時期に『an・an』や『non-no』によって「発見」された。詳細は以下の文献を参照。三浦展、2020、『下町はなぜ人を惹きつけるのか？──「懐かしさ」の正体』光文社。
▷6　藤岡、前掲書、36。
▷7　DJCのサブタイトルは「美しい日本と私」であった

Ⅵ　再帰的な観光

 # ディズニーランド

1 テーマパークとファミリーエンターテインメント

　ディズニーランド（以下 DL）は1955年，米カリフォルニアに開園した遊園地で，二つのコンセプトで構成されている。一つはテーマパークで，一定空間をテーマで統一するものだ。たとえばトゥモローランドは未来というテーマの下，アトラクションからレストラン，ショップ，トイレに至るまでテーマの統一が図られる。もう一つはファミリーエンターテインメントで，家族全員＝全世代が楽しみを共有できる環境を構築する。現在，世界に六つの DL がある。

2 米国：人生，そして家族の連帯を確認する場所

　創設者 W. ディズニーはこれらについて「子どもには未来を，大人には過去の楽しい思い出を体験させる」と括っているが，この背景には米国文化とディズニーの深い関わりがある。ディズニーが米国で認知されるのは1928年のミッキーマウス登場時で，その後ディズニーは米国を象徴するメインカルチャーとして米国民に浸透した。それゆえ，DL はこの米文化を具現する場所と位置づけられている。この関係は現在まで続いており，パークは個人が人生を追体験すると同時に，家族がその連帯を，さらに人々が米社会との一体感を確認する空間として機能している。DL は米国人には一生に二度訪れなければならない場所である。子どもの時，よい子にしていたことのご褒美として連れて行ってもらい，大人の時，子どもがよい子にしていたら連れていく。事実，米国にある DL（カリフォルニアとフロリダ）ゲストの9割が家族連れである。

3 日本：次第にオタクランドへ

　一方，東京ディズニーリゾート（東京ディズニーランド＋東京ディズニーシー，以下 TDL 及び TDS）は事情が異なる。1983年 TDL は開園当初こそ米国のコンセプトを踏襲していたが，次第にパーク，**ゲスト**ともここから逸脱し，現在では個人的に楽しむ空間，すなわちオタクランドへと変貌した。

　原因は二側面から捉えることができる。一つはテーマ性の崩壊である。TDL は当初，疑似外国，米国文化の再現といった色彩が濃かったが，次第に日本的要素が入り込み始めた。和食やラーメンなどを提供するレストランの出現が典型である。また，各テーマランドにおいても要素から逸脱する施設が設

▷1　ゲスト
ディズニーランドでは入場者をゲストと呼ぶ。ホスピタリティを高めるため，運営者と入場者の関係をホスト−ゲストという視点から捉えている。
▷2　TDL では提供されないアルコールを楽しむことができる（2020年10月から TDL でもアルコールの提供が開始されている）。
▷3　ダッフィー
ミニーマウスがミッキーマ

102

置されるようになった。2001年開園した TDS も同様で，当初は大人向け TDL 的な意味合いが込められていた[2]。開園から18年，TDL に親しんできた子どもも成長し，大人向けのパークが必要という見立てである。しかし，2005年，TDS 限定キャラクター・**ダッフィー**[3]の登場によって様相は一変する。ダッフィーは大人気を博し，またその友だちのキャラクターも登場すると，TDS はさながら「ダッフィー＆フレンズランド」の様相を呈するようになるのだ。

もう一つはファミリーエンターテインメントの崩壊である。当初ゲストは家族中心だったが，次第に友人・知人，恋人，一人の割合が増加し，家族連れは40％程度に低下した。男女比率3：7，成人率7割，リピーター率は9割を超えている。Dヲタと呼ばれるディズニーオタクの聖地と化しつつあるのだ。

彼らのパーク訪問理由の一つは仲間との連帯である。お揃いの服やコスチュームを身に纏いパーク内を闊歩することで「われわれ」を実感するのである。方法は物理的空間に限られない。例えば**インスタ映えスポット**[4]で撮影を行い，これを Instagram に投稿してフォロワーとの共感を図ろうとする。

もう一つはアイデンティティの確認である。自らのオタク世界がディズニーで構成されているゆえ，パークを訪れることは，いわば**聖地巡礼**[5]を意味する。ただし，パーク内には膨大な情報があり，全てを処理するのは不可能。それゆえ新たな情報収集もパーク内での主たる活動となる。情報を紡ぎ合わせてお好みのディズニー世界＝マイディズニーをメインテナンスするのである。オリエンタルランド[6]側もこうしたニーズに対応すべく，多様なキャラクターをパーク内に登場させ，ディズニーに関わる膨大な情報を提供し，Dヲタたちの個別の嗜好に対応した。その結果「テーマ性が崩壊したテーマパーク」という環境が現出したのである。

❹ ディズニーが先か，ディズニーランドが先か

パークがオタクランドへと変貌した原因の一つは，その歴史的背景にある。1983年開園時，日本人のディズニー認知度は低かった。だがその後，パークのプロモーションに従った形でディズニーリテラシーを向上させていった。つまり，米国では先ずメインカルチャーである「ディズニー世界ありき」なのに対し，日本ではサブカルチャーである「ディズニーランド＝パークありき」だったのだ。その結果，パークはこれを志向する人々＝Dヲタがリピートするサブカル的空間を形成するに至った。もう一つは空間的背景にある。米国は広大ゆえ，パークは生涯に1～2度訪れるにすぎない「非日常の空間」，一方，TDR は100km 圏に三千万人以上が居住し，ハマった人間が何度も訪れる「日常的な非日常空間」である。こうしてリピーターが誕生し，これらDヲタたちが家族という括りに限られることなく，それぞれがバラバラに趣味を具現化するコミュニケーション空間とここを位置づけるようになったのである。　　　（新井克弥）

ウスのために作ったぬいぐるみというバックグラウンドストーリー（＝いわれ）によって創造されたジャパンオリジナルのキャラクター。ただし，その原型は米ディズニーランドで販売されていたディズニーベアーであり，バックグラウンドストーリーも異なっている。

▷4　**インスタ映えスポット**
写真・動画の投稿 SNS・Instagram 上で人気を博する（フォロー数を獲得可能しやすい）ことが想定される場所。Ⅵ-10「インスタ映えスポット」参照。

▷5　**聖地巡礼**
人気を博したアニメ・マンガなどがその背景として借用した空間が，オタクたちの観光スポットとしてのまなざしを獲得した結果，参拝すべき「聖地」と位置づけられ，そこを訪れること。Ⅴ-2「コンテンツ・ツーリズム」参照。

▷6　ディズニーカンパニーからフランチャイズのライセンスを受けてパークを運営する会社。

（参考文献）
新井克弥，2016，『ディズニーランドの社会学——脱ディズニー化する TDR』青弓社
粟田房穂・高成田亨，1984，『ディズニーランドの経済学』朝日新聞社
遠藤薫，1994，「空白の中のアナザーランド——旅人たちはどこへ向かうのか」今田高俊編『ハイパー・リアリティの世界』，有斐閣，第二章。
能登路雅子，1990，『ディズニーランドという聖地』岩波書店。

Ⅵ　再帰的な観光

 サンリオピューロランド

▷1　多摩市のウェブサイトには，次のような記載がある。「多摩市では平成14年度から，多摩センター地区の立地施設であるサンリオピューロランドのキャラクターであり，日本国内だけではなく世界中に愛されているキャラクターであるハローキティを活用した「ハローキティにあえる街」を多摩センター立地企業等と協力・協働し活性化に取り組んでおります」（2020年1月7日取得，https://www.city.tama.lg.jp/0000002603.html）。

▷2　パークの名称に含まれる「ピューロ」とは，もともとはサンリオが独自に考案した計8体のキャラクターであり，「ピュア」と「ピエロ」からなる造語だとされる。ピューロランドとは「彼らが調和を失い始めた地球へと降り立ち，人びとに愛と調和をもたらすため創りあげた場所」という設定のもとに構想されたのである。

▷3　ピューロランドの姉妹施設であり，やはりサンリオエンターテイメントによって運営される屋外型テーマパーク，ハーモニーランド（大分県）は，その公式ウェブサイトでは「サンリオキャラクターパーク」として紹介されている（2022年1月12日取得，

1　サンリオピューロランドと，その周辺のテーマパーク化

　東京都の多摩地域に所在するサンリオピューロランドは，株式会社サンリオの子会社，サンリオエンターテイメントが運営する屋内型テーマパークである。サンリオといえばハローキティ，マイメロディ，シナモロール，ポムポムプリンなど，数々の人気キャラクターたちを世に送り出したことで有名だが，ピューロランドではそれらのキャラクターが登場するパレードや舞台などのコンテンツにより，多様なファンの人気を獲得している。

　なお，そのテーマパークの周辺，すなわち多摩センター界隈を歩き回ると，面白い光景に出くわす。というのも街のあちらこちらで，サンリオキャラクターを描いたモノ，たとえば案内板やマンホールなどに遭遇するのだ。現在，多摩センター駅を中心とする当該エリアの全体がハローキティをはじめとするキャラクターのイメージによって装飾されており，テーマパークとしてのピューロランドの垣根を越えて，"テーマパーク的な空間"がその外部へと溢れでているようにさえみえる。実際に多摩市は「ハローキティにあえる街」というより上位のテーマを掲げ，ピューロランドを中心に据えつつ，多摩センター周辺の「テーマ化」もしくは「テーマパーク的空間の拡張」に向けたプロジェクトを推進している。かつて多摩センター周辺は，のどかな里山の風景がひろがる地域であったが，スタジオジブリ制作のアニメーション映画『平成狸合戦ぽんぽこ』（1994）にも描かれる都市開発を経て，今では「キティが支配する空間」と化しているのだ。

2　テーマ性の後退，およびキャラクターパーク化

　テーマパークとは，何らかの「テーマ」に依拠して人為的に構築された記号世界だといえる。しかしサンリオピューロランドの場合，その開園当時から変わらず継承されてきたテーマがあるかといえば，必ずしもそうとはいえない。ピューロランドでは「ピューロの国」というその当初のテーマ性が後退し，今ではそれに代わって，「キャラクター優位」の世界観が展開されている。むろんそれは現在でも「テーマパーク」であることには違いないが，実情からいえば，「キャラクターパーク」といったほうが適切であるような気さえする。

　2010年代以降，ピューロランドはシアタータイプのアトラクションに注力し

ており，2020年1月現在，パーク内のメルヘンシアターではミュージカルショー「KAWAII KABUKI 〜ハローキティ一座の桃太郎〜」が上演され，外国人を含む多くの観光客を惹きつけている。また，フェアリーランドシアターでは，マイメロディおよび男性俳優のみの2.5次元ミュージカル「MEMORY BOYS 〜想い出を売る店〜」が上演され，若い女性ファンを惹きつけている。さらにディスカバリーシアターでは，ぐでたま監督による参加型アトラクション「ぐでたま・ザ・ム〜ビ〜ショ〜」が上演され，子供連れのファミリー層に人気である。しかも期間限定の特設会場では，「ミキハウスサンクスバザール」などが開催されることもあり，これら多様な指向性をもつ諸要素をかろうじて繋ぎとめているのは，パーク全体を貫く「テーマ」というよりも，むしろキティをはじめとする「キャラクター」だという印象すらある。

③ メディアミックス的な空間の拡張

　近年，キャラクターとしてのハローキティはユーチューバーとして活動するなかで，各地の土産物とのコラボレーションを念頭において自らをそれらにとりつく「憑依型女優」と位置づけているが，たしかにサンリオが産出するキャラクターイメージは様々なモノや場所へと憑依し，国内外のあらゆるところに遍在している印象がある。もはやキティとはメディアミックス社会である日本を象徴する記号と化している感すらあるが，それは各種の媒体をつうじて商品展開されるのみならず，観光領域に限って考えても，様々なモノ（グッズ，電車，飛行機）や場所（空港内の施設，自治体，テーマパーク）と組み合わされて人びとに認知され，そのイメージが消費される傾向にある。

　マーク・スタインバーグによると，メディアミックスとは「表現の形式であり，複数の異なる断片からなる，より大きなメディアの世界を構築するための方法」だとされる。ポケモン，ミッキー，マリオなど，それこそ多種多様な事例がありうるが，現代においてあるキャラクターやそれに付随する物語は，各種メディウム（たとえば漫画，アニメ，ゲーム，グッズなど）の差異を越境しつつ流通し，それをもとにした「社会的関係のネットワーク」を構築しうる。そしてそのようなネットワークが顕著にあらわれる場として，ピューロランドのようなテーマパーク，あるいはその周辺である多摩センター周辺で展開される状況を思い浮かべることもできよう。来場者たちはピューロランドの内外で，友人やキャラクターとコミュニケートしながらセルフィや記念撮影をおこない，さらにその画像データを友人と共有したり，SNSにアップロード＝発信したりする。当該エリアはそのための舞台として機能しているのである。

（松本健太郎）

（https://www.sanrio.co.jp/themepark/#harmonyland）。

▷4　HELLO KITTY／ハローキティ【Sanrio Official】，2018，「お好み焼きキティじゃけ〜【ハローキティのお仕事紹介 Vol. 2】アニメ」（2022年1月12日取得，https://www.youtube.com/watch?v=bKYlD40ohtY&list=PLBJ-cWZxdnYcHXjQ-Klomt1FiiRubH8Gr&index=2）。

▷5　スタインバーグ，M.，中川譲訳，2015，『なぜ日本は「メディアミックスする国」なのか』KADOKAWA，43。

▷6　クリスティン・ヤノは，キャラクターをもちいた街のテーマパーク化，すなわち「〈キャラクター〉によってこの世のすべてがテーマパークのように目に映ってしまう事態」について言及している。その彼女によると，「サンリオは実際にハローキティのテーマパークを運営している。〈キャラクター〉による生活環境のテーマパーク化のメカニズムが，そのまま本当にテーマパークとして成り立っている」と述べられている。ヤノ，C.，久美薫訳，2017，『なぜ世界中が，ハローキティを愛するのか？』作品社，448-449。

Ⅵ　再帰的な観光

 テーマ化する都市環境

① 観光と日常の境界の溶解

　近代の観光は，労働の日常に慰安を提供しそれを補完する手段として発展してきた。労働に対するまなざしが英国における観光の発展に顕著だったことは，世界でいちはやく旅行業を立ちあげたトマス・クックが禁酒運動を組織した産業労働者育成社会活動家であったことからも理解できる[1]。近代の観光が「生活の日常」と「観光の非日常」の明確な区分と苛酷な労働の補完によって成立していた事情は，日本でも同様である。こういった観光と労働との関係に変動が生じるのは1970年代から1980年代にかけてである。日常の生活／非日常の観光との境界の揺らぎこそ，現代観光の特徴を作りあげているものである。

　現代における私たちの生活圏——あるいはサービス労働を中心とした労働圏——では，浸水する静かな洪水のように，観光的要素がじわじわと侵入してきている。「観光の日常化」と「日常の観光化」は区別をつけがたいが，ここでは，このうち観光の非日常が生活世界の近くに（あるいは内部に）侵入してくることを「観光の日常化」と呼び，人びとの生活（文化）自体が観光資源化し，観光のまなざしの対象になることを「日常の観光化」と呼びたい。こういった境界の溶解はポストモダン文化の特徴でもあり[2]，都市環境のテーマ化はこの両者に関わっている[3]。

② テーマパークが日常にやってくる

　1960年代から1980年代までの都市環境と特徴は，均質な郊外の形成に典型的に表れており，どの家も街並みも均質性を求め，地域固有の伝統や個性は消滅していく傾向にあった。これを三浦展は「ファストフード化」をもじって，「ファスト風土化」と呼んだ[4]。

　こういった均質な空間形成に衝撃を投げかけたのは，1983年のディズニーランドの開園であろう[5]。ディズニーランドの虚構性と演技性は，パークの境界を越え，ほどなく人びとの住む郊外にも広がっていった[6]。戸建て団地を埋め尽くす「ショーケーキハウス」群，東京湾を地中海に見立てた南欧風団地，「ファスト風土」のうえに虚構と演技が上塗りされていった[7]。三浦のいう「ファスト風土化」した空間は，単なる画一的な「空間」ではなく，演技を消費し「再魔術化」する「場所」を目指していったのである[8]。

▷1　アーリ，J. & J. ラースン，加太宏邦訳，2014,『観光のまなざし　増補改訂版』法政大学出版会，60-61。

▷2　Ⅰ-1「ポストモダンツーリズム」参照。

▷3　本節では取りあげないが，これらの変化にはSNS などの双方向メディアが介在していることはいうまでもない。

▷4　三浦展，2004,『ファスト風土化する日本——郊外化とその病理』洋泉社。

▷5　Ⅵ-2「ディズニーランド」参照。

▷6　東京ディズニーランドの設立に関わった能登路雅子は，東京ディズニーランドは「ディズニー・マイナス・アメリカ」だという（『朝日新聞』2012年2月5日朝刊）。日本への土着化こそ，ディズニーランドの虚構が日本の日常に受け入れられた理由といえる。

▷7　若林幹夫，2007,『郊外の社会学——現代を生きる形』筑摩書房。

▷8　須藤廣，2008,『観光化する社会——観光社会学の理論と応用』ナカニシヤ出版，51-80。

テーマパーク化したのは町並みばかりではない。1990年代頃には味気ないショッピングセンターの均質的な空間も，曲線の導線を使い，ベンチを置き，小物を売るワゴン等を並べ，屋内に噴水まで設置するといったように，しだいに「再魔術化」が施されるようになる。その典型といえるのは，1999年に東京のお台場に開店したヴィーナスフォートである。そこでは17，8世紀のヨーロッパにおける町並みのイメージが表現され，天井のライティングにより朝昼晩の景観の変化が演出されている。このように1980年代から2000年代にかけて，観光（テーマパーク）的空間は都市の町並みやショッピングセンターといった生活空間へと侵入していったのである。

図Ⅵ-1 「昭和の町」を演出する豊後高田市

出所：筆者撮影（2021年5月25日）。

③ 日常の生活空間という「テーマパーク」

以上のこととは逆方向の現象も起こっている。すなわち観光の「まなざし」が注がれることによって，今まで濃い日常の生活空間だと思われていたところが「観光地」になっていくといった形だ。下町の町並みや路地，屋台街，市場（たとえば那覇のまちぐゎー），飲み屋街（たとえば新宿のゴールデン街），外国人居住地区（たとえば東京の新大久保地区）といった住民の暮らしが色濃く残存する場所である。その他には工場夜景，どや街（たとえば大阪の釜ヶ崎地区）等もこの部類に入るだろう。観光のまなざしが注がれた生活空間はノスタルジアとして演出され，「古い」街へとエイジングがほどこされて，それ自体が一つの「テーマパーク」へ変質していく。非日常もテーマ化するが，日常もテーマ化するのである。

④ テーマパークと日常観光のハイブリッド

住民の生活臭あふれる古い（多くは昭和風の）町並みのテーマ化が行政や第三セクターをまきこんで，一つの「まちづくり」の目玉としてなされることがある。その典型が大分県の豊後高田市の古い商店街である。これは日常の観光化の進化系ともいえるが，入場料を取るテーマパーク（昭和ロマン館）も併設していることからテーマパークともいえる。ノスタルジア型日常観光とテーマパークとのハイブリッドであろう。この地域では2001年に商店街の有志を中心として，最も賑わった昭和30年代をイメージして，町並みの模様替えを行った。ファザードの撤去や玄関の改装，観光客の誘致や商店街住民との調整は，第3セクターの「まちづくり会社」が中心となって行っている。この地が「展示する町」（テーマパーク）と「生きている町」との調和をどのように創り出していくのか，実践例として注目されよう。

（須藤　廣）

▷9 Ⅴ-11 「まちなか観光」参照。

▷10 「一店一宝」としてそれぞれの店が昭和の時代に使っていたものを展示している。また，行政からの補助金（模様替えの一部）も支給され，観光地域と行政一体となったまちづくりが実践された。

▷11 映画の撮影にも多く使われ，2019年には年間40万人程度の観光客を迎えている。2017年にはアジア都市景観賞を受賞している。いよぎん地域経済研究センター，2004，「7月1日レポート」（2022年1月12日取得，http://www.iyoirc.jp/post_industrial/20040701/）.

Ⅵ　再帰的な観光

 # インバウンド

日本でのインバウンドとアウトバウンドの移り変わり

　インバウンドとは「外国人による日本への旅行」のことであり，アウトバンドは「日本人による外国への旅行」のことである。日本の国際観光の歴史をみると，両者の比重が移り変わってきたことがわかる。

　戦前の日本では，外貨獲得政策の一環としてインバウンドが推しすすめられた。とくに国際観光局が設置された1930年代には，観光が外貨獲得額で第4位の輸出産業となるほど，インバウンドが経済の柱を担っていた。戦後，1964年に日本人の海外旅行が自由化されると，経済成長を背景にアウトバウンドが伸長することになる。さらに，諸外国との貿易摩擦緩和策の一環として，日本政府は**海外旅行倍増計画**[▷1]をはじめとするアウトバウンド振興策を積極的に推進していった。一方，インバウンドは円高による日本の価格競争力の低下等により，低調に推移していた。そのようなアウトバウンドとインバウンドの不均衡を背景に，1990年代から**ウェルカムプラン21**[▷2]のようにインバウンドとアウトバウンドの均衡に目が向けられるようになる。2003年の観光立国宣言以後，いっそう外客誘致に力が注がれるとともに，周辺諸国の経済成長の影響もあり，2015年に訪日外客数が出国日本人数を上回る。このように日本のインバウンドとアウトバウンドの比重は，日本および他国との経済関係に左右されてきた。

② 見せたいものの選択

　ただしインバウンドの受入れには経済的側面以外に，政治的な思惑も存在する。とくに明治期においては，観光の政治的役割が重要視されていた。内田宗治は，近代国家の一員となることを目指した日本政府が，来訪する外国人に帝国議会議事堂や慈恵病院といった近代的な施設を見せようとしていたことに言及している[▷3]。なかでも，清国と韓国からの観光団には日本の近代化した姿を見せており，インバウンドを利用して，周辺諸国に対して日本の優位性を示す意図があったことがうかがえる。

　また当時，緊張関係にあったアメリカの観光団に対して，日本が文明国としての姿を見せるべく，盛大に歓待をしたとされる。ただし，そこで観光団に見せたのは，韓国や清国とは異なり，サムライ，ゲイシャ，寺社仏閣といった当時のアメリカ社会が抱くオリエンタルな日本の姿であった。すなわち，来訪者

▷1　**海外旅行倍増計画**
テンミリオン計画とも呼ばれる。1986年に約500万人であった日本人海外旅行者数を5年間で1,000万人に増加させる計画である。その目標は4年目の1990年に達成された。

▷2　**ウェルカムプラン21**
1994年に約350万人であった訪日外客数を2005年までに700万人に増加させることを目標とした1996年策定の計画である。その後，2000年に2007年をめどに訪日外客数を800万人とする新ウェルカムプラン21が策定された。

▷3　内田宗治，2018，『外国人が見た日本──「誤解」と「再発見」の観光150年史』中央公論新社。

が見たいものや来訪者の国との政治的関係によって，日本は見せるものを取捨選択してきたのである。

❸ インバウンドによる日本の再認識

　このような見せるものの取捨選択は，観光立国宣言以後のインバウンド戦略においては，外国人の目線を起点とした**マーケットイン**[4]の発想ですすめられる。また，「日本」が商品として強く意識されるとともに，「日本文化」や「日本らしさ」とは何かが問いなおされる。**クールジャパン**[5]戦略ではその一環として「日本語り抄」が作成され，日本の技術や芸能，コンテンツが過去からつづく文化的文脈のなかで捉えなおされている。一例をあげると，「原宿 KAWAII」を「kabuku」として歌舞伎の延長線上にあるものとして位置づける。もちろん，これらの解釈は日本のコンテンツを外国人に売り込むための戦略であるが，加えて近代化やグローバリゼーションの過程で見えなくなった日本の文化を物語として再編集する意図がある。

　国の政策とは別に，外国人に人気のある観光地やコンテンツがメディアをつうじて報じられることにより，日本人が日本を発見することもある。たとえば，長野県にある地獄谷野猿公苑の温泉に入る猿は，外国人が訪れるようになったことで，日本人がその光景を「スノーモンキー」として再認識したものである。外国人の抱く日本らしさと，日本人が抱くそれとのあいだには差異が存在する場合もあるが，外国人の日本へのまなざしが日本人に「日本らしさ」を認識させる契機となるのである。

❹ インバウンドがもたらすリスク

　2010年代は，日本のインバウンドが隆盛を極めた時代であった。一方で，急激な外国人旅行者の増加は，オーバーツーリズムをはじめとする様々な問題をもたらした。また，地域住民の不満の噴出は，インバウンドのあり方そのものに疑問を投げかけている。さらには，2020年にパンデミックにまで拡大したCOVID-19は，人の往来にともなうリスクを全世界的に実感させる出来事となった。ジョン・アーリとヨーナス・ラースンは観光のまなざしによる過密の発生や，人の移動による病気の伝播等を観光によるリスクとしてあげている[6]。まさに日本のインバウンドはこれらのリスクと向き合う段階にきている。

　ただし，インバウンドは日本に弊害やリスクをもたらすだけなのか。観光には文化の異なる他者との出会いがあり，それが他者への寛容や共感につながることもある。外国人旅行者に対する感情の悪化がみられ，感染症等のリスクが意識されるようになったなかで，日本のインバウンド政策がいかなる方針のもとすすめられていくのか，地域がインバウンドといかに向き合うのか，経済的な視点のみにとらわれないインバウンドの価値が問われている。　（澁谷和樹）

▷4　マーケットイン
市場や消費者のニーズに対応して製品やサービスを開発することである。クールジャパン戦略においては，外国人が日本の魅力であるととらえるものを売り込むことを指す。

▷5　クールジャパン
世界からクール（かっこいい）とみなされる日本の魅力のことをいう。日本人がクールと捉えなくても，外国人がクールと捉えるものもその対象になる。

▷6　アーリ，J.＆J.ラースン，加太宏邦訳，2014，『観光のまなざし　増補改訂版』法政大学出版局。）

（参考文献）
有山輝雄，2002，『海外観光旅行の誕生』吉川弘文館。
矢ケ崎紀子，2017，『インバウンド観光入門——世界が訪れたくなる日本をつくりための政策・ビジネス・地域の取組み』晃洋書房。

VI　再帰的な観光

 観光まちづくり

 観光まちづくりの隆盛

　1980年代以降，まちの個性を活かした観光のあり方を提示して，地道に発展を遂げてきた地域が注目されるようになる。たとえば，小樽，小布施，三州足助，長浜，奈良町，境港，琴平，内子，由布院，綾などでは，各々の地域の素材を活かした個性的なまちづくりが，観光と密接に関わりあいながら進展をみてきた。そこに通底する関心は，地域の資源の発掘や創造をするまちづくりをすすめ，そのことが外部の人との交流や共感を呼んで観光へと展開し，地域の経済活性化だけでなく住民のアイデンティティの形成や文化創造に寄与する，ということにある。そして観光まちづくりに共通する特徴は，必要な資金やノウハウを外部の資本に依存して大規模な開発をするのではなく，地域の行政・企業・住民が相互の人的・産業的ネットワークを形成しつつ，主体的，自立的に観光の展開をはかっていく，という点にある。また，既存の施設や文化遺産等を活用して，自然・社会の環境許容量に適合した規模の事業を目指す点においても特徴がある。[1]

　近年，地域の過疎化や少子・高齢化がすすみ，観光まちづくりへの関心は一段と高まっている。それに呼応して，観光まちづくりを自然発生的な活動に委ねるのではなく，マーケティングやマネジメントの視点から，より戦略的に展開することが推奨され，政府も各地の**日本版 DMO**[3] の設立を促進している。[2]

 内外のコミュニケーションを推進する観光まちづくり

　観光まちづくりにおいてコミュニケーションは様々な場面で発現するし，重要な意味をもっている。近年，観光は，団体で一時的に滞在して見物や土産の購入を目的とする，いわゆるマスツーリズム的なものから，個人・小グループで現地の暮らしや産業，自然環境などを対象として体験，交流，学習を目的とするものへと広がりをみせてきた。こうした行動の変化は，おのずとホストとゲスト[4]のコミュニケーションをともなうことになるし，それ自体が目的にすらなっている。

　森重昌之は，ホストとゲストの内外の交流が，地域社会の内発的な力の向上に結びつくことで観光まちづくりにとって重要な役割を果たすという。たとえば，地域外の人びとを対象としたファンクラブでは，会員に特産物や観光の情報を提供して地域を PR し，交流や支援の機会を作り出している。また，観光

▷1　堀野正人, 2006,「まちづくりと観光」安村克己・遠藤英樹・寺岡伸悟編『観光社会文化論講義』くんぷる, 143-152。

▷2　敷田麻実・内田純一・森重昌之編, 2009,『観光の地域ブランディング——交流によるまちづくりのしくみ』学芸出版社。

▷3　**日本版 DMO** (Destination Management/Marketing Organization)
「観光地経営」の視点に立って，観光地域づくりについての関係者の合意形成や，データと明確なコンセプトにもとづいた戦略の策定，観光関連事業と戦略の調整やプロモーションなどを実施していく法人のこと。

▷4　 IV-1 「ディスカバー・ジャパン」参照。

ボランティアは，地域住民が観光客に地域資源の魅力や価値を直接伝えることで，交流する役割を担っている。さらに農家民泊は，都市と農山漁村の人びとを結ぶ架け橋としての役割が期待され，民泊を組み込む教育旅行（修学旅行）には体験学習プログラムが取り入れられるケースも多い。

❸ 複雑なアクター間の関係

　観光まちづくりは，多様な団体・組織あるいは個人のネットワークによって成り立つのであり，それぞれの機能，役割を超えて，まちづくりの方向性や取り組みを練りあげ，実践していくためのコミュニケーションによる相互理解が欠かせない。

　ただ，こうした理念型が，現実のまちづくりの過程でそのまま通用するわけではない。まちづくりは一枚岩ですすむとは限らず，地域内外の多様なアクターの錯綜する利害関係や個人間のまちづくりに対するスタンスの違いによって対立や矛盾が発生することになる。

　観光まちづくりの代表的な「成功例」としてとりあげられてきた由布院についても同様のことが指摘できよう。由布院のまちづくりは，1952年のダム開発計画の阻止を契機に，温泉，産業，風景の三つを統合して活かすことをあるべき温泉保養地としての指針として掲げ，時間をかけてその実現に取り組んできた。たとえば「ゆふいん音楽祭」「牛喰い絶叫大会」「湯布院映画祭」などのイベントが，地元の住民，観光業者を巻き込んで立ちあげられ，そこでは世代を超えた多くの住民の連帯がはかられた。また，それらの企画，運営は，音楽家，知識人等，都会の人間とのつながりを生んだ。

　しかし韓準祐は，こうしたプロセスのなかでも，すでに葛藤や軋轢があったことを指摘する。すなわち，まちづくりのリーダーたちが唱えた自然環境保全という方針への弱小旅館の反発や，外部主導の「湯布院映画祭」への違和感，観光業関係者と農業関係者の軋轢などである。

　さらに2000年を過ぎる頃には，旅館等宿泊施設は数倍に増加し，親密な人間関係がもつ対面的なコミュニケーションを前提とした「手づくり」のまちづくりは危機に瀕する。日帰り観光客が大多数を占め，それを見込んだ店舗等県外の事業者も多く入り込んでくるようになり，素朴で静かな由布院の光景が失われていく。こうした状況における，観光客と地元住民，古くから住む住民とニューカマー，あるいは住民同士のあいだで，観光地化やまちづくりに対する温度差や，由布院のイメージをめぐる食い違いがみられるようになる。

　このように観光まちづくりは，複雑に関与しあうアクター間の力学のなかにある。内外の環境が変化するなかで，観光まちづくりの理念と実践が，つねに当事者間のコミュニケーションをつうじて再帰的に問い直されていくのだといえよう。

（堀野正人）

▷5　森重昌之, 2015,「定義から見た観光まちづくり研究の現状と課題」『阪南論集　人文・自然科学編』50(2), 1-17।

▷6　これまで合併によって「湯布院町」や「由布市」が成立してきたが，観光まちづくりの中心が由布院温泉（あるいは由布院盆地）であったため，ここでは「由布院」として表記する。

▷7　韓準祐, 2016,「由布院の事例分析を通した観光まちづくり研究の再考察の試み」『観光学評論』4(2), 91-106।

▷8　須藤廣・遠藤英樹, 2018,『観光社会学2.0──拡がりゆくツーリズム研究』福村出版।

VI　再帰的な観光

 がっかり名所

1　再帰的な近代

▷1　Ⅱ-4「再帰性」，Ⅵ
-11「ダークツーリズム」
参照。
▷2　ギデンズ，A.，秋吉
美都・安藤太郎・筒井淳也
訳，2005，『モダニティと
自己アイデンティティ──
後期近代における自己と社
会』ハーベスト社。
▷3　ギデンズは，これを
「脱埋め込み化」と表現す
る。

　「再帰性」とは，「光が鏡にあたって自分自身に再び帰ってくるように，ある
存在・行動・言葉・行為・意識がブーメランのようにそれ自体に再びはね帰っ
てきて，ときにそれ自体の根拠を揺るがせてしまうこと」を指す用語である。[1]
イギリスの社会学者アンソニー・ギデンズは，この「再帰性」を軸にしつつ近
代社会を読み解いている。[2]

　かつての伝統社会においては，「自分は何者なのか？」は，生まれた身分や
家族，地域などといった外的な基準によって，ある程度決められていた。どの
家族に生を受けたのかによって誰と結婚することができるのかが決まり，どの
身分に生まれたのかによってどのような職業につくことができるのかが可視化
されていた。人びとはほとんど移住することもなく，ひとつの地域で一生を過
ごし，みずからが生きる場所の伝統を継承しながら暮らしをいとなんできた。[3]

　だが近代社会が成立して以降，事態は変わり始める。人びとは，生まれた身
分や家族，地域などから解き放たれ，職業，結婚，居住地，ライフスタイルな
どを自由に選択できるようになった。そのことによって同時に，「自分は何者
なのか？」という問いは，身分，家族，地域などといった外的な基準によって
答えることのできるような，自明なものではなくなってしまったのだ。

　そのため近代に生きる私たちは，外的な基準によってではなく，自分自身の
内側で絶えず「自分は何者なのか？」と問い続けていかなくてはならなくなっ
ている。どのような職業を選ぶのか，誰と結婚するのか，そもそも結婚をする
のか，しないのか，どこに住むのか，どのようなものに価値をおき，どのよう
なライフスタイルを選択するのか，どんなファッションを身にまとい，どんな
ヘアスタイルを選ぶのか。こうした自分自身のあり方を絶えず自覚的にモニタ
リングし，「自分は何者なのか？」にかかわる物語を紡ぎ続けていかなくては
ならなくなっているのである。

　「自分」の中身が，外的な基準によって形成されるのではなく，「自分とは何
者なのか？」と自分自身に反省的＝再帰的に問い続けることで形成される。ギ
デンズは，このように自己が自己をブーメランのようにモニタリングし問い続
けるという「再帰性」に注目し，それをもって近代社会の特徴と考えた。

2 再帰的な観光としての「がっかり名所」

このような「再帰性」は，とくに観光という領域において濃厚に見てとることができる。これについては，「がっかり名所ツアー」を事例にとりあげたい。

「がっかり名所」とは，観光スポットとして有名であるにもかかわらず，実際に行ってみると，期待していたほどではなく「がっかり」してしまうような場所を言う。観光スポットには，こうした「がっかり名所」とされている場所がいくつかある。たとえば「世界三大がっかり名所」であるとされているのは，ブリュッセルの小便小僧，コペンハーゲンの人魚姫，シンガポールのマーライオンである。日本にも「三大がっかり名所」があり，それが札幌の時計台，高知のはりまや橋，長崎のオランダ坂（長崎のオランダ坂ではなく，沖縄の守礼門を挙げる人もいる）である。

図Ⅵ-2 コペンハーゲンの人魚姫

出所：筆者撮影（2017年4月14日）。

ある場所が「がっかり名所」であるというラベリングをされることは，通常であれば観光にとってマイナスのことで，地域住民にとっても，観光産業にとっても避けたいことであるはずだ。観光客もせっかく楽しみにして訪れたのに，「がっかり」するようなことはしたくないだろう。しかしながら近年，観光客の中で，こうした「がっかり名所」を好んで旅する人たちが現れ始めている。

彼らはその場所が本当に「がっかり」するようなものであることを自分の目で確認し，その「がっかりする」ことを楽しむ。彼らにとっては，その観光スポットが「楽しめないもの」すなわち「がっかりするもの」でなくてはならないのである。彼らにとって，自分たちが訪れた観光スポットが「楽しめるもの」であってはならないのだ。「がっかり名所」ツアーを好んでする観光客たちは，「楽しめないこと」を楽しんでいるのである。もしも訪れた観光スポットが立派なものでテンションあがる楽しいものであれば，彼らは「せっかく，がっかり名所に来たのに，がっかりできないなんて，がっかりだ！」と不満を口にするだろう。

このような「がっかり名所」ツアーの事例をみると，観光するという行為は「楽しむ」ことが基本であるはずだが，その行為じたいが「再帰的」な特徴を帯び，「楽しめない」ことを「楽しむ」ようになっていると言える。

このように，観光が再帰的な特徴を帯びているだけではない。観光は社会の他領域とシンクロし，影響をおよぼし，社会総体の再帰性を深化させる現象にもなっている。たとえば観光はテロや感染症とのインターフェイスを濃密にもってしまうことで，再帰性の帰結としての「リスク社会」化を促進させるといった側面もある。

（遠藤英樹）

▷4 ベック，U.，島村賢一訳，2010，『世界リスク社会論──テロ，戦争，自然破壊』筑摩書房。

VI　再帰的な観光

 # 渋谷スクランブル交差点

1 東京屈指の人気観光地

　渋谷スクランブル交差点は，外国人観光客に最も人気のある観光スポットの一つである。交差点はカメラを片手に歩きまわる人びとの高揚感に満たされている。YouTube や Instagram には彼らが投稿した画像や動画が躍動する。東京で暮らす人びとにとっては何気ない日常の風景も，観光客の目には「世界中でここにしかない場所」と映る。『ロンリープラネット』のウェブサイトでは「絶対オススメ」と喧伝されている。

　日本政府が観光立国宣言をおこない，インバウンドに力を入れ始めた2003年当時，渋谷は観光地として無名の街だった。そのころ出版された『ロンリープラネット』は，渋谷に「みどころなし」との残酷な烙印を押している。交差点は通過点にすぎず，「観光」のために訪れる人など皆無であった。

　単なる交差点は，いかにして東京を代表する観光地になったのだろうか。この謎を解き明かすことは，観光の最先端を理解する近道でもある。

2 大都市渋谷の死と生

　かつて渋谷は若者の街として輝いていた。1920年代以降，浅草から銀座，新宿へと変遷してきた東京の盛り場の中心は，1970年代に渋谷へ移動する。西武と東急という二つの電鉄会社によって戦略的な都市開発が競うようにしておこなわれた。渋谷は青山，原宿，六本木などの周辺地域と一体となり，1980年代の消費社会を象徴する最先端の街としてその地位を謳歌した。

　ところが1990年代のなかば以降，郊外都市の発展やインターネットの普及にともない，渋谷は一挙に衰退していく。ダメを押すかのように，『ロンリープラネット』は2003年の渋谷に「みどころなし」の評価を下したのだった。しかしそのような断定は，この街に胎動する地殻変動を実は見落としていた。

　大型ビジョンやネオン広告が織りなす光と音の反響，自動車や通行人のダイナミックな往来，秩序と無秩序，喧騒や混沌などを現代的で斬新な風景として切り取った映画『ロスト・イン・トランスレーション』が2003年に公開されると，『バベル』，『トウキョー・ドリフト』，『バイオハザードIV』など，渋谷スクランブル交差点をロケ地とするハリウッド映画が次々と公開される。下り坂だった渋谷はスクリーンのなかで復活を遂げていく。

▷1　『朝日新聞』，2016年3月5日朝刊。

▷2　Lonely Planet website（2022年1月12日取得，https://www.lonelyplanet.com/）。

▷3　Ashburne, J., D. Atkinson, & A. Bender, 2003, *Lonely Planet Japan*, Lonely Planet publications.

▷4　かつて占めた特権的な地位を失った渋谷の凋落を，北田暁大は「渋谷の死」と呼んだ。詳細は以下の文献を参照。北田暁大，2002，『広告都市・東京──その誕生と死』廣済堂。

③ 非 - 観光地

2003年から2019年までのあいだ，訪日観光客数は521万人から3,188万人にまで増えた。追い風に乗った渋谷はいつしか世界中からの視線を集める都市へと変貌した。しかし驚くべきことに，この間，渋谷に特段の魅力的な観光スポットが付け加わったわけではない。浅草に浅草寺があり，上野に国立博物館があり，新宿に新宿御苑があるのと比べれば，この街の観光資源は確かに物足りない。今でも渋谷はある意味で「みどころなし」なのだ。

従来の意味では観光地と呼べないものの，多数の来訪者がやって来る場所を「非 - 観光地」と呼んでおこう。渋谷スクランブル交差点は日本を代表する非 - 観光地である。観光客が来なければ，ここは単なる交差点だ。観光という要素を剥ぎ取ってしまえば，いつでも「みどころなし」の状態に舞い戻る。渋谷スクランブル交差点の価値は，観光という営みの外にはない。人びとがやって来るという事実こそが，この場所を有名な観光地にしている。ここはまさしく再帰的な観光地である。

④ 参加型観光

多くの観光地において，観光の楽しみは事前に決まっている。ガイドブックやパンフレットにはその場所の歴史や特徴が記されていて，観光客は答え合わせのようにそれをなぞる。つまり，観光はすでにプログラム化されており，観光客は既成のプログラムに参加するのだ。

他方，渋谷スクランブル交差点に出来合いのプログラムはない。駅に降り立った観光客は，改札を出るとただちにカメラやスマートフォンを取りだす。彼らは思い思いに歩いたり，見上げたり，レンズを向けたり向けられたりして，その空間をこころゆくまで堪能する。

渋谷を世界的に有名なスポットにしているのは，渋谷にやって来る観光客自身である。観光する彼ら自身が観光の風景を形づくり，ここでの楽しみを生みだしていく。彼らは既成のプログラムに参加しているというよりは，観光の生成，つまりプログラミングに参加しているのだ。このように，観光のあり方そのものに観光客自身がかかわるような形態を参加型観光と呼んでおこう。渋谷スクランブル交差点は，参加型観光という新しい観光のかたちを先鋭的に示す刺激的な場所である。

2020年，Covid-19 の影響により，渋谷を訪れる観光客は激減した。国内外のメディアは「人通りのない渋谷スクランブル交差点」を Covid-19 の象徴として伝えた。「人で溢れかえる交差点」から「人が全く来ない交差点」へ。スクランブル交差点に注がれる視線は相変わらず「人がやって来るどうか」なのだ。こんな観光地はやはり珍しい。

（高岡文章）

▷5　日本政府観光局，2020，「月別・年別統計データ（訪日外国人・出国日本人）」（2022年1月12日取得，https://www.jnto.go.jp/jpn/statistics/visitor_trends/index.html）。

▷6　「非 - 観光地」という概念は，フランスの文化人類学者マルク・オジェの「非 - 場所」から着想を得ている。オジェは「アイデンティティを構築するとも，関係を結ぶとも，歴史をそなえるとも定義することのできない空間」を非 - 場所と呼び，その例としてホテルチェーンや空港，大型販売店，ワイヤレス・ネットワークなどをあげている。詳細は以下の文献を参照。オジェ，M.，中川真知子訳，2017，『非 - 場所──スーパーモダニティの人類学に向けて』水声社。

▷7　参加型観光については以下の文献を参照。高岡文章，2021，「参加型観光とその時代」小西卓三・松本健太郎編『メディアとメッセージ』ナカニシヤ出版。

Ⅵ　再帰的な観光

⑨ パワースポット

① パワースポット観光

　観光地を紹介するガイドブックやウェブサイトで、「パワースポット」の語を目にするようになって久しい。2000年代後半からブームを迎え2010年代に入り定着したこの言葉は、すでに観光の一つのカテゴリーとなりつつある。たとえば財団法人日本交通公社の『旅行年報』（2017年）によれば、「行ってみたい旅行タイプ」として項目に追加された2014年にはじめて20位にランクインして以来、2016年には18位、2017年には15位と年々順位を上げており、40代女性に限っていえば2016年には10位となっている。[1]多くの旅行会社ではパワースポットを扱ったツアーを販売しており、各地の観光協会などでは地元のパワースポットをこぞって紹介している。そこでは富士山や高千穂峡といった自然景観から、伊勢神宮や清水寺といった寺社、さらには**恋人たちの聖地**[2]のような新たに作られた聖地まで、ありとあらゆる場所が「パワースポット」と称されている。

② パワースポット観光の変遷と分類

　パワースポットをめぐるメディアの言説を分析した山口誠は、登場順にパワースポットを①「ニューエイジ的パワースポット」（1980年代から2001年）、②「スピリチュアル的パワースポット」（2002年から2009年）、③「デトックス的パワースポット」（2010年以降）へと分類している。[3]このような整理によれば、日本におけるパワースポット観光は、アメリカ・アリゾナ州セドナのようなニューエイジ思想と共鳴する大自然を志向した場所からはじまり、江原啓之らによるスピリチュアル・ブームによって戸隠神社などのマイナーな神社が注目された後、明治神宮など各地の著名な神社をも巻き込んで展開してきたという。

　その一方で岡本亮輔は、パワースポットをそのラベリングに依拠して三つに分類している。[4]一つ目は「再提示型」で、伊勢神宮や出雲大社のように、元より有名な寺社などがパワースポットと呼ばれるようになったケースである。二つ目は「強化型」で、もともとの観光地も含め寺社の一部や特定の効能がパワースポットの名のもとに強調されてアピールされる場合である。明治神宮清正の井や箱根神社の九頭龍神社新宮などがその例にあげられる。そして三つ目は、パワースポットブームによって新たに見出された「発見型」の場所である。例として、疑似科学的な言説とともに「ゼロ磁場」として注目された長野県分杭

▷1　なお、このランキングでは上位に「温泉旅行」や「グルメ」が並ぶ一方で、「海水浴」や「スキースノーボード」は20位以下となっている。ここからもパワースポット観光の定着を見ることができるだろう。

▷2　恋人たちの聖地
NPO地域活性化センターが認定する「プロポーズにふさわしいロマンチックなスポット」で、2020年現在全国で100か所以上が存在する（2022年1月12日取得、http://www.seichi.net/）。

▷3　山口誠、2017、「パワースポットの想像力と変容──メディア・ツーリズム研究の可能性」遠藤英樹・松本健太郎・江藤茂博編『メディア文化論』ナカニシヤ出版、75-97。

▷4　岡本亮輔、2015、『聖地巡礼──世界遺産からアニメの舞台まで』中央公論新社。

峠などがあげられる。

　ただし実際のパワースポット観光地をみてみると，もとより有名な観光地が大半を占めており，岡本のいう「再提示型」あるいは山口の「デトックス型」が圧倒的多数となっている。いわばパワースポットの多くは従来の聖地／観光地の単なる言い換えであり，観光産業は既存の商品の守備範囲かその延長線上にパワースポットを位置づけているのである。一方でこのことは，それだけ各地にパワースポット観光地が存在することの証であり，パワースポット観光がもはや一過性のブームを越えた存在であること示唆している。

③ 宗教・メディアの変容と観光

　とはいえパワースポット観光が有する重要性は，その遍在性のみにあるわけではない。むしろこの現象が興味深いのは，宗教とメディアという近代以降の観光を支えてきた事象と観光が取り結ぶ関係が，現代において再編成される状況を集約的に示しているという点である。

　古くから宗教施設は文化財として観光資源となってきたし，巡礼や宗徒団体の旅行が近代の観光産業の成立に深くかかわってきた。しかしパワースポット観光は，それらとは異なる宗教と観光の関係，すなわち既存の宗教が社会の公的な領域において存在感を失う世俗化と，信仰が個々人の選択に委ねられる私事化が同時に進行する状況を反映したものである。パワースポットをめぐる観光客は，既存の宗教団体や教義から自由な「私だけの聖地」を訪れ新たな信仰の実践を行うが，このような私的な宗教実践を指南するうえで重要な役割を果たしているのが，SNSをはじめとしたウェブメディアによる情報発信である。一方で，近代観光の発展を支えてきた宗教組織と観光産業の協働により制度化された団体旅行もまた現在では存在感を失いつつある。それに対応してすすむ個人旅行化や着地型の旅行商品の開発でも，やはりウェブによる旅行手配や情報発信が大きな役割を果たしているのである。

④ パワースポットからみる観光の現在

　いわばパワースポット観光は，現代において変容する宗教とメディア，そして観光が交錯する場であり，三者が相互に参照しあいながら新たな実践を生み出す場となっている。そしてその周囲には，「御朱印めぐり」や「癒し・ヒーリング」など，パワースポット同様にウェブを介して従来の宗教の外延に位置しつつ，観光と関連するスピリチュアル・マーケットが拡がっている。パワースポット観光の出現は，伝統的宗教の私事化や世俗化，ウェブメディアの普及を反映したものでもあり，個人旅行化に対応する観光産業の要請でもある。そこでは，俗なる消費空間において生成する新たな聖性が生起するとともに，観光旅行の現在が照射されているのである。　　　　　　（鈴木涼太郎）

▷5　鈴木涼太郎，2020，「消費される場所，脱商品化される旅──パワースポット観光と旅行業界の変容」山中弘編『現代宗教とスピリチュアル・マーケット』弘文堂，47-66。

▷6　岡本亮輔は，パワースポットを訪れる人々の宗教実践について，パワーやエネルギー，浄化といった独特の用語で商品カタログのように並べられた聖地を，各々が自らが求める効能や御利益に沿って自由に選択するものとして特徴づけている。岡本亮輔，2017，『江戸東京の聖地を歩く』筑摩書房。

▷7　山中弘編，2020，『現代宗教とスピリチュアル・マーケット』弘文堂。

Ⅵ　再帰的な観光

インスタ映えスポット

① 「インスタ映え」の流行

▷1　総務省，2019，「平成30年度情報通信メディアの利用時間と情報行動に関する調査報告書」（2022年1月12日取得，https://www.soumu.go.jp/main_content/000644168.pdf.）。

　Instagram の利用者が近年増加している。総務省による2018年の調査によると，Instagram の利用率は35.5％と，前年から約10ポイント増加した。とくに若年層の利用率が高く，10代で58.2％，20代で63.2％となっており，なかでも10代では利用率が20ポイント近く増加しているのが特徴的だ。

　Instagram の利用者増加とともに2010年代に話題になったのが「インスタ映え」だ。写真や動画の共有サービスである Instagram で，他のユーザーから高い評価（「いいね！」と呼ばれる）を得るロケーションやシチュエーションを指す言葉だが，Instagram の普及とともに，様々な商品，スポット，サービスが「映える」とされるようになった。政府は地方創生の掛け声のもと，「SNS映え（インスタ映え）」が観光振興の鍵になると説明した。

　なぜ Instagram は多くの利用者を獲得したのか。そして「インスタ映え」とはどのような現象なのか。ここではとくにスマートフォンにおける画像の閲覧がもつ効果を消費者行動の観点から説明し，インスタ映えが観光地に与える影響について考察してみたい。

② 関与度による情報処理の違い

　インスタ映えするスポットを訪れるという行為を「商品選択」として理解するならば，そこでは「どのような商品を購入するかについて調べ，検討した上で決定する」という流れが存在する。この流れを「消費者情報処理」と呼ぶ。

▷2　消費者の関与の違いによって，製品の属性に対する受け止め方は異なる。高関与な状態であれば消費者はより客観的な特徴や得られる便益を重視するが，逆に低関与であれば，印象から導かれた抽象的な属性で製品に対する態度を決定するとされる。

　消費者情報処理において重要になるのが「関与（involvement）」だ。関与とは製品に対して動機づけられた結果として活性化される内的な状態のことである。関与にはその水準の強度があり，高関与であるか低関与であるかによって，情報処理プロセスにも変化が生じるとされる。青木幸弘によると，消費者が高関与な状態では，情報の処理水準は深層的になり，情報探索の量や範囲が拡大し，対象や状況に関する中心的な情報によって態度が形成されるという。逆に低関与な状態では，情報の処理水準は表層的なものになり，情報探索の量や範囲が縮小するため，周辺的情報によって態度が形成されるという。

　たとえば製品に対して強い関心がある状態では，消費者はネットで様々な情報を，詳しいところまで検索し，それについて吟味するだろう。製品をどのよ

うに受け止めるかについても，性能や成分といった細かなところまで知ったうえで判断するはずだ。逆に製品に対する関心や知識が希薄であれば，製品に対する態度も，表層的で印象論的なものに留まるだろう。

③ 低関与な消費者向けの Instagram

　一般にパソコンよりも画面の小さいスマートフォン向けの情報は，複数の製品のスペックを比較したり，大量のリストから自分の求める製品を見つけ出したりすることには不向きである。一方で，ディスプレイ全体を覆うような画像や動画を発信することで，細かな特徴は伝わらないとしても，直感的な印象やデザインなどの情報をより効果的に伝達できるという特徴がある。すなわちスマートフォン経由の情報探索は，今すぐ食べたい，この近くで休みたいといった，突発的であるがゆえに低関与な動機を有した消費者による，抽象的な商品属性の情報探索に適しているのである。

　Instagram では，画面いっぱいに画像が掲載され，そのシーンに対する強い印象を残す一方で，それがどこで撮られたものなのかといった詳細な情報については掲載されていないか，わざわざ調べないと分からないようになっているという特徴がある。「インスタ映え」という現象は，「いまここで生じた課題を消費によって解決したい」という低関与な消費者が行う情報探索に Instagram が適していたことで生じたものだといえよう。

④ だれが観光地をつくるのか

　低関与な消費者でも「映える」のであれば商品選択に結びつきやすいという現象は，観光地を選択する際にも同様に発生すると考えられる。すなわち，そこがどのような場所で，実際に行けるものなのかについて調べる前に「映えるかどうか」で行き先が選択されるのである。

　それは言い換えると，その場所が本来持っていた魅力ではなく，Instagram で見た光景こそが「ほんもの」であるという風に，場所の意味が上書きされるということでもある。場合によっては，「インスタ映え」を求めて訪れた観光客と，歴史や土地柄に惹かれてやってきた観光客の間で，マナーをめぐるトラブルが生まれてしまうかもしれない。

　現在，Instagram からは「いいね！」の数がすぐには分からないように仕様が変更され，また「インスタ映え」の流行そのものもピークを過ぎたという意見もある。しかしながら消費者が，簡便に，印象に基づいて商品を選択することで消費が促されるというメカニズムは普遍的なものであることには注意が必要だ。観光地の意味やその場所がもつ「ほんもの」性（オーセンティシティ）を誰がどこで決めるのか。インスタ映えという現象は，そのような問いをわたしたちに投げかけている。

（鈴木謙介）

▷ 3　Ⅷ- 5 「多孔化」参照。

（参考文献）

青木幸弘，1989「消費者関与の概念的整理——階層性と多様性の問題を中心として」『商学論究』37（1-4），119-138。

青木幸弘，2012「情報処理のメカニズム」青木幸弘ほか編『消費者行動論——マーケティングとブランド構築への応用』有斐閣，138-162。

Ⅵ　再帰的な観光

ダークツーリズム

1　ダークツーリズムとは何か

　ダークツーリズムとは何か。これについては，研究者間でもまだ一致した定義があるとは言えないものの，少なくとも「死や苦しみと結びついた場所を旅する行為」とする点では定義を共有しているのではないか。ここでは，ひとまず，それをもって定義としておきたい。

　このダークツーリズムは，「戦争，テロ，社会的差別，政治的弾圧，公害，事故をはじめ，人為的にもたらされた“死”や“苦しみ”と結びついた場所へのツアー」「地震災害，津波災害，火山災害，台風をはじめ，自然によってもたらされた“死”や“苦しみ”と結びついた場所へのツアー」「人為的なものと自然の複合的な組み合わせによってもたらされた“死”や“苦しみ”と結びついた場所へのツアー」に分類できる。

2　ダークツーリズムの何が新しいのか？

　「ダークツーリズム」という言葉を，観光研究において積極的に用い始めたのは，雑誌『インターナショナル・ジャーナル・オブ・ヘリテージ・スタディーズ』に掲載されたジョン・レノンとマルコム・フォーレーによる1996年の論稿においてである。もちろん現象としてなら，「死や苦しみと結びついた場所を旅する行為」は，もっと以前から存在していたのかもしれない。

　たとえばアウシュヴィッツ＝ビルケナウ強制収容所へのツアーはかなり以前から行われていたし，原爆ドームへのツアーもかなり以前から修学旅行などに組み込まれていた。そのように考えるなら，「現象としてのダークツーリズム」は，決して新しいものではないと言える。では何をもって，ダークツーリズムが新しいとされているのだろうか。それは，以前から存在していた多様な観光現象を，「ダークツーリズム」という同じ言葉でくくるという点にほかならない。

　アウシュヴィッツ＝ビルケナウ強制収容所など戦争による苦しみに思いをはせるツアー，阪神・淡路大震災など地震による苦しみに思いをはせるツアー，水俣病という公害病による苦しみに思いをはせるツアーなど，これらは場所も文脈も何もかも異なっているはずである。にもかかわらず，それらの違いをこえ，すべてを「人間の歴史」における負の産物をめぐる旅であるとくくって

▷1　Sharpley, R., & Stone, P. eds., 2009, *The Darker side of travel : The theory and practice of dark tourism.* Bristol: Channel View Publications, 9.

▷2　東浩紀たちの研究グループは，『福島第一原発観光地化計画』という書物を出版しているが，そこでは「ダークツーリズム」を軸に，震災と事故の記憶を風化させることなく“死や苦しみ”に深く思いをはせる重要性がうったえられている。ここで計画されているツアーなどは，第3番目のものに位置づけられるものと言えよう。東浩紀編，2013，『福島第一原発観光地化計画』ゲンロン。

▷3　Foley, M. & J. Lennon, 1996, Editorial: Heart of darkness. *International Journal of Heritage Studies*, *2*(4), 195-197.; Foley, M. & J. Lennon, 1996, JFK and dark tourism: A fascination with assassination. *International Journal of Heritage Studies*. *2*(4), 198-211.

いく。そのために必要だったのが,「ダークツーリズム」という概念装置ではないだろうか。

　場所も文脈（コンテクスト）も異なる多様な観光現象を,「ダークツーリズム」という同じ概念で表現していく。それによって初めて,われわれは,「人間」という近代的な普遍性に刻印づけられた枠組みのもとでの問いかけを,観光で志向できるようになったのである。フランスの哲学者ミシェル・フーコーが議論したように普遍的な「人間」など虚構に過ぎないにもかかわらず,「ダークツーリズム」という概念を通して,虚構に過ぎないはずの「人間」という存在（が残した負の遺産）を観光の文脈で可視化し実定化し得たのだ[4]。

　それゆえ「現象としてのダークツーリズム」「概念としてのダークツーリズム」という区別をふまえるならば,新しいのは「現象としてのダークツーリズム」ではなく,「概念としてのダークツーリズム」なのだと言える。

図Ⅵ-3　広島県・原爆ドーム

出所：筆者撮影（2019年8月19日）。

③　観光のあり方を問い直す観光

　これまで観光は,地域のポジティブな側面をみせることに傾斜してきた。地域の美しいところ,素晴らしいところをみせることこそが観光であるというイメージに私たちはとらわれてきた。これに対して,その場所のネガティブな側面に目を向けていくダークツーリズムは,観光のあり方を問い直す観光,すなわち「ブーメランのように再帰的に自らのあり方を問う観光」なのである。

　ただし"死"や"苦しみ"と結びついた場所があれば,その場所が自動的に「ダークツーリズム」の対象となるかというと,そういうわけでもない。たとえ戦跡や災害の被災跡などが保存され,それが歴史的にどれほど重要であったとしても,観光にかかわる人びとや地域社会が,それを「観光されるべきダークネス」として構築していかない限り,その場所はダークツーリズムの対象になることはないのである。ダークツーリズムにおいては,「それが誰にとってのダークネスなのか（ダークネスでないのか）？」「どのような状況のもとで,どのようなものをダークネスとする必要がある（なかった）のか？」「あるものをダークネスとする（ダークネスとしない）ことで,得られるもの,失うものは何なのか？」などを問うていく必要が生じるであるのだ[5]。

　具体例として,鹿児島県「知覧特攻平和会館」を考えてみよう。そこは,第二次大戦期に戦死した兵士の遺品や関係資料を展示している施設である。この施設を訪れる観光客たちは,この場所が「特攻」で若者たちが貴い命を散らせるため飛び立った出撃地であると思い,彼らの遺品を見て涙する。だが,それは決して自動的にそうなったというのではなく,観光業者,政治家,地域社会,特攻を報道するメディア産業などの思惑・利害が結びつき,「特攻の聖地」へと意味づけられていったからなのである。

（遠藤英樹）

▷4　フーコー, M., 渡辺一民・佐々木明訳, 1974,『言葉と物──人文科学の考古学』新潮社。

▷5　ダークツーリズムが社会的に構築されるものであるとともに,他者との不透明で矛盾を孕んだコミュニケーションの中で浮かびあがる「言語ゲーム」でもあることを議論した研究として,以下の文献を参照。遠藤英樹, 2019,「他者に寄り添い共生するゲームとしての『ダークツーリズム』──『ダークツーリズム』から『ポリフォニック・ツーリズム』へ」『立命館大学人文科学研究所紀要』(121), 5-32。

Ⅵ　再帰的な観光

オーバーツーリズム

▷1　オーバーツーリズムの理論的・実証的分析については以下の文献を参照。阿部大輔編著，2020，『ポスト・オーバーツーリズム──界隈を再生する観光戦略』学芸出版社。

▷2　中井治郎，2019，『パンクする京都──オーバーツーリズムと戦う観光都市』星海社，44。

▷3　日本では1960年代以降の産業公害の問題化を背景に，マス・ツーリズムの弊害を示す言葉として「観光公害」が用いられてきた。近年の報道では「観光公害」と「オーバーツーリズム」が並存している。

▷4　UNWTO, 2020, *World Tourism Barometer Volume 18, Issue 1, January 2020, Excerpt.* （2021年10月26日取得，https://webunwto.s3.eu-west-1.amazonaws.com/s3fs-public/2020-01/UNWTO_Barom20_01_January_excerpt_0.pdf）.

▷5　LCC
「Low Cost Carrier」と呼ばれる格安航空会社の略称。大手航空会社のビジネスモデルに対し，低コストを徹底することにより低運賃でサービスを提供する。

▷6　クルーズ船観光
寄港地での観光や船内での生活を楽しむため，客船を利用して特定の地域を巡航

1　観光をめぐるディスコミュニケーション

　世界的な金融危機から回復した2010年代以降，国際観光の加速度的な発展により世界中のあらゆる場所の観光地化が進み，観光者の増加が地域の生活や自然環境に負の影響をもたらす事例が数多く報告されている[1]。観光の利益と住民の生活との対立や，開発による自然環境の悪化などは，観光がはらむディスコミュニケーションだ。観光の収入や被害をめぐり，住民や観光者，投資家，地域行政などの意見は衝突やすれ違いを繰り返してきた。こうした現象は2016年頃からオーバーツーリズムと呼ばれている。それは「地域のキャパシティを超えた観光客の増加が，地域住民の暮らしや観光客の観光体験の質に受け入れがたい悪影響を与えている状況」と定義される[2]。

2　オーバーツーリズム概念が示すこと

　観光による利益と地域の環境維持とのあいだのジレンマはこれまでも指摘されてきたが，なぜいまオーバーツーリズムという新しい概念によって説明されているのだろうか[3]。その背景を観光の現象面と認識面から考えてみよう。

　現象面の変化として，まず観光者数の増加があげられる。国際観光客到着数は2019年には14億を超え，2009年から10年間の成長率は平均5％であり[4]，右肩上がりの観光者数が地域社会への圧をこれまでになく強めてきた。さらにはLCCの台頭や[5]クルーズ船観光[6]，民泊など新たな観光形態の広がりが，移動者数の増加だけでなく観光の質的変容を促している。たとえばLCCは低価格の交通手段として移動の可能性を著しく広げ，民泊は消費者同士の取引を進めた。これにより住民と観光者との接触の場が多様化し，利便性や楽しみが生まれた一方で，生活と観光との距離はこれまで以上に縮まり，摩擦も生じている。

　認識面での変化には，観光における持続可能性への関心の高まりを指摘することができよう[8]。国連が2017年を「開発のための持続可能な観光の国際年」と定めたように，国際社会において環境問題や過度な開発への危機感が高まるなか，観光分野においても産業の持続可能性が課題とされてきた。

　観光の量的増大と質的変化により，現場のジレンマはさらに激化し複雑化している。観光のネットワークのグローバルな広がりを前にして，オーバーツーリズムという概念は新しい国際問題を捉えようとしてきたのである。

③ 観光地のモニタリングとマネジメント

観光地はオーバーツーリズムにいかに対応しているだろうか。「観光客が町を殺す」や「ノーモア・ツーリスト」などの主張，さらには「ツーリズモフォビア（観光客嫌悪）」などの造語に表れるように，オーバーツーリズムに対する住民の反発は前例のないものになっている。状況を改善するため，地域は行政を中心に観光に対する規制を導入しはじめた。たとえば，入域者数制限や観光関連の税金徴収，空間・時間的な観光者の分散，都市全体の環境整備，観光者へのマナー啓発などを通じて，各地域で観光と生活とのバランス調整が試みられてきた。しかし，こうした規制が大きな成果を出してきたとは言い難い。

UNWTO（国連世界観光機関）は，メディアによってオーバーツーリズムの問題が過激に描かれれば描かれるほど住民の忌避感情が高まり，問題の根源が見失われる状況に警鐘を鳴らし，運営者に対して現場の問題を細かく認識することを勧めている。地域には観光の受益者がいる一方で，利益を受けず迷惑だけを被る住民がおり，オーバーツーリズムに向き合う立場は様々だ。したがって地域社会は，現場で生じている問題や住民の立場の多様性を正確に把握したうえで，マネジメントのための合意形成を行わなければならないという。

こんにち，観光地は住民と移動者が入り混じる地域の状況を常にモニタリングしつづけ，地域社会をマネジメントするという難題に直面している。行政は地域の問題を見極め，住民だけでなく一時的な移動者をも含めた多様なアクターの利害を調整し，対策を打ちだしていかなければならない。人・もの・情報・資本が圧倒的な速さで行き来するモビリティの時代において，地域における自己モニタリングのまなざしと管理のサイクルはますます激化している。

④ ポスト・コロナのオーバーツーリズム

オーバーツーリズムの転換は期せずして訪れた。2019年末から流行した新型コロナウイルス感染症（COVID-19）は，増加の一途を辿っていた国際的な観光者数をほとんどゼロにしてしまったのである。世界中の国々が国境を封鎖し，LCCも運行を止めた。観光産業から恩恵（と被害）を受けていた地域は大きな変化を経験している。ヴェネツィアやハワイなどでは人の流入が激減し生活を不安視する声がある一方で，住環境や自然環境の改善がみられ，観光と地域社会との持続可能な関係を築く取り組みも進んでいる。

しかし，COVID-19がオーバーツーリズムの問題に終止符を打ったかといえば，そうは言い難いだろう。COVID-19による移動制限が緩和されたのち，再び観光地に人が押し寄せる様子は想像に容易い。ポスト・コロナにおいて，観光の量と質がいかに変化するのか（あるいはしないのか）については，長期的な分析が求められる。

（鍋倉咲希）

する旅行形態のこと。オーバーツーリズムの文脈では，大人数を一度に輸送する規模の大きさと寄港地への短期滞在が問題視されてきた。

▷7 Ⅱ-5「アイデンティティ」，Ⅴ-18「Airbnb」参照。

▷8 観光分野においてはマス・ツーリズムがもたらした種々の問題への対策をめぐり，1970年代ごろから持続可能性についての議論が行われてきた。

▷9 バルセロナの町に貼りだされたカタルーニャ語の「EL TURISME MATA ELS BARRIS」。

▷10 スペインではすでに2008年に全国紙で「ツーリズモフォビア」という造語が登場し，観光者の過剰な増加とその被害が報告されていた。詳しくは以下の文献を参照。阿部大輔，2020，「バルセロナ——都市計画を通した観光活動適正化の試み」阿部大輔編著『ポスト・オーバーツーリズム——界隈を再生する観光戦略』学芸出版社，73-99。

▷11 UNWTO, 2018,『『オーバーツーリズム（観光過剰）』？都市観光の予測を超える成長に対する認識と対応要旨（'Overtourism'?: Understanding and Managing Urban Tourism Growth beyond Perceptions）』（2022年1月12日取得，https://unwto-ap.org/wp-content/uploads/2019/11/overtourism_Ex_Summary_low-2.pdf）

第 3 部

観光するコミュニケーション

Ⅶ　観光コミュニケーション「を」つくるもの

トランスナショナル的状況

1　トランスナショナル的状況

　「トランスナショナル（transnational）」という語は，「越えて」を意味する「trans-」という接頭辞と，「国家」を意味する「national」から構成され，また，いわゆる「グローバル化」とは異なるものとして理解される。それは定義がなされないまま使用されることも多く，たとえばジョン・アーリの『モビリティーズ——移動の社会学』では，「退職旅行と定年後のトランスナショナルな生活様式の形成」という文章，あるいは「移民たちは旅先の受け入れ国でトランスナショナルな生活環境をもたらす既存の移住手段に加わる」という文章のなかにその用例を認めることができる。そこでは，権力などによって促される垂直的な動きではなく，様々なアクターが水平に，国境を越えていく動きが想定されている。

　1990年代における日本のポピュラーカルチャーのアジア圏への越境を論じた岩渕功一は，ウルフ・ハナーツの言説を引用しながら，文化帝国主義的な意味あいで理解される「グローバリゼーション」と対置するかたちで，「トランスナショナル」概念に論及している。彼によるとそれは，多様性にとんだスケールと分布になりえる現象にとってより適切なラベルであること，また，トランスナショナルな地域において，アクターは個人，グループ，ムーブメント，ビジネス企業と多様であることを考察する必要性を指摘している。このようにこの言葉は，一権力によって文化の均質化を惹起する文化帝国主義的なグローバリゼーションとは区別される。

2　観光コミュニケーションにおける区分概念

　観光研究における「トランスナショナル」概念に関していえば，神田孝治はアーリの主張——グローバル化を領域のメタファーはなく，フローのような移動のメタファーとして捉える——に依拠しながら，都市におけるフラヌールではなく，国境を越えて移動する観光のような移動現象がとりわけ重要なものとして浮上したと指摘する。また橋本和也は，グローバル化がもたらしたマス・ツーリズムによって，自然環境の破壊や伝統文化の変容が惹起されるとし，グローバルな流れに対して，ローカルな主体として現れた地域の人々が発見・創造した文化資源を，地域文化へと育てあげ観光者に対して提示する，「地域文

▷1　Ⅻ-1「ジョン・アーリ」参照。

▷2　アーリ．J.，吉原直樹・伊藤嘉高訳，2015，『モビリティーズ——移動の社会学』作品社，23。

▷3　同前書，333。

▷4　岩渕功一，2016，『トランスナショナル・ジャパン——ポピュラー文化がアジアをひらく』岩波書店。

▷5　神田孝治，2019，「観光学の特徴」遠藤秀樹・橋本和也・神田孝治編『現代観光学——ツーリズムから『いま』がみえる』新曜社，56-57。

化観光」というローカルな流れも存在すると指摘している。[▷6]

これに対してトランスナショナル的状況からみた観光は，複数のアクターによって成し遂げられるものといえる。平田由紀江が指摘するように，「「トランスナショナル」という語は［中略］国民（＝ナショナル）の枠組みを横断する（＝トランス）という意味であるが，単に国境を超えるだけではなく，固定された国境や均質な国民的アイデンティティという概念の在り方そのものを疑問に付すキーワード[▷7]」だといえる。

3 諸分野の視座からみたトランスナショナル的状況

藤巻正巳らは，地域研究の視座からの研究「アジアのツーリズム空間の生成過程とトランスナショナルな人の移動」において「エスノスケープ」や「ツーリズムスケープ」などの概念を援用しながら，1990年代以降，アジア諸地域において，いつ頃からどのようなアクター群企図によって，いかなるツーリズム空間が開発・生成されていったか，また，政治社会的視点から考察している。[▷8]

他方，前述の平田は「まなざす者としての日本女性観（光）客」と題された論考において，カルチュラルスタディーズの観点から「韓流ブーム」を分析している。「トランスナショナル」なドラマ消費を前提に，そのロケ地を訪れようと「トランスナショナル」に移動する女性観（光）客が出現している現象について，それを帝国主義で男性中心主義的な社会的，歴史的文脈を越え，岩渕も指摘する，[▷9]国家主義的な言説によって形作られた日本の優越性を否定するような態度であると論じている。[▷10]また，遠藤理一は「占領期日本におけるアメリカン・ヘゲモニーと観光——戦後日本のトランスナショナルな観光史に向けて」において占領期日本の観光とはアメリカン・ヘゲモニーとナショナルなものへの意識との，相互交渉的なプロセスであったことを明らかにしている。[▷11]

4 トランスナショナル的状況からみた研究の可能性

新たなトランスナショナル的状況のなかで，既存のグローバル，ローカル，ナショナルという枠組みでは語ることの難しい，様々なアクターによる観光が多様なかたちで実現されつつある。上記にあげた事例のみならず，デジタルメディアの発達する高度情報社会において，そしてCOVID-19がもたらした移動が制限される状況において，ヴァーチャル・ツーリズム（仮想観光）という形態さえ登場している。今後，トランスナショナル的状況は，リアルなもの／ヴァーチャルなものの区分さえも越境しながら，さらに制限なく加速していく可能性があるだろう。

（高馬京子）

▷6 橋本和也，2019，「オルタナティヴ・ツーリズムの現在」遠藤秀樹・橋本和也・神田孝治編著『現代観光学——ツーリズムから「いま」がみえる』新曜社。

▷7 平田由紀江，2004，「まなざす者としての日本女性観（光）——『冬のソナタ』ロケ地めぐりにみるトランスナショナルなテクスト読解」毛利嘉孝編『日式韓流——『冬のソナタ』と日韓大衆文化の現在』せりか書房，59。

▷8 藤巻正巳，2012，「序言」『立命館大学人文科学研究所紀要』（98），1-7。

▷9 Koichi Iwabuchi, 2002, *Recentering Globalization : Popular Culture and Japanese Transnationalism* North Carolina : Duke, University Press。

▷10 平田，前掲書，62。

▷11 遠藤理一，2018，「占領期日本におけるアメリカン・ヘゲモニーと観光——戦後日本のトランスナショナルな観光史に向けて」『旅の文化研究所研究報告』（28），1-13.

Ⅶ　観光コミュニケーション「を」つくるもの

 認知資本主義

1　資本主義の変容と観光

　近代社会を経済の面から捉えるとき，それは資本主義と呼ばれる。資本主義とは，大まかにいえば，利益の追求を原理とする経済システムである。第二次世界大戦後の西側諸国は，おもに耐久消費財の少品種大量生産，および賃金上昇が可能にした消費の伸びにもとづいて，著しい経済成長を実現した。この"資本主義の黄金時代"が大衆消費社会を本格的にもたらすのであり，それは産業としての観光を拡大させることになった。

　しかし，戦後資本主義の繁栄は1970年代初頭に瓦解し，新興国の台頭・情報通信技術の一般化・グローバル化がすすんだ1990年代以降，非物質的な生産を主軸とする資本主義が形成されてくる。すなわち，認知資本主義である[1]。これは第三次産業やサービス労働のたんなる拡大にとどまるものではなく，産業の区分を超えて，コミュニケーションによる知識や情動の生産・消費が価値を生み出すプロセスが，利益追求のフロンティアとなってきたのである。その意味で，観光の現代的な変容と多様化は，認知資本主義の特徴を体現する際立った例だろう。マス・ツーリズムに代わる新たな観光の模索と実践，そして観光研究の活発化も，認知資本主義の展開の一部をなしているといってよい。

2　資本なき資本主義？

　認知資本主義において重要なのは，非物質的なものへの投資である。たとえば，宿泊物件とその利用者を仲介するウェブサイトである Airbnb は[2]，いわば不動産を所有しない宿泊業者であり，"資本なき資本主義"の典型である。また，iPhone を製造する自社工場を持たないアップル（Apple）を想起してもよい。これらの企業がおこなうビジネスにおいては，旧来の固定資本の意義は低下しており，それにかわって知識・データ・ネットワーク・組織能力・ブランド価値などの無形資産が大きな割合を占めるのである。

　Airbnb は単に宿泊先を見つける便利さだけで利用者からの支持をつかんだのではない。むしろ，ホテルのサービスではなく他人の家に泊まることの価値，見知らぬ人との交流や地元ならではの体験ができるという価値を認識させることに成功した点に留意すべきである[3]。ここに見出されるのは，一定の有用性をもつサービスが生産者から消費者へ一方向的に提供されるのではなく，生産者

▷1　A. フマガッリ，C. ヴェルチェッローネ，C. マラッツィらの概念。詳しくは以下の文献を参照。山本泰三編，2016，『認知資本主義──21世紀のポリティカル・エコノミー』ナカニシヤ出版。

▷2　Ⅴ-18「Airbnb」参照。

▷3　ボッツマン，R., & R. ロジャース，関美和訳，2010，『シェア──共有からビジネスを生み出す新戦略』NHK 出版。

と消費者の共同作業によって"意味"や"経験"が生産されるプロセスである。現代の資本は，このプロセスをデザインしコントロールしようとする。実際のところ，無形資産は私企業の枠に収まるものではなく，広く共有される社会的資源とつながっている。認知資本主義はこの"共有されるもの"（＝コモン）を捕らえ，そこから利益を引き出そうとするのだ。

③ 価値づけ

このようにものごとの価値は，消費という最終段階に至るまで，様々なアクターの関与・媒介・評価によって構築されていく。この「価値づけ」のプロセスが，自動車やテレビのような商品への消費が飽和した大衆消費社会以降の状況における焦点の一つとなっている。まさにこれは，世界や日本の各地で観光によって経済を活性化すべく腐心している問題そのものである。

ある「場所」を観光客が訪れるとき，そこで消費されるのは，物品そのものではなく，物理的空間の機能性でもない。景観や文化遺産は，その意味で無形の資産なのである。では，これらのものの価値づけはどのようになされるのだろうか。非物質的な生産・消費においては，もの自体ではなく，それの生産者や来歴などの付随的にもみえる情報が大きな価値となる場合がある。とくに体系的な収集・分類にもとづく位置づけは重要で，通常の商品とは異なり，時間の経過と歴史的文脈化によって評価が高まる。美術，工芸，観光などにおいて顕著なこの傾向は，「豊穣化の経済」と呼ばれる。観光の場合でもみられるように，地域の由来などの地域固有性についての集団的な表象，いわば「物語」を構築することは，このような価値づけの試みだといえる。そして人々は，地域固有性にふれるという経験を求めて観光するのである。

④ 地域の価値と観光

観光は，成長する大都市圏から外れた地域の経済活性化を可能にするものとして期待されている側面がある。そもそも地域の衰退という状況が，現代資本主義の空間的に不均等な発展の所産なのだが，ここで観光に賭けることのリスクを看過することはできない。まずそれは，ローカルな地域をグローバル競争に晒すことを意味している。かつての「黄金時代」とは異なりマクロ経済的には不安定かつ低成長となっている認知資本主義においては，インバウンドの持続性を確たるものとして見込むこともやや難しい。また，観光ビジネスが短期的な収益性を追求してしまうと，長い時間をかけてできあがってきた地域固有性というコモンが，急激な開発によって損なわれるおそれもある。現代の資本主義にとってコモンとしての景観や文化遺産は利益の源泉になるのだが，そのコモンはむしろ資本主義の外側で醸成されたものであることが多い。地域の価値と観光の関係は両義的なのである。　　　　　　　　　（山本泰三）

▷4 L. ボルタンスキーとA. エスケールの概念。詳しくは以下の文献を参照。立見淳哉，2019『産業集積と制度の地理学』ナカニシヤ出版。

▷5 除本理史，2020，「現代資本主義と「地域の価値」──水俣の地域再生を事例として」『地域経済学研究』(38)，1-16。

▷6 内藤敦之，2016「認知資本主義」山本泰三編『認知資本主義──21世紀のポリティカル・エコノミー』ナカニシヤ出版。

Ⅶ　観光コミュニケーション「を」つくるもの

 メディアミックス

▷1　Hills, M., 2002, *Fan Cultures*, London : Routledge, 148-149.

▷2　「メディアミックス」の定義を行おうとする場合，メディア横断的にモノやイメージが流通していく側面が強調される。ただし，こうした横断性は文化史を通じてみられる現象である。そこでここでは，メディアミックスの歴史性を強調するために，産業としてそれが成り立つための条件に焦点を当てていきたい。

▷3　こうしたシステムの一つが，たとえばアニメや映画の製作でみられる製作委員会方式だ。これは様々な企業が共同で出資することでリスクを分散しつつ，コンテンツに関わる権利を分割管理して，それぞれの企業に適した商品展開を行う仕組みである。

▷4　たとえば人気漫画『のらくろ』の版元である講談社は，1933年に，許諾をとらずに商品を販売することを禁じる宣言を発している。鈴木麻記，2017，「〈漫画的イメージ〉の拡散——「漫画」と「広告」の邂逅をめぐって」大塚英志編『動員のメディアミックス——〈創作する大衆〉の戦時下・戦後』思文閣出版，105-131。

1　メディアミックスと観光

　アニメや映画のロケ地とされる場所に行くと，アニメのキャラクターを模したフィギュアとともに舞台巡りをする人のように，関連グッズや商品を片手に観光する姿を見かける。ロケ地巡りはメディアが媒介した場所を「見る」にとどまらず，様々なモノや商品に「触れ」たり，それらを「持ち歩く」ことによっても構成されている。つまりロケ地巡りはイメージを単に追体験するだけでなく，具体的な場所においてファンがコンテンツとの新たな情動的関係を築きあげていく経験としてあり，そのプロセスを「メディアミックス」が支えているのだ。

　他方でメディアミックスは，ロケ地巡りという観光実践の前提をなすともいえる。従来コンテンツ経験は，映画上映やテレビ放送，週刊誌といった特定の時間‐空間的文脈に埋め込まれて媒介されていた。メディアミックスはこうした経験の局在性を拡張し，いつでも・どこでも対象を受容できるようにすると同時に，そのように楽しむ態度を人びとに身につけさせる。その意味でロケ地巡りもまた，メディアミックス的な経験の延長線上に位置づく実践である。

　このようにメディアミックスと観光実践は結びついている。したがって，メディアミックスを考えることは観光コミュニケーション論へと繋がるのである。そこで以下では，メディアミックスを可能にする条件を明らかにし，観光実践とメディアミックスを考えるための土台を示していこう。

2　日本におけるメディアミックスの系譜

　メディアミックスが持続的に成立するためには，著作権者が制作物から利益を得て，それによって持続的に創作活動を行う回路を守ることが必要になる。さもなければ制作者に利益が還元されず，メディアミックスの元手となるコンテンツが枯渇する。つまり知的財産権を管理する知識と技法が蓄積され，コンテンツ利用のあり方を制御し，海賊版などの行為を排除することがメディアミックスを成り立たせる根底的な条件である。

　こうした権利の存在は当然だと思われる。だが，たとえば戦前にも人気の漫画キャラクターに関する商品が多く作られたが，それらは必ずしも著作権者から許諾を得たものではなかった。知的財産権とは歴史に起源をもつ概念なのだ。

　日本におけるこのような状況を変える一因となったのが，戦時下の大政翼賛会の取り組みだった。大政翼賛会は日本漫画家協会から知的財産権を「献納」されたキャラクターをもちいてメディアミックスを展開した。自ら多メディア展開すると同時に積極的に二次創作を推奨し，人びとの日常生活にキャラクターと世界観をもちいた物語を埋め込み，社会統合を果たそうとした。[5]

　他方で非営利的な実践ではなく，ビジネスとしてメディアミックスを確立したのが戦後のアニメ版『鉄腕アトム』（1963-1966年）だった。アニメ制作に強い意欲を持っていた手塚治虫は，様々な思惑から低い価格で放送を許諾した。だがその結果，放送権料だけでは制作費を賄えなくなった。そこで，『鉄腕アトム』のキャラクターを商品化する権利を特定の企業にのみ許諾して利益を得ることが重視された。アニメ放送の核には知的財産権の管理がある。[6]

　このように戦時下から戦後にかけて，メディアミックスをなしうる条件としての知的財産権をめぐる知識と技法が形成された。管理対象としての知的財産権は所与のものとしてメディア産業に組み込まれてきたのではなく，戦争などのより大きな社会状況やメディア環境が重なることで生みだされたのである。

3　メディアミックス経験の時間と空間

　しかしメディアミックスは，知的財産権の管理だけで可能となるわけではない。当然ながらメディアミックス商品は流通され，具体的な場所で購入されなければならない。その意味でメディアミックスには，その流通・購買のための商業空間が欠かせない。そして「ラストワンマイル」をつかさどる店舗は，その立地や利用者の日常生活との関係，商品の配置や商品同士の関連づけ，紹介文などをつうじてメディア経験を規定する点で重要な研究対象になる。[7]

　たとえばコンビニは，Blu-ray や雑誌，漫画といったメディア商品や，キャラクターがあしらわれたお菓子などが販売され，まさしくメディアミックスを経験する場としてあるといえよう。[8]キャラクターや世界観は，コンビニという人びとが日常的に経由する空間にイメージや商品として埋め込まれることでその有名性を日々高めていき，その有名性がメディアミックスを拡散させる資源になるという循環関係をなしている。

　また「アニメイト」などの専門店は，過去の商品を大量にストックし，ことから，メディアミックス商品のより長期的な維持や流通に寄与している。[9]新規参入が容易になることでメディアミックスの持続性は延び，数年から十数年，商品展開が続くケースもある。つまりメディアミックスは，いまでは多くの人びとの「人生」に長く埋め込まれ，日常的・非日常的な移動プロセスの中に埋め込まれる経験となっている。[10]したがって，人びととメディアミックスの長期にわたる複雑な関係を明らかにしていくことが重要な課題となるだろう。

（近藤和都）

▷5　大塚英志，2018，『大政翼賛会のメディアミックス──「翼賛一家」と参加するファシズム』平凡社。

▷6　スタインバーグ，M.，中川譲訳，2015，『なぜ日本は〈メディアミックスする国〉なのか』KADOKAWA。

▷7　Johnson, D., & H. Daniel eds., 2020, *Point of Sale : Analyzing Media Retail,* New Jersey: Rutgers University Press.

▷8　スタインバーグはこうした場としてのコンビニを「メディアミックス・ハブ」と呼ぶ。スタインバーグ，M.，岡本健・松井広志訳，2018，「物流するメディア──メディアミックス・ハブとしてのコンビニエンスストア」『ポスト情報メディア論』ナカニシヤ出版，37-55。

▷9　その他にもレンタルビデオ店や新古書店，SVOD などのプラットフォームのように，コンテンツをストックし，過去のコンテンツに新参者がアクセスする機会を与える施設・サービスも多い。メディアミックスは，こうした具体的な施設やサービスの存在を抜きにしては考えられない。

▷10　下記の論考は，ライフコースとファン経験の関係を考える上で多くのヒントを与えてくれる。永田大輔・松永伸太郎編，2020，『アニメの社会学──アニメファンとアニメ制作者たちの文化産業論』ナカニシヤ出版，第一部。

Ⅶ　観光コミュニケーション「を」つくるもの

 アクセス

1　アクセスとは

「アクセス（access）」は，馴染みのある言葉かもしれない。とある場所や物件，あるいは観光地へのアクセスというときには，「駅から徒歩〇分」「都心部からの好アクセス」というように，特定の場所への距離や所要時間，移動の利便性に関する情報をイメージすることができる。あるいは，インターネット上の記事やウェブサイトへのアクセスという場合のように，閲覧者の数量（アクセス数）やその増減（アクセス急増）の指標としても一般的に理解されている。

では，「観光へのアクセス」というときには，何が問われているのだろうか。「観光へのアクセス」は，特定の場所への到達可能性という意味をこえて，観光することをいかに実現するかという，根本的な問題を射程としている。観光するには労働と対比される余暇が必要であるし[1]，金銭的な余裕や健康な身体（あるいは補助）もまた必要である。さらに海外旅行であれば，ビザ（査証）やパスポート（旅券）の準備，そして出入国審査の通過が必須となる。観光は，一定の条件を満たしてはじめて可能となる営みなのである。

アクセスから観光を問うことによって，私たちが観光を行為として実現させるために直面する諸条件の存在と，そこに生じる不平等や不自由の問題を議論していく筋道がひらけるといえよう。本節では，この概念道具の特徴と有用性について整理したい。

2　移動の不平等と不自由

『モビリティーズ』を著したジョン・アーリ[2]は，移動が社会的な重要性を高めている現代において，移動にアクセスすることは市民の権利であり，その貧困は多くの社会的不平等や不自由をもたらす原因となることを指摘した。さらにアーリは，移動へのアクセスに必要な要素を，「経済的資源（移動手段を確保したり，その運賃を支払ったりする余裕があること）」「身体的条件（健康な身体をもち，体力の余裕があること，歩行や運転，識字能力を有すること）」「移動とその準備の組織化（交通機関や施設が予測どおりに稼働していること）」「時間的資源（余暇時間を確保することや，交通機関・施設の営業時間に合わせて自身のスケジュールを調整・管理できること）」という四つの側面から分析した[3]。ほかにも法的条件（運転免許など）や政治的条件（国交関係など）によって，移動が制限される場面も

▷1　アーリ，J., & J.ラースン，加太宏邦訳，2014，『観光のまなざし　増補改訂版』法政大学出版局。

▷2　XⅡ-1「ジョン・アーリ」参照。

▷3　アーリ，J., 吉原直樹・伊藤嘉高訳，2015，『モビリティーズ——移動の社会学』作品社。

あるだろう。

3 アクセスの特徴

アクセスには，重要な特徴が二つある。第一に，それは複合的に構成される。お金があっても高熱をだしてしまえば観光どころではなくなってしまうように，行為を可能とするための条件は状況すなわちアクセスの諸要素の組み合わせに応じて複雑に変化する。この複合性と文脈依存性ゆえに，アクセスを構成する要素を多元的に描き，それぞれを厳密に区別することは難しい。ゆえに捉えるべきは，その配置である。アクセスが問題化される個別具体的な状況における，アクセスの総体とそのダイナミズムを読み解くことが必要だ。

第二に，アクセスは秘匿されている。車いすに乗ってはじめて，それまで何気なく跨いでいた段差の存在に気づくように，アクセスの諸条件はなんらかの不足や不自由に直面してはじめて問題化される性質がある。換言すれば，特定の目的にすでに「アクセスできている」者にとっては，そのアクセスにいたるまでに経験していた——あるいは無自覚なまま回避できていた——障壁はしばしば忘却されてしまうのである。アクセスの問題に自覚的でいるためには，自らの行為可能性を下支えしている周囲の要因への目配りが求められる。

3 アクセスが映し出すもの

「アクセス」の注意深い検討は，私たちの世界を成立させている諸条件を問うことにつながるという点で，重要な作業だ。私たちは，インターネット環境がなければ友人と決まった時間に会うことすらもはや困難であろうし，海外旅行は一定の知識や資金，準備があってはじめて充分なかたちで経験できる。私たちの移動とコミュニケーションを下支えしている諸条件を検討することで，「もしそれがなかったら？」というifの世界への想像力が呼び起こされるのである。

観光とは，本当に，万人がいつでも好きなように享受できる，自由な余暇活動なのだろうか？こんにち，観光者に「なる」ことはいかにして可能となっているのか。地球規模での人やモノ・情報・資本の移動のなかで構成されつつある私たちの生活世界（『モバイル・ライブズ』）において，アクセスは重要な概念道具である。私たちの生活や移動，観光，そしてコミュニケーションを支えている諸条件を問い直すための手がかりとして，あるいは，絶えざる加速と前進に待ったをかけるための批判的想像力を喚起してくれるものとして。

（石野隆美）

▷4 とくに国境を越えた移動をめぐっては，ビザやパスポートが移動する者を社会的に峻別するようにはたらく側面がある。詳しくは以下の文献を参照。陳天璽・大西広之・小森宏美・佐々木てる編著，2016，『パスポート学』北海道大学出版会。

▷5 Adey, P., 2006, If mobility is everything then it is nothing: towards a relational politics of (im) mobilities, *Mobilities*, 1(1), 75-94.

▷6 エリオット，A., & J. アーリ，遠藤英樹監訳，2016，『モバイル・ライブズ』ミネルヴァ書房。

Ⅶ　観光コミュニケーション「を」つくるもの

 コード

1　コミュニケーションにおけるコードの役割

　言語的なコミュニケーションであれ，非言語的なコミュニケーションであれ，あらゆるコミュニケーションにおいて「コード（規約の体系）」は重要な役割を果たす。私たちは日々，無数の情報に触れ，その情報を何らかの意味あるメッセージとして受けとっているが，それが可能になるのはコードにもとづく解釈がなされるからである。コードとはメッセージを解釈する際に前提とされる規則や取り決めを意味する。また，コードは社会生活のなかで慣習的に身に付けられるものである。

　たとえば，会話をしたり，本を読んだりするという行為は，言語的なコードによって規定されたコミュニケーションである。もし日本語というコードを共有していなければ，ここに書かれた文章は意味不明な文字の羅列にすぎないだろう。また，コミュニケーションは文化的なコードの制約を受けることもある。親指と人差し指で輪をつくるオーケーサインは，ある文化では肯定を意味するジェスチャーとなるが，別の文化では「ゼロ」や「穴」を意味することから，ときとして侮辱的なジェスチャーと解されることもある。同じ行為でも，文化的なコードが違えば，異なる解釈がもたらされるというわけである。

　異なる文化間でコミュニケーションがおこなわれる場面には，コードの差異がつきものである。たいていの場合，そのコードの差異を埋めるには，どちらか一方がもう一方のコードに合わせる方法がとられる。観光というコミュニケーションについていえば，旅行者の多くは何らかの「事前学習」によって，現地の言語的コードや文化的コードを少しでも知っておこうとするはずだ。このように，複数の異なるコードはいつでも対等な関係に置かれているわけではなく，特定の場には特定の「支配的なコード」が存在している。

2　観光における情報アクセシビリティ

　「郷に入っては郷に従え」というように，異なる言語圏や文化圏を訪れる人にとって，そのコミュニティの支配的なコードは絶対視されるべきものだろうか。「事前学習」のようにコードの習得とその遵守を目指す方法もあるが，近年ではコードの差異に配慮し，観光地の側が多様なコードによる情報提示をおこなう場合も多い。こうした取り組みには「情報アクセシビリティ」を保障す

▷1　「異文化理解」や「文化摩擦」という言い方があるが，いずれにせよ，その前提にはコードの差異が存在している。そもそもあらゆるコミュニケーションは，コードの差異にともなう誤解やすれ違いの可能性に晒されているといってもよい。

▷2　しかし，断片的な知識を得ることはできても，コードとは短期的に習得できるものではない。コードを共有できない場合，人はその場の文脈（コンテクスト）からコミュニケーションの手がかりを得ることになる。

る企図がある。情報アクセシビリティとは「情報へのアクセスのしやすさの度合い」を意味する概念で，近年では障害者や外国人移住者，観光客など様々な立場の人を対象に，情報アクセスの機会に対する平等性が主張されるようになった。[3]

　このような情報アクセシビリティの問題を，コードに対するアプローチとして捉えてみることもできる。たとえば街中の案内表示を多言語表記にする，という方法がある。しかし，すべての言語に対応することは物理的に難しい。翻訳アプリのようなソフトの場合，手元のデバイスに翻訳アプリをインストールしておくことで，精度に差はあれども言語コードの変換が可能になる。このとき人は一つの支配的なコードに依拠してコミュニケーションをしているのではなく，それぞれのコードに依拠しつつその場のやりとりに参加している。おそらくそれは，見知らぬコードのなかに完全に身をゆだねなければならない状況とは異なる経験となる。[4]

③ 情報アクセスを制約するコード

　ここで少し視点を変えてみると，上記の議論が照射するのは，すでに情報に接触した後の段階に位置する出来事である。しかし，そもそも情報にアクセスするという行為自体にも何らかのコードがかかわっているとしたらどうだろうか。つまり，情報アクセスの接面となるインタフェースをめぐるコードの問題である。

　インタフェースは何も新しい概念ではない。私たちが情報に接触するとき，そこにはつねにインタフェースがある。たとえば駅や空港のゲート案内を示す表示であれば，ゲート番号が書きつけられた案内板が情報のインタフェースであり，そのインタフェースに接触することこそが意味解釈や行動の入り口となる。これはアフォーダンス理論にもつうじる。[5]人間は自らをとりまく環境情報から行動を促進したり制限したりするが，環境に埋め込まれたそのような性質をアフォーダンスと呼ぶ。たしかにインタフェースのデザインは，私たちにある行動を促したり禁止したりする。

　他方で，アフォーダンスは万人にとって同じ行為の帰結をもたらすのだろうか，と考えてみることもできる。50年前であれば，目前にあるタッチパネル画面を触って操作するものであると理解できる人はいなかったかもしれない。しかし現代のこどもたちはデバイスの画面をみると（たとえそれがタッチパネルでなかったとしても）自然とスワイプする。メディアデバイスをとおして実践される現代的なコミュニケーションを考えるためには，言語的・文化的コードにくわえ，インタフェースをめぐるコードが情報アクセスの段階にもたらす影響を考えてみる必要があるだろう。

（塙　幸枝）

▷3　昨今では，ユニバーサルツーリズム（すべての人びとが平等に参加することのできる観光）と呼ばれるような観光状況が出現しているが，情報アクセシビリティはユニバーサルツーリズムの一端を担う事柄として位置づけることもできる。

▷4　同時に，こうした状況は「コミュニケーションとはコードの共有を前提に成り立つものである」というコミュニケーション観そのものを変更しうるだろう。

▷5　ギブソン，J.J.，古崎敬訳，1986，『生態学的視覚論──ヒトの知覚世界を探る』サイエンス社。Ⅱ-2「アフォーダンス」参照。

Ⅶ　観光コミュニケーション「を」つくるもの

 高コンテクスト性／低コンテクスト性

1 「高コンテクスト／低コンテクスト」概念

　「コンテクスト」とはコミュニケーションがおこなわれる「状況」や「文脈」を指す言葉である。あらゆるコミュニケーションには，かならず何かしらのコンテクストがともなう。たとえば観光という行為を例にあげれば，観光地はどのような空間構成なのか（物理的コンテクスト），観光地を訪れる私と観光地の人びととはどのような関係なのか（対人コンテクスト），それはどのようなフレームのもとで実行されるのか（社会的・文化的コンテクスト）など，複数のコンテクストによって，そこでのコミュニケーションは規定される。

　「高コンテクスト／低コンテクスト」という概念は，上記のようなコンテクストがコミュニケーションに参与する人びととのあいだでどれくらい共有されているのか，その度合いを指す尺度として用いられてきた[1]。通常，コンテクストはコードと反比例の関係にあるとされている[2]。コンテクストの共有度が低い場合（低コンテクスト）には共通のコードを参照してコミュニケーションをおこなう必要があるが（コード依存型のコミュニケーション），コンテクストへの共有度が高い場合（高コンテクスト）にはコードの厳密性は薄れる（コンテクスト依存型のコミュニケーション）[3]。

　観光コミュニケーションの場合，それが「観光」であるということ自体がすでに一つのコンテクストとなりうる。とりわけ，現在の観光コミュニケーションに顕著な点は，そこでのコミュニケーションが新たなメディア・テクノロジーの介入によって意味づけられうるということだ。ここではARツアー（拡張現実ツアー）のような観光形態を例に，コンテクストによって意味解釈が規定されるプロセスに目を向けてみたい。

2 上書きされるコンテクスト

　近年，観光の領域においても**AR**機能[4]が活用されるようになった。ARツアーと呼ばれるような観光形態では，観光客がウェアラブル端末を装着したりスマートフォンをかざしたりすることで，観光地の風景に視覚的なAR情報を重ねることが可能になる。たとえば，近畿日本ツーリストが2014年から展開している「スマートツアー」では，「江戸城天守閣と日本橋復元3Dツアー」など，歴史的文化財をAR技術で再現する試みがおこなわれてきた。ツアー参加者は

▷1　人類学者のエドワード・T・ホールが提起した概念。ホール，E. T.，岩田慶治・谷泰訳，1993，『文化を超えて』TBSブリタニカ。
▷2　Ⅶ-5「コード」参照。
▷3　車の運転を考えてみるとよい。もし交通規則（コード）が厳格に定められておらず，コンテクストだけに依拠して運転しなければならないとすれば，事故が頻発するだろう。他方で，遊園地のゴーカートのような場合には，交通規則は適用されないため，利用者が周りの状況（コンテクスト）を考慮しながら運転しなければならない。
▷4　AR（Augmented Reality）
拡張現実。実在する環境に視覚情報を書き重ねることによって，現実世界を拡張するテクノロジーのことである。

「スマートグラス」を装着することで，いまでは天守台跡しかない場所に江戸城天守閣を復元したり，江戸時代の人びとが往来する日本橋を見たりすることができる。皇居や日本橋は本来どのような文脈で観光されてもよいはずであるが，このAR技術をもちいることで，その観光は「江戸時代へのタイムスリップ」というコンテクストのもとに実践されることになる。これはまさに，AR技術のようなテクノロジーがリアルなコンテクスト（観光地の空間）のうえにヴァーチャルなコンテクスト（「江戸時代へのタイムスリップ」という文脈）を「上書き」する事例といえるだろう。

③ 二重化される物理的コンテクスト

AR技術によって上書きされるのは，上記のコンテクストだけではない。現在，多くのARツアーでは現実を拡張するデバイスとしてスマートフォンが利用されているが，そのような場合，観光客は自分のスマートフォンをとおして風景を眺めることになる。つまり，観光地のリアルな空間を構成する物理的コンテクストが，さらにスマートフォン画面という別の物理的コンテクストによって二重化されるわけである。

この二重化によって，目前の風景はつねに手元のデバイスと紐づけられることになる。これは，複数の人が同じ場所にいても，別の方向にデバイスをかざしているのであれば，手元の画面上で異なる情報世界に身を置きうる，ということを意味している。そこには，かつてのコンテクスト論が想定した物理的制約（壁や床や天井）とはまったく別の制約が生じているともいえる。

④ つくりだされる高コンテクスト性

従来，「高コンテクスト／低コンテクスト」という概念は，文化という枠組みと結びつけられて語られることが多かった。たとえば「日本は高コンテクスト文化である」とか，あるいは「アメリカは低コンテクスト文化である」とかいった語りは，ある文化内でのコンテクストの共有度を所与のものとみなすことで成立する。しかし，先の事例が示すように，ARのような技術は即時的にコンテクストの上書きを可能にするし，それによって（限定的にではあれ）高コンテクストな状況をつくりだすこともできる。現在のコミュニケーション状況を捉えるためには，世界的な規模での人びとの移動に加え，そこにメディア・テクノロジーが介入することで，コンテクストが組み替えられたり多重化されたりする可能性に目を向ける必要があるだろう。

（塙　幸枝）

▷5　そうした上書きのなかには，言語情報を用いた直接的な説明によって，コンテクストを投錨するものもある。また，アニメ作品の聖地巡礼にARツアーが適用されるような事例では，目前の風景のなかにアニメキャラクターを書き込むことによって，作品のコンテクストにもとづく現実世界への意味づけが促される。

▷6　そもそも文化やコミュニケーションを流動的に開かれたプロセスとして捉えるのであれば，コンテクストとコミュニケーションの関係は〈国＝文化〉という前提を脱却した水準で検討されるべきである。

Ⅶ　観光コミュニケーション「を」つくるもの

 ゲーミフィケーション

① 人びとの現実認識に介入するゲーム的な想像力

　今やデジタルゲームとは「テレビ」や「パソコン」，あるいは「スマホ」の画面を含め，様々なメディウムや装置のなかに侵入し，人がそれをつうじて，生きていくうえで重要な何かを学んだり，現実のなかでは不可能な何かを体験したり，あるいは社会の誰かと交わったり結びついたりする，きわめて影響力の大きな媒体としての役割を演じている。今やゲームは若い世代にとっての話題の中心，あるいはオンラインのなかで人びとを連結する結節点として機能している，といって過言ではない。

　それだけではない。ゲーム的な想像力は，単なる娯楽の手段としての範疇を越えて，私たちの現実認識のあり方にも影響を及ぼしつつあるのかもしれない。たとえば2001年9月11日のアメリカ同時多発テロ，あるいは2011年3月11日の東日本大震災のような未曽有の事件や災害が起きたとき，それらの報道映像を初見でみて，非現実的にうつるその光景を「ゲームの一場面のようだ」と形容しうるとするならば，それは人びとによるゲームを介した現実把握の証左として解することもできよう。

　ゲーム的な想像力の社会的な拡散という事態を考えるとき，2016年に世界的なブームとなった『Pokémon GO』はその格好の事例になりうるのではないだろうか。画面上に小さく表象されたポケモンたちは，それが架空のものであり，単なる「記号的な存在」でしかないにもかかわらず，当時の社会において数々の問題を惹起した。それは，たとえば「歩きスマホ」が急増する，自動車の運転中にプレイする，立ち入り禁止区域に侵入する，といった具合である。プレイヤーたちはそのアプリをつうじて物理的空間をゲームのフィールドへと変換し，ポケモンを捕獲する目的でスマホの画面を凝視しつつ都市を闊歩する。そしてその帰結として「社会的な空間」と，個人が携帯する「ゲーム的な空間」との衝突を招来することになったのである。

② 「ゲーミフィケーション」とは何か

　ゲームとは何か。ジェイン・マクゴニガルによるとそれは①「ゴール」，②「ルール」，③「フィードバックシステム」，④「自発的な参加」の4点から特徴づけられる。①とは「プレイヤーが達成すべき具体的な成果」，②とは「プ

▷1　X-4『Pokémon GO』参照。

▷2　ここでいう「記号」とは，道路標識や地図記号のようなかたちで想像される単純なマークの類ではなく，記号学でいうところのそれ，すなわち，私たちに何かしらの意味を伝えてくれるあらゆる表現（言葉・映像・音楽……）のことを指すものとする。

レイヤーがゴールに達する上での制約」，③とは「プレイヤーがどこまでゴールに近づいているのかを示すもの」，④とは「ゲームをプレイする誰もがそのゴール，ルール，フィードバックを理解したうえで，進んで受け入れること」だという。むろんゲームとはそこに多種多様なものが包含され，一括りにすることが困難なメディアだともいえるが，しかしそれが社会に様々な影響をもたらしつつあることは確かであろう。

　さて，本節で解説する「ゲーミフィケーション（gamification）」であるが，字義的には「ゲーム化」を意味するそれは，「ゲームの考え方やデザイン・メカニクスなどの要素を，ゲーム以外の社会的な活動やサービスに利用するもの」と定義される。それは人びとのモチベーションやロイヤリティを高めたりする目的で援用されるのだ。今やゲーミフィケーションとは多岐にわたる領域，たとえば健康分野や行政分野などでも活用されるマーケティング上のアプローチであるが，深田浩嗣によると，それは「ターン制，行動力，オークション・入札，カード，サイコロ，リスクと報酬」等のゲームメカニクスを利用することにより実現される。

　美学者の吉岡洋はゲーミフィケーションの例として，「買い物をするとカードにポイントが貯まる。あと少し貯まれば何か特典があるとわかると，私たちは特に欲しくなくてもポイントのために何かを買ったりする。その時，私たちは本当に「買い物」という行為をしているのだろうか？　それとも「買い物ゲーム」をプレイしているだけなのだろうか？」と問いかける。ポイント制というゲーム的な要素が付加されることで，「買い物」という行為を支える記号間の関係性が組み変わる一方，もともとその行為が社会的にそなえていた意味が後景化するのである。

③　観光領域におけるゲーミフィケーション

　本来的にはゲームとは言い難いものを「ゲーム化」することで，特定の行為に向けた人びとの思考や文脈を組み替えてしまう。ゲーミフィケーションの例としては，上記以外にもたとえば学習アプリやトレーニング支援アプリなどをあげることができるが，ともあれ，それらによって苦しい学習や運動を「楽しい遊び」へと変換することが可能となる。また，ある行為をめぐる既存の意味を組み替えうるそれは観光領域においても，たとえばスタンプラリーや謎解きゲーム，あるいは，航空会社のマイレージカードにおけるレベルシステム等にその仕組みを見出すことができる。あるいは深田のように，ゲーミフィケーションを「「おもてなし」を表現するテクノロジー」とまで考える論者もいる。いずれにせよ，人びとの心理や行為をコントロールするためのアプローチとして，ゲーミフィケーションは今後，観光という領域においてもますます意識されるようになるのではないだろうか。

（松本健太郎）

▷3　マクゴニガル，J.，妹尾堅一郎監修，2012，『幸せな未来は「ゲーム」が創る』早川書房，39-40。

▷4　井上明人，2012，『ゲーミフィケーション──〈ゲーム〉がビジネスを変える』NHK出版，11。

▷5　深田浩嗣，2011，『ソーシャルゲームはなぜハマるのか──ゲーミフィケーションが変える顧客満足』ソフトバンククリエイティブ，217。

▷6　吉岡洋，2013，「刊行によせて」日本記号学会編『ゲーム化する世界──コンピュータゲームの記号論』新曜社，4。

▷7　「ゲーミフィケーション」概念を記号論的な視点から分析した文献としては，以下の文献を参照。松本健太郎，2018，「ポケモンGOでゲーム化する世界──『ゲーミフィケーション』概念を再考する」神田孝治・遠藤英樹・松本健太郎編『ポケモンGOからの問い──拡張される世界のリアリティ』新曜社。

Ⅶ　観光コミュニケーション「を」つくるもの

 # モバイルメディア

① モバイルメディアとしてのスマートフォン

　考えてもみれば，移動する現代人の手許（もしくは，手のとどくポケットや鞄）には，ほとんどの場合，スマートフォンなどをはじめとするモバイルメディアがある。つまり移動する主体にとっては，風景を連続的に視認すると同時に，上記の端末を同伴することにより，視認される風景に関連した情報を検索して導くためのデバイスが与えられているわけである。文字どおりに解するなら，「移動する媒体」であるモバイルメディア，すなわち携帯可能なポータブルデバイスとともに，「移動する人」が一緒に移動をしたり旅をしたりする風景が常態化しつつあるのだ。

　昨今の，もっとも存在感のあるモバイルメディアの代表格として，本節ではおもにスマートフォンについて考えてみよう。では，それはどのような性質をもったメディアとして理解可能だろうか。それは「○○フォン」という名称が示唆するように，まずは「電話」として認知されるのが一般的ではないだろうか。電話（telephone）とは「遠い」を意味する接頭辞「tele-」に，「音」を意味する「phone」が結びついて構成された単語であり，そもそもは「遠くの音を聞かせてくれる」というその機能こそが第一義的であったはずである。しかしメディウムとして発展を遂げるなかでそれに数々の機能が付加され，たとえば「コードレスフォン」や「フィーチャーフォン」，あるいは「スマートフォン」等がその典型となりうるように，「電話」というメディウムの輪郭も曖昧化したといえる。

　「電話」なるもののあり様が当初と比べて大きく変質した今，スマートフォンはどのようなメディアとして現前しつつあるのだろうか。富田英典が言及するように，スマートフォンの特徴としてあげられるのは，「無料あるいは安価なアプリを手軽に利用できる点であった。そのジャンルはゲームからビジネスまで幅広い。携帯電話に比べて，スマートフォンはアプリを利用するためのデバイスという側面が強い」。

②「メディアのメディア」としてのスマートフォン

　数多くのアプリの使用を前提とするスマートフォンは，見方によっては「メディアのメディア」，もしくは「メタ・メディア」として位置づけうるのでは

▷1　富田英典, 2016,「メディア状況の概観とセカンドオフライン──モバイル社会の現在」富田英典編『ポスト・モバイル社会──セカンドオフラインの時代へ』世界思想社, 10。
▷2　ジェレミー・Ｗ・モリスとサラ・マーレイは「アプリ」と呼ばれる対象について，それを「ソフトウェアのパッケージング，プレゼンテーション，配布，消費の一形態」であると規定し，さらに，それによって「今日，ソフトウェアは文字通り世界中の何百万人ものユーザーのポケットに入っている。[中略] 今では，これまで以上に，ユーザーはモバイルデバイス上の高度にパッケージ化され，キュレーションされたソフトウェアに日常の活動の広大な範囲を委任している」と指摘している。Morris, J., & S. Murray, 2018, *Appified : culture in the age of apps*. Michigan: University of Michigan Press.

ないだろうか。スマートフォンはときに，写真機や計算機やゲーム機に化け，また，新聞やラジオや映画に化け，さらには，手紙やメモ帳や目覚まし時計にも化ける。そして，立ちあげられたアプリの機能に応じて，ユーザーはそのつど「カメラマン」になったり，「計算機の使用者」になったり，「プレイヤー」になったりといった具合に，その役割の更新を意図せずとも受け入れていることになる。つまるところ，ユーザーがどのようなアプリをダウンロードし，それを起動させるかによって，スマートフォンの「メディア」としての機能やそれを使用するユーザーの役割が刻々と変化していくのである。そう考えてみた場合，従来のアナログ媒体におけるメディウム的な特性と比較すると，デジタルメディアとしてのスマートフォンは「メディアのメディア」あるいは「メタ・メディア」として位置づけうるものであり，またその作用によって，個々のメディウムの輪郭を溶解させつつある，と理解しうる。つまりスマートフォンはいわば入れ子構造的に，「アプリ」というかたちでシミュレートされたメディアを，「スマートフォン」というデジタルメディアが包摂する二重構造をなしているのだ。

❸ フィジカルなモノ／ヴァーチャルなモノが混淆する環境で

　アプリを加除することで意中の機能をそなえうるスマートフォンには，人類が過去に考案した多種多様なメディウムの姿が集約されている，と解することができる。あるいは視点を変えてみると，人類が過去に発明してきた各種のメディウム（写真，電話，テレビ……）は，スマートフォンのなかで一定の物質的な基盤をそなえた「モノ」として実在するというよりは，むしろその画面上で記号的に描画され，その姿や働きがシミュレートされている，とも捉えることができよう。画面内で起動されるアプリは，個々の用途によってスマートフォンを「テレビ」や「DJ コントローラ」や「計算機」へと変えるが，別にそれらのガジェットが「モノ」として実在しているわけではない。むしろそれらはスマートフォンという装置＝「モノ」のうえで，個々のメディウムとしての外見や機能が模倣的に再現されているのだ。

　アナログメディアの時代にあっては，写真の印画紙に刻まれた映像にしても，あるいはレコードの円盤に刻まれた音楽にしても，それらは物質的な基盤と分かちがたく結びつき，それらによって物理的に制約されていた。それがデジタルメディアの時代になると，あらゆるものが「コンピュータとしてのデジタルメディア」のうえでシミュレートされ，それによって新種の「ヴァーチャルなモノ」が出現しつつある。そしてフィジカルなモノとヴァーチャルなモノが混淆する世界のなかで，モバイルメディアを同伴した現代人の移動体験も大きく変質しつつある。

（松本健太郎）

▷3　これに関するさらなる議論は，以下の文献を参照のこと。松本健太郎，2019，『デジタル記号論──「視覚に従属する触覚」がひきよせるリアリティ』新曜社。

▷4　Ⅰ-4「デジタル革命」参照。

▷5　「今日，次世代のデジタル化されたコミュニケーションの世界は，モバイル・ライフにとってますます重要になる新しい種類の『ヴァーチャルな対象』を創り始めている。これらの小型化された諸システムはしばしば直接身につけて持ち運ばれるし，自己の組成にとってますます重要なものとなっている」。エリオット，A. & J. アーリ，遠藤英樹監訳，2016，『モバイル・ライブズ──「移動」が社会を変える』ミネルヴァ書房，40。

Ⅶ　観光コミュニケーション「を」つくるもの

 エゴセントリック・マッピング

1 「自己中心」のデジタル地図

　ツーリストにとって現地での最も基本的な情報源となるのが，地図というメディアであろう。地図は観光地の地理情報を一覧化し，地域のイメージを全域的に表現するとともに，目的地までのルートをナビゲートすることで，ツーリストの移動を手助けする役割を果たしてきた。そして21世紀に入り，地図は急速にデジタル化し，カーナビゲーションやスマートフォンの画面上に表示されるヴィジュアルデータになった。それによって，地図による観光コミュニケーションの様相は大きく変容しつつある。

　とくに大きなインパクトをもたらしたのが，ユーザーの居場所（現在地）を自動的に感知し，地図上に表示するGPSという技術である。従来であれば自分が今どこにいるのかを把握するためには，自分で能動的に地図を見渡し，それを読み込む必要があったが，GPSはそういった定位のプロセスを省略し，瞬時に地図を「自己中心」のものにすることを可能にした。このように自己中心的な地図を自動的に表示させる技術は，エゴセントリック・マッピングとも呼ばれている。現在はカーナビゲーションに加えて，googleマップなどの地図アプリでもエゴセントリック・マッピングが可能になっており，目的地を設定すれば，ユーザーの動きに合わせてリアルタイムでルートがナビゲートされる機能も実装されている。また，デジタル地図では，自分がアクセスしたい情報を「検索」でき，やはり自分で地図を読み込まなくても，コンピュータが代わりに該当する情報を探し出して表示してくれる。これも地図を能動的に読むことなく自分に合わせて機械的に最適化する技術であり，広義のエゴセントリック・マッピングといえよう。デジタル化によって世界中の地図情報がデータベース化され，多くの人が地図上でヴァーチャルな世界旅行を楽しむようになることも期待されたが，実際に求められたのは，このように「いま・ここ・私」に閉じた地図だったのである。

2 地図なき観光コミュニケーション

　身体移動には，「移動すること自体が楽しい」というような自己充足性もあるはずだが，エゴセントリック・マッピングは，「目的地に効率的に移動したい」という目的合理的な欲求と結びついている。観光においても，交通とメデ

▷1　有川正俊, 2008,「エゴセントリック・マッピング」村越真・若林芳樹編『GISと空間認知──進化する地図の科学』古今書院, 43-57。

▷2　都市を「集合的な言説活動や記号的実践を通じて生起する空間的広がり」として捉える都市記号論に

ィアの発達にともなって，複数の観光スポットを結ぶ最短ルートをたどるために身体移動がなされることが多くなっている。このようなエゴセントリック・マッピングと効率的な身体移動によって，ツーリストの視野は狭められ，全域的に広がる都市や地域へのまなざしは断片化されることになる。それによって，デジタル地図は，従来の紙媒体の観光ガイドマップとは異なり，観光地というテクストの読み方を規定する「メタテクスト」ではなくなるのである。

ただし，現在も紙媒体の観光ガイドマップは存在し，一定の人に利用されていることも事実である。ガイドマップを観光地のメタテクストとして読んだうえで，実際に移動する際にはデジタル地図のエゴセントリック・マッピングをもちいるならば，両者は相互補完的な関係にあるともいえよう。だが最近は，とくに若者のあいだでガイドブックやガイドマップを一切使わない観光も広まりつつある。Instagram のハッシュタグや画像をもとに目的地を選び，リンクする地図アプリでエゴセントリック・マッピングを行うというような観光行動がとられるようになってきているのである。さらに地図を表示せず，目的地までの距離と方向だけを指し示すナビゲーションアプリ「Waaaaay！」が支持され，google マップには，スマートフォンのカメラを現実の空間にかざすと目的地への進行方向が表示される AR 機能「ライブビュー」が導入されるなど，もはや旅の計画にもナビゲーションにも地図は不要になりつつある。エゴセントリック・マッピングの進展の先にあるのは，メタテクストとしての地図的表現が消失し，自己の身体を中心とした局所的空間のルート選択だけがその都度なされる「地図なき観光コミュニケーション」であろう。

③ 観光の自作の可能性

それでも，エゴセントリック・マッピングには，ツーリストにある種の主体性を与える可能性もある。GPS によるナビゲーションは「移動のシステム」に組み込まれ，「予期空間」をもたらすことで人々を道に迷いにくくした。デジタル地図の利用によって人々の行動範囲は拡大したという指摘もある。つまり，いつでも GPS で軌道修正できるという安心感から，場当たり的／冒険的な観光行動が可能になったということである。このことは，ツーリストを観光ガイドマップの隙間や外部に解き放つ可能性もあるだろう。2000年代以降，海外旅行で定番情報だけを効率的に案内してくれるガイドブックを手に繁華街でのグルメやショッピングに明け暮れる若者が増加したとされるが，デジタル地図が普及した現在は，ガイドブック／ガイドマップが共通の台本を与えるだけの時代ではない。エゴセントリック・マッピングは，ただナビゲーションに身を委ねるだけの受け身のツーリストを生みだすだけでなく，ツーリストが繁華街を抜けだして，旅先をアクティブに歩き回り，観光を自作するための強力な武器にもなりうるのである。 （松岡慧祐）

よれば，このような「テクストとしての都市」は，未だ顕示的な意味やかたちが与えられていない「プレテクストとしての都市」，一定の方法や戦略に基づいて意識的に言説化された「メタテクストとしての都市」との関係によって成り立っている。吉見俊哉，2016，『視覚都市の地政学——まなざしとしての地政学』岩波書店，393，395。

▷3　ジョン・アーリによれば，「移動」はさまざま「システム」によって成り立ち，「予期空間」がもたらされることで，予想可能で相対的にリスクの少ないものとなるという。地図も，そのような移動のシステムに含まれるといえる。アーリ，J.，吉原直樹・伊藤嘉高訳，2015，『モビリティーズ——移動の社会学』作品社，25。

▷4　若林芳樹，2018，『地図の進化論——地理空間情報と人間の未来』創元社。

▷5　山口（2010）によれば，「2000年代の若者にとって海外旅行は，店頭や広告の商品から「選ぶ」ものであり，素材を集めて自作するものではなくなりつつある」という。山口誠，2010，『ニッポンの海外旅行——若者と観光メディアの50年史』筑摩書房，217。

Ⅶ　観光コミュニケーション「を」つくるもの

 アテンション・エコノミー

① アテンション・エコノミーとインターネット時代の観光

　ハーバート・サイモンが「情報の満ち足りた時代 information rich world」におけるアテンション（注意）の重要性を指摘したのは1971年だったが，その指摘が十分な威力を発揮し始めたのはインターネットが登場してからだ。ダベンポートとベックが *The Attention Economy : Understanding the New Currency of Business* において「供給不足に直面しているのは人間のアテンションなのだ」と高らかに宣言したのは2001年のことだ。しかし恐ろしいことに2001年は，Facebook も youtube も，スマートフォンすらまだ存在していない時期であった。

　アテンション・エコノミー（注意経済）とは，情報があふれかえる時代において，経済的な価値の源泉となる希少性が，情報ではなく情報を受容する人びとのアテンション（注意）に見いだされる事態のことをさす。アテンション・エコノミー論がインターネット登場とともに盛り上がっていった理由のひとつは，情報を複製し流通させるコストが限りなくゼロに近づいたということだ。事実，インターネットが登場して以降，わたしたちの周りには歴史上かつてない規模の情報があふれかえるようになった。むろんこの事態は観光にとっても無縁ではない。インターネット時代の新しい経済を考えるためのキーワードであるアテンション・エコノミーをめぐる議論は，インターネット時代の観光を考える際にも大いに役に立つ。

② 観光地がアテンションを集めること

　旅行の行き先を調べるとき，現代では多くの人がまず検索ボックスになんらかのキーワードを入れる。検索エンジンは，現代における人々のアテンションの配分をコントロールする巨大な玄関のようなものだ。人々のアテンションはまずこの玄関を通り，そこからさらにさまざまな形で配分されていく。代表的な例の一つは，旅行情報サイトだ。これらのサイトは，観光情報と人びとのアテンションとを出会わせるプラットフォームである。旅行サイトは，一方では観光地，レストラン，宿泊，移動などの観光に関わる情報を集約し，それらの情報への横断的なアクセスを実現することで，観光地を探しているユーザーたちのアテンションを集めていく。また多くのユーザーのアテンションが集まることで，旅行サイトにはより多くの情報や優先サービスが集まっていく。こう

▷1　Simon H., 1971, Designing organizations for an information-rich world. Greenberger M. eds., *Comuters, Communications, and the Public Interest*, Baltimore : The Johns Hopkins University Press.
▷2　邦題はビジネス書風に『アテンション！──経営とビジネスの新しい視点』となっているが，原題をそのまま訳すと『アテンション・エコノミ──ビジネスの新たな通貨を理解する』である。

▷3　Ⅷ-10「プラットフォーム」参照。

して観光情報をめぐる人々のアテンションが構造化されていくことになる。

　旅行先を決める際の情報源としては，個人による発信もますます重要になっている。実際，多くの旅行サイトには口コミ情報が載せられている。しかしもちろんもっとも大きな存在感を発揮しているのは各種の SNS だ。旅行から帰ってくるとだれしもその経験について話したくなる。撮った写真も見せたくなる。SNS は，こういったごく普通の欲望に格好の表現の場を与えた。そして SNS 上で語られる旅行の経験や，そこで共有される魅力的な写真は，結果としてそこで紹介される観光地の紹介となっていく。SNS もまた，人々のアテンションを集約し，それらをさまざまな情報へと配分していくプラットフォームである。そのため SNS は，観光地が自身をアピールするための主戦場の一つとなっているのだ。

③　アテンション・エコノミーと観光体験

　アテンション・エコノミーは，スマートフォンの登場によってさらに深化していった。というのも，スマートフォンはわたしたちのアテンションを絶えず捕捉することを可能としたからだ。いまでは風呂と睡眠の時間以外はなんらかの形でスマートフォンに触れつづけているという人も少なくない。わたしたちの有限なアテンションは，つねに奪い合いの対象となっているのだ。つねに，ということはつまり，観光を行っている最中も，ということだ。

　スマホのカメラをかざしながらある光景を見ているとき，わたしたちのアテンションはすでにいくらか分散している。その撮影行為が，写真をリアルタイムで SNS にアップロードすることを目的としている場合はなおさらだ。そのときわたしたちのアテンションのいくぶんかは，SNS でいいねボタンを押してくれるかもしれない誰かに向けられている。さらには動画で生配信を行っている場合には，アテンションは明らかに視聴者に向けられることになる。しかしそれらはすべて，それぞれの形でたしかに観光行為ではあると言えるだろう。観光体験の内実が変わりつつあるのだ。

　この傾向については，観光地自体が後押ししている部分もある。いまでは観光地にインスタ映えスポットや投稿用のハッシュタグが用意されていることも少なくない。その背景の一つは，SNS への投稿がその観光地の魅力のアピールにつながるということにある。ネット上での観光地の存在感を示すためのアテンションをめぐる闘争が，観光地での体験そのものにも影響を与える。そしてまた SNS に投稿された写真を見てそこに訪れる人たちのうち少なからぬ人たちは，同じような写真を SNS に投稿することも観光の目的としている。観光地の情報をめぐるアテンション・エコノミーは，観光体験そのもののアテンションのエコノミー（つまり観光体験のなかでアテンションをどう配分するか）と不可分に結びつき，相互に影響を与え合っているのだ。　　　　（谷島貫太）

▷4　人間が常時メディアに接続されつづけていってしまう事態については以下の文献を参照。岡田温司監訳，石谷治寛訳，2015，『24/7──眠らない社会』，NTT 出版。ⅩⅢ-4「ジョナサン・クレーリー」参照。

（参考文献）

クレーリー，J.，岡田温司監訳，石谷治寛訳，2015，『24/7──眠らない社会』，NTT 出版。

ダベンポート，T. H., & J. C. ベック，高梨智弘，岡田依里訳，2005，『アテンション！──経営とビジネスの新しい視点』シュプリンガー・フェアラーク東京。

Goldhaber, M. H., Last updat: August 1996, M. H. GOLDHABER'S Principles of the NEW ECONOMY（2022 年 1 月 12 日取得，https://people.well.com/user/mgoldh/principles.html）。

Simon, H., 1971, "Designing organizations for an information-rich world. in Greenberger, M. eds., *Comuters, Communications, and the Public Interest*, Baltimare : The Johns Hopkins University Press.

Ⅶ　観光コミュニケーション「を」つくるもの

 # データ・ダブル

証明される「私」

　空港でのボディチェックや銀行窓口での本人確認，静脈認証で解錠するマンション，スマートフォンでの指紋や顔の認証。私たちはこんにち，例をあげるときりがないほど，「私が私であること」を証明する必要に囲まれている。身分証明は，自分しか知りえない暗証番号を入力したり，顔写真や指紋など自らの身体の一部を照合にもちいたりと，様々な方法をつうじてなされる。

　大学図書館であれば，学生証を忘れても交渉すれば入館に漕ぎつけられるかもしれない。だがパスポートを忘れて空港での出入国審査を通過することは不可能だ。どんなに「私が私であること」を雄弁に訴えかけたとしても，「私」単体では自身について何一つ証明することができない。むしろ声を持たない寡黙なパスポートのほうが，「私」以上に「私」を語る。パスポートに記された個人情報や，内臓のICチップに刻まれた**生体認証情報**▷1，これまでの海外渡航歴といった情報の集合体が，「私」を代理して国境移動の資格判定を引き受ける。

　「データ・ダブル」（data double）とは，このように個人の身分に関わる情報や，オンライン上での購入・決済履歴，そして顔写真や血液型，指紋，静脈や虹彩といった身体の「断片」がデータベース上に収集・電子化され，それらのデータ同士が組み合わされることによって現出する，個人の「分身」と呼ぶべき存在である▷2。

2　監視をめぐる変化

　データ・ダブル登場の背景には，私たちの個人情報と身体に対する監視のあり方の変化が深く関わっている。監視は，防犯・治安維持のために設置される監視カメラや警察官の見回りといった，権威的で「わかりやすい」ものではなくなりつつある。監視は，民間企業や産業，そして身のまわりにある様々な情報通信技術の仕組みによっても担われながら，次第に無色透明で無害なものへ，さらには便利で快適なものへとその形態を変えてきている▷3。

　そして私たちは，監視をよろこんで引き受けてしまっている。たとえば，オンラインショップの購入・検索履歴にもとづいて各種ウェブサイトに表示される「あなたへのおすすめ」や，みず知らずのあいだに最適化されたSNS投稿

▷1　**生体認証情報**
「バイオメトリクス（biometrics）」あるいは「バイオメトリック（biometric）」とも呼ばれる。個人の指紋や静脈，虹彩などの生体器官情報，さらには個人の癖や行動のデータまでもが個人認証技術に導入されている。
▷2　Haggerty, K. D., & R. V. Ericson., 2000, The Surveillance assemblage, *British Journal of Sociology*, 51（4）, 605-622. なお「データ・ダブル」と同様の含意がある表現として，「デジタル・ペルソナ」などが挙げられる。詳しくは以下の文献を参照。Clarke, R., 1994, The digital persona and its application to data surveillance. *The Information Society*, 10（2）, 77-92.
▷3　監視をめぐるこの変化は，「監視国家」から「監視社会」への移行として説明される。関連する入

の並び順は，無駄が省かれた便利さや快適さとして私たちに経験されている。その裏で私たちの欲望や関心，嗜好に関する情報が収集され分析されているとしても，である。[4]監視は気づかぬところに遍在している。

また SNS が典型であるが，「自らについて発信すること」と「自らが監視されること」との境界線がきわめて曖昧になっている。[5]考えや主張を能動的に発信しているのか，それとも不特定多数の人物によって思考が常に覗かれ監視されているのか。SNS は，私たちが監視される客体であると同時に，他人の投稿を監視する主体でもあることを示しだしている。私たちは自ら「すすんで監視し，監視される」社会に生きている。[6]

③ 身体の断片化・情報化

この遍在的な監視の形態は，あらゆる個人情報をデータベースへと集積することによって可能となっている。[7]そして，監視は私たちの身体を直接的に対象化するものから，私たちのデータを対象とするものへと変容してきたのである。私たちの身体や行為は，生体情報や履歴としてデータ変換されている。

監視社会論者デヴィド・ライアンは，データ・ダブルが当人の「生身の身体」よりも重要性を獲得していくプロセスのことを，「身体の消失」と呼んだ。[8]いったん身体や個人に関する情報の抽出を終えれば，あとはデータベース上の「分身」さえ追跡することができれば，それはもはや本人を監視しているに等しい。そこでは個人の内面や精神性は問題とならない。大事なのはデータであり，個人の断片化された身体情報や経歴，あるいは SNS 上の履歴なのである。

④ 「分身」とのコミュニケーション

「身体の消失」という言葉には，「分身」と「本体」とのあいだに広がる途方もない断絶が表現されている。それでは，明確な身体や意思を持っていま・ここに立つ「私」自身と，身分証明書類やデータ上にあらわれている「私」，つまり顔や指紋，そして名前や生年月日，性別といった身分情報の数々として表現される「私」とのあいだに，どのような関係性を想像しなおすことができるだろうか。断片化された「分身」とのコミュニケーションを図り，関係性を結びなおしていく可能性や，こんにちの監視のあり方自体を相対化していく可能性は，残されているだろうか。これは難解な，しかし重要な問いである。

少なくとも，監視と情報管理の問題はこんにちの観光現象や，広い意味での私たちのコミュニケーションに深く関わっていることは確かである。観光のプロセスは監視のメカニズムといかに結びついているのか。そこでは私たちの「身体」と「データ・ダブル」がどのように参照され，個人の同一性が同定されているのか。批判的に読み解く作業が残されているだろう。

（石野隆美）

門文献として，以下のものを参照。鈴木謙介，2005，『カーニヴァル化する社会』講談社，第2章。

▷4　今日の SNS では，「友達」や「フォローすべきアカウント」までもがデータベースにもとづいて「おすすめ」される状況にあり，それが当たり前なものとして自然に経験されつつあるともいえる。

▷5　久保明教，2018，『機械カニバリズム──人間なきあとの人類学へ』講談社，第7章。

▷6　バウマン，Z., & D. ライアン，伊藤茂訳，2018，『私たちが，すすんで監視し，監視される，この世界について──リキッド・サーベイランスをめぐる7章』青土社。ライアン，D., 田畑暁生訳，2019，『監視文化の誕生──社会に監視される時代から，ひとびとが進んで監視する時代へ』青土社。

▷7　情報の「データベース化」については以下の文献を参照。ライアン，D., 田島泰彦・小笠原みどり訳，2011，『監視スタディーズ──「見ること」と「見られること」の社会理論』岩波書店。また，以下の文献にも整理されている。鈴木，前掲書。

▷8　ライアン，D., 河村一郎訳，2002，『監視社会』青土社。）

ドラマツルギー

1　ドラマツルギー論が目指すもの

　観光におけるドラマツルギー論の原点は，観光に「本物／偽物」といった「本質主義」を求めないところにある。その意味においてそれは，観光経験はホストとゲストのパフォーマンスが産出するものであるとする観光におけるパフォーマンス論や，現代の観光は「本物／偽物」を超えたところに成立しているとするポストモダン観光論に近似している。ドラマツルギーとはあらゆる場所を演技の世界と考え，役割を演じるなかから自己に対する感覚や場の真偽の感覚が産出される過程を探る方法である。

　観光理論のなかで頻繁に援用されてきたドラマツルギー論は，社会学者のアーヴィング・ゴフマンによる「表領域／裏領域」論である。ここでは社会的に「公式」な，あるいはその場にふさわしいと思われている現実は，他者の目の届く「表領域（front-region）」であり，そこから逸脱する他者の目の届かない「私的」，あるいはその場のふさわしさからは逸脱する現実は「裏領域（back-region）」だとされる。現代における私たちの日常の現実は大きく分けて「表領域／裏領域」に分裂しているが，これら二つの領域を上手く演じ分けることによって，「公式の＝ふさわしい」世界の「状況の定義」は維持されているのである。ゴフマンが著書のなかで言及した，手術室での緊張を和らげるために医師が使ったちょっとした「ふさわしくない」冗談からも分かるように，コントロールされた表裏の使い分けは，「リアリティの重層化」と「区分の明確化」に役立っているといえる。両者は混在しながらも（その場のテーマに合わない一方は無視しながら），それぞれの区分に合わせた状況の定義を守る仕組みが日常生活のなかに成立している。

2　情報化の進展と領域の溶解

　しかしながらジョシュア・メイロウィッツが指摘していたように，情報化の進展はこうした区分を溶解させ，現代社会における「場所感の喪失」へと繋がっていく。電子情報の普及は（印刷媒体に比べて）フォーマルとインフォーマルの壁を突き抜けて広がる。この第1段階は，テレビが家庭に導入されたときだろう。インフォーマルであった居間にフォーマルな情報が飛び込んでくる。また，有名人のインフォーマルな家庭生活がフォーマルな場で報道される。テレ

▷1　IV-1「ホスト／ゲスト論」参照。
▷2　II-1「パフォーマンス」参照。
▷3　I-1「ポストモダンツーリズム」参照。
▷4　吉見は「一方に上演される「虚構」の世界があり，他方に上演されない「現実」の世界があるわけではなく，現実の世界はそれ自体常に上演を通して演劇的に構成されている」という。吉見俊哉，1987，『都市のドラマトゥルギー——東京・盛り場の社会史』弘文堂，18。
▷5　ゴフマン，E.，石黒毅訳，1974，『行為と演技』誠信書房。
▷6　ゴフマンによれば，〈表領域〉とはその場でテーマとなっている（準拠点となっている）パフォーマンス（役割）がリアリティをもって演じられる場である。ゴフマン，同前書，125。
▷7　人が相互行為を行うなかで，何が「リアル」であるのか定義し，合意する過程のこと。
▷8　メイロウィッツ，J.，安川一・高橋啓子・上谷香陽訳，2003，『場所感の喪失——電子メディアが社会的行動に及ぼす影響』，新曜社。

ビという電子メディアによって，インフォーマルの防壁が打ち破られたのだ。

そして第2段階は，双方向メディアの浸透である。フォーマルであるべきニュース報道でさえ，個人的なニュース記事によって SNS でインフォーマルに報道される。また，最もフォーマルであるべき大統領の政治的言動さえ Twitter というインフォーマルなメディアで故意に流される。逆に，最近のインフォーマルな動画（YouTube や TikTok）がフォーマルな次元（メジャー）へと拡散されることも多い。双方向メディアはフォーマルとインフォーマルの境界を根源的に溶解させつつある。

③ 観光コミュニケーションとドラマツルギー

現代における観光のドラマツルギーは，ゴフマンの理論をもとにディーン・マキャーネルが取りあげた「演出された舞台裏」論と，同様にゴフマン理論をもとにメイロウィッツが分析した電子メディアによる「場所感の喪失」の理論を総合したところにある。マキャーネルは観光の場も「表領域」と「裏領域」で構成されており，ゴフマンのいうような日常生活におけるコントロールされた表領域と裏領域による「状況の定義」が，観光の場ではよりいっそうダイナミックに侵犯され，転倒の実践がなされている点を描き出している。

重要なことは，観光において表から裏へと向かう侵略は，「演出された舞台裏」（意図しないものであれ，意図したものであれ）の設定として存在することである。まんが，アニメ・コンテンツ・ツーリズムなどに顕著なように，最初は自然発生的な「舞台裏」の発見から「聖地巡礼」としてはじまった観光現象も，次第に「表舞台」へと回収されていく。コンテンツ・ツーリズムなど「舞台裏」を発見する観光には必ずメディア（とくに双方向メディア）が介在している。双方向メディアが介在する観光現象では，つねに新しい「舞台裏」が発見される。

ここで私たちはメイロウィッツがいった「場所感の喪失」の警鐘に耳を傾けることになる。その一方で，ドラマツルギー論は役割演技が産出する新たな自己，新たな現実の発見や創作の過程に目を向ける理論でもあった。現在では日本をはじめとするアジア圏で盛んになりつつある下町観光で認められるように，観光地が奥へ奥へと発見されると同時に「裏領域」がさらなる演出を施されていく。そしてそこは伝統的な意味における「場所感」を次第に喪失すると同時に，他者性の「再発見」へと結び付き，新たな「場所感」が生み出されているのである。観光のドラマツルギー論は，観光をめぐる両義性の理論へと私たちを誘う。

（須藤　廣）

▷9　香港の民主化運動のなかで数多く利用されたことは記憶に新しい。

▷10　音楽では YOASOBI やヨルシカ，観光プロモーションでは東海オンエアーや三原 Japan 等がこれにあたる。

▷11　マキャーネル，D.，安村克己ほか訳，2012，『ザ・ツーリスト——高度近代社会の構造分析』学文社。

▷12　ゴフマンもまた日常生活における状況の定義の転倒が行われている様子を描き出していた。

▷13　Ⅴ-2「コンテンツ・ツーリズム」参照。

▷14　Ⅴ-11「まちなか観光」参照。

Ⅷ　観光コミュニケーション「が」つくるもの

 2　異文化理解と文化摩擦

1 文化のステレオタイプ

　「文化[1]」という言葉は，一般的に「ある民族・地域・社会に固有のもの」と理解されている。「日本文化」や「アメリカ文化」といった言葉が示すように，多くの人は「国」という境界線を前提に，文化を「そこにはじめからそなわっている，固定的なもの」と捉えている。しかし実際のところ，文化は所与のものでもなければ，不変のものではない。伝統文化と呼ばれるものでさえ，その形成過程に目を向ければ，さまざまな時代・社会背景や，人びとのコミュニケーションのなかで構築されてきたものであることがみえてくる。たとえば一口に「日本文化」といっても，今の日本文化とかつての日本文化は違っているかもしれないし，「日本」のなかにも複数の文化が存在する。誰がどのような視点から，誰に対して文化を語るのかによって，文化という言葉が意味する内容や想定する範囲は異なる。

　それにもかかわらず，私たちは「文化のステレオタイプ」にとらわれている[2]。それはステレオタイプが物事の複雑な側面を簡略化し，「思考の節約[3]」に一役買っているからである。ディズニーランドのアトラクション「イッツ・ア・スモールワールド[4]」がしばしば批判の対象とされるのは，それが矮小化された文化の陳列であり，手軽な異文化理解を疑似体験させる点にある[5]。しかもそこでは，「文化を語る」という行為にともなうある種の暴力性が巧妙に隠されているのである。

2 異文化を語る行為／自文化を語る行為

　文化は常にそれを「語る」という行為に晒されている。とりわけ異文化コミュニケーションや異文化理解の局面では，他者をまなざす（語る）という行為を避けることはできない。このまなざしの問題を考える際に，一つの有用な視座となるのが「オリエンタリズム」という概念である。エドワード・サイードはこのオリエンタリズムという概念によって，西洋が東洋をエキゾチックな他者として表象してきた状況を告発し，その一方的なまなざしの暴力性を指摘した[6]。たとえば海外メディアで「芸者（geisha）」が取りあげられるとき，しばしばそれは「エキゾチックな日本（女性）」の象徴として描かれる。そこで重視されるのは，芸者に対する説明の厳密さではなく，西洋的なまなざしを経由し

▷1　Ⅲ-3「文化」参照。

▷2　ステレオタイプとは，型にはまった物の見方，すなわち「最初に見てから定義づけるのではなく，最初に定義づけてから見る」という態度を指す。リップマン，W., 1922，『世論』岩波書店。

▷3　同前書。

▷4　Ⅵ-2「ディズニーランド」参照。

▷5　文化のステレオタイプについては，次のものも参照。池田理知子，2019，「他者との出あい──『異なる』という意味」池田理知子・塙幸枝編『グローバル社会における異文化コミュニケーション──身近な「異」から考える』三修社。

▷6　サイードによれば，「オリエンタリズムとは，オリエントを支配し再構成し威圧するための西洋のスタイル」と説明されている。サイード，E. W., 今沢紀子訳，1993，『オリエンタリズム』平凡社。

た他者性である[7]。

　ここで，京都観光における「舞妓・花魁体験」は，異文化／自文化をめぐるまなざしを考えるための事例となる。近年，京都には複数の舞妓体験スタジオが存在する。中心街を観光していると，舞妓や花魁のコスプレを楽しむ観光客の姿や，はたまたそれを写真におさめる観光客の姿を，しばしば目にすることができる。外国人観光客による利用も多く，そこには「異文化体験」の明確な企図が織り込まれている。他方で，「舞妓・花魁体験」をめぐる人びとの反応にはある種の葛藤が見え隠れする。表面的なコスプレを伝統文化への無理解とする批判と同時に，それをインバウンド観光[8]の一端として積極的に活用しようとする側面もあるからだ[9]。

　留意すべきは，オリエンタリズムをめぐるまなざしの問題が，他文化を語るという行為のみならず，自文化を語る行為にも付随する，という点である。上記の例のみならず，インバウンド観光の局面における日本文化紹介などを想像してみればよい。外国人観光客に向けた日本文化の「自己紹介」が試みられるとき，多くの場合にそれは外国人観光客のまなざしを先取りし，そこで求められるものを織り込んだ語りなのではないか。そこには，他者から向けられた視線に違和感を抱きつつ，ときにその視線を巧妙に利用しながら自己を語る，という重層化されたまなざしをみてとることができる。

③　摩擦も理解もない世界

　上記のような異文化理解や摩擦をめぐる議論は，現在のメディア状況とあわせて考える必要がある。一見すると，現代社会では様々な場面で多文化共生が謳われているし，情報過多の社会は多様なものの見方を教えてくれそうなものである。だが実際のところ，私たちの情報世界はイーライ・パリサーがいうところのフィルターバブル[10]のなかで構成されるにすぎない。パリサーはこのフィルターが学びを妨げる問題点として，「フィルターバブルにおいて我々は知っている（かつ賛同している）アイデアに囲まれてしまい，すでに持つ観念的な枠組みに対する自信が過剰になってしまう点」と「学びたいと思うきっかけとなるものが環境から取りのぞかれてしまう点」を指摘する[11]。こうした状況は文化のステレオタイプを強化するだけでなく，見知らぬ世界と出会う機会そのものを制約しうる。摩擦も生じないが理解もなしえない，閉鎖的な情報世界をまとった私たちにとっての観光の意味を考えるには，そもそも観光という行為へと促される（異文化接触への）最初の契機こそが問われるべきなのかもしれない。

(塙　幸枝)

▷7　「geisha」についての考察は，以下が参考になる。高馬京子，2018，「越境する geisha――現代フランスの新聞における「日本女性」像の構築」高馬京子・松本健太郎編『越境する文化・コンテンツ・想像力――トランスナショナル化するポピュラー・カルチャー』ナカニシヤ出版。

▷8　Ⅵ-5「インバウンド」参照。

▷9　これはブルーナーが指摘する「文化の真正性」の問題として理解することもできる。ブルーナー，E. M.，遠藤英樹訳，2001，「オーセンティックな複製としてのアブラハム・リンカーン――ポストモダニズム批判」『奈良県立大学研究季報』12(2)，103-129。

▷10　フィルターバブル
予測エンジンをはじめとするインターネットにおけるフィルタリング技術によって，まるでみえない泡に閉じ込められたように，ユーザーが接触する情報がパーソナライズされた自分好みの範疇に偏向している状態。

▷11　パリサー，E.，井口耕二訳，2012，『閉じこもるインターネット――グーグル・パーソナライズ・民主主義』早川書房，105。

Ⅷ　観光コミュニケーション「が」つくるもの

③ コト消費

① 「モノより思い出。」

1999年，日産自動車「SERENA（セレナ）」のCMが放映された。仲睦まじい家族が，セレナに乗りながら温泉や絶景などの観光地を楽しむ姿が映し出され，車が走り去るカットとともに「モノより思い出。」と表示される。

私たちの身近にあふれる消費といえば，生活用品などのモノ（物質）を想像するかもしれないが，消費はモノに限られる活動ではない。現代の消費は発展し，モノだけではない様々な要素に人びとの関心が集まっている。本章では消費社会の発展を簡単に示しつつ，消費形態の一つである「コト消費」と観光との結びつきについて考えてみよう。

② モノからコトへ

産業革命以降，人類は大量のモノの生産を可能にし，20世紀後半に至るまで大量生産，大量消費を推し進めてきた。代表的な事例として，フォード社の活躍があまりにも有名である。フォード社は車の生産にベルトコンベアーの生産方式を採用することで効率的な大量生産を可能にし，大衆車を世に広めた。日本では高度経済成長期の1960年代から1970年代においてテレビ，洗濯機，冷蔵庫を指す「三種の神器」を得ることに人びとの関心が集まった。このような現象は，「人々が消費に対して強い関心をもち，高い水準の消費が行われており，それにともなってさまざまな社会的変化が生じるような社会[1]」として消費社会と呼ばれるようになった。

▷1　間々田孝夫，2000，『消費社会論』有斐閣。

この時点ではモノの機能的価値や消費量に重点が置かれ，大量生産された同じものを大衆が消費していた。しかし，日常生活にモノが飽和していくにつれて，人びとは消費に「他者との差異」などの付加価値を志向するようになった。たとえば，現代において注目を集めるファッションブランドの魅力は，体を守り体温を調節するといった衣服の基本的な機能よりはむしろ，「他の服とは違うデザイン」や「社会の中で評価されていること」だろう。このような消費の傾向は記号消費と呼ばれ，消費社会論の文脈で議論されることとなる。

▷2　記号消費については，本稿で論じる紙幅を持たないが，フランスの哲学者ジャン・ボードリヤールによる『消費社会の神話と構造』などが代表的。

付加価値を重視するのであれば，もはやモノにこだわる必要はない。むしろ消費者は，モノを無闇に大量消費するのではなく，自分にとってどのような意味があるかを吟味しながら消費するようになった。こうした背景を踏まえて消

費社会に関する研究分野で主張されたのが，モノ以外の消費に関心が集まる「脱物質主義」の傾向であり，これと呼応する形で登場したのが「コト消費」である。コト消費は，消費者による行動や体験に経済活動が発生する消費を表す概念であり，同時に人びとの消費の関心が「モノ」から「コト」に移行した状況を表している。

③ 体験型観光の広がり

観光は，代表的なコト消費の事例と言えるだろう。観光が現代の余暇において非常に重要な立ち位置を占めている背後には，モノ消費からコト消費への移行が挙げられる。

観光においてはコトに着目した経済活動が，以前よりも消費者に対して，積極的に提供されるようになった。コト消費に重点を置いた観光に「体験型観光」がある。これまでの観光は，街なみや歴史的建造物を「見る」ことにとどまっていた。これに対して体験型観光では，観光者が地域の生活や文化を自ら体験し，「する」ことが重視されたのである。たとえば，体験型観光では「蕎麦打ち体験」や「農作業体験」など，観光地の文化に沿ったツアーが提供され，観光者は体験（コト）を楽しんで（消費して）いる。無論，以前から観光地の文化を体験することは不可能ではなかったが，パッケージツアーや体験教室などが観光地に散見され，観光業として商業化されている現状は，より体験型観光に人々の関心が集まり，そして身近になったことを表している。

④ 体験を共有する

観光と結びついたコト消費は情報テクノロジーの発展とも無関係ではない。観光の体験はおもにその場所，その時に限定され，その体験は個人の内にとどまることが多かった。しかし現代においては，気軽に写真や動画を撮影できるスマートフォンと，保存した複雑なデータを気軽に世界中に共有できる SNS が，人びとのコト消費の欲望をさらに増幅させている。

私たちは観光の最中，体験する友人や家族との記念写真や，体験を楽しむ自分の動画を撮影し，Twitter や Instagram などの SNS で共有する。観光客は，その体験を「友人との思い出」，「文化を学ぶ自己研鑽」，「他人があまり体験したことのない貴重な経験をした証」として投稿するなどして，多様な意味づけが可能となる。この意味づけによって，人びとは観光によって得た体験を自己表現につなげることを可能にする。このように私たちは，消費社会の変遷の中で物質に限らない消費に焦点が移っていくなかで，観光地に沿ったコト（体験）に対して経済が発生し，自由に意味づけを行えるような体験型観光が身近にある時代を生きている。

(関　駿平)

▷3　消費社会の歴史的変遷と，脱物質主義の登場については以下の文献などが詳しい。間々田孝夫，2005，『消費社会のゆくえ──記号消費と脱物質主義』有斐閣。

▷4　ただ，コト消費への移行は，モノの消費が不要になったことを意味するわけではない。冒頭のセレナのCM が結局のところ物質である車を宣伝しているように，実際にはモノとコトは相互扶助の関係にありながら現代の消費社会を作り上げている。Ⅷ-8「ハイブリッド消費」参照。

Ⅷ　観光コミュニケーション「が」つくるもの

コミュニケーションのコンテンツ化

▷1　遠藤英樹, 2017, 『ツーリズム・モビリティーズ——観光と移動の社会理論』ミネルヴァ書房。

▷2　[V-5]「バックパッキング」参照。

▷3　[Ⅱ-5]「アイデンティティ」参照。

▷4　遠藤は, 数多くの若者たちがその時期にバックパッカーとして「自分探しの旅」を体験するようになった点に注目し, 事後的に刊行された幾つかの旅行記のなかで, 「『旅で自分を見つめ直すことができた』という言説」が反復されることになったと指摘する。「恋愛」にしても「旅」にしても, それらは当時の若者たちにとって, 「生きる『意味』＝アイデンティティを付与する装置」として重要性をそなえていたのである。同前書。

▷5　濱野は, この概念を次のように説明している。「新聞やテレビや映画やCDといった『プロフェッショナル』がつくるメディアやコンテンツではなく, これまでそれを消費し, 使うだけの存在だった『一般利用者』(アマチュア)の側が, ネットを通じてコンテンツを発信していくようになった」。濱野智史, 2015, 『アーキテクチャの生態系——情報環境はいかに設計されてきたか』筑摩書房, 18-19。

❶　「コンテンツの循環」をめぐる図式の変容

　旅とは, 自己や他者を理解するための「メディア」にもなりうるし, あるいは, それらをめぐる「コンテンツ」の源泉にもなりうる。遠藤英樹が洞察するように, かつて1980年代後半から1990年代にかけて「旅」——それもバックパッカー的な旅——は, 当時の若者たちにとってリアリティやアイデンティティへとアクセスするための「メディア」として機能していた。遠藤によると, そのような旅の「メディア」としての機能は2000年代にはいり後退したと指摘されるが, その背景には彼のいう「モビリティの進化＝深化」に加えて, ここ20〜30年のあいだに生じたメディア環境の急速な変化を看過することはできない。1990年代中葉にインターネットと携帯電話が普及し, さらに2010年代に入ってからスマートフォンやSNSなどが人びとの生活に浸透した。そして情報を伝えたり共有したりするためのメディアが技術的に革新されたことにより, それを介した「コミュケーションの形態」や「コンテンツの循環」をめぐる図式が大きく更新されることになったのである。とりわけ後者に関して付言しておくと, それは「UGC」というかたちで, 一般の人びとがコンテンツの産出へと積極的に関与するようになったこと, そして「UDC」というかたちで, 人びとがソーシャルメディアを経由してコンテンツを拡散するようになったことがあげられる。それは旅／観光をめぐるコンテンツに関しても例外ではなく, 実際のところ, 旅行系ユーチューバーや旅行系インスタグラマーがいわゆるインフルエンサーとして, それぞれのプラットフォームをつうじて自作のコンテンツを拡散し, 旅をめぐる人びとの想像力へと働きかけている。

❷　メディアとコンテンツの関係, およびコミュニケーションのコンテンツ化

　本稿で「メディア」と「コンテンツ」の現代的な関係を考えるうえで, マーシャル・マクルーハンによる次のような言葉が参考になるかもしれない——「どんなメディアでもその「内容」はつねに別のメディアである, ということだ。書きことばの内容は話しことばであり, 印刷されたことばの内容は書かれたことばであり, 印刷は電信の内容である」。ここでの「内容＝content」とは本節でいう「コンテンツ」と同位にあるが, 「より古くから存在するメディア

が新しいメディアに取り込まれてコンテンツと化す」という構図は，（たとえばラジオを聴くための，あるいは映画をみるための）「アプリ」と「スマートフォン」との入れ子構造的な関係性を含め，現代のデジタル環境下でも散見される。そして遠藤が「メディア」として言及した旅もまた，現代では様々なかたちで「コンテンツ」化され，人びとによる消費の対象として，デジタルメディア／ソーシャルメディアを経由して流通しつつあるのだ。

▷6　Ⅸ-6「UGC と UDC」参照。
▷7　マクルーハン，M.,栗原裕他訳，1987,『メディア論——人間の拡張の諸相』みすず書房，8。

　ちなみに現代は「コミュニケーション」もまた，消費の対象としてコンテンツ化される時代だといえる。「コミュニケーションのコンテンツ化」ということでいえば，たとえば「握手券」により媒介されたアイドルとのコミュニケーション，テーマパークにおけるキャラクターとのグリーティング（いわゆる「キャラグリ」），ニコニコ動画などをつうじて配信されるゲーム実況プレイなどをその例として想起することもできよう。それらは人びとを「満足（content）」させる商品としてプログラムに組み込まれ，コンテンツとして消費の対象となる「パッケージ化されたコミュニケーション」として位置づけうる。

　むろん「コミュニケーションのコンテンツ化」は何も目新しい現象ではなく，観光領域では従来からゆるやかに存在したものと理解しうる。本書の他節でも詳述されているように，たとえば旅館における「おもてなし」，ゲストハウスにおける「交流」などといったコミュニケーションは，それぞれ宿泊施設の価値を高めるための要素として，観光客が消費する重要なコンテンツとしても捉えうる。そして昨今では，旅における「おもてなし」や「交流」の様相が各種メディア——テレビのみならず，YouTube や Instagram，あるいは TikTok——をつうじて紹介されることで，旅に随伴する「コミュニケーション」がさらに派生的なコンテンツを産出し，社会的にひろく流通することになるのだ。

③　コロナ禍におけるコミュニケーションのコンテンツ化

　観光にともなうコミュニケーションは，新たな技術的文脈に包摂されることでコンテンツ化され，人びとによる消費の対象となる。昨今では，インターネットやそれ連携したソーシャルメディアの発達により，コミュニケーションの障壁が大きく下がり，そのコンテンツ化の傾向が以前にもまして顕著になってはいたが，それに追い打ちをかけたのが新型コロナウィルス（COVID-19）だったのではないだろうか。実際にそれ以降，たとえば「オンライン〇〇」「リモート〇〇」「バーチャル〇〇」といった形態をとって，コミュニケーションを含めて何らかの「体験の技術的合成」を指向するコンテンツが量産されるようになったといえる。たとえばサンリオピューロランドで企画された「オンラインキャラクターグリーティング」などは，その一例といえよう。

▷8　Ⅺ-4「バーチャル観光」参照。

（松本健太郎）

Ⅷ 観光コミュニケーション「が」つくるもの

5 多孔化

① モバイル化する社会

　私たちは，高度に「モバイル化」された生活を送っている。モバイル化とは，モバイル通信機器をもちいてインターネットに接続することを前提とした社会が構築されることを指す。総務省の『令和元年版　情報通信白書』によれば，インターネット利用端末として「パソコン」と答えた割合は48.2％だったのに対して，「スマートフォン」と回答したのは59.5％であった。スマホからのインターネット利用率が高くなる傾向はすべての都道府県に共通しているが，その差をみると，東京と政令指定都市が存在する15府県の平均が11.55ポイントであるのに対して，それ以外の県では11.7ポイントになる。すなわち非都市圏において「パソコンよりもスマホ」という傾向がより顕著なのである。

　また，インターネット利用のなかでも「ソーシャルメディア」の利用率は高く，全体で60％（49歳以下に限ると74.7％）となっている。他方で「モバイル」という点に着目すると，「地図・交通情報の提供サービス（無料のもの）」が67.7％（49歳以下で69.6％）となっている。外出時や移動中であっても，ソーシャルメディアにアクセスしたり，スマホで地図を見ながら移動したりするのが当たり前になっていることが，ここから見てとれるだろう。

② 空間の意味の上書き

　このような生活スタイルの普及は，インターネット利用だけでなく，現実の空間にも影響を与えている。たとえば，出かける前に交通情報を確認することで渋滞や電車の遅延を避けるというケースを考えてみよう。このとき，道路や駅がどのような状態であるかは，スマホのアプリから把握することができる。つまり，現実空間としての道路や駅ではなく，それらについての情報が，その場所のもつ意味を決定するのである。

　あるいは，事前にネットで調べておいた飲食店を訪れるケースではどうだろうか。もしも現地でうまくお店が見つけられなかった場合，近くを歩いている人に道を尋ねるのではなく，スマホアプリの地図を見ながら，現在位置と目的地のズレを確認し，どのあたりに店があるのかを探そうとするのではないか。もし目の前に目的の店があったとしても，延々とスマホの画面を見ながら道に迷うという事態すら起きうるのだ。

▷1　総務省，2019,「情報通信白書 令和元年版」（2022年1月12日取得，https://www.soumu.go.jp/johotsusintokei/whitepaper/）。

▷2　ここで「意味」とは，ある空間について，その個人が理解していることがらを指す。「偉人の生家」のような社会的に共有された意味だけでなく，「1年前に訪れた思い出の場所」といった個人的な意味も含まれる。

観光地においては従来，看板やパンフレットのようなメディアが，その場所の見どころや歴史を伝える役割を果たしていた。こうした機能は今，多くの部分でスマホのアプリにとって代わられている。利用者に合わせてパーソナライズすることが可能なサービスをもちいれば，たとえ外国であっても，母国語で検索した情報をもとにスマホを見ながら歩くことができる。スマホに流れ込んでくるネットの情報が，現実の空間の意味を上書きするものになっているのである。

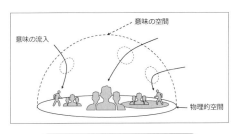

図Ⅷ-1 モバイル化と空間の多孔化

出所：鈴木謙介，2013，『ウェブ社会のゆくえ──〈多孔化〉した現実のなかで』（NHK出版，137）を元に筆者作成。

3 モバイル化と空間の多孔化

現実の空間に流れ込んでくるのは，その空間に関する情報だけではない。ソーシャルメディアをつうじて，別の空間にいる人が自分に連絡してきたり，逆に，別の空間にいる人がいま何をしているのかを知ることができたりもする。その瞬間，その人は別の空間にいる人との「つながり」をもつことができる一方で，現実に存在している空間からは「切断」されたような状態になる。

一緒に食事をしている人同士が，黙り込んでスマホを操作している場面を見たことはないだろうか。そのとき，彼らは同じ空間に存在しているにもかかわらず，対面で求められる役割を果たしていない。それぞれがスマホをつうじて流入してくる情報で，その場の意味を上書きしているのである。

これを空間の側から捉え直すと図Ⅷ-1のようになる。ある空間には，「飲食店」や「観光地」のような意味が付与されており，その空間を覆っている。だが，外の空間の情報は，空間の意味の天蓋に穴をあけ，空間のなかに流入する。その場にいる人がもつスマホに外部の情報が流入するとき，空間の意味には多数の穴が空いているのである。「多孔化」とは，そのような状況を指す言葉だ。

4 場所の意味をめぐるズレ

空間の多孔化は，観光地や観光サービスにとって様々な影響を及ぼしている。既に述べたように，外国から来た観光客が自国の言葉で観光地の情報を知り，その土地を歩くことができるようになるのは，ポジティブな影響だといってよいだろう。しかしながら他方で，歴史ある観光地がアニメや映画の舞台になったことで，土地の歴史に関心のない訪問者を引き寄せ，地域の認識とズレを起こしたり，来訪者に期待はずれだと思われたりするケースも考えられる。場合によっては，歴史を求めて訪れた観光客が，「聖地巡礼」に訪れた観光客に対して不快感を抱くこともあるかもしれない。

今後は，その空間が以前からもっていた意味と，外から流入する情報との対立や葛藤，あるいは融合やアップデートの可能性について考える必要がある。

（鈴木謙介）

▷3 役割とは「社会的に共有された，その場にふさわしいとみなされる一連の行為」を指す。私たちは自己，あるいは他者に対して，その場にふさわしい役割を期待し，それを演じることで社会生活を営んでいる。

▷4 Ⅴ-2「コンテンツ・ツーリズム」参照。

Ⅷ　観光コミュニケーション「が」つくるもの

6　パフォーマティブ労働

▷1　Ⅵ-2「ディズニーランド」参照。

1　パフォーマンスとしての労働

　ディズニーランドにおいて，来訪者を「ゲスト」，従業員を「キャスト」と呼ぶことは広く知られている。テーマパークは来訪者に夢のような体験を提供する一つのステージであり，従業員はその舞台のうえでパフォーマンスをする演者になぞらえられる。アラン・ブライマンは，そのようなディズニーランド内で特徴的に見出される，労働がパフォーマンスとして提示される状況を「ディズニー化」と呼び，サービス提供システムの主要な次元の一つとして「パフォーマティブ労働」と名付けている[2]。パフォーマティブ労働とは，労働を劇舞台で与えられた役割／役柄を演じるパフォーマンスになぞらえたものであり，その上演が見事に遂行されれば，いわゆる「経験経済」において重要な顧客にとって忘れがたい価値のある経験が提供されるのである[3]。いわばパフォーマティブ労働は，より高品質なサービス提供のための手段であるといえる。

▷2　ブライマン, A., 能登路雅子監訳, 2008, 『ディズニー化する社会——文化・消費・労働とグローバリゼーション』明石書店。
▷3　パイン, B. J., & J. H. ギルモア, 岡本慶一・小高尚子訳, 2005, 『[新訳]経験経済——脱コモディティ化のマーケティング戦略』ダイヤモンド社。

　もっとも，労働がパフォーマンスとなりうる職業は無数に存在しており，教師や警察官，あるいは医師や営業職であっても人間と人間が直接相対する場において「ある役柄」を演じることに変わりはない。そしてホテルやレストラン，航空会社や旅行会社といった顧客接点の業務が重要な意味をもつ観光産業の現場には，このようなパフォーマティブな労働があふれている。

2　パフォーマティブ労働と感情労働

　従業員が舞台のうえでより良い演者となるためには，与えられた役柄に没入しなければならない。そこでパフォーマティブ労働に基礎を提供するのが，従業員の感情の管理である。1980年代にアーリー・ラッセル・ホックシールドは，航空会社の客室乗務員を対象とした調査をつうじて，顧客と接する従業員が自らの素の感情を企業側が求める感情規則に適合させる努力について「感情労働」という概念を提示している[4]。顧客と接することのない製造業の現場では，スタッフの感情表現が必ずしもそこで生産される製品の質とは関連しない。しかし接客ではしばしば「笑顔」が求められるように，顧客接点の現場では感情の管理こそが提供されるサービスの質に直接的に関わる。このような感情の管理は，観光の分野に限らず，看護や介護福祉の分野でも関心が寄せられてきた。

▷4　ホックシールド, A. R., 石川准・室伏亜希訳, 2000, 『管理される心——感情が商品になるとき』世界思想社。

　従業員が感情をコントロールしなければならないのは，実際の感情のあり方

と組織が求める感情表現にギャップが生じるからである。このような感情不調和（不協和）の状況は，①接客の際に顧客が見せる反応，②対象人物の特性，③相互作用の状況，④同僚・上司とのトラブル，⑤自分自身の都合など複数の要因によってもたらされる。たとえばレストランでの接客の場面を考えてみよう。顧客による過剰な要求やハラスメントなどに対して怒りを覚えたとしても，あるいは見るからに強面の客がやってきたとしても，スタッフは笑顔で応答することが求められるかもしれない。いつも笑顔で接客することを心がけていても，混雑のピーク時間帯や厳寒期の屋外作業であれば内心まで笑顔ではいられないだろう。同様に店長に怒られたことに対する不満や，「昨日，パートナーと破局した」というような私的な出来事も，客の前では隠さなければならない。

　感情不調和の状況で組織が求める感情表現規則にしたがうために，従業員は自らの感情を偽る「演技」をしなければならない。そのような演技は，「作り笑い」のように表情やしぐさなどの身体表現で要求される感情を表現する表層演技と，感情そのものを組織から要求された状態に変える深層演技に大別される。もし深層演技を自然にできるようになったとしたら，それはある種の「洗脳」ともいえる状態なのである。

③　「やりがい」「おもてなし」と労働への対価

　自らの提供するサービスが顧客に感動を与え，感謝の言葉をかけられるだけでなくリピーターとなる。そのような状況をもたらしてくれるのであれば，パフォーマティブ労働は企業にとって収益の源泉となるだけでなく，従業員にとっても働くうえでのやりがいになるだろう。その意味でパフォーマティブ労働は，顧客とのコミュニケーションが大きな意味をもつ観光産業にとって重要な関心事であることに疑いはない。だがその基礎にある感情労働は，感情という個人の内面を商品化し企業による管理を可能とせしめる営為でもある。いわば「キャストのやりがい」と「ブラックバイトの洗脳」は表裏一体の関係なのである。さらに感情労働に対しては，肉体労働や頭脳労働に比べてケアや対価が十分ではない。それどころか金銭の授受を超えた「おもてなしこそが日本文化の神髄」だとするような言説は，相応のサービスに対してチップで応じる習慣がない日本の観光産業の現場においては，従業員のやりがいの陰で一方的な感情の商品化を助長することも危惧される。

　もちろん笑顔の無い接客は味気ないし，上質な接客パフォーマンスは，提供された側だけでなく提供する側にとっても喜びをもたらす。それゆえ，パフォーマティブ／感情労働は，単純な善悪二分法を越えて，感情という私的領域の商品化をめぐる適切なケアと対価のあり方について，私たちに未解決の問いを突き付けているのである。

（鈴木涼太郎）

▷5　もちろん，求められる感情表現は笑顔だけだとは限らない。葬儀関連サービスのスタッフであれば努めて悲しみや哀悼の意を示す必要があるし，債権回収業務であれば，相手を威圧すべく怒りを表現する必要があるだろう。

▷6　さらに観光地においては，一般の地域住民までもが「おもてなし」の名のもとに無償のパフォーマティブ労働を要求されるかもしれない。

Ⅷ　観光コミュニケーション「が」つくるもの

 # ソーシャルメディアの写交性

デジタル化／ソーシャル化される写真

　かつてフィルム写真の時代にあっては，「シャッターを切る」という行為は，ちょっとした決断を要する行為だった。枚数が限られたフィルムを購入し，それをカメラにいれてシャッターを切る。フィルムを使い切ってからそれを写真屋にもちこんで現像してもらい，ようやくそれを映像として眺めることが可能になる。それが今ではどうだろうか。携帯可能なデジタルカメラで，あるいはスマートフォンに搭載されたカメラで，たとえば旅行中に，私たちは気軽に，しかも（端末の容量が許す限りは）無際限に写真を撮ることができる。撮影された写真はすぐにデバイスの液晶モニターで，あるいは端末のタッチパネルで確認でき，不要な画像を取捨選択をして，容易に消去することができる。同じ「写真を撮る」「写真を観る」という行為だとしても，アナログ時代のそれとはまったく異質なプロセスがそこには介在しているのだ。

　実際に写真がデジタル化されるようになった今，フォトショップ等によるその画像の加工・編集はいっそう容易になったともいえるし，また，Facebook や Instagram などソーシャルメディアの回路を経由して交換されるようになった今，その画像を介した新たなコミュニケーションやコミュニティが台頭しつつあるともいえる。

② デジタル化された写真：「記録」から「共有」へ

　デジタル化された写真はソーシャルメディアに取り込まれることによって，単なる「記録」というその機能のみならず，他者との「共有」という機能が意識されつつある。角田隆一は「コミュニケーションをつくる映像文化」と題された論考のなかで，現代的な「写真コミュニケーション」について次のように語っている——「90年代半ばのプリクラ文化でもすでに見出されていたこのコミュニケーションは，その物質性と身体性をともなった営み——プリクラ手帳の持ち歩き！——をデジタル・ネットワーク技術によってお手軽化して，さらにローコストな写真の流通（＝拡散）を実現した。こうして2000年代半ばには，デジタル写真を介して（不）特定多数の人とのコミュニケーションを楽しむ「写交性」が広く展開していく」。角田が言及する「写交性」は，むろん昨今では Facebook や Instagram などのソーシャルメディアによって支えられつつあ

▷1　角田隆一，2016，「コミュニケーションをつくる映像文化」長谷正人編『映像文化の社会学』有斐閣，109。

る。そしてそれは，むろん観光地における人びとの行動──す
なわち，ある場所で写真を撮り，それを他者と共有するという
それ──にも認めることができる。

3　フォトスポットにおける写交的パフォーマンス

　観光地における写交性は，デジタル化／ソーシャル化された
写真に加えて，その撮影を惹起するための各種の仕掛けによっ
て実現されている側面もある。その仕掛けの代表的なものとし
てあげられるのが「フォトスポット」である。たとえば図Ⅷ-
2 はワイキキのインターナショナルマーケットプレイスに設置

図Ⅷ-2　インターナショナルマーケットプ
レイスの「セルフィスポット」

出所：筆者撮影（2019年2月25日）。

されたものである。「セルフィスポット（SELFIE SPOT）」と記載されたそのフ
ォトスポットには，Facebook および Instagram のロゴが併記され，撮影した
写真をシェアするよう指示書きが付されている。つまりこれは訪問客に対して，
ある場所での撮影，およびその画像の投稿を呼びかけることで，SNS をつう
じた集客を目指すものとなっている。

　フォトスポットにはいわゆる「顔ハメ看板」などを含め様々なタイプのもの
があるが，とくにテーマパークでは，キャラクターたちを描いたフォトスポッ
トが散見される。たとえばサンリオピューロランドの周辺には，キャラクター
を描いた常設型／仮設型のフォトスポットが点在しており，それらを背景にし
た撮影へと人びとを誘導する役割をそなえている。

　ちなみにサンリオピューロランド内のショップで販売されているグッズをみ
てみると，来場者たちにちょっとしたコスプレを促すためのモノが多いことに
気づく。たとえばキャラクターのデザインを模したカチューシャなどはその一
例だが，それらはゲストを「みられる客体」もしくは「撮影される被写体」へ
と変換するための装置だといえるだろう。これらのグッズとは，一定のロール
プレイのもとで望ましい現実を写真として切り取るための小道具であり，これ
に対してフォトスポットとは，それをプロデュースするための舞台でもある。
そして撮影とは，ゲストがテーマパークの世界観に入り込むための媒介行為と
して機能するのだ。

　ピューロランドの来場者に期待されているのは，上記のカチューシャのよう
な「エンジョイグッズ」なるものを買い，それをロールプレイの道具として装
着し，友人やキャラクターとコミュニケートしながらセルフィや記念撮影をお
こない，さらにその画像データを友人と共有したり，SNS にアップロード＝
発信したりする，というその一連の営為である。そして，それを誘発するため
にデザインされた「撮影中心」の空間構成のなかで，人びとの多くは定められ
たパフォーマンスを繰り広げながら，デジタル写真を介したコミュケーション，
すなわち「写交性」を享受することになる。　　　　　　　　　　（松本健太郎）

Ⅷ　観光コミュニケーション「が」つくるもの

8　ハイブリッド消費

1　ハイブリッド消費とは何か

　私たちは実際に観光するとき，どんな消費を行うだろうか。たとえばテーマパークを訪れたときには，アトラクションに乗るだけでなく，レストランで食事をし，売店でグッズを買う。私たちは，モノやコトに限らない様々な消費が入り混じる状況が当たり前になっている観光を楽しんでいる。

　英国の社会学者アラン・ブライマン[2]はこのような消費の形態を「ハイブリッド消費」と呼び，「従来別々の消費領域に存在していた消費形態が互いに重なり合い，ますます区別しにくくなってきている一般的な消費傾向[3]」と定義した。ブライマンはショッピングモールやテーマパークを事例に，現代社会の「Disneyization（ディズニー化）[4]」（ディズニー・テーマパークの諸原理が波及していくプロセス）を説明する要素の一つとしてハイブリッド消費をあげている。本章ではハイブリッド消費の特徴を確認し，観光に隠された消費の力を紐解いてみたい。

2　拘束される人びとと組織的な力

　ハイブリッド消費が観光に組み込まれるおもな目的は，様々な人びとを同じ場所につなぎとめることである。それはつまり，人びとがその場所から移動しなくても消費できることを示している。ブライマンによれば人びとが消費する金額は，滞在する時間に関係している。そのため，その場所を組織する人びとにとっては消費者を長時間つなぎとめるほど，経済的利益を得ることができる。この目的の達成のために，ハイブリッド消費にはいくつかの特徴を見出すことができる。

　たとえばハイブリッド消費は様々な形態を持っているために，多様な人びとを消費に取り込むことができる。テーマパークでは，子供が喜ぶアトラクションもあれば，大人が喜ぶグッズもある。また，カップルで訪れれば専用のプランが用意されたホテルが，一人で訪れても「シングルライダー」として手早くアトラクションが楽しめる。よって私たちは，その人数構成や老若男女に関わらず，テーマパークに行けば何かと長時間楽しめてしまう。

　また，ハイブリッド消費では快適であることも重要である。その場所が快適ならついつい長く滞在してしまう。私たちがテーマパークに行くと適切な空調が完備され，疲れたときにはちょうどベンチが配置され，お腹が空いたときに

▷ 1　消費社会の基本的な変遷に関しては Ⅷ-3「コト消費」を参照のこと。
▷ 2　アラン・ブライマン（1947-2017）は，英国の社会学者。組織論，社会調査研究。質的／量的調査の統合や，マクドナルド化やディズニー化といった消費社会の概念について研究を行った。
▷ 3　ブライマン，A.，森岡洋二訳，2008，『ディズニー化する社会──文化・消費・労働とグローバリゼーション』明石書店。
▷ 4　ディズニーに関する社会学的分析については，以下の文献などがある。新井克弥，2016，『ディズニーランドの社会学──脱ディズニー化する TDR』青弓社。

162

は売店のポップコーンのいい匂いが漂ってくるだろう。このように，多様な消費と快適さが，私たちを空間に拘束して離さない。

とはいえ，ブライマンはハイブリッド消費自体が新しいと述べていない。この概念によって彼が指摘したいのは，消費を巧みに配置する組織の力である。ハイブリッド消費の多くは，人工的に作り出された観光地に組み込まれている。

たとえば，東京スカイツリーに登って最上階から景色を眺めるまでには，東京土産をそろえるソラマチ商店街，レストランや雑貨店，プラネタリウムや水族館を通り過ぎなければならない。私たちはつい「せっかくだから見ていこう」とこれらに寄り道して，お金を使ってしまう。

大江戸温泉物語のような入浴施設では入浴だけでなく，マッサージや岩盤浴，土産店，レストランが併設されている。これらの精算は後払いで，人びとをその場所に閉じ込め，出るころには入浴料以上の金額を払っている。

このように，私たちはこれらの場所にいるだけで，絶え間ない消費の誘惑に晒されている。観光客が何気なく観光を楽しむ背後には，様々な消費を巧みに配備し，多くの消費に向かわせるための組織的な力が潜んでいる。

③ ハイブリッド消費によって演出される観光

これらの消費は無秩序に観光に組み込まれるわけではなく，テーマに沿った形でハイブリッドに配置される必要がある。なぜならハイブリッドに組み込まれる消費は，単体で見たときには私たちの身近にあふれており，わざわざその場所にとどまる必要がないからだ。これらの消費はただ集合しているだけでは，人々を惹きつける理由にはならない。身近にありふれた消費が，「ディズニーらしさ」や「東京（日本）らしさ」といったテーマに沿って巧みに組み合わされることによってはじめて，総体として人びとを魅了する観光地へと姿を変える。

つまりハイブリッド消費は，その組み合わされ方にも着目しなければならない。たとえば海外から観光客が多く訪れる代官山 T-SITE は，書店，CD，DVD レンタルだけでなく，ラウンジ，スターバックスなどを併設している。これらは単体で見れば都市に溢れる営業形態だが，その巧みな組み合わされ方によって，洗練された都市の生活様式を思わせる空間として演出されている。

私たちは消費の組み合わされ方や演出のされ方といった組織の力に目を当てることで，現代の観光地における地域イメージの作られ方や，人びとを消費に向かわせる構造を暴くことができるだろう。

（関　駿平）

Ⅷ　観光コミュニケーション「が」つくるもの

コンタクトとコンタクト・ゾーン

▷1 「コロンブスの交換 (Columbian Exchange)」と呼ばれる「旧大陸」と「新大陸」の出会いは，その典型的なものといえるであろう。詳細は以下の文献を参照。山本紀夫，2017，『コロンブスの不平等交換——作物・奴隷・疫病の世界史』KADOKAWA。

▷2　Pratt, M. L., 1992, *Imperial eyes : Travel writing and transculturation*, London, UK: Routledge. 田中雅一，2018，『誘惑する文化人類学——コンタクト・ゾーンの世界へ』世界思想社。古谷嘉章，2001，『異種混淆の近代と人類学——ラテンアメリカのコンタクト・ゾーンから』人文書院。

▷3　Ⅰ-2「ツーリズム・モビリティ」参照。

▷4　須永和博，2012，『エコツーリズムの民族誌——北タイ山地民カレンの生活世界』春風社。

▷5　Harron, S., & B. Weiler,, 1992, "Review: Ethnic tourism In B," Weiler B., & C. M. Halls eds., *Special interest tourism.* London, UK: Belhaven Press, 83-94.

▷6　van den Berghe, P. L., 1994, *The Quest for the Other : Ethnic tourism in San Cristobal in Mexico.* Seattle, US: University of Washington Press.

1　コンタクト・ゾーンとは

　植民地主義の進展は，グローバルな人・モノの移動を生むことで，異文化間の様々な「接触（contact）」をもたらした[1]。歴史学者のメアリー・ルイズ・プラットは，こうした植民地的な遭遇が生起する空間のことを「コンタクト・ゾーン」と呼んでいる。コンタクト・ゾーンとは，地理的にも歴史的にも離れていた人びとが接触し，諸関係が成立する空間のことであり，通常そこには抑圧や人種的不平等，コンフリクトなどが含まれる[2]。もちろん，そのような空間は植民地化の過程だけでなく，ポストコロニアルな現代においても様々な領域で存在している。たとえば，多様なモビリティ[3]と文化接触をもたらす観光は，今日コンタクト・ゾーンを形成する大きな領域の一つといえるであろう[4]。

2　エスニック・ツーリズム

　先住・少数民族などの生活の場を訪れ，異文化を直接経験しようとするエスニック・ツーリズム[5]は，こうした問題が最も先鋭化する観光形態の一つである。エスニック・ツーリズムでは，観光客の多くが経済的に豊かな先進諸国出身者であるのに対し，観光対象となるのは国民国家やグローバリズムなどのなかで従属的な立場に置かれている先住・少数民族の人びとである[6]。それゆえ，両者が出会うエスニック・ツーリズムの現場では，権力関係を含む文化的界面が形成される場合が多々あるのである。

3　ベトナム・サパの事例

　以下では，ベトナム・サパを事例に，観光客と少数民族のあいだにいかなるコンタクト・ゾーンが形成されているのかについて考えてみたい。

　中国国境に近い，ベトナム西北部ラオカイ省にあるサパは，19世紀にフランス植民者によって「発見」され，高原避暑地（station d'altitude）として開発された山間部の小さな街である。植民地時代には，ヨーロッパ様式の教会や別荘が数多く建てられ，避暑地として賑わっていた。しかし，抗仏戦争によってその多くは破壊され，さらにはベトナム戦争にともなう政情不安の影響もあり，独立後しばらくは観光客の流入が途絶えていた。

　こうした状況が一変するのは，1990年代後半になってからのことである。欧

米人バックパッカーを中心とする外国人観光客が，サパ周辺に暮らすモン（Hmong）やザオ（Dao）といった山地少数民族との出会いを求めて訪れるようになったのである。植民地時代に避暑地として「発見」されたサパが，今度はエスニック・ツーリズムの対象として「再発見」されたのである。

　サパの街中を歩いていると，路上で手工芸品を販売する「観光行商」の少数民族の女性にしばしば出会う。サパの観光行商については，観光客が手工芸品を買うまで決してその場を離れようとしない強引な人も多いことから，観光がもたらす負のインパクトとして捉えられることもあった。「貧しい」少数民族の女性たちが，「豊かな」観光客と出会うことで，いびつなホスト・ゲスト関係が形成されてしまったというわけである。

　しかし観光行商の女性たちのなかには，ストリートで培った巧みな英語を駆使して，商売の域を超えたような，親密な関係を外国人観光客と築こうとする人もいる。こうした少数民族の姿勢は，観光客に何とか手工芸品を買ってもらおうとする彼女たちなりの「経営戦略」といえなくもないが，どうやらそれだけではないようだ。

　観光行商のモン女性に関する民族誌的調査を行なった今井彬暁によれば，モンの女性たちにとって，街での観光行商は村での自身の役割から解放される「自由な時間」として捉えられているという。村での仕事が義務であり，肉体的に辛い「労働（ウォヌ）」と捉えられているのに対し，観光行商は海外からの観光客との交流をとおした「楽しみ」を得る活動として位置づけられている。それゆえ，観光行商をつうじて親しくなった観光客を村へ案内するなど，ホスト・ゲスト間で長期にわたる「交友」へ発展していく場合もあるという。

④ コンタクトから自律的観光の模索へ

　観光行商で培った英語力や交友関係などを資源に，新たな起業を行う女性もいる。観光行商をしていたモン女性が，親しくなった欧米人観光客らの支援を受けて設立したツアー会社・サパ・オチャウ（Sa Pa O'Chau）は，その一例である。同社は，サパ周辺の少数民族の村を訪れるトレッキング・ツアーを催行するほか，外国人観光客らのボランティアに支えられながら少数民族の子弟に英語を教えるフリースクールを運営し，そこを卒業した若者をガイドとして雇用することもしている。こうした取り組みは，少数民族による自律的観光への模索として一定の評価ができるであろう。

　観光は，ホストとゲストのあいだに権力関係を含む文化的界面を形成する一方で，そのコンタクトが新たな社会的実践を生み出し，権力関係を融解する萌芽となる場合もある。そのため，コンタクト・ゾーンの理解には，そのコンタクトを微視的な視点から丁寧に読み解いていくことが求められる。

（須永和博）

▷7　Ⅳ-1「ホスト／ゲスト論」参照。

▷8　今井彬暁，2014，「つながりを創る行商活動——ベトナムの観光地サパにおける少数民族行商人女性と国外観光客のあいだの互酬的関係」『総研大文化科学研究』10, 235-249.

▷9　オチャウとは，「こんにちは」を意味するモン語。サパ・オチャウの活動の詳細については，同社のウェブサイト（2022年1月12日取得，http://sapaochau.org）を参照。

VIII　観光コミュニケーション「が」つくるもの

プラットフォーム

1　プラットフォーム革命

　多くの人やモノ，情報が集まりマッチングされていく，そのような場としてのプラットフォームは大昔から存在する[1]。しかしわたしたちのあらゆる行動がいたるところでプラットフォームに囲いこまれていくまでに至ったのは比較的最近の出来事だ。プラットフォームの機能を説明するキーワードの一つである「ネットワーク効果」が指摘されたのは，コンピュータネットワークとソフトウェアの重要性が着目されだした1980年代半ばであった[2]。ネットワーク効果とは，ある環境への参加者が増えれば増えるほど，その環境自体の価値が向上する事態を指す。あるプラットフォームの価値は，そこへの参加者が増えれば増えるほど増す。市場がその古典的な例だ。そしてこの「ネットワーク効果」が十全な効力を発揮していくのはインターネット時代以降である。

　デジタル技術とインターネットによって，プラットフォームは「アクセス，複製，配布の限界費用がほとんどゼロのデジタル環境[3]」となった。昔ながらの市場には，いまから振り返るとさまざまなコストがともなっていた。市場の場所までの移動コスト，商品を生産するコスト，商品を送り届けるコスト。しかしデジタル技術とインターネットは，これらのコストをすべてほぼゼロにしてしまう。そのことによって，これまでには考えられなかった規模のさまざまなプラットフォームが可能となった。それは同時に，そこに参加することのハードルが飛躍的に下げられたことを意味する。そしてこのプラットフォーム革命は，観光の分野にも大きな影響を及ぼしている。

2　プラットフォームの力と囲い込み

　どこに旅行に行くかを検討し始めている段階で，しばしばわたしたちはすでになんらかの形でプラットフォームに囲い込まれている。そもそも google などの検索エンジンが，さまざまな情報と情報をさがす人たちとをマッチングするプラットフォームである[4]。そして検索ワードを打ち込むと，さらにさまざまなプラットフォームに出会うことになる。旅行情報を集約するもの，航空券やレンタカーなどの移動手段の情報を集約するもの，宿泊場所の情報を集約するもの，レストランの情報を集約するものなどなど。これらのプラットフォームが提供する情報は，わたしたちに多様な選択肢を提供してくれるとともに，そ

▷1　たとえばプラットフォームとは「相互に関係しあえるようなオープンな参加型のインフラを提供するとともに，そのインフラのガバナンス（統治）の条件を整える」ものであるとされる。パーカー，G. G., M. W. V. アルスタイン，& S. P. チョーダリー，妹尾堅一郎監訳，渡辺典子訳，2018,『プラットフォーム・レボリューション——未来の巨大なライバルとの競争に勝つために』ダイヤモンド社，9。

▷2　マカフィー，A., & E. ブリニョルフソン，村井章子訳，2018,『プラットフォームの経済学——機械は人と企業の未来をどう変える？』日経 BP，213。

▷3　マカフィー＆ブリニョルフソン，同前書，245。

▷4　さらにはインターネット自体が，様々プラットフォームを載せる「プラットフォームのプラットフォーム」である。マカフィー＆ブリニョルフソン，同前書，208。

こから漏れる選択肢については不可視にしてしまう。

　ある種のプラットフォームにおいては，ネットワーク効果は両面で機能する。たとえば宿泊場所の提供者と宿泊者とをマッチングする Airbnb では，宿泊場所の提供者が多ければ多いほどそのプラットフォームは宿泊場所を探すものにとって価値が高くなり，また Airbnb で宿泊場所を探すひとが多ければ多いほど，そのプラットフォームは宿泊場所提供者にとって価値が高くなる。そしてこの両面のネットワーク効果が一定以上に達すると，そこにはプラットフォームの強大化を生みつづけていく循環プロセスが働き始める。人が集まれば集まるほどプラットフォームの価値が上がり，プラットフォームの価値が上がれば上がるほど人が集まってくる。その結果生じていくのが囲い込みだ。わたしたちは次第に，各種のプラットフォームが提供する選択肢の範囲の中で旅行の計画を立てていくことになる。

③ フィルタリング

　プラットフォームが機能するために欠かすことのできない要素の一つがフィルタリングである。プラットフォームの規模が大きくなればなるほど，この要素は重要になっていく。数ある情報の中から，利用者の要望にあう情報を見つけ出し提示すること，これができなければひとびとはそのプラットフォームから離れていってしまう。デジタル時代のプラットフォームにおいて，有効なフィルタリングを実現するための素材は利用者自身によって作り出される。そのレベルはさまざまだ。利用者の検索や購入の履歴，お気に入り登録や高評価などの行動は，利用者当人にはそれほど意識されることなく，大量に処理されてフィルタリングの精度をあげるために活用される。商品やサービスについての感想を投稿するときには，利用者はより積極的にフィルタリングの役割を買って出ている。口コミと呼ばれる昔からあるコミュニケーション形態の現代版である。

　プラットフォームはいたるところでわたしたちを囲いこみ始めているが，その関係は一方的なものではない。そのプラットフォームのなかで旅行先を検索し，航空券やホテルやレストランを予約し，そしてその評価や感想を書き込んでいくとき，わたしたち自身がそのネットワークの強化を促進し，囲い込みのプロセスに貢献していっている側面がある。帰宅後の土産話も広い意味での観光行為に含まれてきたとするならば，観光をめぐるさまざまなプラットフォームもまた今では観光行為の一部に入り込んでいる。移動手段やメディアの進化は，これまでも観光行為が成立するための基本的な条件を変容させてきた。現代においては，観光をめぐる新たな変容のなかでプラットフォームが果たす役割がますます無視できないものとなっている。

（谷島貫太）

▷5　パーカーほか，前掲書，33。

▷6　「フィルターとは，ユーザー間で適切な価値単位を交換できるようにするアルゴリズムを組んだソフト・ウエアツールだ」パーカーほか，前掲書，63。

（参考文献）

マカフィー，A., & E. ブリニョルフソン，村井章子訳，2018年，『プラットフォームの経済学　機械は人と企業の未来をどう変える？』日経 BP。

パーカー，G. G., M. W. V. アルスタイン，& S. P. チョーダリー，妹尾堅一郎監訳，渡辺典子訳，2018，『プラットフォーム・レボリューション——未来の巨大なライバルとの競争に勝つために』ダイヤモンド社。

第 4 部

観光コミュニケーションの臨界

Ⅸ　新たな「テクノロジー」が問いかけるもの

 # AI コミュニケーション

感情労働的コミュニケーションの現場

　観光関連産業は，旅行業，宿泊業，飲食業，運輸業，観光施設業をはじめ多岐にわたる業種によって成り立っている。旅行業には旅行代理店などが，宿泊業にはホテル業や旅館業などが，運輸業には鉄道会社，航空会社，バス会社，タクシー会社などが，観光施設業にはテーマパーク業や遊園地業などが位置づけられる。このような業種はかつてサービス業と捉えられていたが，現在では「ホスピタリティ産業」と位置づけられるに至っている。

　ホスピタリティの語源をたどっていくと，「旅人」や「異人（まれびと）」を歓待することに行き当たるとされている。「旅人」や「異人」がたとえ「敵対する人（hostile）」であったとしても，その人が傷ついているときは，その人を心からもてなし，癒そうとする——その行為を指して「ホスピタリティ」とされていたのである。それゆえ，もてなしを意味する「ホスピタリティ（hospitality）」と，歓待する宿泊施設を意味する「ホテル（hotel）」と，傷ついた人を癒す「病院（hospital）」は，語源として結びつくのである。

　堀野正人によると，観光関連産業が「ホスピタリティ産業」といわれるようになったのは，比較的近年のことであるとされる。「第二次大戦後，米国のホテル・レストラン産業において，機能的，均質的なサービスを越える情緒的な満足をもたらす人的応接を，ホスピタリティとして呼ぶようになった。現在，日本でも宿泊・飲食等のサービス産業の拡張と競争が激化し，ホスピタリティが経営成功の一つの鍵としてみなされるようになった」[1]のである。

　ここで重要なのは，ホスピタリティがそもそも「旅人」や「異人（まれびと）」を歓待することを意味するという，ホスピタリティという言葉の「本来的な意味」ではない。現在「ホスピタリティ」と呼びならわされているものが実は「サービス」に過ぎず，ホスピタリティの「本来的な意味」に立ち戻ることが重要だと主張するだけでは，現代社会における観光のあり方を考察するうえで不十分である。そうではなく，重要なのは，観光に関連した産業において現在，「ホスピタリティ」という用語をもちいることで顧客の情緒的満足感が過度に強調されてしまっている点であり，また，情緒的満足感をひきだすコミュニケーションのあり方が観光に関連した産業の従事者に求められるようになっている点である。

▷ 1　堀野正人，2011，「ホスピタリティ」安村克己ほか編『よくわかる観光社会学』ミネルヴァ書房，158-159。

　社会学者アーリー・ホックシールドは『管理された心——感情が商品になるとき』において，このような労働のあり方を「感情労働」と名づけている。ここでの「感情労働」とは，相手（たとえば客）の感情を優先させ，自分の感情を抑制（コントロール）することが重要となる労働を指す。ホックシールドは，現代社会の仕事のあり方が「肉体労働」や「頭脳労働」以上に，「感情労働」の要素を求めるものになっていると主張する。ホスピタリティ産業は，まさに感情労働的なコミュニケーションをとおして顧客の情緒に訴える業種となっているのである。

▷2　ホックシールド，A.R.，石川准・室伏亜希訳，2000，『管理される心——感情が商品になるとき』世界思想社。

❷　AIは感情労働的コミュニケーションの夢を見るか？

　現在，こうしたホスピタリティ産業に，AIの導入が積極的に行われるようになっている。たとえば，いくつかの企業では，観光施設向け「多言語AIチャットボット」が開発されている。観光客は，スマートフォン・アプリにおいて話しかけたり，文字を打ち込んだりしながらAIとコミュニケーションを行う。

　そうすることでホテルがこのシステムを導入している場合には，観光客はチャットボット（自動会話プログラム）をつうじて，チェックインとチェックアウト時間，ホテルまでのアクセス情報，部屋内のネット環境，アメニティの内容等のホテル情報を得たり，宿泊を予約したり，モーニングコールを設定したり，宿泊している部屋の清掃を依頼したりできるのである。しかもそれは24時間休みなく，日本語だけではなく英語・中国語・韓国語等の多言語にも対応できるものとなっている。

　これ以外にも，AIが観光客の感想・評価を蓄積したデータベースからユーザの興味・関心に合わせた観光プランを提案するシステムもある。さらにはAIを搭載したヒューマノイドロボットが多言語で道案内をしてくれる観光施設，それらロボットが相席して会話に応じてくれるだけでなく，占いやミニゲームで遊べたり（ときには踊ってくれたり）するカフェもある。

　だがホスピタリティ産業が感情労働を求められているのならば，AIが行っていることもやはり感情労働的コミュニケーションなのだといって良いだろうか。「多言語AIチャットボット」をもちいてうまく予約ができて，「ありがとう」とAIに話しかけている観光客の姿を思い描いてもらいたい。その観光客が口にしている言葉は，情緒的満足感をともなった感謝を伝える「会話」なのか。それとも機械をまえにして呟かれた，単なる「独り言」に過ぎないものなのか。このことを問うとき，AIがもたらすコミュニケーションとはどういった局面のコミュニケーションなのかを真剣に考えはじめねばならなくなっているのである。

▷3　Elliott, A., 2019, *The Culture of AI : Everyday Life and the Digital Revolution*, London: Routledge.

（遠藤英樹）

Ⅸ　新たな「テクノロジー」が問いかけるもの

 ロボット

1　分身ロボットが可能にすること

　現在，テクノロジーの発展がロボットの形態を多様化させているが，観光という領域もロボットと無関係ではない。観光におけるロボットの活用を考えるには，観光という行為がまず観光者にとっての「体験」であり，その体験が観光地という「場所性」とのあいだで意味づけられる点に留意しなければならない。ここでは分身ロボットとして開発された OriHime（オリヒメ）を取りあげ，身体拡張という観点から観光とロボットの接点を探っていく。

　OriHime は「移動の制約」を克服することを目的としたロボットである。[1]たとえば病院に入院している人のなかには，身体的・環境的制約により長期にわたって病室から出ることのできない人がいる。そうした人が OriHime を操作することによって，会社で働いたり，旅行に行ったり，あたかも「その場」にいるかのようなコミュニケーションが可能になる。OriHime は「分身ロボット」と名づけられている。「分身」というと「一つの身体が二つに分かれて別の身体として生まれ出たもの」というイメージを抱きがちだが，OriHime の要はあくまで身体拡張という点にある。だからそれは自律型ロボットによる代行とは別の志向をもつ。身体の拡張が自らに何らかの体感をもたらしてくれること——これが操作者とロボットを結ぶ関係の根底にある。[2]

2　身体の制御性

　OriHime を使って旅行をするという行為は，当然のことながら，従来の旅行と同一視することはできないだろう。たしかに，OriHime によって身体が拡張されるとはいえ，操作者は観光地の名産品を味わったり，草木の匂いを嗅いだりすることはできない。他方でそれは，写真や動画に収められた観光地の風景をたんに眺めることとも同じではない。そこで重要になるのが，身体の制御性である。

　マーシャル・マクルーハンは人間拡張論において「すべてのメディアは人間のいずれかの能力——心的または肉体的——の延長である」と指摘している。[3]OriHime の場合，たとえば話す，聞くという行為のように，インタフェース越しに操作者がおこなう動作がそのまま反映される側面もあれば，他方で手をあげる，視界を動かすという行為のように，インプット（マウスやタッチパッド

▷1　OriHime の人型ボディにはカメラ，マイク，スピーカーが搭載され，パイロットと呼ばれる操作者はスマートフォンやタブレット端末，パソコンなどのデバイスにインストールしたアプリをつうじて OriHime を動かすことができる。

▷2　むろん，そこにはテレプレゼンスの問題が含まれる。しかし，同時に考えなければならないのは，たとえば SNS への常時接続がテレプレゼンスを強化させる現在において，なぜ観光というコミュニケーションがそうした行為によって完全には代替されえないのか，あるいは，なぜわざわざロボットという形式のインタフェースをもちいる必要があったのかという点である。モビリティとテレプレゼンスについては以下の文献が参考になる。金暻和，2016，「ケータイ前史——テレプレゼンスの系譜」富田英典編『ポスト・モバイル社会——セカンドオフラインの時代へ』世界思想社，22-38。

▷3　マクルーハン，M.，栗原裕・河本仲聖訳，1987，『メディア論——人間の拡張の諸相』みすず書房。

の操作）とアウトプットの動作が異なる側面もある。しかし両者はいずれも，操作者が身体の動作について「制御できている」という感覚をもてる点では共通する，とみることもできる。[14]

3 コミュニケーションの制御不可能性

他方で，拡張された身体が置かれた環境については，ある種の「制御できなさ」が重要性をもつとも考えられる。[15] おそらく自律型のロボットが抱える一つの大きな問題はこの点にある。[16] 制御されたプログラムのもとに作動するロボットは，何かをシミュレートすることには優れているかもしれないが，予測の範疇から外れることには長けていない。ここで明らかになるのは，人間のコミュニケーションがいかに誤解やすれ違い，予定調和的でないことに満ちているかという点である。コミュニケーションにおける綻び（とされているもの）はときに楽しみや喜びをもたらすが，効率化や自動化が促進された社会ではそれがいっそう際立つ。

もし完璧な代行ロボットが存在したとして，私たちはそのロボットに観光を代行させるだろうか。自律的に代行された行為は，もはや自分の体験ではない。このことからも，単純な効率化を目指す移動とは異なり，観光におけるコミュニケーションが人や場所やモノとのインタラクティビティ（双方向性）に積極的な意味を見出そうとする行為であることが理解される。

4 可視的な身体

ところで，OriHime によるコミュニケーションのインタラクティブ性は，その人型のボディによって成立する部分がある。OriHime には「孤独の解消」というコンセプトがあるが，そこで再認されるのは，「参加する」という行為が周りの人びとや環境から「参加者」として認知されること（あるいは，少なくともそう想定しうること）までを含んでいるという点である。この「参加」を実現するためには，拡張された身体が「身体として可視的な身体」であることが重要な意味をもつ。[17]

これは観光をめぐるアイデンティティの問題にもつうじる。観光という行為に参与するとき，自分は「観光客」だろうか，「旅人」だろうか，「帰郷者」だろうか。いずれにせよそれは，「他者の他者としての自己」[18] として浮かびあがってくる。つまり，私たちは，その場所やそこにいる人びとを含めた環境を介して自己を規定していくということである。分身ロボットによる観光は，身体と結びついた体験の意味を捉えなおす一つの事例になるだろう。

（塙 幸枝）

図IX-1 OriHime
提供：株式会社オリィ研究所。

▷4 渡邊恵太，2015，『融けるデザイン──ハード×ソフト×ネット時代の新たな設計論』ビー・エヌ・エヌ新社。

▷5 これは情報技術をめぐる「仮想現実から拡張現実へ」という志向性とも親和性をもつ。宇野常寛，2020，『遅いインターネット』幻冬舎。

▷6 自律型のロボットと人間のコミュニケーションをめぐる考察については，次のものが参考になる。タークル，S.，2018，『つながっているのに孤独──人生を豊かにするはずのインターネットの正体』ダイヤモンド社。

▷7 OriHime の開発者である吉藤は，「電話やテレビ電話は伝えたい用事のあるときには適したツールだが，そこに自分が参加することを許されるツールではない」と述べている。吉藤健太郎，2017，『「孤独」は消せる。──私が「分身ロボット」でかなえたいこと』サンマーク出版。

▷8 鷲田清一，2005，『ちぐはぐな身体──ファッションって何？』筑摩書房。

IX　新たな「テクノロジー」が問いかけるもの

 VR

① VRゲームに登場する渋谷のスクランブル交差点

　本項ではまず，2019年3月に配信されたVRミステリーアドベンチャーゲーム「東京クロノス」（MyDearest株式会社）を考察の俎上に載せたい。日経クロストレンドの記事によると，「SteamのVRカテゴリーで週間売上世界1位，そしてOculusではベストセラーゲームとなり，数千作品の中から8つしか選ばれない“Oculus Essentials”に日本作品として初めて選出された[2]」と解説されるそれは，ゲームで読む小説，いわゆる「ビジュアルノベル」のVR版ともいえる。プレイヤーはPlayStation VRやOculus Goのようなヘッドマウントディスプレイを装着し，そのゲーム内ではCGにより再現された東京の街並みを背景として，登場人物たちによる会話劇が進展していくことになる。そしてそのバーチャルな空間のなかで，プレイヤーが渋谷のスクランブル交差点に立ち周囲をみわたすと，JR渋谷駅やSHIBUYA109，センター街の入口など，お馴染みの景色が目に飛び込んでくる。つまりプレイヤーは感覚器官を覆うガジェットを身にまといつつ，ゴーグルのなかの渋谷で，登場人物との，あるいは登場人物同士の架空のコミュニケーションを消費するのである。

　渋谷のスクランブル交差点といえば，今や世界的に知られる観光地——あるいは本書における「渋谷スクランブル交差点」の節にしたがえば「非‐観光地[3]」——といえようが，その場所における空間経験がVRゲームのCGとヘッドマウントディスプレイをつうじて技術的に再構成される。実際にそれをプレイしてみると分かるのだが，VRが提供するものは，プレイヤーの身体を中心とする「今ここ」の強烈な感覚である。

② ゲームから考えるVRの位置

　そもそも「VR（バーチャルリアリティ）」とは何か。日本バーチャルリアリティ学会編の『バーチャルリアリティ学』によると，それは「みかけは現実ではないが，実質的には，現実であること」という観点から規定されている[4]。そして，バーチャルリアリティに特徴的なポイントとして指摘されているのは，「コンピュータの生成する人工環境が①人間にとって自然な3次元空間を構成しており，②人間がそのなかで，環境との実時間の相互作用をしながら自由に行動でき，③その環境と使用している人間とがシームレスになっていて環境に

入り込んだ状態が作られている」という点である。つまり VR がうみだすものを一言でいえば，それは「没入感」だといえよう。

　本節で既述のとおり，「東京クロノス」のような VR ゲームは従来のデジタルゲームと比べて，プレイヤーに対して強い没入感をもたらす。そしてそれは，ここ数十年ほどのコンピュータゲーム史における最先端のものだといえよう。ちなみにケヴィン・ロビンスによると「新しい技術発展は，映像空間に入りこみたいという欲求に応える[45]」と指摘されるが，まさにプレイヤーの身体を中心化し強力な没入感を合成する VR ゲームは，ゲーム史的な展開の延長線上に位置づけうるテクノロジーだといえよう。

③　観光領域における VR の活用

　VR に関しては，近年では様々なデバイスが発売されたことにより，とりわけコンピュータゲームをめぐってそれが語られる機会が増えつつある。しかし他方で，その観光領域における活用が意識されつつあることも事実である。というのも観光を含めて，VR 技術が実際のものに近い「体験」を提供しうるからである。ジェレミー・ベイレンソンは次のように語る[46]。

　　「現実の経験」と「メディアを通した経験」とのギャップは，VR によってこれまでよりずっと小さくなる。VR は実際の経験とそっくり同じではないものの，これまで存在したいかなるメディアよりもはるかに強い心理的影響力を持つため，我々の生活を劇的に変えることになりそうだ。クリック一つで瞬時に経験を呼び出すことが可能になる。それもあらゆる種類の経験を，である。自室のイスに座ったまま，一分後にはスカイダイビングをしているかもしれないし，古代ローマの遺跡にいるかもしれない。

　観光領域における VR の活用をめぐっては，2019年3月に観光庁の観光資源課が発行した「最先端 ICT（VR/AR 等）を活用した観光コンテンツ活用に向けたナレッジ集」を参照すると，その将来的な方向性を思い描くことができるのではないだろうか。ナレッジ集の冒頭ではその背景として，「近年，地域固有の文化や歴史等を訪日外国人旅行者に伝えるための手段として，最先端 ICT（VR/AR 等）を活用した観光コンテンツが，その高い情報伝達能力や再現性から，一部地域において先駆的に活用され始めています」と説明されている[47]。ここで言及される VR にせよ AR[48] にせよ，それらの先端的なテクノロジーは「「旅前」における訪日意欲の喚起，「旅中」における地方への誘客促進・現地体験の付加価値向上，「旅後」における日本への再訪意欲の喚起及び他者推奨等」を実現しうるものとして，その活用が期待されつつあるのである。

（松本健太郎）

▷5　ロビンス，K.，田畑暁生訳，2003，『サイバー・メディア・スタディーズ──映像社会の〈事件〉を読む』フィルムアート社，30。

▷6　ベイレンソン，J.，倉田幸信訳，2018，『VR は脳をどう変えるか？──仮想現実の心理学』文藝春秋，16。

▷7　国土交通省，2019「最先端 ICT（VR/AR 等）を活用した観光コンテンツ活用に向けたナレッジ集」（2022 年 1 月 12 日取得，https://www.mlit.go.jp/common/001279556.pdf）。
▷8　このナレッジ集では，「VR は現実空間とは切り離されたデジタル情報で構築した世界，AR は現実空間にデジタル情報を重ね合わせた世界，MR は両者を融合させた世界を指す」と整理されている。

IX　新たな「テクノロジー」が問いかけるもの

4　ビッグデータ

1　ビッグデータとは

　インターネットで旅先を検索し，宿泊予約サイトでホテルを予約する。そして，旅の思い出を Instagram に投稿する。これらの行動はデータ化され，ビッグデータを構成する。ビッグデータに明確な定義はないが，しばしば言及されるのが「Volume」「Variety」「Velocity」という特性である。「Volume」はビッグデータの「big」が示すとおりデータ量の膨大さを，「Variety」はデータの種類が大幅に増加したことを表す。Twitter や Instagram に投稿されたテキストや画像，スマートフォンに搭載された GPS[1] から取得された位置情報，監視カメラ映像など，例をあげるときりがないほどあらゆるものがデータ化されることを意味する。「Velocity」は SNS への書き込みが毎分毎秒蓄積されているように，データ生成・更新頻度の高さを示すものである。

　ビッグデータは，ビジネスや医療，防犯などの様々な場面で活用される。顧客ニーズの把握，オンラインショップでの個人へのおすすめ商品，監視カメラによる防犯など，ビッグデータを活用することで私たちの生活はより便利で安全なものになるとされる。つまり，ビッグデータの特徴はデータそのものの質に加え，経済的・社会的価値を創出し，生活を変化させるという点にある。

2　観光でのビッグデータ活用

　観光でのビッグデータへの注目は，まず観光動態の把握に対する有効性からはじまった。とくに，困難とされていた訪日外国人の行動把握の可能性が検証されていた。また，ビッグデータは観光地経営や観光関連サービスへの活用が進み，たとえば日本政府が推進する DMO[2] では，ビッグデータを含む各種データの収集と分析，データ分析にもとづく戦略の策定が求められている。

　ビッグデータは AI（人工知能）による分析精度の向上に寄与し，将来予測にも活用される。オーバーツーリズム[3] に直面する京都市のように，ビッグデータと AI により混雑度を予測することで，観光にともなう地域問題の解決が図られている。加えて，ビッグデータと AI による予測は，観光者全体および観光者一人ひとりへの適切な情報提供に活用される。宿泊予約サイトの検索結果や好みに合わせた旅程のカスタマイズ，現在地に応じたスマートフォンへの広告やクーポンの提供はその一例である。このような観光のあり方は**スマート・ツ**

▷ 1　GPS
「Global Positioning System」の略語であり，人工衛星から発信された電波を受信器が取得し位置を測定するものである。スマートフォンのほかにカーナビゲーションシステム，デジタルカメラなどにも搭載されている。

▷ 2　DMO
「Destination Management/Marketing Organization」の略語であり，地域の多様な関係者を巻き込みつつ，科学的アプローチを取り入れた観光地づくりを行うかじ取り役となる法人のことである。

▷ 3　 VI-12 「オーバーツーリズム」参照。

ーリズム[44]として推しすすめられている。

③　予測・誘導される観光者

　ビッグデータが得意とする将来予測と個別化は，情報過多な現代社会において，求める情報や商品へのアクセスを容易にした。しかし，個別化されるおすすめや検索結果は，その人が好むと予測された情報を目に入りやすくする一方で，好まないと予測された情報を目に入りにくくする状況をつくりだす。イーライ・パリサーはインターネット上のこのような状況を「フィルターバブル」と名付け，自らの関心事以外との接触の機会および能動的な選択を失わせると主張する[45]。また，インターネットでは，プログラムによって与えられたアーキテクチャ（環境）が人を規制する力をもつ。しかも，それは規制される側がその規制を認識しなくても機能するのである[46]。ビッグデータ活用企業や自治体は，利益の確保を目的として人の過去の行動から将来を予測し，最適と考えた情報や商品を提供する。その結果として，対象とする人びとが意識しなくてもサービス提供者の思惑通りに動くことが目指されるのであり，ビッグデータを活用したサービスではアーキテクチャの力がより一層強く働くであろう。

　前述したように観光の分野においても，ビッグデータを活用した将来予測と個別化が進み，観光者それぞれに対しておすすめの観光情報や商品が提示されるようになってきている。観光は余暇時間に行う自発的行動とされてきた。しかし，過去の観光の履歴にもとづき好ましいと予測された情報や商品に包まれる観光者は，自らの意思で自由に旅行の内容を決めているのではなく，ビッグデータを活用したサービスによって決めさせられているのかもしれない。

④　ビッグデータ社会での「旅」の可能性

　将来の行動が過去の行動により決定づけられてしまう恐れがあるのであれば，その将来から抜け出すにはどうすればよいのか。ビクター・マイヤー＝ショーンベルガーとケネス・クキエは，ビッグデータが大きな力をもつ世界では予測不能な物事が必要であると指摘する[47]。そして，その予測不能な物事との出会いを旅に見出したのが東浩紀であり，旅に出て意図的に環境を変化させることで，統計的に最適化された世界では出会えないような偶然に身を曝すことが重要だと説く[48]。実際，旅先では予期しない出来事や現地でしか知りえない情報が存在する。それらはビッグデータから予測できないものであり，フィルターバブルから外れた新たな行動や考えを生み出す可能性を秘めている。

　しかし繰り返し述べているように，観光でもビッグデータを活用した予測と個別化が進展している。そのような観光の現状において，観光は偶然の出会いに満ちているのか，観光者は自ら選択して観光をしているのだろうか。観光のあり方に対して多くの問いをビッグデータは投げかけている。　　　（澁谷和樹）

▷4　スマートツーリズム
さまざまなデータに情報処理技術を駆使することで，効率性や持続可能性，体験の豊かさを重視した経験やビジネス上の価値提案へとつなげるための，観光地での取り組みに支えられた観光のことである。（Gretzel, U., Sigala, M., Xiang, Z. & Koo, C., 2015, Smart tourism: foundations and development. Electron Markets, 25, 179-188.）

▷5　パリサー，E., 井口耕二訳，2016，『フィルターバブル——インターネットが隠していること』早川書房。

▷6　レッシグ，L., 山形浩生・柏木亮二訳，2001，『CODE——インターネットの合法・違法・プライバシー』翔泳社。

▷7　マイヤー＝ショーンベルガー，V., & K. クキエ，斎藤栄一郎訳，2013，『ビッグデータの正体——情報の産業革命が世界のすべてを変える』講談社。

▷8　東浩紀，2016，『弱いつながり——検索ワードを探す旅』幻冬舎。

IX　新たな「テクノロジー」が問いかけるもの

 ## 5　GIS

▷１　地理情報や空間デー
タとよばれることもある。

▷２　GIS の活用事例には
都市計画，店舗の出店計画,
道路維持管理，自然災害対
策，感染症対策，地理教育
などがある。次のウェブサ
イトが参考となる。esri ジ
ャパン「GIS（地理情報シ
ステム）とは」（2021年8月
24日取得, https://www.
esrij.com/getting started/
what is gis/）。

▷３　近年 WebGIS 技術
の発展により Web 上で分
析や視覚化が可能となった。
研究機関，自治体，民間企
業が取り組みを公開してい
ることも多い。

▷４　GIS と混同しやすい
ものに GPS（Global Posi-
tioning System）がある。
これは，人工衛星などを介
して位置情報（緯度・経
度）を取得するリアルタイ
ム位置測位システムである。

▷５　「カーネル密度推定」
は，点あるいは線的なデー
タから空間連続的な密度分
布面を推定する手法であり,
観光行動研究で多用される。
中谷友樹，2015，「外国人
旅行者の行動空間に関する

1　GIS とは何か

　好みに合ったレストランや旅行先のホテルなどに関する情報を取集し，取捨
選択するとき，私たちは店舗や施設の位置（場所）と名称や提供されるサービ
スの内容・形態・価格・営業時間・質（評価）に関する情報とを紐づけて意思
決定をしているだろう。とくに GIS では，このような位置情報と属性情報が
対になった情報を「地理空間情報」とよぶ[1]。地理空間情報は，今や身近にあふ
れ，私たちは日常的にそれを利用しているのである。GIS は，多種多様の地理
空間情報──道路・建物・農地などの物理的なもの，行政界やバスルートなど
の仮想的なもの，犯罪や災害などの現象──を点・線・多角形に抽象化し，対
応する属性情報とともにデジタルデータ化して処理することができる。

　GIS（Geographic Information System：地理情報システム）とは，一般的に地理
空間情報をデジタル地図に関連づけて管理・加工・分析・視覚化する情報技術
と定義される。GIS データ化された地理空間情報は，主題別にレイヤとよばれ
る層構造にわけられる。GIS 分析の基本は，「重ね合わせ」である。

　GIS は様々な空間解析を実現することができ，分析の結果を地図化（可視化）
することを通じて，複雑な現象の理解を促すだけでなく，意思決定における円
滑なコミュニケーションの媒介となることが期待される。それゆえ，GIS は学
術研究のみならず行政機関，民間企業など多様な業種で活用されている[2]。代表
的なソフトウェアとして，ESRI 社の ArcGIS，Intergraph 社の GeoMedia や
フリーソフトの QGIS が用いられている[3]。

2　GIS を活用した観光研究

　近年の GPS[4] 機器の精度向上，ビックデータの整備・公開，多様な Web 情報
サービスの提供を背景として，新しいタイプの地理空間情報と GIS を用いて
観光現象の実態を動態的かつ詳細に把握する研究がみられる。観光科学分野に
おいては，おもに①観光行動，②観光関連施設の立地特性を明らかにしようと
する研究で GIS の活用が顕著になった。以下で事例研究をみていこう。

　①の観光行動では観光客がいつ，どこを訪れ，どの程度滞在し，何に関心を
もつのかといった様々な内容が想定される。こうした観光行動の解明と理解は,
観光空間の設計や情報発信を適切に行なう上で重要な課題とされる。観光行動

を把握するためには位置情報・標高・移動速度・時刻を連続データとして記録する携帯型 GPS ロガーがよく利用されている。そして，動物園・公園・スキー場などの比較的広い観光地における観光客の周遊パターン，滞在場所などの時空間軌跡が把握・分析・視覚化されてきた。たとえば，徒歩と自転車の移動速度の違いを密度で表すと空間利用の違いを視覚化することができる。

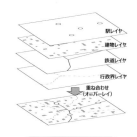

図Ⅸ-2　レイヤ構造

出所：筆者作成。

　また，写真撮影地点の位置情報を利用すれば，関心の対象となる風景や場所を抽出することもできる。このほかにも，観光客がインターネット上に蓄積する位置情報付きの「つぶやき（tweet）」，写真共有サイトの写真や，企業の蓄積する IC 乗車券利用履歴といったビックデータも利用されており，様々な地理空間情報の取得と解析方法が盛んに議論されている。インバウンド観光への関心の高まりから，訪日外国人観光客を対象とする行動分析も増加してきた。

　他方で，②の観光関連施設の立地特性を解明しようとする研究では，整備・公開の急速に進んでいる政府統計やWeb 情報サイト，あるいは観光情報誌の利用が多い。「経済センサス」のようなオープンな政府統計の住所情報から観光関連施設を GIS データ化し，他の地理空間情報と連結させることで，観光関連産業の立地特性を空間的に捉えた研究がある。またグルメ情報サービスの情報を用いて，都市の飲食店の営業時間別分布や種類を把握した研究もある。さらに，従来，言説分析の対象であった観光ガイドブックから観光空間を析出する手法も提案されている。

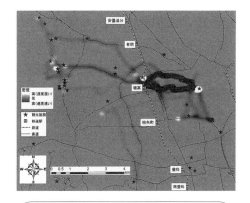

図Ⅸ-3　徒歩と自転車の移動速度の違いを密度で表す

出所：杉本興運ほか，2013，「レンタサイクル利用による観光回遊行動の実態——長野県安曇野市における GPS・GIS 支援による調査とデータ解析」『観光研究』24(2)，21。

❸　GIS による観光現象の地理的「可視化」

　GIS を活用した観光研究を概観すると，GIS は新しい地理空間情報や膨大な量のデータを分析し，可視化する上で必要不可欠な技術であり，ツールであろう。観光行動に対する関心は古くからあるが，GPS 機器やつぶやき，写真などを介して，従来把握することが困難であった詳細な移動・滞留のパターン，観光地の見所などを理解することに貢献している。換言すると，GIS は観光客の観光経験や関心を空間化し，さらに可視化することができるということだ。

　観光行動を地理的に可視化（地図化）することで，回遊ルートの重点的整備，行動に対応した精緻な情報提供など観光振興に関わる実務の意思決定に大きな影響を与えることは間違いない。また，観光関連施設の立地特性の解明は，マクロな視点で観光地の空間構造の理解を深め，観光行動に関する研究成果と節合されることで，新たな知見をもたらす。観光現象を捉える新しい地理空間情報と GIS の活用はさらなる進展が期待される。他方で採用するデータやアプローチの有用性と限界性をよく認識することも必要である。　（前田一馬）

地理的可視化——京都市を対象とした Twitter および GPS 調査資料の解析」立命館大学地理学教室編『観光の地理学』文理閣，84-110。
▷ 6　GPS 機器などを用いた調査でも，観光客の属性データを得る必要性から，アンケート調査が併用されており，重要性は依然として高い。

参考文献

矢部直人・倉田陽平，2013，「東京大都市圏における IC 乗車券を用いた訪日外国人の観光行動分析」『GIS——理論と応用』21(1)，35-46。
桐村喬編，2019，『ツイッターの空間分析』古今書院。

IX　新たな「テクノロジー」が問いかけるもの

6 UGC と UDC

1　インターネットによる情報環境の変化

　インターネットの登場は，情報環境に著しい変化をもたらした。何より，世界規模のコンピューター・ネットワークで自らコンテンツを制作・発信する表現者が立ち現れた。いわば**参加型文化**の浮上だ。それについての社会的評価は食い違う。市民参加が増え，より開かれた社会が実現できるという高評価がある。その一方で，匿名性がゆえにデマや誹謗中傷などが増えるという批判もある。いずれにせよ，インターネットの参加型文化がグローバルな情報環境に地殻変動を巻き起こしたことは間違いない。今やインターネットで活躍する大勢の参加者を抜いては，社会情報のあり方を論ずることは不可能だろう。

2　観光経験のコンテンツ化，UGC

　2000年代初頭，「UGC」という概念が注目を集めていた。「ユーザー・ジェネレイテッド・コンテンツ（User Generated Contents）」の略語で，素人によって作られ，インターネットで発信されるコンテンツを総称する。以前は，マスメディア産業に務めるプロの創作者集団（送り手）だけがコンテンツを制作した。それがテレビ番組や新聞，書籍といったパッケージ化されたメディア商品の形で，普通の人びとと（受け手）に渡されることが当たり前だったのである。

　ところが，インターネットの参加型文化がその一方向的な構図を崩した。普通の人びとがブログで綴った経験，素人の制作した動画などはもはや特別なことではなく，情報としてのクオリティも劣っていない。インターネットには，良質のものから嘘やデマまで幅広い情報がいつもあふれている。今やコンテンツといえば，ウィキペディアやソーシャル・メディア，動画サイトなど，人々の参加で成り立つウェブサイトを浮かべる人が多いだろう。

　観光コミュニケーションという領域でも UGC の影響力は増大している。観光地を決めたり，アトラクションを調べたりする際に，まずはインターネットを検索し，先にその場所を訪れた人たちの経験をチェックする。旅行会社の宣伝やマスメディアの報道は称賛一色になりがちなのに，普通の人びとの実経験にもとづいた生々しい観光地情報がより役に立つという人が多い。そうした社会の需要に応える形で，観光地や地域に関わる UGC も膨張している。ソーシャル・メディアや動画サイトに観光よりのコンテンツが少なくないわけだ。

▷1　**参加型文化**（participatory culture）
米国のメディア研究者のジェンキンス（Jenkins, Henry）が提唱した概念で，受け身で受動的な既存の消費者像とは異なり，新しいコンテンツを自ら作ったり，広めたりしながら，能動的に参加する新しい消費者像，あるいは参加を促す文化をいう。インターネットは，参加型文化が最も花咲く舞台である。

▷2　IX-7「ウィキペディア」参照。

3 UDC，拡散されやすい観光情報を求める

一方，2010年代以降に注目されている「UDC」という概念は，「ユーザー・ディストリビューティッド・コンテンツ」(User Distributed Contents) の略で，インターネットの利用者たちによって拡散されるコンテンツを意味する。Twitter や Instagram のようなソーシャル・メディアは，個人が好みと判断によって情報源を取捨選択できる独自の仕組みをもっている。タイムラインと呼ばれるプラットフォームには，予め登録した発信源からの情報が時系列で表示される。投稿ごとに，「いいね」ボタンを押したり，さらにシェアーしたり，リアクションを行うインタフェースが整えてあり，知人ネットワークへ情報を簡単に広めることができる。UDC とは，インターネット利用者のフィードバックによってコンテンツが効果的に拡散させてゆくあり方を説明する概念なのだ。

図IX-4 スペインのマドリッドの屋外舞台で行われたタンゴ公演の写真を撮ろうとする観光客

出所：筆者撮影（2019年7月11日撮影）。

情報の拡散の具合が，社会的影響力を生み出す動力になってきた。アクティブで影響力のある知人ネットワークを構築することも重要だが，リアクションを効果的に引き起こせる情報を発信することも大切になった。エグゾティックな観光地の風景や未知の場所での珍しい経験についてのコンテンツは，ソーシャル・メディアで多くの「いいね」が付く人気アイテムである。UDC との相性が抜群であるため，ソーシャル・メディアには旅行や観光に関わる最新情報がますます増えている。

4 UGC と UDC で変わる観光のあり方

インターネット時代の観光という文脈において，UGC と UDC という概念は，**情報の遍在性**を理解する入り口である。UGC と UDC を実践する無数の参加者によって，観光情報はいつもインターネットに氾濫している。いいかえれば，参加型文化に促され，観光情報が遍在性を獲得したのである。

情報の遍在性は，観光経験のあり方に影響を与えている。UGC の拡大とともに，自分の観光経験をコンテンツ化し，ネットワークに共有する実践が増えている。今や観光とは，特定の地域や場所を訪問，経験する行為では終わらない。観光中に，または，日常に戻ってからでも，現地での経験や感想を写真や動画に収めることや，それらをソーシャル・メディアへ共有してリアクションを楽しむことも，観光経験の大事な部分であろう。はじめから UDC の素材を求め，観光に出かけることも珍しくない。多くのリアクションを引き出すことが大事である UDC の属性にこだわり，旅行地で美しいイメージやコンテンツになりやすい極端な経験を求める傾向も強まった。観光情報の遍在性は，参加型のメディア実践としっかり結びつく形で観光経験のあり方を変えつつある。

（金　曉和）

▷3　情報の遍在性（ubiquitous information）
無線通信網とデジタル・デバイスの常備により，常にインターネットへアクセスできる情報環境が整えられた。それによって，いつでもどこからも必要な情報をすぐ入手できる状態になってきたことを示す。ネットワークの日常化の土台として，重要な概念でもある。

（参考文献）

Jenkins, H., 2006, *Convergence culture : Where old and new media collide*. New York: New York University Press.

IX　新たな「テクノロジー」が問いかけるもの

7　ウィキペディア

1　ウィキペディアの概要

　ウィキペディアによれば，「ウィキペディアはウィキメディア財団が運営している多言語インターネット百科事典である。コピーレフトなライセンスのもと，サイトにアクセス可能な誰もが無料で自由に編集に参加できる。世界の各言語で展開されている」。2001年1月にはじまり，2003年には運営のための非営利法人としてウィキメディア財団が発足した。2001年5月には多言語化を開始し，また，辞典作成のためのプロジェクトのウィクショナリーなどの姉妹プロジェクトも存在している。ウィキペディアの日本語版は2001年5月に作成され，2016年に100万項目を超えた。

　記事の執筆や各言語，各プロジェクトの管理は世界中のボランティアによりなされている。方針など運営に関わる文書などを含め，権利侵害をともなうものなどいくつかの例外を除けば，過去のすべての版がすべて公開されている。また，歴史的経緯などについては，ウィキペディア自体にも記述があり，財団のサイトには寄付の総額や各種統計も公表されている。

2　「観光」と「百科事典」

　前述のとおり，ウィキペディアは百科事典であり，普通は「観光」とは関係ないものと認識されていると思われる。名産品をはじめとした地域に強いかかわりをもつ記事は，宣伝的な記述や誇張された表現がなされやすく，また「元祖争い」のような論争を招きがちな面もある。アクセスや営業時間といった情報も「百科事典的ではない」とする意見があり，しばしば議論となる。ウィキペディアは信頼できる百科事典を目指すプロジェクトであり，記事を書くには出典となる情報源が必要だが，地域の記憶を記録するうえでは localwiki，旅行情報を対象とするなら Wikitravel，地図に関しては OpenStreetMap と，異なる性質を持ったプロジェクトが存在している。むしろ，これらのほうが観光に関係が深いプロジェクトといえよう。

　もっとも学校の修学旅行では事前に「調べ学習」として，名所旧跡の歴史的背景を百科事典などにより理解を深めることが行われる。すなわち百科事典は，観光の対象となる地域や事物の基礎的な情報を提供するものとして，いわば観光に奥行きを与えるものとしての役割を担う。

▷1　筆者によるウィキペディアの概説として日下九八，2012，「ウィキペディア：その信頼性と社会的役割」『情報管理』2012, 55 (1)，2-12。

▷2　「コピーレフトなライセンス」とは，著者が著作権を保持し，その権利を使うことで，二次的著作物も含め著作物が利用・再配布・改変できる状態を保持するライセンスのこと。

▷3　localwiki（https://ja.localwiki.org/），Wikitravel（https://wikitravel.org/ja），OpenStreetMap（https://openstreetmap.jp/）。

3 ウィキペディアタウンの概要

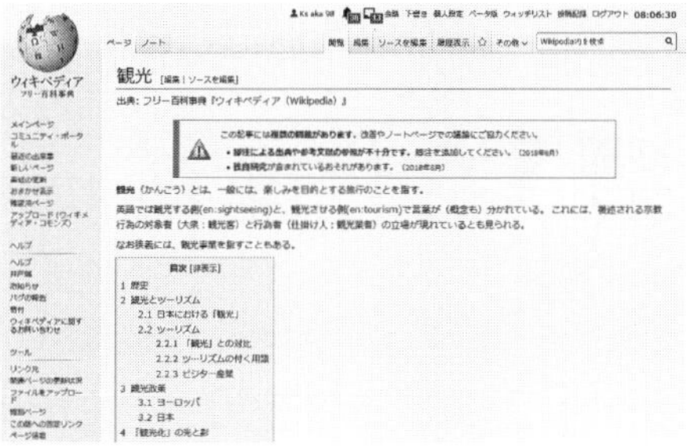

「ウィキペディアタウン」と呼ばれるプロジェクトは[4]，2012年にイギリス・ウェールズのモンマスではじまった。人口9,000人ほどの町に，無料の Wi-Fi を設置し，博物館や学校などの建造物・展示物に，端末に登録された言語のウィキペディアの記事検索が行える QR コードを付け，モバイル端末からアクセスできるようにした。ウィキペディアの編集者の提案によるもので，町議会の協力のもと，約500の新規項目が執筆された。

図IX-5　ウィキペディアの基本レイアウト

日本では，2013年2月の International Open Data Day 横浜会場の分科会のひとつとして，独自の取組みがはじまった。街歩きをしながら写真を撮ったり図書館で資料を参照したりして，ウィキペディアの項目を編集・作成し，全世界に発信することを目的とした一種のワークショップという形である。このウィキペディアタウンは，まちおこしに関わる NPO や公共オープンデータ関係者[5]，そして公共図書館などの関心を呼び，2020年6月までに北海道から沖縄まで，およそ300回が開催されている。

4 「誰でも編集できる」と「多言語展開」

ウィキペディアタウンの地元の参加者にとっては，自らの地域のことをより深く知る契機となり，開催を予定している他地域からの参加者にとっては，いきなりその地域の奥深い情報に接する機会となる（結果，その地域を第2の故郷と呼ぶ人もいる）。その両者が市史や町史のような定番資料から旅行用のムック，古い地方紙の広告，パンフレットなど多様な地域資料を参照しながら，意見をたたかわせながら記述がなされる。郷土史家に出典の重要さを伝えることもある。

編集された記事は自由に翻訳ができるライセンスで公開されており，ウィキペディアには頻繁に翻訳をしようとする人が集まっている。翻訳がなされれば，その言語の話者に，地域や事物のことがアクセス可能になる。逆の例として，ウィキペディア日本語版には数多くのイタリアのコムーネ（基礎自治体）の翻訳記事がある。基礎情報のみの小さな記事がほとんどだが，母国語でインターネットを調べたときに，ヒットするかどうかという違いは，どこに行こうかと考える人にとっては大きな違いとなると考えられる。

もう一点，ウィキペディアの文章は構造化されており，コンピュータでも扱いやすいという特長をもつ。ウィキペディアの項目を，言語を跨いで繋ぐwikidata や，ウィキペディアから抽出した多くの言葉をリンクオープンデータとして整備された DBpedia は[6]，地理や歴史に関するデータや統計情報をつなぐハブとして様々なサービスで使われている。

（日下九八）

▷4　ウィキペディアタウンについてはウィキペディア上のアーカイブページ，日下九八，2015，「リレーエッセー　つながれインフォプロ　第18回」『情報管理』2015，57，のほか，『ライブラリー・リソース・ガイド（LRG）』（アカデミック・リソース・ガイド，第25号）など。またカレントアウェアネス・ポータル（2022年1月15日取得，https://current.ndl.go.jp/）でも複数の開催報告が掲載されている。

▷5　「オープンデータ」とは，誰でも許可されたルールの範囲内で自由に複製・加工や頒布などができるデータのこと。特に主に国や自治体の統計情報などはそのように公開されるべきとされる。

▷6　wikidata，リンクトオープンデータ，DBpediaについては以下の文献などを参照されたい。加藤文彦「DBpedia の現在——リンクトデータ・プロジェクト」『情報管理』2017，307-315。

X　新たな「文化」が問いかけるもの

 文化産業

1　文化産業とは

映画，音楽，ゲーム，アニメ，マンガ……。これら私たちの心を躍らせる文化的アイテムは，現代において，すべて「商品」として売り買いされることが前提となっている。私たちの社会では，そのようなことが当たり前になっている。文化的なアイテムは「商品」として売り買いされ，多くの人びとが楽しめるように流通するようになり，そこではじめて意味をもつ。そんな風に思える社会に，私たちはいま生きているのである。

だが，それは最初から当たり前のことだったわけではない。かつてのヨーロッパ社会では，文化は自律性を有したものであり，売り買いされるようなものではなかった。これに対して現代では，カネさえあれば，どのような文化的なアイテムでも手に入るようになり，逆にどれほど美しい芸術作品であっても，それがどの程度「売れるのか」，あるいは「貨幣に換算できるのか」が重要となり，「商品」としての交換価値ではかられていく。文化が文化独自の論理だけでは立ちいかなくなり，産業の論理のなかへ呑みこまれている。

このような事態を前にして，ドイツの社会思想家テオドール・アドルノは同僚のマックス・ホルクハイマーとともに，かつて『啓蒙の弁証法』という著書のなかで「文化産業」論を展開し，文化が資本主義社会における商品になっていると批判した。現代の資本主義社会のもとでは，どのような文化であれ文化産業と無関係に存在することは困難なのである。

▷1　ホルクハイマー，M., & T. アドルノ，徳永恂訳，2007，『啓蒙の弁証法──哲学的断想』岩波書店。

2　文化産業と観光産業の相互接続

ポピュラーカルチャーにおけるコンテンツを提供する文化産業が従来的に注目してきたのは，〈時間〉の消費であった。文化産業はできうる限り魅惑的なコンテンツを生み出すことで，そのコンテンツ自体を商品として購入するだけではなく，そのコンテンツのスポンサーが提供する商品も購入するよう人びとを誘惑してきた。そのために映画，音楽，ゲーム，アニメ，マンガ，これらの文化的なアイテムは，できる限り長い時間，人びとがこれらに接し，そのメッセージに意識を傾けることができるよう腐心してきた。文化産業のもとで，人びとはメディア・コンテンツによって多くの時間を奪われ，メディアやその背後にある産業が提供する商品を購入したいという欲望をもつように促されてき

たのだと，石田英敬は指摘[2][3]する。

図X-1　アドルノとホルクハイマーが在籍した
フランクフルト大学社会研究所

出所：筆者撮影（2017年5月17日）。

　だが社会がグローバル化するとともに，文化産業は〈時間〉だけではなく，〈空間〉にも着目し欲望を創出しようとしはじめる。これについては，『Pokémon GO』[4]というゲームを事例に考えてみると分かりやすいだろう[5]。このゲームをするには，人びとはポケモンが隠れている場所にまで「移動」しなくてはいけない。そのため「Pokémon GO」を活用してその場所に来てもらい，観光地の活性化をはかろうとする事例も少なからず存在している。レアなポケモンが出現したり，いつもよりも強力な敵と戦える**レイドバトル**[6]が発生したりと，様々なイベント企画が行われ，それによって多くの人びとがある場所へと移動し，観光地の活性化が展開されていたりする。

　だが，彼らがその場所に移動するのは，自分たちが行きたいと望んでのことではなく，たまたまゲームでポイントが稼げるからである。ゲームをする人びとは，「主体的に空間を移動する」のではなく，ゲームのプログラミングによって「空間へと駆り出されている」のだ。このように考えるならば，私たちは文化産業と観光産業の相互接続のもとで，〈時間〉と〈空間〉を生きる欲望をもつように促されるのである。「Pokémon GO」アプリをインストールすることで，実は，他ならぬ〈時間〉と〈空間〉に対する自分たち自身の欲望がインストールされ，ゲームが呈示する場所へと移動し，少なからぬ時間をゲームで費やしたいと思いはじめるのである。

　それは決して強制されたものではない。私たちはゲームをすることが心から楽しいと感じるがゆえに，ゲームを行う。私たちはゲームによって時間を簒奪され，空間へと駆り出されているが，進んで自発的に駆り出されているのだ。現代において文化産業と観光産業は，手を携えながら人びとの欲望の生成プロセスを起動させる「装置」になっているのである。私たちは，みずからの欲望の位相を明らかにするために，こういった文化産業と観光産業との相互接続のあり方に思索をめぐらしていかなければならないのではないだろうか。

（遠藤英樹）

▷2　石田英敬，2010，『自分と未来のつくり方──情報産業社会を生きる』岩波書店。石田英敬，2010，『現代思想の教科書──世界を考える知の地平15章』筑摩書房。

▷3　「アテンション・エコノミー」，XⅢ-1「ベルナール・スティグレール」参照。

▷4　X-4『Pokémon GO』参照。

▷5　X-4『Pokémon GO』参照。

▷6　レイドバトル
「複数人で敵に挑むゲームバトル」のことである。

X 新たな「文化」が問いかけるもの

 レトロ観光／ノスタルジア観光

① ノスタルジア (nostalgia) とレトロ (retro)

　今日，**ノスタルジア**を掻き立てる「レトロ」な表象が観光対象として顕著になってきている。人力車，昭和風の濡れ焼きせんべい店，こういった昭和に育った人々の想い出にもとづく郷愁をそそるイメージ体験を，現代の観光地の多くは売りものにしている。いわゆる観光地でなくとも「下町」のもんじゃ焼きの店，「○×水産」という看板が目を引く昭和風の居酒屋，街の至る所に「郷愁」をテーマにしたアイコンを目にする。それは日本だけではない。ドイツ・ベルリンの旧東ベルリン地区の一角にはかつての社会主義下の生活が体験できる「東ドイツ博物館（DDR博物館）」がある。ベトナムでは，共産主義時代の北ベトナムの雰囲気を回顧する**コンカフェ**が人気である。

　これらは「レトロ」という言葉で表現されることもよくある。ノスタルジアとレトロの違いは，前者が個人的な思い出にもとづいた「回顧」なのに対し，後者は時代としての集合的な回顧を表現していることだといえる。しかしながら，個人的な思い出にもとづくと考えられている「ノスタルジア」も，実は集合的な回顧を底流としてもっているのである。筆者は「ノスタルジア」と「レトロ」の表象の出所を同じものと考える。どちらも実在した国家や社会の「歴史」や個人の「思い出」に起源をもつようにみえるが，実際の表象のプロセスはそうなってはいないことに気付くだろう。

② 過去を消費する

　ポストモダン文化の批評家であるフレドリック・ジェイムソンは，ノルタルジアを「パスティーシュ（pastiche）」という言葉によって表現している。「パスティーシュ」とはテーマや作風の借用であり，オリジナルや個性という概念を超えたものである。ジェイムソンによると，ノスタルジアは個人を超えた過去の「死せるスタイル」の模倣であるとされる。具体的な作品の模倣ではなく，イメージの模倣（表象）なのである。ルーカスの『アメリカン・グラフィティ』，ポランスキーの『チャイナタウン』，1950年代に宇宙人もののテレビドラマで使われたスタイルを模倣したジョージ・ルーカスの『スターウォーズ』シリーズもこれにあたる。観光地にもこのようなイメージとしての「歴史（のようなもの）」を主題にした表象が多く取り入れられ，「本物」とは距離をおいた

▷1　ノスタルジア (nostalgia)
英語では「ノスタルジア（nostalgia）」が正しく，「ノスタルジー（nostalgie）」はフランス語である。

▷2　コンカフェ (Cộng Cà Phê)
共産党の「共」が「Cộng」である。日本でいう「コンカフェ」＝「コンセプトカフェ」とは違うので注意。

▷3　ジェイムソン，F., 室井尚・吉岡洋訳，1987，「ポストモダニズムと消費社会」『反美学──ポストモダンの諸相』勁草書房。
▷4　同前書，208。

▷5　VI-2「ディズニーランド」参照。

「レトロ」として受け入れられている。

　ディズニーリゾートのウェスタンランドやアメリカンウォーターフロント[45]を，実在の表象と勘違いするゲストはいないだろう。このように「ノスタルジア」や「レトロ」とは，実際の個人の思い出や実在したはずの歴史を超えた，しかしある程度は共有されている「イメージ」を表現したものであり，これらをとおして私たちは，イメージとしての「過去」を消費しているのである。

❸ ノスタルジア，レトロ表象の複雑性

　テーマパークとは違い，こういったイメージの過去と現実の歴史が混在している観光地もある。北九州市にある門司港レトロ地区がその一つである[46]。この地区は「テーマパーク」的な要素を取り入れ，実際にあった門司港を完全に作り変えた歴史地区といえる。ここには門司港が大陸への玄関口として大いに発展していた時代の建築物を補修したもの，移設したもの，存在しなかったものを新築したもの[47]，という3種類の建築物が展示されている。この地区では大正期に建てられた歴史的和風建築「三宜楼」の保存をめぐって，2010年代に市民と行政の対立があった。いわゆる「歴史」とは異なる「レトロ」のイメージの範疇に和風建築が含まれていなかったからである。また，近年この地区では，戦前における日本の大陸進出の「歴史」をダークツーリズムの表象として保存する動きもある[48]。イメージの「歴史」か，それとも実在した「歴史」か。あるいは「郷愁」をそそるイメージを心地よく消費することでいいのか，ダークなものも含めた歴史遺産に触れて観光客の感覚は「異化」され心が揺さぶられるべきなのか。「レトロ」の表象の両義性は，歴史遺産観光地と共通の問題を内在している。

　観光はイメージの消費であるが，イメージが歴史や生活のリアルと重なることがある。とくに現代の観光は，観光客が新たな「リアル」を積極的に探し出す傾向にある。そこではイメージだけでなく，実在するリアルなモノやヒトをどう表現するかという錯綜した問題が待ち受けている。廃墟観光といった一種のノスタルジア観光が歴史観光へと変容したものとしては，長崎県の端島（軍艦島）の例もある。ノスタルジアが政治化することもある。これからのノスタルジアやレトロを対象とする観光は，単なる心地よいイメージだけでなく，何をどのように表象するか，表象の深化過程が課題となるだろう。

（須藤　廣）

図X-2　共産党支配時代の回顧がテーマのハノイの「コンカフェ」

出所：筆者撮影（2020年3月9日）。

図X-3　レトロとは何かで議論される北九州市門司港レトロ地区

出所：筆者撮影（2018年9月3日）。

図X-4　門司港レトロ地区に展示されている「本物の」歴史。大陸出征前に軍馬が水を飲んだ場所

出所：筆者撮影（2018年9月3日）。

▷6　須藤廣，2008，『観光化する社会』ナカニシヤ出版。
▷7　ポストモダンの建築家アルド・ロッシがデザインした門司港ホテルのようなアート作品もあるので価値がないとはいえない。
▷8　Ⅵ-11「ダークツーリズム」参照。

X　新たな「文化」が問いかけるもの

③ e スポーツ

❶ e スポーツとは何か

　e スポーツとは「エレクトロニック・スポーツ（electronic sports）」の略であり，コンピュータゲームをスポーツ競技の一種と見なしたものである。その言葉そのものは1989年，もしくは1990年頃，アメリカで各人が自前のコンピュータをもちよって接続し，対戦する「LAN パーティー」という行為から派生した。それが，コンピュータの発達やインターネットの普及とともに発展を遂げ，オンラインのなかで他者とゲームで競い合うという新たな文化として台頭することになったのである。アメリカやヨーロッパ，韓国など，いわゆる「e スポーツ先進国」とされる国々では，ゲームの腕を競いあう大規模な大会が開催され，驚くほど高額な賞金が設定されることもある。

❷ オリンピックを指向する e スポーツ

　e スポーツとは「スポーツ」とは異質なもののように感じられる。が，他方でそれが「スポーツ」を指向する側面があることも看過できない。2015年に一般社団法人日本 e スポーツ連合（以下「JeSU」と表記）が設立される以前には，e スポーツ関連の団体は複数存在したのだが，それらが統合された背景には，そのオリンピック種目への採用可能性が介在していたといわれる。実際にアジアオリンピック評議会は2017年 4 月17日，スポーツ国際大会として 4 年に 1 度開催される2022年のアジア競技大会にて，e スポーツを正式なメダル種目とすることを発表している。また，国際オリンピック委員会の現会長トーマス・バッハはインタビューにて慎重な姿勢を示しつつも，e スポーツのオリンピック競技種目への追加の可能性に言及している。上記のような国際的な流れがあるなかで，それに呼応した動向が日本の e スポーツシーンに認められた。オリンピックを含むスポーツ国際大会へ選手を「日本代表」として派遣するためには，日本オリンピック委員会に加盟をしなければならないのだが，そのための条件の一つとして「当該競技国内唯一の統括団体であること」とあり，以前のように複数の団体が林立する状況では，選手の派遣が実現しないといった問題があったわけである。

❸ e スポーツの国際大会

　現在のところ，日本が参加している e スポーツの国際団体として，韓国に本

▷ 1　e スポーツの大会で競われるゲーム作品としては，様々なジャンルのもの──FPS 部門，格闘ゲーム部門，パズル部門など──が含まれうる。ここでは，本来的にはスポーツとはいえないはずの各種のゲームジャンルが「種目」として位置づけられている。

▷ 2　South China Morning Post, 2017,「Violent video games have ‘no place at the Olympics’, but e-sports are still in the running」（2020年 7 月30日取得，http://www.scmp.com/news/china/society/article/2108501/violent-video-games-have-no-place-olympics-e-sports-are-still）。

▷ 3　「われわれはバックミラーごしに現在を見ている。われわれは未来にむかって後ろ向きに後進している」──マクルーハンによる有名な言葉であるが，これに対してポール・レヴィンソンは次のような解説を付与している。「電話は最

部をおく「国際eスポーツ連盟」(The International e-Sports Federation, 以下「IeSF」と略記) がある。その公式ウェブサイトには,「The International e-Sports Federation works consistently to promote esport as a true sport beyond language, race and cultural barriers.」との記載があるが,やはりeスポーツを言語,人種,文化の壁をこえた「真のスポーツ」として推進することを目指しており,その活動の一環として,e-sports World Championshipという国際大会を開催している。IeSFもeスポーツのオリンピック種目採用を目標として掲げており,2015年には世界アンチ・ドーピング機関の署名者となり,スポーツとしての認知を図っている。

このような動向がある一方で,IOCの承認を目指さず,独自に「eスポーツのオリンピック」を開催しようとする動きもある。その中心にあるのがイギリスのeスポーツ団体eGAMESである。eGAMESは2016年に設立された団体であり,イギリス政府の支援を受けながら,同年に,賞金ではなく名誉のために戦うeスポーツの大会を開催した。

④ 観光文脈のなかのeスポーツ

本来的にいってスポーツではないようにみえるeスポーツは,既存のスポーツとの緊張関係のなかで,また,ときにそれを形式面で模倣しながら,国際大会を含む諸制度を組織化してきた。マーシャル・マクルーハンがもちいた隠喩に即していうならば,eスポーツにとって既存のスポーツとは,参照すべき先行モデルでありつつ,いずれはそこから外れて独自の発展を模索するための「バックミラー」[43]なのかもしれない。

ちなみにeスポーツはスポーツツーリズムと同様に,観光客の誘致に資するようなコンテンツとして期待されていた側面がある。やまとごころ.jpの記事によると,「eスポーツは周辺産業への波及経済効果も大きいと考えられており,大会ツアーの造成や統合型リゾート(IR)との連携など観光業の振興も見込めるコンテンツと捉え,経済産業省も力を入れるようになっている」[44]と指摘される。eスポーツはインバウンド集客や地域活性化のための有望な手段として,その活用が意識される流れがいっときは存在したのである。

その後,2020年における新型コロナウイルス感染症(COVID-19)の流行によって,eスポーツ大会の多くも延期もしくは中止に追い込まれた。だがその一方で,中川拓也がF1を事例に言及するように[45],コロナ禍において中止になったリアルイベントがヴァーチャルへと置き換わり,eスポーツを利用した大会として開催された事例もある。つまりコロナ禍の影響により各種のスポーツイベントが開催できない状況下で,eスポーツはファンたちの関心をつなぎとめる役割を果たしつつ,既存のスポーツと新たな関係を模索しつつあるのだ。

(松本健太郎)

初『話す電報(talking telegraph)』と呼ばれていたし,自動車は『馬無し馬車(horseless carriage)』,ラジオは『無線機(wireless)』と呼ばれていた。しかしそうしたテクノロジーのどれもが,呼び名以上の存在だった」。マクルーハン,M.ほか,門林岳史訳,2015,『メディアはマッサージである――影響の目録』河出書房新社。レヴィンソン,P.,服部桂訳,2000,『デジタル・マクルーハン――情報の千年紀へ』NTT出版。

▷4 やまとごころ.jp,2020,「ゲーム・eスポーツが観光,インバウンドに与えるインパクト(後編)――eスポーツの可能性とは」(2022年1月12日取得,https://www.yamatogokoro.jp/report/35933)。

▷5 中川の報告によると,2020年3月15日に開催が予定されていた2020 Australian Grand Prixがスタッフのウイルス感染によって中止になった後,その同日に急遽,レースゲーム「F1 2019」を利用したオンライン大会2020 Not The Australian Grand Prixがインターネットで配信されたという。そこに現役F1ドライバーのランド・ノリスが参加を表明し,リアルとゲームの融合的大会として話題となった。JTB総合研究所,2020,「eスポーツのこれから――新型コロナウイルス感染拡大による影響と見えてきた課題」(2022年1月12日取得,https://www.tourism.jp/tourism-database/column/2020/06/impact-challenges-esports/)。

X　新たな「文化」が問いかけるもの

『Pokémon GO』

▷1　『Pokémon GO』については，いくつかの書籍・論文で考察がなされている。代表的なものに以下がある。神田孝治・遠藤英樹・松本健太郎編，2018，『ポケモンGOからの問い──拡張される世界のリアリティ』新曜社。

▷2　AR
「Augmented Reality」の略語で，一般的に「拡張現実」と訳される。現実世界にコンピューターが創りだしたデジタル情報を付加する技術や，そうして拡張された現実を意味する。

▷3　GPS
「Global Positioning System」の略語で，一般的に「全地球測位システム」と訳される。衛星から発信される情報を受信して，現在の緯度・経度を測定するシステムである。

▷4　『セカイカメラ』
スマートフォンのディスプレイ上に映し出された現実の場所に「エアタグ」と呼ばれる情報を加えることを可能にしており，こうした機能がいくつかの観光プロモーションに活用されてきた。このサービスは2014年1月に終了している。

▷5　『Ingress』
Google LCC（グーグル）の社内スタートアップである「Niantic Labs」が運用を開始した，スマートフォン

　『Pokémon GO』と新たなる移動

　『Pokémon GO（ポケモンGO）』は，2016年にリリースされた，Niantic, Inc.（ナイアンティック）と株式会社ポケモンが共同開発したスマートフォン用のゲームアプリである[1]。このゲームは，移動が重要な要素となっている。プレイヤーは，ゲーム上の主人公であるポケモントレーナーとなり，AR[2]を活用して現実の世界と結びついた，架空の生物である「ポケモン」が生息する虚構の世界を移動する。そしてこの移動は，スマートフォンに搭載されたGPS[3]機能を利用し，現実世界のプレイヤーの移動によって実現される。

　このような，虚構世界と現実世界が重なりあった場所を訪れる行為は，映画などのロケ地を訪れるフィルムツーリズムをはじめとして，比較的古くから行われている。ただし近年では，可動的な情報端末のスマートフォンに搭載されたGPSやARといった機能を活用して，従来とは異なる新しい移動がなされるようになっている。これを実現したソフトウェアとしては，2009年に公開された『セカイカメラ』[4]や，2013年に正式運用が開始された『Ingress』[5]などをあげることができるが，『Ingress』のシステムを基盤としつつ，世界的に人気のあるポケモンというコンテンツを活用するなかで創り出された『Pokémon GO』は，科学技術の発展がもたらすこれまでにない移動のあり方をさらに新しくするとともに，多くの人びとに体験させたり知らしめたりすることに成功している。

②　『Pokémon GO』が生じさせる移動の特徴

　『Pokémon GO』のプレイヤーは，手にもったスマートフォンの画面に視線を落とし，画面を指でなぞったりタップしたりしながら歩行しており，しばしばポケモンの捕獲や「ジム」と呼ばれる場所での戦闘などのために停止する。プレイヤーの移動には，独特の行為や歩行のリズムが存在するのである。こうした移動は，『Pokémon GO』というソフトウェアによってコントロールされているといえる[6]。ただし，動的な現実世界を捉えきることができない同ソフトウェアの特徴もあり，このコントロールは限定的である。加えて同ゲームは，安全に移動するために画面ばかりでなく周囲の状況も視る必要があること，観光や通勤などの多様な移動の過程で行われる場合があること，そして自転車やバスなどを活用した逸脱した移動を生じさせることもあることから，プレイヤ

ーの移動と関わる構成要素もそれらの関係性も可変的であるという特徴もある。

『Pokémon GO』は，特定の場所にプレイヤーを移動させる力をもっている。とりわけ特定のポケモンが大量に出現する場所は「ポケモンの巣」，珍しいポケモンが出る場所は「ポケモンの聖地」などと呼ばれて多くのプレイヤーを集めるが，こうした場所は短期間で移動する[47]。また『Pokémon GO』と場所の関係としては，同ゲームのプレイヤーが視線を主にスマートフォンの画面に向けつつ独特の動きを行うため，特定の場所におけるあるべき存在から逸脱してしまい，それが問題化する場合があることも注目される[48]。

③ 『Pokémon GO』と観光振興

このような移動を生じさせる『Pokémon GO』は，観光振興にも活用されてきた。その端緒は，東日本大震災の被災地復興を目的として2016年11月12日から22日まで開催された，同ゲーム最初の公式イベントである「ポケストップ追加企画 Explore Miyagi」であり，珍しいポケモンが大量に発生した石巻市には期間中に約10万人が訪れ，約20億円の経済効果が生じたとされる。また，2017年8月9日から15日に横浜市において開催された日本最初の公式リアルワールドイベントである「Pokémon GO PARK」，そして2017年11月24日から26日まで開催された「Pokémon GO Safari Zone in 鳥取砂丘」など，次々と観光振興と結びついた大規模イベントが開催されている。

ただし，プレイヤーの独特の移動のあり方によって，こうしたイベントでは様々な問題が生じることになった。危険をもたらす歩きながらのスマートフォンの操作（歩きスマホ），信号無視，民家などへの不法侵入，交通渋滞，路上駐車などの問題である。プレイヤーの集中で顕在化するこのような状況に対して，横浜市や鳥取砂丘のイベントでは開催場所や時間の制限や拡大などの対応を行ったが，その解決は困難であった。しかしながら，2018年8月29日から9月2日に横須賀市で実施された「Pokémon GO Safari Zone in YOKOSUKA」では，事前応募抽選制をとって参加者を限定し，会場を分散させるといった対応をとるなかで，課題の一定程度の解決をみている。観光振興に寄与する適切なイベントとすべく，先行事例で生じた問題をふまえた取り組みが行われつつある[49]。

④ 変わりゆく『Pokémon GO』と移動

『Pokémon GO』のシステムは，他のプレイヤーとの交流に関わるものをはじめとして，追加・修正され続けている。興味深いものとしては，COVID-19（新型コロナウイルス感染症）の流行に対応した，不動もしくは限定的な移動でプレイできるシステムの導入がある。『Pokémon Go』もそれが生じさせる移動も変わり続けているのである。

（神田孝治）

向けゲームアプリである。AR と GPS に Google マップの地図情報を組み合わせることで実現した，ユーザーが現実世界を移動する陣取りゲームである。

▷6 『Pokémon GO』によるプレイヤーのコントロールは，ポケモンの出現，アイテムを獲得できる「ポケストップ」やジムの立地，そして定期的に実施されるイベントなどをつうじて行われている。

▷7 たとえば世田谷公園は，日本で『Pokémon GO』が配信されるとすぐに，「ミニリュウ」という珍しいポケモンの巣として多くのプレイヤーを集めたが，様々なトラブルが生じるなかで，わずか一週間でこのポケモンの巣ではなくなっている。その後，ポケモンの巣は，定期的に各地の公園を移動するようになる。詳細は以下を参照のこと。神田孝治，2018，「『Pokémon GO』が生みだした新たなる観光客についての考察」『立命館文學』656，205-219。

▷8 一部の場所では，『Pokémon GO』の使用者に対する注意やマナー遵守の呼びかけがなされたり，その使用自体が禁止されたりするようになった。加えて，問題が強く認識された場所では，申請にもとづきポケストップの削除も行われている。

▷9 神田孝治，2020，「『Pokémon GO』のリアルワールドイベントと地域──2018年の横須賀市における事例に注目した考察」『立命館文學』666，131-147。

Ⅹ　新たな「文化」が問いかけるもの

 演　劇

 観に行くために見に行く：コミュニケーションの場としての公演

　私たちは様々な形で舞台公演と出会う。それは演劇に限らず，コンサートやライブ，オペラやミュージカル，能や歌舞伎などの古典芸能などでも同様である。学校の鑑賞教室，家族や友人からの誘い，あるいはテレビやインターネットをつうじて得た情報などをもとに，私たちは自発的・強制的に劇場に赴き，そこで観客になる。英語の「audience」は「聴く」ことに主眼を置いた語源をもつが，日本語の「観客」には「観る」という要素がある。

　舞台公演が行われる劇場空間は，見る者と見られる者の相互関係で成り立っている。しかし「見る／見られる」という関係は固定的ではない。たとえば，舞台に近い席で実際に公演を見たことのある人なら，「出演者が私を見ている」という感覚をもったことがあるかもしれない。あるいは，カーテンコール（終演後の舞台上での挨拶）で，にこやかに手を振る出演者に対して，自分の感動を伝えようと手を振ったり，拍手をしたりすることもあるだろう。とりわけ，ファンサービスを重要視する出演者や演目であれば，このような演出を意図的に取り入れるときもある。このような「見ていた私が見られる」経験は，観客にとって舞台公演の鑑賞経験を更新する契機となる。

② 旅する俳優：移動する劇団・立ち現れる劇場

　劇場では常に，見る観客と見られる出演者の相互関係が前提にある。しかし，「観られる者（演者・出演者）」「観る者（観客）」，そして「観る場所（劇場）」の移動や変化が起こることで，その関係はより流動的で予測不可能になる。

　近代以前の社会では，歌や踊り，奇術や珍しい技を披露しつつ各地を旅する人びとがいた。このような旅芸人は辺境に位置する存在として，称賛と蔑みが入り混じったまなざしを向けられていた[1]。こんにちにおける旅芸人の名残としては，大衆演劇の活動があげられる。出演者・裏方など十数人からなる大衆劇団の一座は，各地の大衆劇場や宿泊施設などに数週間程度滞在しては移動を重ね，任侠ものや歴史的な題材を扱った演劇，あるいは歌や芸などをレパートリー（上演可能な演目のストック）として公演を行っている[2]。

　あるいは，屋外に仮設劇場を作ったり，劇場ではない施設や空間を劇場に仕立てたりする公演もある。その代表例はアングラ演劇のテント芝居である。今

▷1　旅芸人の具体的な歴史については以下に詳しい。沖浦和光，2007，『旅芸人のいた風景──遍歴・流浪・渡世』文藝春秋。
▷2　鵜飼正樹は，大学院生だった当時，1年2ヵ月にわたり大衆演劇の劇団員として生活し，その経験をまとめている。そこでは，裏方や出演者の立場から，観客との相互作用について生き生きと記述されている。鵜飼正樹，1994，『大衆演劇への旅──南條まさきの1年2ヵ月』未來社。

でも不定期に各地で公演が行われ，水を使った大掛かりな演出や，最後にテントを崩す「屋台崩し」などの独特の演出で，人びとを引き付けている[43]。大衆演劇やテント芝居は，劇団が移動したり，あるいは新たな場所に仮設の劇場を作ったりすることで，その場所ごとに新たな観客を呼び寄せている。

③ 舞台と出会う旅：移動する観客

　都市で行われた演目を地方でも上演したり，同じ演目を別の場所でも上演したりする公演形式は，現代の舞台芸術における典型的な興行形式でもある。ミュージシャンの「ツアー」，演劇などの「旅公演」という言葉も，このような系譜に位置づけられる。交通手段や通信手段の進化によって，人びとの移動は容易かつ安価になり，遠くの情報を得ることも可能になった結果，観客の移動形態も変わっていった。

　その一例が**ファンツーリズム**[44]である。なかでもアイドルファンは，地方公演（あるいは地方在住者が都市圏での公演）にも「遠征」や「参戦」する行動を頻繁にとる。たしかにスポーツファンの中にも遠征を行う人はいる。しかし，スポーツでは結果が毎回異なるのに対し，演劇やライブの場合，同じ作品やプログラムであれば大枠の筋や台本の台詞は原則として変わらない。各地に足を運びながら，劇場や会場が変わることで生じるパフォーマンスの差異を楽しむファンがいる。さらにこのようなファンは，単にコンテンツを楽しむだけではなく，それ以外の観光要素も含めて「遠征」を行うのである。

④ 祭が人を呼び寄せる：まちづくりと演劇

　劇団や楽団，プロジェクトなどの作り手移動と，それにともなう観客の移動は，「演劇祭」や「音楽祭」という祭りの形として結実することもある[45]。

　日本で初めての国際的な演劇祭は富山県利賀村（現南砺市）で行われた「利賀フェスティバル」である（1982-1999，以降別形式で継続）。アングラ演劇の活動をしていた演出家鈴木忠志とその劇団が，活動拠点を東京から利賀村へと移したことを機に，山間の合掌造りの村では毎夏演劇公演が行われるようになった。鈴木の演劇活動は，利賀村全村をあげて協力する自治体の体制と，国内外から利賀村を訪れる熱心な観客によって支えられてきた。

　こんにち，観光と演劇との一層の結びつきを強調するのは，演出家で劇作家の平田オリザである。平田は自身の主宰する劇団青年団の拠点を東京都から兵庫県豊岡市へと移動させた[46]。この動きと合わせて2021年4月，豊岡市に芸術文化観光専門職大学が開学し，平田は同大学の学長も兼任している。平田は豊岡市において，演劇を新たな観光資源とし「地域の未来をひらき，新しい可能性を発見する」学生を育て，観光と演劇を結びつけた学びの場をはじめようとしている。

（髙橋かおり）

▷3　アングラ演劇とは，1960年代に登場した反体制・反社会・反商業主義的な前衛文化活動の流れで展開された表現とその運動である。1970年代には下火になった。

▷4　ファンツーリズム　聖地巡礼やコンテンツ・ツーリズム（モノや場所）とは異なり，代替性のない魅力をもつ人やグループを応援・愛好するファン（人）を対象とした観光行動。臺純子・幸田麻里子・崔錦珍，2018，「ファンツーリズムの基本的構造──アイドルファンへの聞き取り調査から」『立教大学観光学部紀要』20，123-131。

▷5　国際的にはリヒャルト・ワーグナーのオペラ作品を上演するバイロイト音楽祭（ドイツ）をはじめ，世界各地から様々な演劇団体を招聘するアヴィニヨン演劇祭（フランス）やエディンバラ国際フェスティバル（イギリス）などがある。

▷6　平田は，演劇のコミュニケーション的意義を説くワークショップ活動を行うとともに，劇場に関する法制化に貢献するなど，創作以外の分野でも活動している。詳しくは以下の文献を参照。平田オリザ，2001，『芸術立国論』集英社。

参考文献

芸術文化観光専門職大学，2021，「学長メッセージ」（2022年1月12日取得，https://www.at-hyogo.jp/about/message.html）。
富山県利賀芸術公園，2016，「芸術公園のあゆみ　1976-1980」（2022年1月12日取得，http://www.togapk.net/history/1970.php）。

X　新たな「文化」が問いかけるもの

アート

① アートツーリズムの興隆

アートを見るために，ある場所へ旅をする。目的地は，里山や島々，都市の中心部など様々であるが，「アートを見る」ことを目的として旅行をする人びとが増えている。こういった観光のあり方は**アートツーリズム**[1]と呼ばれ，大きな注目を集めるようになっている[2]。あなたも各地の観光ガイドブックの表紙に，アートスポットの紹介が載っているのを目にしたことはないだろうか。

近年，多様な現代アートを展示する国際芸術祭が各地で展開されるようになっている。その場所に行くことによって初めて，そこにあるアート作品を体験できるという点が多くの人びとを惹きつけており，なかには数十万人もの観光客が訪れるものもある。

とくに過疎化や高齢化に悩む地域にとって，アートを通じたまちづくり・地域づくりは魅力的な取り組みであり，大地の芸術祭　越後妻有アートトリエンナーレや瀬戸内国際芸術祭を嚆矢として，毎年のように新たな芸術祭が誕生している。このようにコミュニティの創意や創造性を重視し，固有の文化をもとに新たな芸術を取り入れ，豊かな創造の場を形成しようとする農山漁村は「創造農村」と呼ばれ，その可能性に期待が集まっている[3]。

全国各地の農山村や島嶼部を舞台とする国際芸術祭で展示される多くのアート作品は次のような特徴をもっている。それは，その場所を生かして制作されており，作品を見るためにはそこに行く必要があるという点である。

特定の場所と強く結びつく形で成立する作品の性質をサイト・スペシフィックと言う[4]。神社や古民家のような建築物，河川や里山といった豊かな自然など，様々な場所を生かして制作される作品はサイトスペシフィック・ワークと呼ばれている。サイトスペシフィック・ワークを見たいと考える人びとは，作品がある場所へ実際に足を運ぶことになる。人びとは現地で作品と出会い，同時にアートを通じて地域の自然や文化を体験することになる。

サイトスペシフィック・ワークが制作され，展示される過程においては，作品をつくりだす作家，地域住民，作品を見るためにその場所を訪れる観光客など様々な立場の人びとがかかわりをもつことになる。そこで次に，現代アートの聖地とも称される直島の事例から，アートをめぐるコミュニケーションのあり方について，考えていくことにしたい。

▷1　アートツーリズム
アートを見ることを目的にひとびとが行う観光を指す。対象の範囲は広く，国際芸術祭に出向くケースだけではなく，各地のパブリックアートを見に行く，美術館を訪問するなど多様なケースが想定される。

▷2　以下では主に，農村や島嶼部の事例を取り上げるが，都市部でも横浜トリエンナーレをはじめとして多くの国際芸術祭が開催されており，都市の中心部が行き先となることもある。美術館を訪れる場合にも，都市部に出向くケースは多いだろう。

▷3　佐々木雅幸，2014，「創造農村とは何か，なぜ今，注目を集めるのか」佐々木雅幸・川井田祥子・萩原雅也編著『創造農村──過疎をクリエイティブに生きる戦略』学芸出版社，10-27。

▷4　暮沢剛巳，2008，『現代アートナナメ読み　今日から使える入門書』東京書籍。

2　アートをめぐるコミュニケーション

　瀬戸内海に位置する直島では，20世紀に入って銅製錬所の操業がはじまり，島は工業によって大きな発展を遂げてきた。しかし，1960年代以降は製錬所の合理化に伴う人口減に悩まされるようになり，直島は新たなまちづくりの方策として，島の環境を生かした観光に取り組むようになる。1980年代に入ると，福武書店（当時）が島南部の土地を購入し，1988年には二代目社長が開発の基本方針「直島文化村構想」を発表したことで芸術文化をベースとするまちづくりが展開していくこととなる。直島では，1990年代からサイトスペシフィック・ワークが制作されており，島内のいたるところで，島の自然や文化を生かしたアートを見ることができる。

　その場所のための作品がつくられていく過程において，作家が地域住民とのやりとりをつうじて島の文化や歴史を知り，それを生かした作品を制作するなど，両者の間には多様な相互作用が見られた。その一例として，2001年のスタンダード展で展開された「のれんの路地」を挙げておきたい。作家はのれんを掲げる家々の歴史などを作品であるのれんに反映させ，展覧会会期終了後ものれんは直島の路地にはためき続けることとなった。現在の直島では「直島のれんプロジェクト」が継続して展開されており，島を訪れる人びとが集落を歩く時，数多くののれんを見ることができる。集落を散策すると，ときには地域住民が観光客にのれんのデザインの由来を説明する場面に出会うこともある。

　人びとが直島旅行の思い出を記したブログなどの投稿には，地域住民との交流を懐かしむ記述を確認することができる。

3　アートを通じて「繋がる」可能性

　ここまで確認してきたとおり，その場所のための作品がつくりだされ，展示されるなかで，作品を媒介として人びとの間で多様なコミュニケーションが生起する。作品は，ただ作家と地域住民のかかわりを生み出すだけでなく，地域住民と観光客とのコミュニケーションも創発しているのである。直島をはじめとする瀬戸内の島々では，観光で島を訪問した人が後に島に移り住む事例も増えつつある。観光をめぐるコミュニケーションを通じて，ある人が観光客から地域住民へと立ち位置を変え，新たな関わりを築くこともあるのだ。

　アートを鍵とするコミュニケーションを通じて人びとの繋がりは豊かになり，時にはある人の立ち位置が変化したり，一人の人が複数の立ち位置を持つ可能性もある。アートツーリズムにおける多様な人びとのコミュニケーションをつうじて，繋がりが豊富化していく過程に注目していく必要があるだろう。

（宮本結佳）

▷5　福武書店は1995年に社名をベネッセコーポレーションに変更した。社名変更後も現在にいたるまで，直島における現代アートのまちづくりに深いかかわりを持ち続けている。詳細については，ベネッセアートサイト直島のウェブサイトにくわしい。株式会社ベネッセホールディングス・公益財団法人　福武財団, 2021, 「ベネッセアートサイト直島」，ベネッセアートサイト直島，（2022年1月12日，http://benesse-artsite.jp/about/）。

XI　「新型コロナウイルス感染症以降」の観光コミュニケーション

 # パンデミック

 ### パンデミックな新型コロナウイルス感染症

　感染症の流行は，その流行の範囲に応じて「エンデミック」「エピデミック」「パンデミック」へと分類することができる。「エンデミック」は感染症の流行が地域的に狭い範囲に限定され，一定の罹患率（または一定の季節的周期）で繰り返される状態をいう。「エピデミック」は特定の地域において，通常の予測以上に感染症が広がることを意味する。それに対して「パンデミック」とは，感染症が国境を越え，世界中で流行することを意味する。

　世界保健機関（WHO）は2020年2月初旬に，新型コロナウイルス感染症（COVID-19）が「エピデミック」の段階にあり，まだ「パンデミック」の段階には至っていないとの認識を示していたが，同年3月11日の時点で「パンデミック」といえる状態であるとの認識に至ったと説明している。しかしその一方で，国境を越えて世界中に拡散するのは感染症だけではない。現代では真偽不明の情報やデマ，フェイクニュースなども「パンデミック」なものとして拡散される。実際に新型コロナウイルス感染症（COVID-19）の流行に際しても，こうした現象が散見された。

　たとえば毎日新聞2020年2月9日記事には，新型コロナウイルスの感染者が欧州で最初に確認されたフランスで，アジアの人びとがウイルスをまき散らしているのだというデマが流れ，直後からアジア人への差別や嫌がらせが広がったことが述べられている。その記事によると「『中国人同士で地下鉄に乗り込むと，乗客が口と鼻をスカーフで覆って眉をひそめた』『車内では絶対にせきができない』などと，アジア系住民の怒りや困惑の書き込み」がSNS上であふれていたと書かれている。

　また，感染の拡大をくいとめるためにロックダウン（都市封鎖）を実施する国々も増えるなかで，食料品，トイレットペーパー，ティッシュペーパー等が輸入できずに不足するといった噂が流れ，これらを買い占める行動があちらこちらで生じ，結果としてトイレットペーパーやティッシュペーパーが実際に不足するといった現象もみられた。このようにデマやフェイクニュースも，感染症とともにパンデミックに国境を越え，世界中に拡散し，社会に動揺をもたらしうるのである。

▷1　これは「インフォデミック」と呼ばれる現象である。

② ウイルスのグローバルな移動

　新型コロナウイルス感染症（COVID-19）のように感染症や，それによって
もたらされる流言がパンデミックなものとなるのは，現代がモバイルな社会だ
からである。今や人，モノ，資本，情報，知識，観念などが移動する状況にお
いてこそ，リアルなものは再編され実現されるようになっている。移動は，
国境を越えて人，モノ，資本，情報，知識，観念などの潮流を絶えず生みだし，
それらを奔流のように合流させつつ，移動する社会の風景を私たちに見せてい
るのである。

　いや，現代の新型コロナウイルス感染症（COVID-19）をめぐる感染拡大の
状況では，国境を越えていくような移動などなくなったのではないか——そ
んな風に思う人がいるかもしれない。そのとおりである。だからこそ，現代は
「移動の時代」だといえるのである。2020年において，観光をはじめ人の移動
が止まってしまったのは，ウイルスが世界中を移動し，新型コロナウイルス感
染症（COVID-19）がパンデミックに流行してしまったためではないか。そし
て，そのように新型コロナウイルス感染症（COVID-19）がグローバルなかた
ちでパンデミックに流行したのは，人やモノの移動を介してではないか。

　実際，新型コロナウイルス感染症（COVID-19）は，「新しい原因不明の肺
炎」として2019年12月31日に中国・武漢で正式に発見されて以降，武漢を訪れ
た観光客や，武漢など中国各地から世界に渡った観光客といった，まさに人の
移動が，広めた可能性が高い。かつての社会においても，人びとの生存を脅
かす感染症はもちろん存在していた。しかし，それは移動以上に，不衛生な
環境等によってもたらされるものであった。

　しかし新型コロナウイルス感染症（COVID-19）は違う。不衛生な環境であ
ろうが，衛生的な環境であろうが，それは，区別なく＝境界を越えて（beyond
boarders）猛威をふるう。人やモノが国境を越え，世界中を移動していくから
こそ，それはパンデミックに流行していくのである。人，モノ，資本，情報，
知，観念などとならんで，ウイルスもグローバルに移動するからこそ，逆説的
なことに，人の移動がとまってしまっているのが，アフター＝ウィズ
COVID-19の状況なのである。

　ドイツの社会学者ウルリッヒ・ベックは，『世界リスク社会論』という本の
なかで，現代においてはウイルス，テロ，気候変動などによるリスクは，この
ように国境を越えたグローバルなものとなっているという。新型コロナウイル
ス感染症（COVID-19）は，移動によって境界を越えて誰でもが感染する可能
性をもつがゆえに，「恐怖」を社会的に構築し，観光コミュニケーションの領
域においても，「夜の街関連／そうでないもの」「ローカル／ビジター」等の新
たな境界を逆に生もうとするのである。　　　　　　　　　　（遠藤英樹）

▷2　I-2「ツーリズム・
モビリティ」参照。

▷3　I-2「ツーリズム・
モビリティ」参照。

▷4　世界中にパンデミッ
クに拡散されるのは感染症
やデマだけではない。
移動の時代においては，
「承認」もまた国境を越え
て拡散されていく。これに
ついては，「インスタ映え」
といった現象を思い浮かべ
てみるだけで良いだろう。
インスタ映えにおける「承
認」のあり方を探っていく
と，そこから移動の時代
の「構造」をとりだすこと
ができ，現代社会の相貌を
抉り出す視点がつかめるの
だ。これについては，以下
の文献も参照。遠藤英樹，
2018，「モバイル＝デジタ
ル時代のパンデミックな
『承認』——越境するパフ
ォーマティブなデジタル写
真」高馬京子・松本健太郎
編『越境する文化・コンテ
ンツ・想像力——トランス
ナショナル化するポピュラ
ー・カルチャー』ナカニシ
ヤ出版，191-202。
▷5　美馬達哉，2020，『感
染症社会——アフターコロ
ナの生政治』人文書院。
▷6　ベック，U.，島村賢
一訳，2010，『世界リスク
社会論——テロ，戦争，自
然破壊』筑摩書房。

XI　「新型コロナウイルス感染症以降」の観光コミュニケーション

 贈　与

1　リスクを贈与する観光

▷1　XI-3「リスク」、XI-1「パンデミック」参照。

▷2　I-2「ツーリズム・モビリティ」参照。

▷3　音楽を例にあげるならば、現代の音楽聴取のしかたはスマートフォンから音楽配信アプリへとアクセスし、ストリーミング配信されたデジタル音源を聴取するという方法が一般的になっている。こうしたテクノロジーが音楽マーケットを変え、人びとのライフスタイルにもインパクトをあたえ、ウォーキングやランニングをしたり、飛行機、電車、自動車に乗ったりと、〈移動しながら聴取するもの〉へと音楽のあり方そのものを変えてしまっているのである。

▷4　身体的な移動をとおして現地を旅することは数年かけて、次第に回復し、再び行われるようになるだろう。ただ、今後は、そうしたときでも、単に「きれいな風景を見る」のではなく、メディア技術を活用しながら「風景をきれいなコンテンツに昇華させて魅せる」ようになる。旅で「楽しい出会いを経験する」のではなく、「出会いをコンテンツにして楽しい経験をさせる」のである。

現代社会においてモビリティは、既存のリアルなものを「固定化」させることなく、つねに揺るがせ、変化させ、〈新たなリアル〉を絶えず生み出している。とくに観光というモビリティは新型コロナウイルス感染症（COVID-19）の感染が拡大する状況下において、世界に人、モノ、資本、イメージを移動させているとともに、ウイルスも移動させたといえる。観光は世界に対して、ウイルスによるリスクを贈与（ギフト）したのである。[1] では観光は、もはや存在しないほうが良いのだろうか。

実は観光には、今後の社会を形成するうえで重要な可能性が秘められている。私たちはそれを、観光が①「今後、どのような形態をもつようになるのか」、②「そのなかで、どのような意義をもつのか」を考えるなかで思い描くことができるだろう。

2　これからの観光のかたち

まず、観光が「今後、どのような形態をもつようになるのか」については、モビリティの現在のあり方をみることで描き出すことができる。[2] モビリティは現在、「デジタル革命」を経たメディアが果たしてきた役割を無視して論じえなくなっている。「デジタル革命」とは、メディアの仕組みがデジタル・テクノロジーをもちいた仕組みに移行することを意味するに留まらず、メディアがデジタル・テクノロジーをもちいることによって、そのテクノロジーを支えていた社会システムをも大きく変えてしまうことをも意味している。[3]

私たちが生きる現代社会は、まさにモバイルでデジタルな社会であると特徴づけうる。それは観光も同様である。観光は、デジタル革命を経たデジタル・テクノロジーを積極的に融合させながら、これまでに私たちが見たことのない新たな観光の形を作りだしていくことになるだろう。

新型コロナウイルス感染症（COVID-19）以後、観光産業は地域の文化や自然をそのまま見せるものではなくなる。地域の文化や自然をコンテンツにまで昇華させ創造し、ときにバーチャルなメディア技術を活用しながら、それら地域コンテンツを観光客に様々に経験・体験してもらい、感動という情動を呼び起こしていくような産業になるはずだ。[4] 観光産業は、いわば「地域コンテンツ

創造産業」「経験創造産業」「情動創造産業」へとシフトしていくだろう。それこそが, 新しい観光様式といえるものではないか。

③ 歓待(ホスピタリティ)を贈与(ギフト)する観光

観光はその新たな状況のなかで, これまで以上に重要な意義を担うようになる。それは何か。これが第2の問いである。——それは, 歓待(ホスピタリティ)の贈与をもたらすという意義である。観光はデジタル・テクノロジーを融合させながら, 観光客に対して経験や感動をあたえ, 世界に歓待(ホスピタリティ)を贈与(ギフト)することが重要になっていく。

観光において, 地域住民が観光客をもてなす。これは従来でも行われてきたし, これからも行われるだろう。ただ観光客が楽しめればそれで満足するというのではもはやなく, 観光客もまた, その地域の文化を大切にしなければならなくなるのである。それは観光客から, 地域の文化に向けた歓待(ホスピタリティ)である。

それだけではない。地域の文化が大切にされることで, その文化を背景として自然も大切に育まれていく。文化が自然に歓待(ホスピタリティ)を贈与(ギフト)するのである。自然が大切に育まれることで, 観光産業もより豊かになる。そうすると観光産業は, ローカルな地域社会の暮らしを経済的に豊かにすることができる。自然が産業に, 産業が地域社会の暮らしに対して歓待(ホスピタリティ)を贈与(ギフト)するのである。

そして観光によって地域社会が経済的に豊かになれば, 地域住民はさらにいっそう, 観光客をもてなすことになる。観光客, 地域住民, 文化, 自然, 産業, メディアなどが相互に歓待するネットワークを作っていくことが求められるようになるだろう。このように観光というモビリティには, 世界にリスクを贈与(ギフト)するだけでなく, 歓待(ホスピタリティ)を贈与(ギフト)する役割が今後は求められるのである。

④ モビリティ・ジャスティス

ただし, それを実現するためには, 私たちは移動の公正さ, すなわち「モビリティ・ジャスティス」を考慮に入れていかなければならないのではないか。つまり「ローカルな地域の暮らし, 文化, 自然などを破壊せず, 逆に活性化(アクティベート)できるグローバルなモビリティとは何か」をつねに問うことが必要なのである。観光とメディアの相互作用のなかで, ローカルとグローバルのあいだの適正バランスを模索しつづけることが必要となる。

人々が自由に移動すること, 自由に集まること, そこで自由に遊ぶことといった「移動の自由」「集まることの自由」「遊ぶ自由」を私たちは簡単に手放すべきではない。だからこそ, リスクの贈与(ギフト)をコントロールすることが求められていくのである。新型コロナウイルス感染症（COVID-19）によって既存の形における観光の終焉はもたらされるかもしれない。だがそれは, 新たな形での観光のはじまりを告げるものとなるはずだ。 （遠藤英樹）

▷5　近内悠太, 2020,『世界は贈与でできている——資本主義の「すきま」を埋める倫理学』ニューズピックス。

▷6　筆者はこれを,「歓待(ホスピタリティ)の贈与(ギフト)のネットワーク」と呼んでいる。

▷7　Sheller, M., 2018, *Mobility Justice : The Politics of Movement in an Age of Extremes,* London: Verso.

▷8　贈与(ギフト)には, つねに歓待(ホスピタリティ)とリスクの両面があることを忘れるべきではないだろう。

XI　「新型コロナウイルス感染症以降」の観光コミュニケーション

リスク

① 観光における二つのリスク

　1980年代における日本政府の内需拡大政策以来，地域における観光の導入は，経済効果はもとより，住民の集合的アイデンティティやプライドの醸成，新しい地域文化の発掘など，様々な積極的なインパクトをもたらすことが注目されてきた。しかしながら，世界中で（とくに日本のインバウンドで）国境を越える観光客数が急激に増えた2010年代以降，観光による負のインパクトが取り沙汰されるようになった。本節では負のインパクトをもたらす観光の根源的な特徴を中心に，二つの点を取りあげていく。

　一つ目は，ゲストとホストのまなざしの非対称性である。観光客が正のインパクトしかもたらさないことを前提にした観光の議論のなかでは，この非対称性の論点は陰に隠れていた。このことが浮き彫りなったのは，とくに2010年代半ばより世界中で取りあげられるようになった「オーバーツーリズム」の問題であった。

　このホストとゲストの非対称性は，サービス産業には一般的なものであり，ホスト側に**感情労働**の問題が発生することは，何も新しいことではない。サービス産業のなかで客の数が一定水準を超えれば，当然ホストの「感情労働」はストレスフルなものになるだろう。しかしながら，通常それはサービス産業では生み出す価値の対価として処理され，客が多いことは歓迎されることはあれ，問題として表面化することはない。ではなぜ観光においてのみ，問題となるのか。それは，観光地が住民にとっての「生活の場」であることによる。

　すなわち，観光市場は住民の生活という「外部不経済」に圧倒的に依存している。そしてこれが他のサービス産業から区別される観光の二つ目の根源的特徴である。観光地の住民たちの生活文化（あるいは生活そのもの）や，それを取り囲む外なる自然も，観光においては消費の対象となる。

② リスク社会論と観光

　近代化が発生させたノイズによって近代システムそのものが食い破られてしまう人為的な危険のことを「リスク」と呼ぶことができる。先にあげた観光における二つの特徴は，この種の「リスク」となりうるものといえる。ウルリッヒ・ベックがいう「リスク社会」とは，近代化が進んだがゆえに不確実性が増

▷1　Ⅳ-1「ホスト／ゲスト論」参照。
▷2　Ⅵ-12「オーバーツーリズム」参照。

▷3　オーバーツーリズムについては，京都の例がよく取りあげられている。中井治郎，2019，『パンクする京都——オーバーツーリズムと戦う観光都市』星海社。

▷4　感情労働（emotional labor）
アーリー・ラッセル・ホックシールドが『管理される心——感情が商品になるとき』（2000年，世界思想社）のなかで提起した概念であり，肉体労働，知的労働の他に，現代に多く見られる対人サービス労働のなかに含まれる人間性を消耗する感情の管理を要求される労働を指す。

▷5　市場原理のもとで行われる経済活動が，市場経済の外側に及ぼす負担のこと。

▷6　ベック，U.，東廉・伊藤美登里訳，1998，『危険社会——新しい近代への道』法政大学出版会。

加した社会のことを指すが，彼による「リスク社会論」のポイントは，近代の発展そのものがリスクを生み出し，近代の合理性そのものが，合理性ではコントロール不能なものを生み出していくといった，近代の道具的理性の「副作用」に着目していることにある。1970年代以降の「後期近代社会」は，国家を中心に組織化が進んだ「前期近代社会」に比して，組織化が綻び不安定化したがゆえに，その「副作用」がより露呈しやすいという。

　交通の発達や国家を超えたグローバリゼーションを背景とする観光的移動もまた，このリスクの様相を生んでいる。観光的移動は，ホストとゲストによるコミュニケーションの難しさを露見させた。またさらに高度な人的移動によって，自然開発の結果として発生した疫病の拡散が常態化し，その一例として，こんにちの新型コロナウイルス感染症（COVID-19）によるコントロール不能な状況が惹起されたといえる。

　ベックの主張において重要なことは，「リスク社会」においてリスクがリスクを作り出すという点である。その特徴とは「五感でとらえられないだけでなく，われわれの想像力を超えるものであること，つまり，科学によって確定できないこと」にあり，「何が危険なのかの定義は，つねに〈認知的〉かつ〈社会的〉に構築されたものである」。コロナ禍におけるメディア等の言説的な混乱は，「リスク社会」の特徴を色濃くもつものである。

3　リスク社会における「観光」の可能性

　以上のようにリスク社会における観光の現状を捉えたときに，その複雑性と多様性ゆえに解決法がどこにあるのかという難題にぶつかる。近代科学自体がある種の不確実性のうえに成立しているのであり，さらに観光には経済，社会，文化，そしてそれらをとりまとめる政治という不確実性が覆いかぶさる。「リスク」の解決は「リスク」を前提とするしかない。正解がない状況において，人びとの合意のもとに解決を見いだすという方法がとられる他ない。万能な科学という神話を乗り越えたところに「リスク社会」の解決策は見出される。

　そして最終的に，これは「リスク」の認識とその公平な分配という問題に行き着く。将来的に観光は，こういった「リスク」の分配を学びあう場へと変化していくだろう。たとえば現代が抱えている「リスク」そのものを観光の対象とするようなダークツーリズムや，「リスク」に対し脆弱な少数民族（マイノリティ）の文化などをその当事者の立場から学ぶ観光などがその例になりうる。今後はさらに観光地の住民が観光客を選ぶ時代が到来するかもしれない。どのような観光客をどのように迎え入れるのか，多様化する地域住民のコンセンサスを問う方法が模索されるだろう。

（須藤　廣）

▷7　工業社会の原理をもとに稼働する社会を「前期近代社会」とし，脱工業化した消費社会の原理にもとづく社会を「後期近代社会」と呼ぶ。一般的には1970年代をその移行期と考える。

▷8　ベック，U.，A.ギデンズ，& S.ラッシュ，松尾精文・小幡正敏・叶堂隆三訳，1997，『再帰的近代化──近現代における政治，伝統，美的原理』而立書房，19。

▷9　VI-11「ダークツーリズム」参照。

XI　「新型コロナウイルス感染症以降」の観光コミュニケーション

 バーチャル観光

① 新型コロナウイルス感染症による「オンライン／オフライン比率」の変容

　中国で発生した新型コロナウイルス感染症（COVID-19）は世界各国へと波及し，感染者数と死者数が急増した。なかば「動かない生活」を強いられる状況にあって，人びとのメディア接触の様態は大きく変化することになる。ビデオリサーチによる2020年5月の「『コロナ禍』における生活者意識調査」によると，回答者のうち85.6％が新型コロナウイルス感染症（COVID-19）により生活が変化したと答え，テレビ視聴やネット閲覧の時間などが増えていることがわかる。

　たしかに当時，多種多様なニュースが報じられたが，それらのうちいくつか見出しだけ紹介しても，たとえば「Netflix と Snapchat，新型コロナウイルス感染症（COVID-19）の"巣ごもり需要"で予測を上回る増収増ユーザー」であるとか，あるいは「いま，世界は『あつまれ　どうぶつの森』を求めている」であるとか，人びとによるメディア接触の変容を示唆する話題が様々に出回っていた。有線／無線を問わずインターネットへの接続が常時可能な現代，私たちはオンラインとオフラインが重畳されたセカンドオフライン的状況を生きているわけだが，新型コロナウイルス感染症（COVID-19）がもたらしたものは，端的にいって「オンライン／オフライン比率」の変容とでもいうべきものである。人びとは自宅にいながらにして「リモートワーク」に従事し，インターネットをつうじて「バーチャル観光」のコンテンツを消費したのである。

② バーチャル観光をめぐる幾つかの事例

　そもそも観光とは人びとに「楽しみ」を提供するものといえるが，移動が制限される状況下でそれにアクセスするための方法が大きく変化した。しかも観光需要が激減するにつれて，事業者は様々なかたちで「バーチャル観光」のコンテンツをインターネット経由で世に送り出すことになった。

　以下では3つほど事例をとりあげておこう。まず1つ目は，2020年3月27日付で近畿日本ツーリストのHPに掲載されたコンテンツである。そこには「【今だけ】旅行気分！　360°バーチャル観光を楽しもう！」とのタイトルのもとで，ハワイ，カンボジア，ベトナムなどの有名観光地のパノラマ写真が数枚

▷1　2022年1月12日取得，〈https://www.videor.co.jp/files/pdf/200618release_acr.pdf〉。

▷2　2022年1月12日取得，〈https://www.itmedia.co.jp/news/articles/2004/22/news053.html〉。

▷3　2022年1月12日取得，〈https://wired.jp/2020/04/22/rave-animal-crossing-new-horizons/〉。

▷4　Ⅶ-8「モバイルメディア」参照。

▷5　2022年1月21日取得，〈https://www.knt.co.jp/tabiplanet/other/200319/〉。

ずつ掲載されている。閲覧者がマウス等で操作することにより、パノラマ写真のなかで方向を自在に変えながら風景を眺めることができる。

2つ目の事例としてとりあげるのは、『北海道新聞』電子版の5月28日付の記事である[6]。そこには「函館旅行、おうちで体験 ゲストハウスが『オンライン宿泊』開始」とのタイトルのもとで、あるゲストハウスによる取り組みが紹介されている。それによると、オーナーがオンライン会議アプリ「Zoom」経由で函館の街を動画付きで生解説し、さらに別々の場所からアクセスする参加者が「ゲストハウスの醍醐味」である「旅人同士の語らい」を満喫したと解説されている。むろん「オンライン宿泊」といっても、ここでは実際に宿泊がなされているわけではない。参加者は自宅などから Zoom へとアクセスし、ゲストハウスでの体験を疑似的に共有するわけである[7]。

3つ目の事例はフェロー諸島観光局が企画したリモートツーリズムである。現地では感染症の影響を受けて島外からの訪問が禁止される状況にあったが、IDEAS FOR GOOD の記事の報告によると同島の観光局は「オンラインで世界中からこの諸島の魅力を体験できるツアーを始めた。参加者はツアーが始まる時間になると、カメラを頭につけた島民が、実際に移動することで、島内のさまざまな場所をリモートで観光することができる」とその取り組みが紹介されている[8]。同記事では「遠くへの移動が制限されるなか、旅行に飢えている人にはたまらないコンテンツだ」と解説されている[9]。

③ 「体験の技術的合成」を指向するバーチャル観光

以上のような形態でコンテンツ化された「バーチャル観光」に共通する要素を探るとしたら、それは何か。おそらく、旅における「体験の断片」を（なかば恣意的に）切り取って、それを技術的に再構成するかのような仕掛けに認められるといえるだろう。上記の3つの事例に含まれる「風景を眺める」「旅人同士で語らう」「アクティビティに参加する」という行為は、それぞれパノラマ写真、Zoom、インターネットなどの媒体をつうじて技術的に形成される。むろん「体験の技術的合成」を指向するバーチャル観光のコンテンツは、そのモデルとなる実際の体験とは異なり、その体験の全体像を再構成しうるものではない。しかしそれでもバーチャル観光のコンテンツは、ある種の「見立て行為」をつうじて人びとにより難なく受容されうるのである。

もうひとつ重要な点があるとすれば、それはバーチャル観光のコンテンツの視聴そのものが「目的」にはなりえない、という点である。既述の事例のどれをとっても、それらのコンテンツは人びとに見てもらうことが最終的な目的ではなく、それによって旅への想像や欲望を喚起するために作られているのだ。つまりそれは人びとの注意や関心を惹きつけるための、アテンション・エコノミー時代の重要なツールとして機能しているのである[10]。　　　　（松本健太郎）

▷6 2020年9月3日取得、（https://www.hokkaido-np.co.jp/article/425053）。

▷7 Ⅴ-7「ゲストハウス」参照。

▷8 2022年1月12日取得、（https://ideasforgood.jp/2020/05/19/digital-tourism/）。

▷9 「ツアーガイドは、歩いたり走ったりする以外にも、カヤック、乗馬、ハイキングなどのアクティビティに参加してくれる。また、ジャンプボタンを押すと実際にその場でジャンプしてくれるなど、あたかも現地を旅しているような気分を味わわせてくれる」という。

▷10 リチャード・ランハムの言葉を引用するならば、「私たちの現在の生活のなかで、純粋な状態で『注意の経済学』を構成している部分がある。それをサイバースペースと呼ぼうと、仮想性と呼ぼうと、コンピュータに媒介されたコミュニケーションと呼ぼうと、あるいはよりシンプルにネットと呼ぼうと、そこではアテンションがすべてである。［中略］あらゆる種類の企業が公的か私的かを問わず、この新しい経済学に没頭し、チェックを受けている」と指摘される。Lanham, R., 2007, *The Economics of Attention: Style and Substance in the Age of Information*. Illinois: University of Chicago Press, 233.

XI　「新型コロナウイルス感染症以降」の観光コミュニケーション

5 親密性

① 新型コロナウイルス感染症（COVID-19）と親密性

　COVID-19 は，私たちのコミュニケーションのあり方を根底から揺さぶった。「三密」の起こりやすい飲食店やライブハウスでの集まりは大幅に制限され，大学も閉鎖された。テレワーク，リモート観戦，オンライン授業などの「新しい生活様式」が推奨され，私たちの生活は一変した。

　マスクを外して互いに素顔を見せ合う親密さは，二つの場面に限定された。一つは家庭だ。家族社会学は，家族の多様化と個人化を明らかにし，現代社会を「家族の時代の終わり」と特徴づけてきた。ところが，「ステイホーム」の掛け声のもと，親密な関係性は家庭内に閉じ込められ，家族は接触が許される唯一の単位として再定位された。

　もう一つは，デジタルネットワークである。リモート飲み会やオンラインデートなど，インターネットをつうじて親密性は再編成された。「離れていても心はひとつ」（岐阜新聞），「離れていても，想いは一緒」（サムスン）などの広告は，リモートな親密性という可能性へと，人びとの想像力を誘った。

② 距離と親密性

　COVID-19 にともない，ステイホームと並んで人口に膾炙した用語が「ソーシャル・ディスタンス」である。感染防止のため，互いの距離を2メートル（最低1メートル）以上空けることが望ましいとされた。

　文化人類学者でコミュニケーション研究者でもあるエドワード・ホールは，「人間における距離」を四つに区分する。45cm までの密接距離は，私的空間における愛撫や格闘，慰め，保護の距離とされる。45cm から 120cm の個人距離は，友人らとのあいだに保つ通常の間隔である。120cm から 360cm までは社会距離で，フォーマルな相互行為の距離を表す。最後が公衆距離で，360cm 以上の間隔を保つ。近さは親しさを，遠さはよそよそしさを意味している。

　しかし，コロナ禍において，親密性と距離の関係は反転した。2020年3月，ドイツのメルケル首相は国民へのメッセージのなかで，「相手を慈しむ行為は，身体的な距離の近さや触れ合いを伴うもの」だが，「今は，距離を置くことが唯一，思いやりなのだ」と述べた。こんにちでは，物理的な距離をとることこそが社会的な配慮や親密さの証となった。

▷1　密閉，密集，密接の三つの密を意味する。2020年3月に日本政府は，三密の回避を提唱した。

▷2　2020年5月に新型コロナウイルス感染症専門家会議が提唱した。

▷3　落合恵美子，2019，『21世紀家族へ――家族の戦後体制の見かた・超えかた（第3版）』有斐閣。

▷4　他方，家庭内暴力やコロナ離婚など，「家族問題」が改めて浮き彫りにされた。

▷5　ホール，E.T.，日高敏隆・佐藤信行訳，1970，『かくれた次元』みすず書房。

▷6　京都の鴨川べりでは，恋人や友人たちが1組ごとに等間隔に離れて座る「等間隔カップル」がおなじみの光景となっている。彼らは互いに距離を取り合うことで，快適なパーソナルスペースを確保している。

▷7　ドイツ・メルケル首相のテレビ演説（2022年1月12日取得，https://japan.diplo.de/ja-ja/themen/politik/-/2331262）。

③　メディアと親密性

　ホールとメルケルは，方向性こそ違うものの，親密性を物理的な距離との相関関係において捉える点で一致している。しかし，メディアの発展は，このような関係性を打ち砕いてきた。ホール自身も，人間における社会距離は，電話，テレビなどのメディアによって大幅に「延長」されつつあると述べている。

　確かに私たちは，メディアの進展とともに距離を克服し，遠距離のコミュニケーションを営むようになった。メディア研究者のマーシャル・マクルーハンはメディアを「人間の拡張」と考えた。彼はテレビの普及を念頭に，私たちは再び小さな「村」にでもいるような親密なコミュニケーションを取り結ぶとし，それを「グローバル・ビレッジ」と表現した。[8]

　ソーシャルゲームでは，互いに顔も名前も知らず，対面的に会ったこともない者どうしが，親密なコミュニケーションを続ける。富田英典はそれを「インティメイト・ストレンジャー（親密な他者）」と呼ぶ。[9]

　若者のあいだでは，LINE などの無料通話アプリを常時接続しておくことが珍しくないようだ。カップル間の場合は「リモート同棲」と呼ばれ，どちらかが寝落ちするまで（寝落ちした後も）接続が維持される。

④　モビリティと親密性

　社会学者で観光研究者でもあるジョン・アーリは，現代社会においてコミュニケーションと交通システムが加速度的に進歩を遂げ，ヒト，モノ，イメージがめまぐるしく移動していく状況を「モビリティ」という概念で分析した。コミュニケーションは，離れた場所と場所をつないでおこなわれているだけではない。移動しながらおこなわれているのだ。[10]

　モビリティの象徴的な局面の一つが旅だろう。私たちは移動中や旅先において，SNS をつうじて家族や親しい友人たちとコミュニケーションを続ける。移動中の列車において，隣り合わせた他者とのやりとりは，以前ほど重要ではなくなった。私たちは仕事のメールや，バイトのシフト確認，友人の投稿へのリアクションのほうに，ますます注意を傾けているだろう。このようなモビリティ時代の親密性をアーリとアンソニー・エリオットは「モバイルな親密性」と呼んだ。[11]

　Google マップの「現在地を共有」機能や，位置情報共有アプリ Zenly の利用が拡大している。人びとは動きながらコミュニケーションをとる。位置情報や移動情報までもが，コミュニケーションの重要な資源となっている。私たちのモビリティそのものが，親密性を生みだしているのだ。

　距離と親密性の関係だけが問いなおされているのではない。距離とは何か，親密性とは何かという前提までもが揺らぎ，再編されている。　　　　（高岡文章）

▷8　マクルーハン，M.，栗原裕・河本仲聖訳，1987，『メディア論——人間の拡張の諸相』みすず書房。

▷9　富田英典，2009，『インティメイト・ストレンジャー——「匿名性」と「親密性」をめぐる文化社会学的研究』関西大学出版部。

▷10　アーリ，J.，吉原直樹・伊藤嘉高訳，2015，『モビリティーズ——移動の社会学』作品社。

▷11　エリオット，A.，& J. アーリ，遠藤英樹監訳，2016，『モバイル・ライブズ——「移動」が社会を変える』ミネルヴァ書房。

第 5 部

観光コミュニケーション論の先駆者たち

XII ツーリズム・モビリティ研究の先駆者たち

 ジョン・アーリ

1 ジョン・アーリの略歴

　ジョン・アーリは観光研究において欠かすことができない研究者の一人である。観光研究では必読書となっている『観光のまなざし──現代社会におけるレジャーと旅行』は，1990年に書かれたものである。実はアーリの学問的出自は観光分野ではなく，資本主義の変動研究や市民社会論の分野であり，とくにスコット・ラッシュとの共著である『The End of Organized Capitalism（組織資本主義の終焉）』は，アーリの名を世界的に知らしめた。アーリ（とラッシュ）はこの著作のなかで，1970年代から1980年代に生起した先進国における資本主義体制の変容を「脱組織化（disorganize）」という観点から分析している。

　第二次世界大戦以降，欧米日本の先進国では，ファシズムまたはニューディール政策から引き継がれた（国家に協調的な）職能団体や労働組合などが個人と国家とを媒介し調整する，「コーポラティズム（協調主義）」，あるいはその後に各種団体の利害を国家の福祉政策によって調整する「ネオコーポラティズム」など，「組織された（organized）」資本主義が優勢であった。資本を共同体が支えるこの体制は，1970年代までは諸矛盾を抱えながらも，それなりに機能し，先進資本主義における大量生産・大量消費型の経済成長をリードしてきた。しかしながら，この種の資本主義体制は，1970年代から1980年代にかけて諸矛盾を露呈させつつ衰退していくことになる。そしてそれに代わって1970年代から1980年代に登場したのが，「脱組織化（disorganized）」した資本主義体制である。この体制を支えるのは多品種・少量生産型の個人主義型の消費である。アーリとラッシュはこの「脱組織化」された資本主義体制に，矛盾の累積や隠蔽と同時に，ライフスタイルを根元から問い直す市民主導型の新たな社会創造の可能性を認める。とくに彼らが注目しているのは，脱組織化の進む資本主義の文化領域に起こりつつあった「ポストモダン」の再帰的文化運動である。ポストモダンの文化変容の両義性に関する論点は，1994年に上梓されたラッシュとの共著でより明確に主張されている。注目に値するのは，これらラッシュとの二つの共著のあいだに執筆されたのが『観光のまなざし（初版）』であったという点である。

▷1　Urry, J. & S. Lash., 1987, *The End of Organized Capitalism,* Cambridge: Polity Press.

▷2　アーリー，J., & S. ラッシュ，安達智史ほか訳，2018，『フローと再帰性の社会学──記号と空間の経済』晃洋書房。最終章の「ポストモダン文化と脱組織資本主義──いくつかの結論」に明確に表現されている。1980年以降の先進国における脱組織化された市民社会を担うのは，もはや古い階級利害や階級意識ではない。女性解放や多民族社会，自然保護等の運動にみられるようなライフスタイルや新しい文化の創造等が絡み合った「ポストモダン」の再帰的文化運動なのだということである。

▷3　同前書。

▷4　アーリー，J., & J. ラースン，加太宏邦訳，1995，『観光のまなざし──現代社会におけるレジャーと旅行』法政大学出版局。

❷ 「観光のまなざし」の両義性

　「観光のまなざし」における「まなざし」とは，ミッシェル・フーコーが『監獄の誕生』のなかで示した近代の隠れた機制として，暗黙裏に制度化されたものの見方である。フーコーによると，近代の「主体」とはあらかじめ存在している普遍的なものではなく，暗黙の「知の枠組」，すなわち「エピステーメ」のなかで産出されてきたものである。これはフーコーから「まなざし」理論を受け継いだアーリの視座においても同様である。アーリによると「まなざし」とは「視覚の制度」であると主張されるが，観光の「主体」も隠れた「まなざし」の枠組により産出されるものだといえる。

　フーコーは「近代精神の系譜学」という方法から，近代の社会史を探り，その暗黙の「知の枠組み」を脱構築（隠れた規制を明らかにする）する。フーコーの論理では「主体化＝従属化」といったかたちで管理される「従順な主体（身体）」の観念が中心となっており，そこからの解放の糸口は捉え難い。そしてアーリもまたこの「系譜学」的な手法を採用していたため，従来その「視覚（の制度）中心主義」が批判されることも多かった。しかしアーリは前述したように，ポストモダン型の再帰的文化運動へと焦点を移し換える過程で，観光が持つ一つの社会運動としての役割に着目していた。このことがアーリの「まなざし」論の要諦である。アーリは，決定論との批判に応える形で，観光における経験をパフォーマティヴ（意味付けに人々が参与する様子を中心に）に分析する視点を強調し，フーコー的な「系譜学」の克服を印象づけた。

❸ 「まなざし論」から「移動論」へ

　さらにアーリは，脱組織化されたポストモダン社会の両義的特徴を，「複雑性」や「移動論」をめぐる議論として深化させている。因果的な運動を超えた複雑性や不確定性を露わにするポストモダン社会のなかで，観光は高度化する「移動」の中心であり，観光学のなかにおいてアーリの「移動論」は欠かすことができない。また，晩年のアーリは，移動論の射程を拡げ，環境問題やグローバリゼーションの功罪の問題へとさらに幅を広げていった。

　アーリによる観光をめぐる理論の底流には，資本主義社会の変動論が流れており，それはポストモダン社会の両義的な特徴を観光という視点から抽出するものであった。筆者の見立てによると，そのなかでアーリは，パフォーマティヴなイメージ形成や動的な繋がりの形成に寄与する，「社会運動」の可能性を認めようとしたのである。

（須藤　廣）

▷5　フーコー，M.，田村俶訳，1977『監獄の誕生——監視と処罰』新潮社。

▷6　マキャーネルは，アーリの「観光のまなざし」論が構造主義的で「行為主体（Agency）」の理論をもたない「決定論」であるとして批判している。これを受けてアーリはこの「まなざし」論を初版の「視覚」中心から，第3版においては視覚を超えた様々な「感覚」へと拡げている。MacCannell, D., 2011, *The Ethics of Sight-Seeing, Berkeley,* California: University of California Press.

▷7　アーリー，J.，吉原直樹監訳，2014，『グローバルな複雑性』法政大学出版局。アーリー，J.，吉原直樹・伊藤嘉高訳，2015，『モビリティーズ——移動の社会学』作品社。

▷8　アーリー，J.，須藤廣・濱野健訳，2018，『オフショア化する世界』明石書店。

XII　ツーリズム・モビリティ研究の先駆者たち

2　ティム・エデンサー

1　ティム・エデンサーの略歴

　ティム・エデンサーは現在，イギリス，マンチェスター・メトロポリタン大学の人文地理学（Human Geography）講座の教授である。人文地理学・文化地理学を専門としている。

　観光研究において様々なインパクトを残している研究者であるが，その学術的貢献をまとめると，観光における身体感覚と社会的空間をめぐる一連の概念を構築してきた点があげられる。そのなかで，①観光におけるパフォーマンス概念の導入，②観光におけるマテリアリティ概念の導入，③観光におけるヴァナキュラー・モビリティをめぐる諸概念の導入，の三つの領域でその貢献をみてとることができる。ここでは，個別にその内実を追っていきたい。

2　パフォーマンス論的転回のなかの観光研究

　エデンサーが最もインパクトを与えた点に，観光研究におけるパフォーマンス論的転回をめぐる議論を主導してきたことがあげられる。1997年出版の『タージ・マハルにおける観光客（*Tourists at the Taj*）』で，タージ・マハルにおける観光者たちの行動様式が，観光者の空間認識の違いによって異なる点を示した。さらにその背後には，観光者個人が背負う文化的価値規範や社会規範が強く作用している点を，参与観察をつうじて明らかにしている。

　このタージ・マハルにおける観光行動の差異をめぐる議論を踏まえ，エデンサーはアーヴィング・ゴフマンによる議論の再考をつうじて，観光という概念をパフォーマンスによって再構成することを提示する。そこでは，観光実践を個人の日常の慣習や身体感覚を通じた，観光地という「ステージ（stage）」における「上演（enactment）」として捉え直していく。このパフォーマンスをめぐる議論は，ジョン・アーリを中心に論じられてきた「まなざし（gaze）」を中心とした「表象（representation）」をめぐる諸概念に大きな修正を迫る議論として，後続の研究者によって参照されていった。ここでは，観光実践とは観光者の日常と，観光地を取りまく人間や物理的空間といった環境との相互作用のなかで生み出されるものとして捉えることができる。

　パフォーマンスを中心に観光研究を再構成するなかで，エデンサーは行為遂行性としての「パフォーマティヴィティ（performativity）」についても議論を

▷1　Ⅱ-1「パフォーマンス」参照。
▷2　Ⅱ-3「マテリアリティ」参照。

▷3　Edensor, T., 1997, *Tourists at the Taj : Performance and meaning at a symbolic site.* London: Routledge.

▷4　Edensor, T., 2001, Performing tourism, staging tourism: (Re) producing tourist space and practice. *Tourist Studies, 1*(1), 59-81.

▷5　Edensor, T., 2006, Tourism and performance.

展開している。ここでは，ジュディス・バトラーの議論を踏まえ，個人や空間といった実体がア・プリオリに存在するのではなく，環境との相互作用のなかで遡及的に構築されていく点を示す。あるいは，観光実践が既存の社会的文脈からのずれを生じさせる可能性を常にはらんでいる点で，観光地に変容をもたらす点を明らかにしている。

観光研究におけるパフォーマンス論的転回をめぐる一連の議論は，ジョン・アーリやヨーナス・ラースンをはじめとする他の観光研究者にも強い影響を及ぼしてきた。

③ 観光におけるマテリアリティの問題系

ティム・エデンサーの観光研究におけるもうひとつの重要な貢献として，モノの物質性を示す「マテリアリティ（materiality）」の概念を，観光研究に積極的に導入してきた点があげられる。とくに観光におけるパフォーマンスが，観光者の身体感覚を通じて構築されていくがゆえに，周囲を取りまく環境の物質性によって強く規定される点を示す。その際，アクターネットワーク論のなかで蓄積されてきた，モノのエージェンシー（agency）やアフォーダンス（affordance）の議論を援用しながら，観光実践がマテリアリティによって継続的に生み出されていく点を示す。

エデンサーはそのなかでも，観光者の行動様式が，空間における光と影によって強く規定されていく点や，リズムという人間の身体感覚が作用する点を，技術革新を踏まえながら議論を展開していく。

観光におけるマテリアリティの概念は，観光心理学や観光マーケティング論とは異なった形で，観光行動を捉えるモデルとして，多くの観光研究者たちによって参照されていく。

④ ヴァナキュラーなモビリティと身体感覚

エデンサーが提示した一連の議論は，地域や文化の違いによって，観光者との環境との相互作用のあり方や，モビリティのあり方も異なっていく，というヴァナキュラー（在地的）な身体感覚をめぐる議論も生み出している。ここでは，現代インド社会における事例を提示するなかで，観光研究が立脚してきた西洋社会を基盤としたモデルとは異なった観光的身体の可能性を示している点が興味深い。とくに，南アジア大陸に位置する地理的空間としてのインドを大きく超えて広がる「インド的世界」やインド的な身体感覚が，観光空間や，個人や社会の感性を構築していく姿を描き出す。その点，現代社会におけるモビリティをめぐる文化的偏差の可能性を示すとともに，モビリティ経験のあり方もまた，個人が背負う文化的価値観や社会的規範が反映される感性によって，異なった様相を示していく点を明らかにしていく。　　　　（安田　慎）

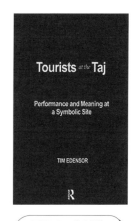

図XII-1　代表著作
『Tourists at the Taj』

Jamal T. & M. Robinson eds., *The SAGE Handbook of Tourism Studies*, Los Angeles: SAGE, 543–557.

▷6　XII-1「ジョン・アーリ」参照。

▷7　XII-4「ヨーナス・ラースン」参照。

▷8　Edensor, T., 2005, *Industrial ruins : Space, aesthetics and materiality*. Oxford: Berg Pub Ltd.; Edensor, T., 2020, *Stone : Stories of urban materiality*. London: Palgrave Macmillan.

▷9　Edensor, T., 2017, *From light to dark : Daylight, illumination, and gloom*. Minneapolis: University of Minnesota Press.

▷10　Edensor, T. ed., 2010, *Geography of Rhythm : Nature, Place, Mobilities and Bodies*. London: Routledge.

▷11　Edensor, T., 2015, *Urban theory beyond the West : A world of cities*. London: Routledge.; Edensor, T. ed., 2015, *Spaces of vernacular creativity*. London: Routledge.

XII　ツーリズム・モビリティ研究の先駆者たち

3 アンソニー・エリオット

1 アンソニー・エリオットの略歴

　アンソニー・エリオットは1964年オーストラリアに生まれ，英国ケンブリッジ大学においてアンソニー・ギデンズのもとで社会学を学んでいる。現在はサウス・オーストラリア大学の社会学教授であり，サウス・オーストラリア大学国際部の部長や，同大学に設置されているホーク・ジャンモネ研究センター（Hawke EU Jean Monnet Centre of Excellence）の所長もつとめている。

　また，オーストラリア社会科学アカデミー（Academy of the Social Sciences in Australia: ASSA）のフェロー，ケンブリッジ・コモンウェルス・トラスト（Cambridge Commonwealth Trust）のフェローでもある。2018年には，オーストラリア学術評議会（Australian Council of Learned Academies: ACOLA）の人工知能専門家ワーキンググループのメンバーに任じられ，そこで「オーストラリア社会に対して，AIがもたらすものは何か」に関して調査を行っている。この調査プロジェクトは，オーストラリア研究会議（Australian Research Council: ARC）や内閣府，オーストラリア産業・イノベーション・科学省（Department of Industry, Innovation and Science）の支援を受けて実施されたものとなっている。

　彼は，社会理論や現代社会学にとって重要な業績を世に送り出してきた。それらは単著や共著を合わせると40冊以上の数にのぼり，様々な国で翻訳されている。たとえば『Social Theory and Psychoanalysis in Transition』『Psychoanalytic Theory: An Introduction』『Social Theory Since Freud』『The New Individualism（共著）』『Concepts of the Self』『Making the Cut: How Cosmetic Surgery is Transforming Our Lives』『Mobile Lives（共著）』『On Society（共著）』『Contemporary Social Theory: An Introduction』『Reinvention』『Identity Trouble』『The Culture of AI』『Making Sense of AI』『Algorithmic Intimacy』などである。

2 「生」および「自己」の変容の社会学

　エリオットの業績は多岐にわたるが，彼は一貫して，現代社会における「生」や「自己」の変容に焦点を当ててきた。とくに近年では，〈観光も含めたモビリティや，AIを含めたデジタルテクノロジーとの関連において，私た

▷1　ジャンモネ研究センターは，「EU内外にある高度教育機関における欧州統合研究分野の研究・教育促進を目的としたジャン・モネ・プログラムの一環として，EU統合に関わる各種研究の拠点として機能することを目的」として設置されたものである（2022年1月12日取得，http://www.jean-monnet-coe.keio.ac.jp/）。

▷2　XII-1「ジョン・アーリ」参照。
▷3　エリオット，A., & J.アーリ，遠藤英樹監訳，2016，『モバイル・ライブズ——「移動」が社会を変える』ミネルヴァ書房。
▷4　エリオットは2018年10月24日（水）平井嘉一郎記念図書館カンファレンスルームにおいて行われた立命館大学人文科学研究所主

ちの「生」や「自己」がいかに変容し，どのような特徴をもちつつあるのか〉という問題に対し焦点を当てているといえよう。ジョン・アーリとの共著である『Mobile Lives』でも，そうした問題意識が濃厚にみてとることができる。エリオットとアーリは，『Mobile Lives』において以下のように述べる。

> 人びとが今日みずからの生を営むあり方は，グローバルなモビリティ・プロセスのより広い変動に影響され，それを映し出しているのである。さらにいえば，世界をさらに移動するようになること——炭素をエネルギー源とする，人，品物，サービス，観念，情報の移動が加速していくこと——は，生が営まれ経験され理解されるあり方に影響をあたえる。

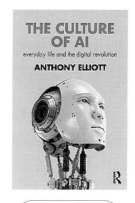

図XII-2 代表著作
『The Culture of AI』

『The Culture of AI』でも，そうした問題意識が貫かれている。そこでは，AI が未来においてではなく，まさに「いま＝ここ」で，大きく変えようとしている「生」のあり方に注目し，AI を搭載した機械やロボットがウェブやビッグデータを活用しオートメーションを促進し，現代における日常生活に多大なインパクトを与えていることが議論される。そして，それは，モビリティのあり方にも影響を与えるとされる。

『Identity Trouble』でも同様だ。本書では『The Culture of AI』が議論したロボット工学やデジタルテクノロジー，『Making The Cut: How Cosmetic Surgery is Transforming Our Lives』が議論した外科手術などを俎上にあげながら，現代のアイデンティティあるいは自己が大きく変異していることが社会・文化・政治的な文脈と絡めつつ議論されている。このようにみてくれば，アンソニー・エリオットの社会学とは，現代に生きる私たちの「生」および「自己」の変容に関する社会学なのだと概括できよう。

彼は，そうした社会学を展開していくにあたって，シンボリック相互作用論，フランクフルト学派の理論，シグムント・フロイトやジャック・ラカンたちによる精神分析理論をはじめ様々な理論を取り入れ応用するとともに，それらに対して積極的に再考を加えていく。『Social Theory and Psychoanalysis in Transition』『Psychoanalytic Theory: An Introduction』『Social Theory Since Freud』『Contemporary Social Theory: An Introduction』などの業績がそれである。この点でアンソニー・エリオットは，大学院時代のスーパーバイザー（指導教員）であったギデンズを継ぐ理論家としての相貌をあわせもっているのである。

（遠藤英樹）

催 の 講 演 会「MOBILE LIVES AND AFTER（モバイル・ライブズとその後）」で，20世紀後半以降のモビリティを大きく3段階に分ける。①モビリティ1.0：人，モノ，資本，情報，観念，技術等が移動する状況が常態化し，グローバル社会が生成するようになった時代。②モビリティ2.0：人，モノ，資本，情報，観念，技術等が移動する状況が常態化するようになったグローバル社会によって，私たちの生のありようが大きく変容し始める時代。③モビリティ3.0：AI をはじめとするデジタルテクノロジーと深く絡まり合いながら，モビリティのありようが進化＝深化をとげていく時代。この「モビリティ3.0」の時代において一層変容する，私たちの「生」および「自己」の姿を捉えることが，現在におけるエリオットの問題意識である。

▷5 IX-1 「AI コミュニケーション」参照。さらに自動運転技術，Amazon のリコメンデーション機能，ドローンなどもこの事例としてあげられるだろう。

XII　ツーリズム・モビリティ研究の先駆者たち

 4 # ヨーナス・ラースン

1 ヨーナス・ラースンの略歴

　ヨーナス・ラースンは1972年デンマーク生まれで，現在，ロスキレ大学「人とテクノロジー」学部（Department of People and Technology）教授である[1]。彼はモビリティやツーリズムの諸問題を地理学・社会学の視点から読み解く研究者として，世界的に注目されている。

　彼の業績としては，まず2011年に出版された『The Tourist Gaze 3.0』（邦訳タイトルは『観光のまなざし〔増補改訂版〕』）[2]をあげなくてはならないであろう。その他にも，彼には『Tourism, Performance and the Everyday』『Digital Snaps』『Mobilities, Networks, Geographies』などの編著が多数ある。

2 『The Tourist Gaze 3.0』の衝撃

　『The Tourist Gaze 3.0』は，モビリティ研究の第一人者であるイギリスの社会学者ジョン・アーリ[3]との共著で書かれたものであるが，観光研究の最重要文献の一つとなっている。本書はアーリが単独で1990年に著した『The Tourist Gaze』（邦訳タイトル『観光のまなざし』）[4]の初版を大きく改訂した第三版である。

　アーリが単独で著した初版『The Tourist Gaze』自体も，観光研究とくに観光社会学における諸研究に多大な影響を与えている。彼は，フランスの思想家・哲学者であるミシェル・フーコーが提示した「まなざし」という概念を基軸に観光を捉える。

　フーコーは臨床医学を俎上にあげながら，近代に特有の医学的な「まなざし」が「病」を可視化し創りあげていったと主張するが[5]，アーリもフーコーによるその概念（言葉）をもちいて，観光現象が成立するのは，それを可視化し創りあげるような「まなざし」が認められるからだと指摘する。そのうえで，メディアも含めた社会的な力学のなかで形成される「観光のまなざし」を考察したのである。

　『The Tourist Gaze 3.0』は，この初版を大きく前進させた書物だといえる。その際に，ラースンが果たした役割は大きい。では，彼が『The Tourist Gaze 3.0』に対して貢献したのは，どのような点においてなのだろうか。それは初版と第3版の異同を見れば，一目瞭然となるだろう。

▷ 1　デンマークの大学はすべて国立であり，8大学を数えるのみである。ロスキレ大学は，そのうちの一つである。デンマークの大学は大学改革の波のなかで既存の学問領域やディシプリンを積極的に融合させている。

▷ 2　アーリ，J., & J.ラースン，加太宏邦訳，2014，『観光のまなざし 増補改訂版』法政大学出版局。

▷ 3　XII-1「ジョン・アーリ」参照。

▷ 4　アーリ，J., 加太宏邦訳，1995，『観光のまなざし——現代社会におけるレジャーと旅行』法政大学出版局。

▷ 5　フーコー，M., 田村俶訳，1977，『監獄の誕生——監視と処罰』新潮社。

初版と第3版の異同を表にしたものを見ると，両者では第7章以降が大きく変わっていることが分かる。『The Tourist Gaze 3.0』のうち，第9章「リスクと未来」の内容がアーリの晩年の著作である『オフショア化する世界』や『〈未来像〉の未来』の内容が凝縮された内容であることから，第9章はアーリの担当であったと推測できる[6]。ラースンが貢献したのは，その業績から考え第7章「見ることと写真」と第8章「パフォーマンス」であるということになろう。これがモビリティ研究や観光研究において，大きな衝撃をもたらしたのである。

John Urry and Jonas Larsen
The Tourist Gaze 3.0

図XII-3　代表著作『The Tourist Gaze 3.0』

表XII-1　『The Tourist Gaze』と『The Tourist Gaze 3.0』の異同

『The Tourist Gaze』	『The Tourist Gaze 3.0』
第1章　観光のまなざし	第1章　観光理論
第2章　大衆観光の海浜リゾート地の盛衰	第2章　大衆観光
第3章　変わりゆく観光産業の経済学	第3章　経済
第4章　観光のまなざしのもとで働く	第4章　労働とまなざし
第5章　文化変容と観光のリストラ	第5章　観光文化の変容
第6章　歴史へまなざしをむける	第6章　場と建造物とデザイン
第7章　観光，文化，社会的不平等	第7章　見ることと写真
	第8章　パフォーマンス
	第9章　リスクと未来

3　パフォーマンス論的転回

観光というモビリティを考察するうえで，ラースンは「見る」ことだけを強調しない。「観光のまなざし」が成立するためには，身体的なパフォーマンスが重要なのだと彼はいう。初版『The Tourist Gaze』にはなかった，パフォーマンスに注目する視点を積極的に取り入れながら，ラースンは観光客の身体性を強調するのである[7]。

たとえば観光で写真を撮るという行為のことを考えてみても良いだろう。そこには「見る」こと以上に，スマートフォンのアプリをもちいポーズをとりパフォーマンスを行い，それをSNS上にアップするという一連の行為がある。彼の編著『Digital Snaps』も，そのことを考察した書物である[8]。

このように「観光のまなざし」には，社会的な網の目の中で身体的なパフォーマンスがマテリアルなモノと結びつき，アプリなどを用いながら観光コミュニケーションを成立させているとラースンは考え，モビリティ研究や観光研究を新たな局面にまで押しあげていったのである。そうした「パフォーマンス論的転回」こそが，ラースンによる『The Tourist Gaze 3.0』の衝撃だったのである。

（遠藤英樹）

▷6　アーリ，J.，須藤廣・濱野健監訳，2018，『オフショア化する世界――人・モノ・金が逃げ込む「闇の空間」とは何か？』明石書店。アーリ，J.，吉原直樹・高橋雅也・大塚彩美訳，2019，『〈未来像〉の未来――未来の予測と創造の社会学』作品社。

▷7　その文脈においてラースンは，サイクリングやランニング等を事例としていくのである。その際に彼が取り入れていく「オートエスノグラフィ」も，観光研究を展開していくうえで注目に値する調査手法だと言える。観光研究の場合に「オートエスノグラフィ」とは，調査者自らが観光客となって，その個人的経験を再帰的に調査・省察していくというものである。

▷8　Larsen, J., & M. Sandbye, 2014, *Digital snaps ; The new face of photography*, London: I. B. Tauris.

ベルナール・スティグレール

 ## 観光と記録

　現代の私たちの生活は，日ごとにさまざまな記録メディアへの依存を強めている。私たちはあらゆる場面で記録を残し，ごく限られたものごとについては脳で記憶するよう努力し，そしてあとは忘れてしまう。このことは観光にも当てはまる。何一つ記録メディアを持たずに行なわれる観光行為は，現代ではむしろ珍しい。ある場所や出来事の体験そのものよりも，スマートフォンでそれらを記録し，SNS上で共有することの方が重要になっていることもしばしばだ。

　体験そのものよりもその記録と共有が先行するこの事態には，そもそも観光とは何であるのかをめぐる哲学的な問いが潜んでいる。ベルナール・スティグレールであれば，この問いを忘却をめぐる問いとして定式化し直すだろう。例えばこうだ。忘れられてしまった観光体験には意味はあるのか？忘れ去られてしまったとき，観光体験そのものも同時に消え去ってしまうのではないか？だとすればしっかりと覚えておくこと，そのために記録を残すことは，観光体験の本質的な構成要素であるのではないか。

絶えざる想起の対象としての観光

　体験が先か記録が先か。この一見なんの変哲もない問いは，実は現在（＝現前）とはなにか，というきわめて哲学的な問いに関わっている。観光という事例に即して考えてみよう。おそらく常識は，観光体験という現在を起点として，それがあとから記録として残されていくと考えるだろう。その中心には，純粋な観光体験そのものが想定され，記録はあくまでもそこから派生するものとして位置づけられる。しかしそのような考え方は本当に正しいだろうか。

　あらゆる観光体験は，それが過ぎ去った一瞬後にはつねに想起の対象でしかない。観光を通して出会った場所や人や出来事を，わたしたちはくり返し想起していく。重要であるのは，そこで想起されるなにかは，想起されるごとにすこしずつ変質していってしまうということだ。わたしたちの記憶能力は有限であり，そこには絶えず忘却がつきまとう。だからわたしたちは記録を残す。そしてそれら記録の助けを借りながら，かつての観光を想起していく。だとすればわたしたちは観光を，その現在において体験されるものとしてよりも，記録の助けを借りながらくり返し想起されるものとして考察すべきなのではないだ

▷1　スティグレールの主著シリーズ『技術と時間』は，第1巻でハイデガー，第2巻でフッサール，第3巻でカントを取りあげながら，技術と記憶／忘却の問いに取り組んでいる。

▷2　ジャック・デリダは『声と現象』のなかで，現前／現在から出発することの問題を指摘するとともに，現在のうちには常に過去の想起が介入してしまっていることを指摘している。デリダ，J.，林好雄訳，二〇〇五年，『声と現象』筑摩書房。

▷3　スティグレールは『技術と時間2──方向喪失』のなかで，デリダが『「幾何学の起源」への序説』で触れた「把持（＝記憶能力）の有限性」というテーマをさらに深く掘り下げていっている。スティグレール，B.，石田英敬監修，西兼志訳，2010，『技術と時間2──方向喪失』法政大学出版局。

ろうか。その絶えざる想起のプロセスこそが，観光体験を観光体験たらしめているのではないか。

③ 体験の特異性とその同期化

図XIII-1　代表著作
『La technique et le temps 1. La faute d'Epiméthée』

　わたしたちはすべてを覚えておくことはできない。観光を通して見聞きしたもののうち，なにかはとくに印象に残り，その他は忘れられる。ここには記憶の選別のプロセスが絶えず働いていくことになるが，ただしこのプロセスは脳のなかだけで行なわれるわけではない。わたしたちの脳が忘れてしまった出来事も，記録に残されていればあとから呼び起こすことができる。ある何気ない光景を写真に撮ってスマホに残しておこうという思いつきが，記憶の選別のプロセスに影響を与える。

　スティグレールは人間の記憶を構成する三つの層を区別している。第一は，体験の現在において脳内で行なわれる記憶（と忘却）のプロセスである第一次過去把持。短期記憶やワーキングメモリとも呼ばれるものだ。第二は，第一次過去把持のプロセスを通して個人的な記憶として蓄積されていく第二次過去把持。わたしたちが漠然と記憶と呼ぶときに指し示しているのがこれだ。そして第三は，脳の外のなんらかの媒体に残されていく第三次過去把持。さまざまな技術によって可能となるあらゆる記録はこれにあたる。

　第二次過去把持は，第一次過去把持，つまり体験の現在において行なわれる記憶と忘却の処理の基準となるものだ。同じ出来事に立ち会っても，そのうち何を記憶するかは人によって異なる。それは一人一人が蓄積している記憶の総体が異なるからだ。ある光景を前にして，自分だけしか知らないある過去の別の光景を連想するとき，その体験はわたしだけのものだ。わたしたちが積み重ねてきた体験の総体としての第二次過去把持は，そのつどの現在におけるわたしたちの体験の差異，いわば特異性（singularité）の源泉である。

　ただしわたしたちの体験の少なからぬ部分は，共有された第三次過去把持に依拠している。ある観光地を訪れる先だって，しばしばわたしたちはガイドブックやテレビやインターネットなどを通して事前に情報を手に入れる。これらは第三次過去把持に属するものだ。そして第三次過去把持には，個々人の記憶を同期化させる契機が内在している。アニメの聖地巡礼に訪れる人たちは，アニメ作品という共通の記憶によって同期化され，そのことによって訪問の体験がより容易に共有可能なものとなる。もちろんそのことは，観光体験がそのひと自身だけの特別なものになること，すなわち特異なものになることを不可能にするわけではない。アニメ作品の受容プロセスのなかにも，受け手の個人的な記憶がすでに反響しているし，また聖地巡礼の際には，アニメ作品以外の個人的な記憶が呼び起こされることもあるだろう。スティグレールによる議論は，観光体験を記憶が織りなす出来事として考察するよう誘ってくれる。　　　（谷島貫太）

▶4　スティグレールは『技術と時間』シリーズの全体を通して特異性を記憶の問題と結びつけて論じているが，とくに『技術と時間2——方向喪失』第2章「方向喪失の発生」を参照。
▶5　スティグレール『技術と時間3——映画の時間と〈難‐存在〉の問題』第3章「"我"と"我々"——アメリカの取り込みの政治学」では，映画やテレビ（とくにサッカーW杯）の例をあげながら現代における意識の同期化の問題を取りあげている。スティグレール，B.，石田英敬監修，西兼志訳，2013，『技術と時間3——映画の時間と難‐存在の問題』法政大学出版局。

（参考文献）

スティグレール，B.，石田英敬監修，西兼志訳，2009，『技術と時間1——エピメテウスの過失』法政大学出版局。

XIII　メディア・コミュニケーション研究の先駆者たち

 2　ダニエル・ブーニュー

1　観光と〈いまここ〉

　ヴァルター・ベンヤミンがアウラと呼んだ一回限りの〈いまここ〉の感覚は，観光にとって重要な要素を占めている。わざわざその場所にいかなければ体験できない何かが〈いまここ〉のうちにはあるのだ。その〈いまここ〉を，記号論の観点から指標性という概念を用いてさまざまな分析を行っているのがダニエル・ブーニューである。指標とは「モノによって現実に触発された[42]」記号であり，対象との類似性によって特徴づけられる類像記号，言語など社会的な約束事によって成立する象徴記号と区別される。パースの記号論を独自に発展させたブーニューの記号分類は，さまざまなメディアをその働きによって分類していくことを可能にしてくれる。

　ブーニューによれば指標はもっとも原初的な記号の層であり，足跡や煙，物音など，言ってみれば動物でも読み取ることができる記号だ。この原初的な記号の層である指標は，しかしメディアにとっては長らく扱うことが困難な対象であった。言葉（象徴）を文字に書き残していくこと，イメージ（類像）を絵や図として描いていくことは，人類にとって古くからなじみの行為である。しかし〈いまここ〉そのものを記録し伝達することができるようになったのは比較的最近の出来事である。そしてそのことは，観光のあり方を大きく変えていくことになる。

2　指標とメディア

　〈いまここ〉を記録し伝達することをはじめて可能にしたのは19世紀前半に登場した写真技術である。写真の独自性は，撮影が行われた瞬間の〈いまここ〉を光の痕跡として保持し，それを写真を見る者に伝えてしまうという点にある。観光にとって写真技術がきわめて重要な存在になったのはそのためだ。写真には，絵葉書では伝えることができない，ある時ある場所に自分が確かに立ってある光景を見ていた，というかつての〈いまここ〉を痕跡として伝える能力がある[43]。ブーニューの記号論に即するなら，写真を見る者は写真が撮られたときの過ぎ去った〈いまここ〉と指標的に接触するのだ。

　ラジオやテレビはその指標的な接触を，リアルタイムで共有可能なものとした。テレビタレントが観光地から視聴者に向かって素晴らしい光景について感

▷1　ヴァルター・ベンヤミンは「複製技術時代の芸術作品」のなかで，複製技術の登場によって失われていく体験の一回性をアウラと呼んだ。ベンヤミン，W.,浅井健二郎編訳，久保哲司訳，1995,『ベンヤミンコレクション1　近代の意味』，筑摩書房）

▷2　ブーニュー，D.,水島久光監訳，西兼志訳，『コミュニケーション学講義──メディオロジーから情報社会へ』書籍工房早山，56。

▷3　ロラン・バルトは『明るい部屋』のなかで，写真を見る体験の核に「それはかつてあった」という過ぎ去ってしまったものとの関係性を見出している。バルト，R.,花輪光訳，1985,みすず書房。

動の言葉を伝えているとき，テレビ視聴者は，観光地にいるという体験をテレビタレントと共有する。それは，過去との時間的な隔たりにおいて写真に写された対象をまなざすのとはまったく異なる体験だ。もちろん視聴者自身は観光地にいるわけではない。しかし視聴者は，テレビタレントという〈いまここ〉を共有する媒介者[4]によって，観光地にいるという〈いまここ〉をあたかも共有しているものであるかのように体験することが可能になる。ラジオやテレビといったマスメディアは，共有された〈いまここ〉との指標的な接触をマスに組織することを可能にする制度であるのだ。

❸ 個人が配信する観光体験

　現場でなければ体験することができなかったはずの〈いまここ〉は，現在では個人が簡単に発信して共有できるようになった。スマホで撮影した観光写真はラインなどのメッセンジャーアプリで送信され，すぐにリアクションが返ってくる。SNS上にアップされると即座に「いいね！」がつく。さらには観光地をめぐる様子をリアルタイムで配信することもできる。ここでは〈いまここ〉が二重化されている。一方には，観光地というリアルな場所で体験される〈いまここ〉がある。他方には，メディアを介してつながる他者とのあいだで生みだされる〈いまここ〉がある。重要であるのは，観光地での体験の〈いまここ〉がたんにメディアによって拡張されているだけではないという点だ。というのも，観光地の〈いまここ〉は，観光地のただなかにあってさえもはや特権的な中心とは言えないからだ。

　自撮り棒を手に映像を生で配信しながら観光地をめぐる観光客の姿がその場にいる別の観光客に違和感を与えるのは，たんにその光景を見慣れていないからだけではない。この両者は，いってみれば異なる〈いまここ〉に属している。自撮り棒を手にしている観光客は，むしろスマホを介して成立している〈いまここ〉に属しており，極端に言ってしまえば観光地はその付属物に過ぎない。配信を通してつながる他者と共有される〈いまここ〉を強化する手段として，観光地の〈いまここ〉が利用されている。彼／彼女らは，観光地の〈いまここ〉に浸るそのほかの観光客たちとは，異なる時空間を体験しているといえるのだ。

　ブーニューの記号論は，指標性を軸に置くことによって，表象における意味作用の解読ではなく，〈いまここ〉を軸とした体験の多様性とその組織化の諸形態を整理することを助けてくれる。さまざまなツールによって観光体験の内実が変容し，複雑化していっている現代において，そこで成立している〈いまここ〉の内実を正確に解き明かしていくことがまさに求められている。

（谷島貫太）

図XIII-2　代表著作『Introduction aux science de la Communication』

▷4　西兼志「日本のテレビの「世界」──世界系の番組から見たパレオTV／ネオTV」水島久光・西兼志『窓あるいは鏡──ネオTV的日常生活批判』慶應義塾大学出版会。

XIII　メディア・コミュニケーション研究の先駆者たち

③　デヴィド・ライアン

① 監視研究の嚆矢

　カナダの社会学者デヴィド・ライアンは監視研究の第一人者として国際的に知られている。現在，情報テクノロジーの発達は世界規模での自由なコミュニケーションをもたらすと同時に，企業や国家による大規模なデータ監視を可能にした。近年そうした動向を受けて，世界各国で監視社会が到来することへの危惧が唱えられている。だが，今日的なデジタル監視への懸念がグローバルに広がるはるか以前から，ライアンは監視と現代社会との密接な関係を鋭く指摘しつづけてきたのである。

② 「科学・技術と社会」研究（STS）

　当初ライアンが監視と社会との関係を問題視した視座は，STS と称される科学・技術と社会をテーマとする研究潮流からの影響を強く受けていた。近代のテクノロジーは人びとの生活のあり方を大きく変えてきた。だが，社会のあり方は技術によって一義的に決められると捉える技術決定論の立場とは異なり，STS では新たなテクノロジーがユーザーにどのように受け入れられ，そのことがどのような社会的帰結をもたらすのかに注目する。なぜなら科学技術による社会変化の内実は，テクノロジーが導入されるそれぞれの社会の歴史・文化的なコンテクストからの影響を受けることで，多様な様相を示すからである。このように技術と社会の関係を捉える分析視座を踏まえて，ライアンは監視テクノロジーがもたらす両義性に着目する。監視技術は一方で統制（control）＝見張りの道具となるが，他方で配慮（care）＝見守りの手段にもなりうる。その帰結は，監視が導入されるコンテクストによって規定される。監視テクノロジーに潜む両義性が現実社会の歴史的な文脈のなかでどのように現実化するのか。そのことをライアンは問いつづけてきたのである。

③ 「9・11テロ」後の世界

　ライアンの監視社会論が世界的な注目を集めるようになった背景として，2001年9月11日にニューヨークで起きた「同時多発テロ」以降の世界情勢の激変があげられる。米国を筆頭に「テロとの戦い」をスローガンに掲げ徹底した国民・市民・外国人への監視を導入することで未然にテロを防ぐ政策が，先進

▷1　[Ⅲ-6]「監視社会」参照。

▷2　ライアンの先駆的な監視社会論としては，以下の文献を参照。ライアン，D.，河村一郎訳，2002，『監視社会』青土社。

▷3　STS（Science and Technology Studies）科学と技術と社会との関連をテーマに据える研究。科学・技術がどのように現実社会へと導入され，どのような変化が社会に生じるのかを探求する。

▷4　「9・11」が監視に与えた影響については，以下の文献を参照。ライアン，D.，田島泰彦監修，清水知子訳，2004，『9.11以後の監視──〈監視社会〉と〈自由〉』明石書店。

▷5　スノーデンの内部告発に関しては，以下の文献を参照。小笠原みどり，2016，『スノーデン，監視社会の恐怖を語る──独占インタビュー全記録』毎日新聞社。

▷6　スノーデンが引き起

諸国で積極的に採択された。その過程で，以前であれば個人のプライバシーや市民的自由への侵害として拒否されたであろう監視政策とテクノロジーが，大きな抵抗もなく導入されていった。こうして「ポスト9・11」の時代に，監視化に向けた趨勢は一気に推し進められたのである。

ライアンは世界的な規模での監視強化がどのような政治・経済・文化的な背景のもとで進んだかを精緻に描き出し，そこに潜む問題点を的確に指摘した。彼が強調したのは，監視強化によって既存の社会的な不平等や偏見・差別がよりいっそう深刻化する事態である。人びとが抱く不安に乗じてセキュリティ確保を目指した新たな監視テクノロジーが次々と導入される。そこでもっぱら監視のターゲットとされるのは，社会において差別・周縁化された集団である。その結果，社会・経済的な格差はますます広がっていってしまう。監視強化のもとで異なる民族・宗教集団間の不信はさらに深まり，社会的な分断がより鮮明化していく。そのことは同一社会内の対立を激化させ，そもそも確保すべきであったセキュリティに対する新たな危機を生み出すという皮肉な結果をもたらすのである。

④ 「スノーデン事件」の衝撃

「ポスト9・11」の世界で，監視は強化されると同時に日常化していった。その事実を世界に知らしめたのが，元NSA（米国家安全保障局）職員エドワード・スノーデンによる内部告発である。彼は自らの経験を踏まえて，NSAが一般市民たちのネット上での日々のやりとりをいかに徹底して監視しているかを白日のもとに晒した。スノーデンによる暴露は，国家による監視対象に自らが置かれているとは想像すらしていなかった多くの国民に衝撃を与えた。こうした事態を受けてライアンは，「スノーデン文書」に記された国家による監視の実態を描き出すと同時に，それが現在ではテック企業との密接な連携のもとで実施されている点に人びとの注意を促した。現在，国家と企業は国民＝消費者の動向をつぶさにデータとして監視するという目的において，利害が一致しているのである。

⑤ ビッグデータ時代の監視

国家と企業の連携のもとで監視が行われていることを念頭に置けば，ビジネス界で期待を込めて喧伝される「ビッグデータ」は，現在の監視にとって「最前線」だといえる。なぜなら，そこでは様々な事象に関する膨大な情報を一元的に捕捉することが目指されているからだ。ビッグデータの名の下でどのような個人情報が／どのようなテクノロジーを介して／どのようなエージェントによって／何のために収集・分析・蓄積されるのか。それは社会をどのように変えていくのか。そこで個人の尊厳はどのように保証されうるのか。近年におけるライアンの関心は，そうしたビッグデータ時代の監視の行方に向けられている。（阿部　潔）

図XⅢ-3　代表著作
『The Culture of Surveillance: Watching as a Way of Life』

こした騒動（Snowden storm）を踏まえたライアンの議論については，以下の文献を参照。ライアン，D.，田島泰彦・大塚一美・新津久美子訳，2016，『スノーデン・ショック──民主主義にひそむ監視の脅威』岩波書店。

▷7　ライアンが長年所長を務めたカナダ・クイーンズ大学の監視研究センターでは，ビッグデータと監視をテーマにした短編映画作成のプロジェクト「Screening Surveillance」を立ち上げ教育・啓蒙活動に活かしている。（2022年1月12日取得，https://www.sscqueens.org/projects/screening-surveillance）。

（参考文献）

ライアン，D.，田畑暁生訳，2019，『監視文化の誕生──社会に監視される時代から，ひとびとが進んで監視する時代へ』青土社。

野尻洋平，2017，『監視社会とライアンの社会学──プライバシーと自由の擁護を越えて』晃洋書房。

XIII　メディア・コミュニケーション研究の先駆者たち

4 ジョナサン・クレーリー

① 「観光」という言葉がはらむ問題

　観光という言葉は,「光（景）を観る」という明らかに視覚に基づいた要素で構成されている[1]。ここにはすでに, 少なくとも二つの本質的な問題が含まれている。第一の問題は,「観る」ことの内実をめぐる問題だ。「観る」という行為は, そもそもどのような事態を指し示しているのか。それは長い歴史を通して同一の何か特定のものであると言えるのか。ジョナサン・クレーリーは『観察者の系譜』[2]のなかで,「観察すること observe」の内実が歴史のなかで大きく変容してきたことを示している。とすれば, 観光における「観ること」とは何か, それはどのように変化してきたのか, という問いが立てられる。第二の問題は, そもそも観光を「観る」という視覚のモデルで扱うことはどこまで正当であるのかという問いだ。この問いに対応するのが,「注意」という概念だ。何かに注意を払うという行為は, 視覚的な「観る」ことよりもはるかにあいまいで, 広い領域を指す。これは同じくクレーリーが『知覚の宙吊り——注意,スペクタクル, 近代文化』[3]において提起した問題だ。ここには, 視覚には還元されない観光行為について考察するという課題がすでに素描されている。

② 「観る」という制度

　クレーリーによれば観る主体は,「言説, 社会, 技術, 制度といったものの相関関係が織りなす, 還元不能なほどの異種混淆的なシステムの効果」[4]として生み出されたものだ。観光は, それをめぐっての語りからなる一つの大きな言説群を構成する。わたしたちは観光がどういう行為であるかについてさまざまに聞き知っており, それぞれの観光像をあらかじめ持っている。観光は, 社会のなかに位置づけられた行為である。観光に行くことはある社会的な意味を持っており, だから「観光に行ってきた」といえばだれもがその行為について了解してくれる。観光は, つねにそれを可能とするさまざまな技術と結びついている。移動手段やガイドブック, カメラやスマホなどの技術やツールは, わたしたちの観光行為に不可分に浸透し, 観光とはどのようなものであるのかを規定している。観光は, さまざまな制度によって後押しされている。暦などの社会制度, 税制度, 法制度など, さまざまな制度が絡まりあうなかで観光は成立している。言説, 社会, 技術, 制度というそれぞれの要素は, とうぜん時代に

▷1　英語の sight seeing という言葉は日本語以上にそうであると言える。

▷2　クレーリー, J., 遠藤知巳訳, 2005,『観察者の系譜——視覚空間の変容とモダニティ』以文社, 21。

▷3　クレーリー, J., 岡田温司監訳, 石谷治寛・大木美智子・橋本梓訳, 2005,『知覚の宙吊り——注意,スペクタクル, 社会』平凡社, 23。

▷4　クレーリー, 前掲書,21。

応じて絶えず変化しており，それらが絡まりあった効果として生み出される観る主体，ここでは観光客の在り方もまた変化していることになる。観光客による観るという行為の内実は，さまざまな要素が交錯する中でそのつど浮かび上がってくる歴史的な産物であるのだ。

③ 注　意

あらゆるメディアに取り巻かれてしまっている現代のわたしたちには，なにかに集中しつづけることはますます困難になりつつある。この事態は観光という行為にもとうぜん影響を及ぼしている。現代の観光客は，つねにスマホをいじりながら観光している。ここには19世紀に浮上した「散漫な注意[45]」という問題系が形を変えて現れている[46]。もし観光が「観る」という行為に還元されるのだとすれば，現代の観光のうちのある部分は，そもそも観光でないか，あるいは損なわれた観光であるということになってしまうだろう。たとえばある観光地を背景に入れて自撮りを撮るとき，撮影者は観光地を「観て」いない。そのとき観光客の注意は，観光地そのものではなく，自分の写真写りや画面の構図，さらにはその画像を SNS で見るかもしれない他者の方にも向かっている。この「散漫な注意」の在り方を，しかしわたしたちは損なわれた観光としてではなく，いま現在の観光の在り方として受け入れなければならない。クレーリーが提起している「注意」というカテゴリーはそのための足掛かりとなる。

④ 観ること／接触すること

観光地にいくことは，かつては日常の生活から非日常の空間への移行を意味していたかもしれない。しかし現代ではその移行は以前と比べてずっと曖昧になっている。観光地にいながら SNS を開いていつもと変わらぬタイムラインを追っていく，ということはいくらでもある。仕事の電話やメールも場所を選ばず飛び込んでくる。わたしたちの身体が物理的に非日常の空間に移動したのだとしても，わたしたちを取り巻くメディアはいつも通りにわたしたちを取り巻いている。この事態は，観光地でのわたしたちの注意の在り方に大きく影響を及ぼしている。クレーリーは『24/7』のなかで，いま問題にすべきは「見ることや聞くことという活動とつねに重なる反復的な操作や応答へと注意が再編成されている[47]」ことであると述べている。わたしたちが肌身離さず携帯している各種の端末は，「反復的な操作や応答」を絶えず要求してくる。何かに対する集中は，スマホの通知によってそのつど中断される。これは歴史上，人類がまったく経験したことのない新たな条件だろう。そして観光という行為も，しばしばこの条件の内側で行われる。わたしたちは観光を，日常から切り離された非日常としてだけでなく，終わりなきメディア接続およびそれがもたらす注意の再編成と不可分のものとして理解していかなければならないのだ。　　　（谷島貫太）

図XIII-4　近年の著作『24/7』

▷5　ヴァルター・ベンヤミンは「複製技術時代の芸術作品」のなかで，人ごみのなかを歩く都市遊歩者を例に挙げて，近代の人間に特徴的な注意の在り方として「注意散逸」を挙げている。ベンヤミン，W.，浅井健二郎編訳，久保哲司訳，1995，『ベンヤミンコレクション 1　近代の意味』，筑摩書房。

▷6　「注意は，感覚的なインプットによってますます飽和していく社会，都市，精神，産業の各領域の出現に直接関係していたために，中心的な問題となったのである」クレーリー，前掲書，23。

▷7　クレーリー，岡田温司監訳，石谷治寛訳，2015，『24/7——眠らない社会』NTT 出版。

人 名 索 引

あ行

アーリ，ジョン　2, 6, 8-11, 17, 18, 20, 32, 39, 43, 96, 109, 126, 132, 205, 208, 210, 213, 214

浅田彰　30

東浩紀　31, 177

アドルノ，テオドール　184

アパデュライ，アルジュン　7

安ウンビョル　21

石田英敬　14, 185

磯村英一　79

今井彬暁　165

岩渕功一　126

ウィリアムズ，レイモンド　34

ヴェンチューリ，ロバート　2

内田宗治　108

エイディー，ピーター　6

エジャートン，ロバート　96

エデンサー，ティム　210

エリオット，アンソニー　6, 10, 205, 212

エリクソン，エリク　26

遠藤英樹　63

遠藤理一　127

か行

河島茂生　15

川端康成　27

神田孝治　126

北野圭介　14

ギデンズ，アンソニー　3, 24, 112, 212

ギブソン，ジェームズ　20

クキエ，ケネス　177

クック，トマス　74, 106

クリフォード，ジェームズ　35

クレーリー，ジョナサン　222

ゴフマン，アーヴィング　19, 39, 76, 97, 148, 210

コフマン，ジャン・クロード　97

コルバン，アラン　96

さ行

サイード，エドワード　85, 150

サイモン，ハーバード　144

佐藤真知子　93

シヴェルブシュ，ヴォルフガング　38

ジェイムスソン，フレドリック　186

シェラー，ミミ　9

シュナイアー，ブルース　14

ショーンベルガー，ビクター・マイヤー　177

ジンメル，ゲオルグ　37, 78

鈴木忠志　193

スタインバーグ，マーク　12

スタインバーグ，マーク　105

スティグレール，ベルナール　216

スノーデン，エドワード　221

スミス，ヴァレン・L　56

た行

ターナー，ヴィクター　82

タッカー，ヘイゼル　19

田中大介　61

ダベンポート，トーマス・H　144

陳天璽　46

角田隆一　160

富田英典　140, 205

は行

バウマン，ジグムント　29, 77

橋本和也　50, 59

バトラー，ジュディス　19, 42, 211

ハナーツ，ウルフ　126

パリサー，イーライ　151, 177

韓準祐　111

平田オリザ　193

平田由紀江　127

ブーアスティン，ダニエル・J　4, 18, 34

フーコー，ミシェル　30, 121, 209, 214

ブーニュー，ダニエル　218

フェザーストーン，マイク　3, 33

フォーレー，マルコム　120

深田浩嗣　139

福住廉　50

ブライマン，アラン　158, 162

ブラット，メアリー・ルイズ　165

古市憲寿　79

フロイト，シグムント　213

ベイレイソン，ジェレミー　175

ベック，ウルリッヒ　24, 197, 200

ベック，ジョン・C　144

ベンサム，ジェレミー　30

ペンブル，ジョン　96

ベンヤミン，ヴァルター　218

ボードリヤール，ジャン　4

ホール，エドワード　38, 204

ホックシールド，アーリー・ラッセル　158, 171

ホルクハイマー，マックス　184

ま行

マキャーネル，ディーン　4, 84, 149

マクゴニガル，ジェイン　138

マクルーハン，マーシャル　154, 172, 189, 205

マルクス，カール　36

三浦展　106

見田宗介　28

ミッチェル，ウィリアム・J　11

メイロウィッツ，ジョシュア　10, 148

メルケル，アンゲラ　204

モース，マルセル　88

森重昌之　110

や行

山口誠　116

吉岡洋　139

ら行

ラースン，ヨーナス　2, 18, 20, 109, 211, 214

ライアン，デヴィド　147, 220

ラカン，ジャック　213

ラッシュ，スコット　24, 208

ラトゥール，ブルーノ　10, 22, 23

リーダー, イアン *83*
ルフェーブル, アンリ *33*

レノン, ジョン *120*
ロビンス, ケヴィン *175*

事 項 索 引

欧文

AI　91, 171, 212
Airbnb　98, 128, 167
AR（augmented reality：拡張現実）　91, 136, 175, 190
　　──ツアー　136
DMO　176
　日本版──　110
eスポーツ　188
GIS　178
GPS　142, 176, 178, 190
Ingress　190
LCC　122
LGBTツーリズム　43
OriHime（オリヒメ）　172
『Pokémon Go』　138, 185, 190
STS　220
UDC　154, 181
UGC　154, 180
VR　174

あ行

アーキテクチャ　177
アートツーリズム　50, 194
アーバン・エスニック・ツーリズム　46
アーバン・ツーリズム　60
アウトバウンド　57, 108
アウラ　218
アクセス（access）　132
アクターネットワーク理論　10, 22, 211
新しい生活様式　204
アテンション・エコノミー　144, 203
アニメ・コンテンツ・ツーリズム　149
アフォーダンス（affordance）　135, 211
アフターデジタル　10
アプリ　140
アングラ演劇　192
移動（モビリティ）　197
移動論的転回　33
異文化コミュニケーション　150
異文化理解　150

イマジナリースケープ　7
インスタ映え　118
　　──スポット　103
インターフェース　135
インティメイト・ストレンジャー（親密な他者）　205
インバウンド　57, 108
　　──観光　151, 179
ヴァーチャル・ツーリズム（仮想観光）　127
ヴァナキュラー（在地的）　211
ウィキペディア　182
　　──財団　182
　　──タウン　183
ウェルカムプラン21　108
うわべだけの多文化主義（cosmetic multiculturalism）　47
エージェンシー（行為者性）　22, 23
液状化　29
エゴセントリック・マッピング　142
エスニシティ　46
エスニック・タウン　47
エスニック・ツーリズム　164
エスノスケープ　7, 127
エピステーメ　209
演出された舞台　84, 149
エンパワーメント　25
欧州難民危機　7
オーセンティシティ　119
オーセンティックバー　78
オーバーツーリズム　57, 74, 109, 122, 176, 200
オタク　73
　　──ランド　102
おもてなし　139, 155
表舞台（front region）　4, 84
表領域／裏領域　148
オリエンタリズム　84, 85, 150
オルタナティヴ・ツーリズム　18
音楽ライブ　69

か行

海外旅行倍増計画　108
外部不経済　200
価値形態論　36
がっかり名所　113
ガバナンススケープ　7
カフェ文化　51
環境管理型　31
関係人口　62, 64
観光資源　68
観光まちづくり　27, 58, 110
監視／管理　61
監視社会　220
感情労働　87, 158, 171, 200
歓待（ホスピタリティ）　199
関与（involvement）　118
疑似イベント　4, 34
キティ　12, 13, 104
キャスト　158
キャラクター　12
共有されるもの（＝コモン）　129
虚構的リアリズム　29
虚構の時代　28
規律訓練型権力　30
儀礼的無関心　39
銀座のクラブ　80
空間論的転回　32
クールジャパン　109
クリエイティブ・クラス　51
クルーズ船観光　122
クローク共同体　77
グローバル・ビレッジ　205
経験経済　158
経験創造産業　199
系譜学　209
ゲーミフィケーション（gamification）　139
劇団青年団　193
ゲストハウス　72, 76, 155
後期近代社会　201
高コンテクスト／低コンテクスト　136
交通インフラ　21
コード　134

コーヒーショップ（coffeeshop）48
コダック化 21
コト消費 69, 152
コピーレフト 182
コミュニタス（communitas）82
コンカフェ 186
コンタクト・ゾーン 164
コンテクスト 136
コンテンツ 154, 203
　　——・ツーリズム 66

さ行
サードプレイス 67
再帰性（reflexivity）24, 84, 101, 112
　　——モダニティ 24
再帰的社会論 25
サイト・スペシフィック 194
再魔術化 106
参加 71
　　——型観光 115
　　——型文化 180
三密 204
サンリオピューロランド 12, 104
シェアリング・エコノミー 98
視覚の制度 209
自己（個人的）アイデンティティ（self-identity または personal-identity）26
市場（marketplace 83
持続可能な観光 58
指標性 218
渋谷スクランブル交差点 114, 174
シミュラークル（模造品）4
シミュレーション 4
社会的アイデンティティ（social-identity）26
社会的なもの（the social）8
写交性 160
主体 30
主体化＝従属化 209
純化 23
巡礼 66
　　聖地—— 103, 157
　　アニメ—— 50
上演（enactment）210
状況の定義 148

情動 198
　　——創造産業 199
承認の共同体 71
消費者情報処理 118
情報アクセシビリティ 135
情報の偏在性 181
新型コロナウイルス感染症（COVID-19）9
身体の消失 147
シンボリック相互作用論 213
スタンプラリー 139
ステージ（stage）210
ステレオタイプ 150
スピリチュアル・マーケット 117
スマート・ツーリズム 176
スマートフォン 140
精神移民 93
生体認証情報 146
『セカイカメラ』190
セカンドオフライン 10, 202
セキュリティ 61
セクシュアリティ 48
セックス・ツーリズム 44, 48
接触仮説 47
接触領域 35
セルフィ 13
想像による旅 16
創造農村 194
贈与 88, 198
ソーシャル・ディスタンス 204
存在論的不安 25

た行
ダークツーリズム 120, 187, 201
体験型観光 18, 92, 153
体験の技術的合成 155, 203
第三空間 79
第二波フェミニズム 42
代理出産 49
多孔化 157
脱組織化（disorganize）208
脱物質主義 153
多品種・少量生産型 208
地域おこし協力隊 92
地域コンテンツ創造産業 198
地域社会 58
地域文化 59
　　——観光 50, 126
『地球の歩き方』72

地図 142
知的財産権 130
注意 222
　　散漫な—— 223
地理空間情報 178
ツーリズム・モビリティ 9
ツーリズムスケープ 127
ディスカバー・ジャパン 72
　　——・キャンペーン 27, 100
ディズニー化 158, 162
ディズニーランド 12, 102, 158
データ・ダブル（date double）146
テーマパーク 102, 187
デジタル革命 198
デジタル監視 220
デジタルテクノロジー 213
デジタルメディア 11, 14, 17
東京クロノス 174
都市環境のテーマ化 106
ドラマツルギー 85, 148
トランスナショナル（transnational）126
トリップアドバイザー 16

な行
直島 195
謎解きゲーム 139
日本レコード協会 65
人間の拡張 172, 205
認知資本主義 128
ぬい撮り 90
ネオリベラリズム 43
ネットワーク 22
　　——効果 10, 166
　　——シティ 61
　　——資本 10
ノスタルジア 186

は行
バーチャル観光 202
ハイブリッド消費 162
場所感の喪失 149
パスティーシュ（pastiche）186
バックパッカー 72, 76
パノプティコン 30
パフォーマティヴィティ 19, 83, 210
パフォーマティブ労働 19, 158
パフォーマンス 13, 148, 215
　　——的転回 18, 20

——論的転回　210
パワースポット　116
パンデミック　196
韓流ブーム　127
ビーチ　96
ビッグデータ　176
ビッグデータ　221
表象（representation）　210
非－観光地　115
ファイナンススケープ　7
ファスト風土化　106
ファミリーエンターテインメント　102
ファンツーリズム　193
フィードバック・ループ　11
フィールドワーク　54
フィルターバブル　151, 177
フィルタリング　167
フェス　64
フォーディズム　3, 39, 74
フォトスポット　13, 161
不可能性の時代　29
舞台裏　4, 84
舞台演出　192
プライド・パレード　43
プラットフォーム　91, 166
フランクフルト学派　213
ブレグジット　8
文化　34, 150
——産業　184
——人類学者　54
——のブローカー　55
——変容　55
——論的転回　32

弁証法的唯物論（dialectical materialism）　37
忘却　216
ポータブルデバイス　140
ホスト／ゲスト　19, 55, 59, 62, 63, 85, 98, 99, 102, 110, 148, 158, 165, 200
ポスト・ツーリスト　92
ポスト・フォーディズム　3
ポストモダニティ　2
ポストモダン　2, 27, 148, 208
——文化　106
ホスピタリティ（hospitality）　86
——産業　170
翻訳　23

ま行
マーケットイン　109
マサイの戦士　44
マス・ツーリズム　18, 42, 74, 96
まちおこし　67
マテリアリティ（materiality）　83, 211
マテリアルスケープ　7
まなざし（gaze）　18, 25, 32, 85, 107, 150, 209, 210, 214
——論　20
ミュージックツーリズム　68
民族的転回（folkroric turn）　50
メディアミックス　12, 105, 130
メディカル・ツーリズム　49
モノ　153
——消費　69
モノの移動　90

モノのエージェンシー（agency）　211
モバイル化　156
モバイルな親密性　205
モバイルメディア　140
モビリティ　8, 198, 205
モビリティ・ジャスティス　199
モビリティ・パラダイム　6

や行
やりがい搾取　71
ユニバーサルスタジオ　12
夢の時代　28
予期空間　17, 143

ら・わ行
ライフスタイル移住　92
ライブ配信　65, 69
リスク　61, 99, 197, 200
——社会　24, 25
世界——　40
理想の時代　28
リミナリティ（liminality）　82
リミノイド（liminoid）　82
旅住者　62
「レトロ」な表象　186
恋愛ツーリズム（romance tourism）　44
労働／余暇　63
ローカリティ（地域性）　50
ロックダウン（都市封鎖）　196
ロボット　91, 172
——工学　213
ロングステイツーリズム　93
ワーキング・ホリデー　93, 94

執筆者紹介 (氏名／よみがな／現職／業績)　　　　　　　＊は編著者

東賢太朗 (あずま・けんたろう)

名古屋大学大学院人文学研究科准教授
『観光人類学のフィールドワーク――ツーリズム現場の
質的調査入門』(共編著, ミネルヴァ書房, 2021年),
『リスクの人類学――不確実な世界を生きる』(共編著,
世界思想社, 2014年),『リアリティと他者性の人類学
――現代フィリピン地方都市における呪術のフィールド
から』(単著, 三元社, 2011年)。

阿部　潔 (あべ・きよし)

関西学院大学社会学部教授
『東京オリンピックの社会学――危機と祝祭の2020JA-
PAN』(単著, コモンズ, 2020年),『監視デフォルト社
会――映画テクストで考える』(単著, 青弓社, 2014年),
『スポーツの魅惑とメディアの誘惑――身体／国家のカ
ルチュラル・スタディーズ』(単著, 世界思想社, 2008
年)。

新井克弥 (あらい・かつや)

関東学院大学社会学部教授
『ディズニーランドの社会学――脱ディズニー化する
TDR』(単著, 青弓社, 2016年),『劇場型社会の構造
――「お祭り党」という視点』(単著, 青弓社, 2009年),
『バックパッカーズタウン・カオサン探検』(単著, 双葉
社, 2000年)。

石野隆美 (いしの・たかよし)

立教大学大学院観光学研究科博士課程後期課程, 日本学
術振興会特別研究員 (DC2)
「ツーリスト・アクセス――『アクセス』概念が拓くツ
ーリスト像の検討に向けた理論的整理」(単著,『観光学
評論』9(2), 2021年),『新型コロナウイルス感染症と人
類学――パンデミックとともに考える』(共著, 水声社,
2021年),「道徳的非難を配慮へと読み替える――
COVID-19とともにある観光者の選択をめぐって」(単
著,『立命館大学人文科学研究所紀要』(125), 2021年)。

＊遠藤英樹 (えんどう・ひでき)

立命館大学文学部教授
『ポップカルチャーで学ぶ社会学入門――「当たり前」
を問い直すための視座』(単著, ミネルヴァ書房, 2021
年), *Understanding Tourism Mobilities in Japan.* (編
著, Routledge, 2020年),『ツーリズム・モビリティーズ
――観光と移動の社会理論』(単著, ミネルヴァ書房,
2017年)。

大貫挙学 (おおぬき・たかみち)

佛教大学社会学部准教授
「J. バトラーの『倫理』概念をめぐって――パフォーマ
ティヴィティ理論における『他者性』の観点から」(単
著,『現代社会学理論研究』12, 2018年),『性的主体化
と社会空間――バトラーのパフォーマティヴィティ概念
をめぐって』(単著, インパクト出版会, 2014年),『越
境する家族社会学』(共著, 学文社, 2014年)。

小関孝子 (おぜき・たかこ)

跡見学園女子大学観光コミュニティ学部専任講師
『ジェンダーとわたし――〈違和感〉から社会を読み解
く』(共著, 北樹出版, 2017年),『生活合理化と家庭の
近代――全国友の会によるカイゼンと『婦人之友』』(単
著, 勁草書房, 2015年)。

神田孝治 (かんだ・こうじ)

立命館大学文学部教授
『現代観光学――ツーリズムから「いま」がみえる』(共
編著, 新曜社, 2019年),『ポケモンGOからの問い――
拡張される世界のリアリティ』(共編著, 新曜社, 2018
年),『観光空間の生産と地理的想像力』(単著, ナカニ
シヤ出版, 2012年)。

金　暎和 (きむ・きょんふぁ)

神田外語大学国際コミュニケーション学科非常勤講師
『ポストメディア・セオリーズ――メディア研究の新展
開』(共著, ミネルヴァ書房, 2021年),『スクリーン・
スタディーズ――デジタル時代の映像／メディア経験』
(共著, 東京大学出版会, 2019年),『ケータイの文化人
類学――かくれた次元と日常性』(単著, クオン, 2016
年)。

日下九八 (くさか・きゅうはち)

ウィキペディア日本語版参加者
「第2回OpenGLAM JAPANシンポジウム オープンデ
ータ化がもたらすアーカイブの未来」(共著,『LRG＝ラ
イブラリー・リソース・ガイド』9, 2014年,「ウィキ
ペディアの基本的な編集方法と考え方――間違いを正し
く編集する」(単著,『情報管理』55(7), 2012年),「ウ
ィキペディア――その信頼性と社会的役割」(単著,『情
報管理』55(1), 2012年)。

執筆者紹介(氏名／よみがな／現職／業績)　＊は編著者

高馬京子（こうま・きょうこ）
明治大学情報コミュニケーション学部専任准教授
『越境するファッションスタディーズ』（共編著，ナカニシヤ出版，2022年），*Rethinking Fashion Globalization.* (共著，Bloomsbury, 2021)，『越境する文化・コンテンツ・想像力』（共著，ナカニシヤ出版，2018年）。

近藤和都（こんどう・かずと）
大東文化大学社会学部講師
『ポストメディア・セオリーズ──メディア研究の新展開』（共著，ミネルヴァ書房，2021年），『映画館と観客のメディア論──戦前期日本の「映画を読む／書く」という経験』（単著，青弓社，2020年），『アニメの社会学──アニメファンとアニメ制作者たちの文化産業論』（共著，ナカニシヤ出版，2020年）。

澁谷和樹（しぶや・かずき）
立教大学観光学部助教
「ビッグデータ時代における観光行動研究の現状と課題──地理学からの検討を中心に」（単著，『立教大学観光学部紀要』22，2020年），「訪日外国人旅行者にみられる都道府県間流動の空間構造」（単著，『立教観光学研究紀要』19，2017年），「外出時間にみた大都市圏郊外住民の余暇活動の空間構造──町田駅周辺住民を対象に」（単著，『地理空間』9(2)，2016年）。

鈴木謙介（すずき・けんすけ）
関西学院大学社会学部准教授
『ウェブ社会のゆくえ』（単著，NHK出版，2013年），『〈反転〉するグローバリゼーション』（単著，NTT出版，2007年），『カーニヴァル化する社会』（単著，講談社，2005年）。

鈴木涼太郎（すずき・りょうたろう）
獨協大学外国語学部教授
『観光人類学のフィールドワーク──ツーリズム現場の質的調査入門』（共著，ミネルヴァ書房，2021年），『観光のレッスン──ツーリズム・リテラシー入門』（共著，新曜社，2021年），『観光という〈商品〉の生産──日本〜ベトナム 旅行会社のエスノグラフィ』（単著，勉誠出版，2010年）。

＊須藤　廣（すどう・ひろし）
法政大学大学院政策創造研究科教授
『ツーリズムとポストモダン社会──後期近代における観光の両義性』（単著，明石書店，2012年），『観光化する社会──観光社会学の理論と応用』（単著，ナカニシヤ出版，2008年），『観光社会学──ツーリズム研究の冒険的試み』（共著，明石書店，2005年）。

須永和博（すなが・かずひろ）
獨協大学外国語学部教授
『観光のレッスン──ツーリズム・リテラシー入門』（共著，新曜社，2021年），『ミュージアムの憂鬱』（共著，水声社，2020年），『エコツーリズムの民族誌──北タイ山地民カレンの生活世界』（単著，春風社，2012年）。

関　駿平（せき・しゅんぺい）
慶應義塾大学大学院社会学研究科社会学専攻後期博士課程
「シカゴ学派はいかに理解可能か──都市研究と社会的世界論の展望」（共著，『書評ソシオロゴス』17，2021年），『東京の生活史』（共著，筑摩書房，2021年），「都市における地域学としての池袋学の成果と課題──インタビューと講演録から」（共著，『社会学研究科年報』26，2019年）。

＊高岡文章（たかおか・ふみあき）
立教大学観光学部教授
『メディアとメッセージ──社会のなかのコミュニケーション』（共著，ナカニシヤ出版，2021年），『ポケモンGOからの問い──拡張される世界のリアリティ』（共著，新曜社，2018年），「観光とメディアとルート──ルート観光論へ向けて」（単著，『観光学評論』2(1)，2014年）。

髙橋かおり（たかはし・かおり）
立教大学社会情報教育研究センター助教
『音楽で生きる方法──高校生からの音大受験，留学，仕事と将来』（共著，2021年，青弓社），「社会と関わる芸術にとっての地域──対立から包摂へ」（単著，『新社会学研究』3，2018年），「社会人演劇実践者のアイデンティティ──質の追求と仕事との両立をめぐって」（単著，『ソシオロゴス』39，2015年）。

執筆者紹介（氏名／よみがな／現職／業績）　　　　　　　　　＊は編著者

谷島貫太（たにしま・かんた）

二松学舎大学文学部専任講師
『アンドロイド基本原則──誰が漱石を甦らせる権利を
もつのか？』（共編著，日刊工業新聞社，2019年），『『ロ
ードス島戦記』とその時代──黎明期角川メディアミッ
クス証言集』（共著，KADOKAWA，2018年），『記録と
記憶のメディア論』（共編著，ナカニシヤ出版，2017年）。

寺岡伸悟（てらおか・しんご）

奈良女子大学文学部教授
『奄美文化の近現代史──生成・発展の地域メディア学』
（共著，南方新社，2017年），『観光メディア論』（共編著，
ナカニシヤ出版，2014年），『よくわかる観光社会学』
（共編著，ミネルヴァ書房，2011年）。

永井純一（ながい・じゅんいち）

関西国際大学現代社会学部准教授
『コロナ禍のライブをめぐる調査レポート［聴衆・観客
編］』（共著，日本ポピュラー音楽学会，2021年），『音楽
化社会の現在』（共著，新曜社，2019年），『ロックフェ
スの社会学──個人化社会における祝祭をめぐって』
（単著，ミネルヴァ書房，2016年）。

中村香子（なかむら・きょうこ）

東洋大学国際学部准教授
『遊牧の思想──人類学がみる激動のアフリカ』（共著，
昭和堂，2019年），「『伝統』を見せ物に『苦境』で稼ぐ
──「マサイ」民族文化観光の新たな展開」（単著，『ア
フリカ研究』92，2017年），「牧畜民サンプルの『フェイ
ク』と『オリジナル』──『観光の文脈』の誕生」（単著，
『アジア・アフリカ地域研究』6(2)，2007年）。

鍋倉咲希（なべくら・さき）

立教大学大学院観光学研究科博士課程後期課程
「モビリティが生み出す一時的なつながり──東南アジ
アの日本人向けゲストハウスにおける観光者の交流を事
例に」（単著，『年報社会学論集』34，2021年），『観光人
類学のフィールドワーク──ツーリズムの現場の質的調
査入門』（共著，ミネルヴァ書房，2021年），『〈みる／み
られる〉のメディア論──理論・技術・表象・社会から
考える視覚関係』（共著，ナカニシヤ出版，2021年）。

濱野　健（はまの・たけし）

北九州市立大学文学部准教授
*Marriage migrants of Japanese women in Australia :
Remoulding gendered selves in suburban community.*
（単著，Springer，2019年），『日本人女性の国際結婚と海
外移住──多文化社会オーストラリアの変容する日系コ
ミュニティ』（単著，明石書店，2014年），『観光メディ
ア論』（共著，ナカニシヤ出版，2014年）。

塙　幸枝（ばん・ゆきえ）

成城大学文芸学部専任講師
『メディアコミュニケーション学講義──記号／メディ
ア／コミュニケーションから考える人間と文化』（共著，
ナカニシヤ出版，2019年），『グローバル社会における異
文化コミュニケーション──身近な「異」から考える』
（共編著，三修社，2019年），『障害者と笑い──障害を
めぐるコミュニケーションを拓く』（単著，新曜社，
2018年）。

藤岡伸明（ふじおか・のぶあき）

静岡大学情報学部准教授
「若者向け国際交流プログラムの重要性と起こりうる問
題──日本の事例から得られる豪中ワーキングホリデー
制度への示唆」（単著，『オーストラリア研究』32，2019
年），「海外でのノンエリート労働は逃げ道にならない!?
──ワーキング・ホリデーと日本人の国際労働移動」
（共著，『POSSE』36，2017年），『若年ノンエリート層と
雇用・労働システムの国際化──オーストラリアのワー
キングホリデー制度を利用する日本の若者のエスノグラ
フィー』（単著，福村出版，2017年）。

堀野正人 （ほりの・まさと）

二松学舎大学文学部特別招聘教授
『よくわかる観光社会学』（共編著，ミネルヴァ書房，2011年），「都市における観光の演出空間——構築される『港町神戸』」（単著，『アーバンカルチャーズ——誘惑する都市文化，記憶する都市文化』晃洋書房，2019年），『観光メディア論』（共編著，ナカニシヤ出版，2015年）。

前田一馬 （まえだ・かずま）

立命館大学大学院文学研究科博士課程後期課程
「明治前期の陸軍による脚気転地療養地の選定過程」（単著，『地理学評論』94(5)，2021年），「高低差から読むコザの空間形成—— GIS による地形復原から」（単著，『KOZA BUNKA BOX』17，2021年），「大正・昭和戦前期の軽井沢における「千ヶ瀧遊園地」の開発と別荘所有者の特徴」（単著，『歴史地理学』62(3)，2020年）。

松岡慧祐 （まつおか・けいすけ）

奈良県立大学地域創造学部准教授
『基礎ゼミ メディアスタディーズ』（共著，世界思想社，2020年），『アーバンカルチャーズ——誘惑する都市文化，記憶する都市文化』（共著，晃洋書房，2019年），『グーグルマップの社会学——ググられる地図の正体』（単著，光文社，2016年）。

＊松本健太郎 （まつもとけんたろう）

二松学舎大学文学部教授
『メディアコミュニケーション学講義——記号／メディア／コミュニケーションから考える人間と文化』（共著，ナカニシヤ出版，2019年），『デジタル記号論——「視覚に従属する触覚」がひきよせるリアリティ』（単著，新曜社，2019年），『ロラン・バルトにとって写真と何か』（単著，ナカニシヤ出版，2014年）。

宮入恭平 （みやいり・きょうへい）

立教大学観光学部兼任講師
『ライブカルチャーの教科書——音楽から読み解く現代社会』（単著，青弓社，2019年），『ライブハウス文化論』（単著，青弓社，2008年），『J-POP 文化論』（単著，彩流社，2015年）。

宮本結佳 （みやもと・ゆか）

滋賀大学教育学部准教授
『アートと地域づくりの社会学——直島・大島・越後妻有にみる記憶と創造』（単著，昭和堂，2018年），「負の歴史的遺産における生活実践の伝承可能性——ハンセン病療養所におけるアートプロジェクトを事例として」（単著，『環境社会学研究』21，2015年），「住民の認識転換を通じた地域表象の創出過程——香川県直島におけるアートプロジェクトを事例にして」（単著，『社会学評論』63(3)，2012年）。

毛利嘉孝 （もうり・よしたか）

東京藝術大学大学院国際芸術創造研究科教授
『バンクシー——アート・テロリスト』（単著，光文社，2019年），『増補ポピュラー音楽と資本主義』（せりか書房，2012年），『ストリートの思想——転換期としての1990年代』（単著，日本放送出版協会，2009年）。

安田 慎 （やすだ・しん）

高崎経済大学地域政策学部准教授
『四国遍路の世界』（共著，筑摩書房，2020年），*Religious Tourism in Asia : Tradition and Change Through Case Studies and Narratives.*（共編，CABI，2018年），『イスラミック・ツーリズムの勃興——宗教の観光資源化』（単著，ナカニシヤ出版，2016年）。

山本泰三 （やまもと・たいぞう）

大阪産業大学経済学部教授
『クリティカル・ワード メディア論』（共著，フィルムアート社，2021年），「なぜ経済学の行為遂行性が問題となるのか：M.カロンらの所説について」（単著，『季刊経済研究』39(1・2)，2019年），『認知資本主義』（共著，ナカニシヤ出版，2016年）。

やわらかアカデミズム・〈わかる〉シリーズ

よくわかる観光コミュニケーション論

2022年3月30日　初版第1刷発行　　　　　　　　　　〈検印省略〉

定価はカバーに
表示しています

編著者	須藤	藤	廣
	遠藤	英	樹
	高岡	文	章
	松本	健	太郎
発行者	杉田	啓	三
印刷者	江戸	孝	典

発行所　株式会社　ミネルヴァ書房

607-8494 京都市山科区日ノ岡堤谷町1
電話代表（075）581－5191
振替口座 01020－0－8076

Ⓒ 須藤・遠藤・高岡・松本ほか, 2022　　共同印刷工業・新生製本

ISBN978-4-623-09187-4
Printed in Japan

やわらかアカデミズム・〈わかる〉シリーズ

よくわかる憲法	工藤達朗編	本	体	2500円
よくわかる刑法	井田良ほか著	本	体	2500円
よくわかる家族法	本澤巳代子ほか著	本	体	2500円
よくわかる民事訴訟法	小島武司編	本	体	2500円
よくわかる会社法	永井和之編	本	体	2500円
よくわかる労働法	小畑史子著	本	体	2500円
よくわかる地方自治法	橋本基弘ほか著	本	体	2500円
よくわかる国際法	大森正仁編	本	体	2800円
よくわかるメディア法	鈴木秀美・山田健太編	本	体	2800円
よくわかる法哲学・法思想	深田三徳・濱真一郎編	本	体	2600円
よくわかる刑事政策	藤本哲也著	本	体	2500円
よくわかる更生保護	藤本哲也・生島浩・辰野文理編	本	体	2500円
よくわかる司法福祉	村尾泰弘・廣井亮一編	本	体	2500円
よくわかる社会保障	坂口正之・岡田忠克編	本	体	2500円
よくわかる社会福祉	山縣文治・岡田忠克編	本	体	2400円
よくわかる子ども家庭福祉	山縣文治編	本	体	2400円
よくわかる障害者福祉	小澤　温編	本	体	2200円
よくわかる家族福祉	畠中宗一編	本	体	2200円
よくわかる精神保健福祉	藤本　豊・花澤佳代編	本	体	2400円
よくわかる地域福祉	上野・松端・山縣編	本	体	2200円

——— ミネルヴァ書房 ———

https://www.minervashobo.co.jp/